'그 날'

제1권

교회를 향한 하나님의 사랑

'그 날' 제1권

교회를 향한 하나님의 사랑

- 초판 1쇄 인쇄 2022년 10월 18일
- 초판 1쇄 발행 2022년 10월 27일

- 지은이 윤정혁
- 펴낸이 조유선
- 펴낸곳 누가출판사

- 등록번호 제315-2013-000030호
- 등록일자 2013. 5. 7.
- 주소 서울특별시 공항대로 59다길 276(염창동)
- 전화 02-826-8802 팩스 02-6455-8805

- 정가 20,000원
- ISBN 979-11-85677-77-4 03230

● 요한계시록 강해 ●

그날

제1권

교회를 향한 하나님의 사랑

Glory day Community
Glory day End-time Institute

윤정혁 지음

출판사
누가

추천사

　1962년, 서울에서 전도사로 사역하다 포항에 있는 모 교회에 부임하기 전 박윤선 박사님의 요한계시록으로 부흥회를 하였는데 은혜받은 자들이 많아 1회로 그치지 않고 재요청이 있어 일주일 동안 계시록의 은혜를 나누며 교회의 부흥을 경험한 적이 있다. 나의 스승이신 존경하는 박윤선 박사님은 요한계시록을 통째로 외우고 계셨다는 사실을 아는가? 요한계시록은 그만큼 박윤선 박사님께도, 나에게도 이 시대를 살아가는 교회들에게도 은혜의 말씀이며 살아있는 소망의 지식인 것이다.

　윤정혁 목사님의 완성된 하나님의 나라를 통독했다.
　이 책은 개혁자들의 강령이었던 "성경에서 성경으로"를 절대적으로 채택하여 요한계시록을 해석한 탁월한 모범서로 요한계시록을 통전적 시각으로 바라보며 계시록에 기록된 말씀을 교회를 향한 하나님의 사랑과 세상을 향한 하나님의 심판으로 양분하여 계시록 전체 이해를 돕고 있다. 특히 눈에 띄는 것은 계시록 주제를 해석함이 있어 신, 구약 전체에 흩어져 있는 동일한 주제의 말씀으로 논증하므로 계시록의 진리성을 강화하는 해석이 되었다. 종말과 계시의 구조를 복음의 구조로 이해했으며 각 장을 이해하도록 돕는 구조를 통하여 종말에 대한 하나님의 마음을 깨닫게 하며 특별하고 새로운 말씀의 은혜를 발견하고 누리게 하는 책이다. 예수님의 재림이 임박한 때이다. 마지막 때 교회가 알아야 할 절대 지식을 제공하는 책이기에 강력하게 추천하는 바이다.

2022. 6
전 총신대학교 총장, 전 대신대학교 총장
정성구 박사

헌정사

'내가 시초부터 종말을 알리며' 아직 이루지 아니한 일을 옛적부터 보이고 이르기를 나의 뜻이 설 것이니 내가 나의 모든 기뻐하는 것을 이루리라 하였노라 사 46:10

성경으로만 요한계시록을 해석해야겠다는 갈망을 준 말씀이다. 인간을 비롯한 피조 세계의 종말의 시간에 대하여는 창세기부터 예고된 것이라는 사실을 적시하고 있다. 대표적으로 첫째 날과 둘째 날의 창조가 그것이다. 첫째 날의 창조는 빛이다. 이 빛은 넷째 날의 가시적 빛과 다른 비가시적인 진리의 빛을 의미한다. 고전 4:6절이 근거이다.

'어두운 데에 빛이 비치라 말씀'하셨던 그 하나님께서 예수 그리스도의 얼굴에 있는 '하나님의 영광을 아는 빛'을 우리 마음에 비추셨느니라 고후 4:6

둘째 날의 창조는 심판을 생각하시는 하나님의 슬픔이 근거이다. 이는 창 1:6-8절에 나타나는 궁창의 창조 기사에서 드러나며 여섯 날의 창조 가운데 '보시기에 좋았더라'는 하나님의 기쁨에 대한 표현이 제외된 데서 하나님의 슬픔이 전제된다. 왜 하나님의 기쁨에 대한 표현이 없을까? 궁창 위의 물과 궁창 아래의 물로 홍수 심판을 행하셨기 때문이다. 이는 창 7:121-12절이 증거 한다.

11 노아가 육백 세 되던 해 둘째 달 곧 그 달 열이렛날이라 그 날에 '큰 깊음의 샘들 이 터지며 하늘의 창문들이 열려' **12** 사십 주야를 비가 땅에 쏟아졌더라 창 7:11-12

'깊음의 샘'은, 땅 아래의 물을, '하늘의 창문들이 열려 쏟아지는 물'은 궁창 위의 물을 의미하기 때문이다. 이렇게 구원과 심판을 첫째 날과 둘째 날에 위치시킨 창세기의 기록이 이 시대 곧 종말의 시간이 임박한 이 세대와 시대를 향해 부르짖는 소리에 대하여 예수님의 재림을 기다리는 자들은 많은 물소리와 같이 들을 것이며 그렇지 않은 자는 여전히 귀를 닫고 자신을 위한 일에 함몰되어 살다가 도적같이 오시는 주님을 영접하지 못하는 인생이 될 것이다. 이 경고가 필자의 책이 주는 소리이다.

나이 마흔에 신학생이 되고 성경을 연구하다 가장 관심을 가졌던 책이 창세기, 레위기, 아가서, 이사야서, 사도행전, 계시록이었는데 이유는 네 권의 구약성경 안에는 공통적으로 강하고 수준 높은 묵시적 내용들이 혼란스럽지만 내 마음을 빼앗았고 사도행전은 교회 부흥을 위한 하나님의 강력함이 사도들을 통하여 여과 없이 나타나 있어 내 호기심을 자극했기 때문이며 그리스도인의 산 소망에 대한 분명한 메시지를 깨닫게 하는 것이 요한계시록이었기 때문이다. 나중에 깨닫게 된 사실이지만 네 권의 구약성경 속에는 하나님 나라의 시작과 끝이 명료하게 기록되어 있어 성경 전체를 통하여 나타나는 하나님의 사랑을 이해할 수 있는 배경이 되었다.

아이러니 하지만, 나로부터 이 책을 헌정 받아야 할 주인공은 유사종교 '신천지'인듯싶다. 그들을 향하여 헌정되지 못함이 안타깝지만 분명한 사실은 신천지로 인하여 요한계시록의 열정이 불타올랐다는 것은 사실이다. 2011년! 신천지로 향하는 사람들과 무너지는 교회를 보며 가만있을 수 없어 잠시 그런 사람들을 위해 사역하는 시간이 있었다. 요한계시록에 관심을 가지고 이해를 위해 다가갔지만 시원하게 이해가 되지 않아 고민하던 때였고 기독교 유사종교인 신천지가 주장하는 십사만 사천, 증거장막성전 등 계시록의 단어들을 채용하여 유사종교의 교리를 진리화하는 것과 온 대한민국 교회를 무더운 여름, 주먹으로 수박을 깨듯 깨뜨려 진리를 가진 교회가 창피하게도 붉은 속살을 내보이며 피 흘리게 하는 만행을 안타까운 마음으로 지켜볼 수밖에 없다는 사실이 너무나 마음이 아팠고 목사로서 이 상황을 바라보며 무엇을 해야 할 것인지를 고민하는 것은 당연한 일이었다. 신천지에 미혹되었다가 상담과 예배를 통하여 회복된 몇 사람의 간증을 들은 후 신천지의 주장들을 반박하고 더 많은 사람들을 구하기 위해 요한계시록 연구를 결단했다. 하나님의 은혜를 구하는 삼일의 금식을 끝내고 시작한 지 올해 12년째, 7년 암 투병 중 가장 힘들었던 4년을 빼면 8년을 계시록을 붙들고 몸부림을 쳤던 것이 이 책을 발간하게 된 이유이다. 사탄이 계시록 출판을 알고 나를 7년 동안 사망의 골짜기로 이끌었을까? 마지막 때의 지식을 전하는 사명이 결코 녹녹한 것이 아니란 것을 깨닫게 된다.

계시록 연구를 위해 결정한 방향과 방법은 고등학교 시절 S.F.C 활동을 하며 암송했던 강령, 개혁주의 신앙고백! '성경 중심'이었다. 수많은 사람들이 요한계시록을 연구할 때 그 분야의 유명한 전문가들의 견해를 참고하여 주석을 달고 계시록을 해석하지만 성경이 가장 완벽한 해석의 자료이며 완전체라 믿기에 누가 뭐라든 성경의 해석이 주는 유익을 소박하게 욕심내 보기로 하고 시작했다. 교회 역사나 현재적 상황에 대한 이해를 중심으로는 결코 요한계시록에 기록된 하나님의 마음을 이해할 수 없으며 요한계시록 해석의 모토가 될 수 없다고 결론 내리고 오직 하나님의 계획이 적힌 신, 구약성경 말씀 안에서 해석하는 것이 가장 인정받을 수 있는 완전한 해석이라 여겼기 때문이다.

성경의 말씀을 사모하는 성도!
성경의 주인공이신 예수님을 사모하는 교회!
인간의 생각을 벗어나 오직 말씀으로 돌아가려는
마틴 루터의 영성을 닮으려 하는 자!
뛰는 심장을 하나님께 드리고 싶었던
요한 칼빈의 마음을 성경 연구의 뿌리로 삼는 목회자!

이런 자들이라면 마지막 때에 대한 궁극적 지식에 대하여 열정적으로 반응하며 오직 성경을 통하여 주님의 마음을 이해하고 계명을 따라 마지막 때를 살아가므로 이기는 자가 되어 천년왕국의 시간! 예수님 안에서 함께 평강을 누리는 자가 될 수 있을 것이다.

이 책의 출간을 위해 아가서와 계시록을 모두 추천해 주신 정성구 박사님과 교정에 함께하며 수고를 아끼지 아니한 사랑하는 아내와 둘째 아들 지표, 그리고 재정과 기도로 함께해 준 가족과 성도님들, 마지막 시대를 살아가며 하나님의 지식을 알고 주님을 따르는 이 땅의 모든 그리스도의 신부들과 함께 완성된 하나님의 나라가 주는 하나님의 영광을 나누는 바이다.

목차

프롤로그

- 요한계시록의 온전한 이해를 위하여 -
마지막 때의 교회가 End-time의 지식으로 준비되어야 하는 이유

1. 교회의 진단을 위함

예수님의 재림이 임박한 시간! 다시 오실 이 땅의 주인 되시는 예수님께서 우리를 청지기 삼으시고 포도원의 경영을 맡기신 것에 대하여 결과를 물으실 때, 여러분 각자에게 내리실 주님의 평가는 어떠할 것이라 여겨지는가? 마태복음서와 누가복음서를 통하여 우리에게 가르치고 계시는 달란트 비유마 25:14-30와 므나 비유눅 19:11-27 등을 통하여 볼 때 주님은 반드시 다시 돌아와 우리에게 그 엄위하심을 드러내실 것이라 분명히 말씀하셨기에 열매에 따라 분명히 양과 염소를 분별하여 구분하실 주님의 단호한 뜻을 피할 수 있는 길은 없다. 그렇다면 우리 각자의 현재 모습은 어떠한가를 살펴야 한다. 나는! 내가 섬기는 교회는! 예수님께서 돌아오실 때 마 23:33절에 나타나듯 "뱀들아 독사의 새끼들아"라는 극단적 평가와 책망을 받는 서기관과 바리새인 같은 신세를 면할 수 있을지 돌아보아야 한다. 서기관과 바리새인들, 그들은 분명 사람으로서는 할 수 없는 표적과 기사를 나타내시는 예수님의 모습에서 하나님의 아들로서 이 땅에 오신 메시아의 모습을 보았다. 그러나 그들이 그 사실을 기뻐하지 않았던 이유는 그들에게 밀접하게 닿아있는 현재적이며 현실적 유익에 대한 판단 때문이었으리라. 그들의 위치를 놓치고 싶지 않았고 그들의 쌓아놓은 명성을 지키고 싶었을 것이다. 세상적 욕심이다! 그들의 행위는 영적인 능력으로 행하는 것 같으나 "**육신적**"이었고 그들의 심령은 열정적인 것 같으나 **"형식적"**이었으며, 거룩을 추구하는 그들의 삶은 본질적인 것 같으나 **"가식적"**이었다. 예수님은 이러한 그들의 모습을 역겨워하시며 "뱀들아 독사의 자식들아"라고 책망하신 것이다. 나는! 내가 섬기는 교회는! 오늘의 교회는 어떠한지 살펴보는가? 계 2-3장은 이러한 진단을 위해 교회에게 주신 진단 키트이며, 리트머스 시험지에 떨어뜨리는 시약과 같다. 교회라는 리트머스 시험지 위에 일곱 개의 시약을 차례로 떨어뜨려 보라! 반드시 일곱 개의 시약 중 동일한 컬러가 드러날 것이며 한 가지에만 반응을 보일 수도, 여러 시약에 반응을 보일 수도 있을 것이다. 마지막 때! 일곱 교회를 통한 진단으로 인하여 내가 섬기고 내가 속한 교회에 대한 면밀한 분별이 필요한 때이다. 엄중하게 진단서를 작성해 보라. 나와 교회의 현재를 깨닫게 될 것이며 이 땅 교회를 향한 하나님의 마음을 알게 될 것이다.

2. 교회의 변화를 위함

예수님께서 일곱 교회에 보내시는 일곱 통의 편지는 서기관과 바리새인 같은 마지막 때의 교회를 향해 문제점들을 규탄하시며 회개를 요청하시고 대책과 함께 그 열매에 대하여 약속하시는 가르침이다. 파송된 사자들을 향한 편지 2-3장에 나타나는 일곱 교회의 모습을 볼 때, 모든 교회의 모본이 되는 빌라델비아 교회를 마지막에 위치시킴이 옳을 것이나 라오디게아 교회의 앞에 두신 것에 대하여 우리에겐 왜? 라는 질문이 필요하다. 많은 교회사 중심의 해석에서도 나타나듯 라오디게아 교회가 마지막 때에 나타나는 교회의 모델이라는 사실을 알리길 원하신 것이다. 라오디게아 교회는 바리새인과 서기관들과 같은 모습이었다. 아멘의 열정은 식었고, 충성의 가치는 소멸되었으며, 영적인 눈은 어둡고, 말씀에 대한 순종은 형식적이어서 토할 것같이 미지근한 가식으로 얼룩진 신앙의 상태였다. 창조주 하나님의 지혜와 능력에 대하여 관심이 없고, 다원주의와 진화론의 문제에 대하여 미온적 태도로 일관한 채 반응하지 않는 자신의 모습이 얼마나 어리석고 부끄러운 모습인지를 알지 못하며, 그들의 현재는 풍성한 재정과 외형적 규모와 사람들이 보내는 헛된 찬사로 배부른 가식적이고 부끄러운 모습이었다. 내가 섬기는 교회와 나는 과연 바리새인과 서기관들을 닮은 라오디게아 교회의 모습과 차이가 있는지에 대하여 충분한 고민 가운데로 이끄시는 가르침이다. 마음은 하나님으로부터 멀어져 있고 주일마다 성전 마당만 밟고 다녔던 구약시대 하나님의 백성들을 닮은 형식적 신앙인의 모습이다. 그러나 주님은 이러한 교회라 할지라도 사랑하사 회개하여 마지막 안식에 함께 하기를 원하시는 것은 심판 중에도 긍휼을 베푸시는 그분의 열심이요, 열정이다. 회개하기를 요청하시고 변화되기를 원하시며 이기는 자가 되어 하나님의 나라를 유업으로 받기를 원하신다. 이러한 교회를 향하여 구약성경은 **"예루살렘"**이라 묘사한다 사 9:7, 사 26:11, 사 28:21-22, 사 59:17, 겔 5:19, 겔 39:25.

3. 예수님을 맞이할 준비를 위함

내일 예수님이 오신다는 소식을 듣는다면 나는 기뻐할 수 있는 성도인가? 아니라면 그 이유가 무엇일까? 이유는 둘 중 하나일 것이다. ❶ 마지막 때에 대한 지식의 부족이나 오해로 인한 두려움으로 예수님의 재림을 기뻐할 수 없거나, ❷ 세상적 관심과 야망에 심취하여 현재의 만족을 내려놓지 못하기 때문일 것이다. **"마지막 때의 지식으로 채워진 자"**는 오늘날 임하는 하나님의 나라 안에서 온전한 평안을 누리며 다가올 환난의 환경에서도 흔들리지 아니하고 **"완성될 하나님의 나라"**의 성취를 위해 힘있게 나아갈 수 있는 동력을 얻어 예수님의 재림을 기다리는 마음으로 **"마라나타"**의 찬양으로 충만할 것이다. 이처럼 마지막 때에 대한 지식은 우리로 하여금 하나님 나라 성취를 위한 소망을 갖게 하여 인내의 열매를 맺게 할 것이다. 인내로 이긴 자는 예수님의 안식에 동참하는 자로 양 우리에 누울 때 모습은 **"날개를 은으로 입히고 그 깃을 황금으로 입힌 비둘기"** 시 68:13와 같이 영광스러운 모습으로 영원한 나라에서 주님과 함께하는 안식을 누리게 될 것이다. 그 시간을 위해 달려오시는 주님을 맞이할 준비가 되었는지 살펴야 할 시간이다.

4. 마지막 때를 준비하시는 하나님의 사랑을 알기 위함

요한계시록의 구조는 크게 두 가지이다.

❶ 교회를 위한 하나님의 사랑 : 계 1-7장 19:11-22:5절
❷ 세상을 향한 하나님의 심판 : 계 8장-19:10절

그리스도인들이 집중해야 할 관점은 **"교회를 향한 하나님의 사랑"**에 있다. 물론 세상을 향한 심판을 알지 못하면 환난을 이기는 동력의 충전에 약간의 아쉬움은 있겠지만, 엄밀히 따지면 심판에 대하여 상세히 알지 못한다 해도 성도의 구원에는 전혀 문제가 없다. 그러나 환난을 참고 예수님의 재림을 기다리는 인내의 시간을 살아가는 데 있어 소망보다는 고통의 인내와 피로감을 견뎌야 하기에 아는 것이 힘이 될 것이다. 그러므로 **"교회를 향한 하나님의 사랑을 아는 지식은 환난의 시간을 이길 수 있는 진정한 힘"**이 될 것이며 **"신부를 향한 신랑의 진정한 사랑과 그 나라에 대한 소망의 지식"**이 될 것이므로 교회로 하여금 어떤 고난과 환난도 이기고 나아가도록 일어서게 하는 힘과 동력이 될 것을 확신한다. 요일 4:18절은 이렇게 가르친다. **"사랑 안에 두려움이 없고 온전한 사랑이 두려움을 내쫓나니 두려움에는 형벌이 있음이라 두려워하는 자는 사랑 안에서 온전히 이루지 못하였느니라"** 신랑의 사랑을 아는 신부는 그가 다

시 오실 것에 대하여 소망을 품고 지치지 않는 기다림으로 인내할 수 있으나, 사랑을 알지 못하는 신부는 기다림의 소망을 버리게 될 것이다. 계 1-7장과 19:11-22:5절에 나타나는 교회를 향한 하나님의 그 사랑을 온전히 이해하는 교회는 분명 삼 년 반의 환난 가운데서도 소망을 버리지 않고 성령님을 의지하고 예수님의 오실 길을 예비하는 일에 게으르지 않을 것을 확신하는 바이다. 이것이 요한계시록을 통해 하나님의 사랑을 발견하도록 양육되어야 할 이유이다.

5. 심판 주이신 예수님의 마음을 전하기 위함

심판을 앞두고 하나님은 어떤 고민을 하실지 생각해본 적이 있는가? 신, 구약성경과 요한계시록에는 그러한 예수님의 마음이 너무나 뚜렷이 드러나 있음을 알 수 있다. 특히 계 18:4-5절을 통해 말씀하시는 하늘의 음성은 하나님의 마음을 대변하는 절대적 근거이다. 계 18장은 시간상 대접 심판이 끝난 이후로, 예수님께서 백마를 타시고 아마겟돈 전쟁을 승리로 이끄시고 예루살렘으로 들어오시기 직전에 들리는 구원받을 자들을 향한 마지막 음성이다.

> **계 18:4-5** [4] 또 내가 들으니 하늘로부터 다른 음성이 나서 이르되 **"내 백성아 거기서 나와 그의 죄에 참여하지 말고 그가 받을 재앙들을 받지 말라"** [5] 그의 죄는 하늘에 사무쳤으며 하나님은 그의 불의한 일을 기억하신지라

휴거는 11:15절에서 일곱 나팔이 불릴 때 이미 이루어졌고, 계 18:4-5절은 욜 3장의 여호사밧 골짜기의 심판이 이루어지기 직전의 상황이며 이때에도 주님은 영혼 추수의 미련을 버리지 않으신다. 예정된 영혼을 심판에서 건지시려는 열정으로 충만하신 분이시다. 본문의 실제적 대

상은 가톨릭교회를 향한 주님의 부르심이며 환난의 끝에서 유대인의 구원과 함께 가톨릭교회의 엑소더스가 이루어질 것을 예고하는 말씀이다. 이처럼 예수님은 심판 중에도 긍휼을 잊지 않으시는 열정적 사랑으로 충만하신 분이라는 것을 알아야 하며 정말 우리의 왕이신 예수님과 같은 분은 없다는 것을 아는 지식으로 삼아야 한다.

6. 환난을 이기는 지식으로 무장하기 위함

칠 년의 시간은 다니엘의 묵시로부터 근거를 가진다. 다니엘의 책 단 7:25절, 9:27절과 12:11절, 사도 바울의 살후 2:4절, 예수님의 가르침인 마 24:15절을 근거로 이 땅에는 반드시 멸망의 아들인 짐승적그리스도의 출현이 있을 것과 그가 단 7:25절과 단 12:5-7절, 계 13:5절이 증거 하는 마흔두 달천사백육십 일, 삼 년 반, 한때 두때 반때의 일할 권세를 받아 교회를 큰 환난 가운데 빠지게 할 것을 가르친다. 특히 계 13장은 그러한 배경을 알고 지식으로 살필 때, 두 짐승, 곧 적그리스도와 거짓 선지자가 교회를 삼 년 반 동안 힘들게 할 것과, 그에게 허락된 삼 년 반계 13:7이 끝나는 시간이 곧 일곱 나팔이 불리는 시간으로 예수님의 재림의 시간이라는 것을 알 수 있게 한다. 이러한 시험의 시간을 알고 이기는 것과 End-time의 지식 없이 막연히 견디는 시간의 차이는 마지막 때를 살아가는 교회에게 미혹으로 인하여 짐승에게 절하며 짐승의 표를 받는 잘못된 선택을 하지 않도록 하는 데 있다. 성경에 나타나는 마지막 시간의 지식으로 준비되었다는 의미는 아랍연합과 이스라엘의 중동전쟁에 대한 위기 앞에서 칠 년 평화조약 체결단 9:27 후 세계의 영웅으로 짐승이 등장하면 예수님의 재림이 칠년 남았음을 분별하고, 7년의 절반인 삼 년 반이 지난 후 갑자기 조약을 파기하고 예루살렘을 점령단 9:27하여 성전에 서서 자기를 하나님 살후 2:4이라 천명함으로 예수님의 재림이 삼 년 반이 남았다는 것을 분별하게 한다. 거기에 두 짐승이 미친 듯 교회를 핍박할 그때 두 증인이 나타나 예루살렘에서 자기를 하나님이라 하는 짐승과 거짓 선지자와 담대하게 싸우다 삼 년 반의 끝 지점에서 죽는 순간계 11:7-11 예수님의 공중 재림이 사흘 후 있을 것이라는 지식으로 무장한다면 짐승의 무자비한 핍박 가운데서도 성령님과 동행하며 환난의 시간을 이길 힘과 소망으로 나아갈 수 있을 것이다.

7. 부르심의 목적에 대한 이해를 위함

하나님께서 당신을 부르신 궁극적 목적이 무엇입니까? 라고 묻는 이가 있다면 어떻게 대답할 것인가? 제자훈련을 통해 양육받을 때 흔히들 답하는 예수님의 제자가 되어 예수님의 비전에 동참할 것이라고 답할 것인가? 예수를 닮은 작은 예수로 살아가겠노라 할 것인가? 내게 묻는 이가 있다면 과거의 나는 "사 43:7절"하나님의 영광을 위해 부르심을 받은 자, "10절"하나님의 증인으로 부르심을 입은 자, "21절"하나님을 찬송하기 위해 지음 받은 나을 들이댔을 것이다. 틀린 답은 아니다. 그러나 성경이 원하는 궁극적인 답이 따로 있다는 것을 알아야 한다. 성경이 요구하는 궁극적인 답은 End-time의 이해 속에서 나온다. 이해를 돕는 말씀 세 가지는 다음과 같다,

첫째, 다니엘의 예언 속에서 나타나는 단 7:13-14절, 대관식에 대한 가르침이다.

내가 또 밤 환상 중에 보니 '인자 같은 이가 하늘 구름을 타고 와서 옛적부터 항상 계신 이'에게 나아가 그 앞으로 인도되매 '그에게 권세와 영광과 나라를 주고' 모든 백성과 나라들과 다른 언어를 말하는 모든 자들이 그를 섬기게 하였으니 그의 권세는 소멸되지 아니하는 영원한 권세요 그의 나라는 멸망하지 아니할 것이니라 단 7:13-14

이 말씀은 천년왕국의 통치자로 세워지는 예수님의 대관식 장면이다. 예수님께서 이 땅을 천 년 동안 다스리시며 정결하게 하실 것인데 이유는 아버지께 나라를 드리기 위함고전 15:24이다. 천 년 동안 만왕의 왕으로 이 땅을 다스리시면서 죄로 더러워진 땅을 정결하게 하실 것이며 사탄과 사망과 음부지옥까지도 유황 불못에 던지실계 20:10, 14 것이다. 흰 보좌 심판이 끝나고 난 후 새 하늘과 새 땅으로 변화된 이곳에, 하늘에 있는 완전한 교회요, 이 땅에 영원한 통치의 보좌를 두실 거룩한 성 새 예루살렘이 내려와 그 안에서 어린 양의 혼인 연회사 25:6-8를 베푸신 뒤 완성된 하나님의 나라를 아버지께 드릴 것이다고전 15:24-26. 이것이 천년왕국 이후인 이유는 사탄과 사망과 지옥이 있을 때는 하나님 나라의 완성이 이루어지지 않은 상태이며 이 모든 것들이 유황 불못에 던져지고 난 후에야 비로소 이 땅이 창조 때의 에덴으로 회복될 것이기 때문이다. 땅이 정결하게 되어야 비로소 하나님이 우리와 함께 거하실 거룩한 성 새 예루살렘이 임할 수 있기 때문이다. 이것이 하나님 나라의 완성이며 이 모든 것이 이루어지는 순간이 바로 교회의 부르심에 대한 최종 목적이 완성되는 순간이다.

둘째, 사도 바울의 가르침에서 나타나는 고전 15:24절, 흰 보좌 심판 이후에 있을 아버지의 나라를 가르친다.

그 후에는 마지막이니 그가 모든 '통치와 모든 권세와 능력을 멸하시고 나라를 아버지 하나님께 바칠 때라' 그가 모든 원수를 그 발 아래에 둘 때까지 반드시 왕 노릇 하시리니 맨 나중에 멸망 받을 원수는 사망이니라 고전 15:24-26

이 땅을 하나님 아버지께 드리는 시간과 모든 원수를 발 아래 두는 시간은 동일한 시간이며 천 년이 지나고 사탄과 사망과 음부까지도 유황 불못에 던지는 시간에 이르면 이 땅에 죄가 없어져 정결하게 되고 완전하게 조성된 환경 속으로 하늘의 거룩한 성 새 예루살렘이 임하게 되어 예수님에 의해 완성된 하나님의 나라로 아버지께 드려질 것을 말하고 있다. 이때까지 예수님께서 통치하시는 나라를 일컬어 천년왕국이라 가르친다.

"멸망받을 원수가 사망"이라는 의미는 하나님의 나라에서 죄의 능력인 사망이 불못에 던져지고 없기 때문에 죽음이 사라진 이후의 인생은 영생의 상태로 살게 되는 영원한 나라의 특성을 의미한다. 죄로 인하여 죽음이라는 인간의 한계가 주어졌으나 죄가 죽음으로 다시 인간의 생명이 회복된다는 핵심을 설명한다. 이 표현은 영원을 사는 하나님과 함께 할 수 있게 된 인간의 영생에 대한 하나님의 기쁨을 표현한 것이기도 하다. 모든 통치와 권세와 능력은 사탄의 것을 말하며 이 시간대는 이것을 멸하는 시간, 곧 천년왕국 끝에 있을 흰 보좌 심판계 20:7-15 이후가 될 것이라는 가르침이다.

셋째, 계 1:6절에 나타나는 제사장으로 부르신 이유에 대한 가르침이다.

> 그의 '아버지 하나님을 위하여 우리를 나라와 제사장으로 삼으신 그'에게 영광과 능력이 세세토록 있기를 원하노라 아멘 계 1:6

벧전 2:9절은 우리를 왕 같은 제사장이요 거룩한 나라요 그의 소유된 백성으로 부르셨다고 가르친다. 그런데 계 1:6절에서 그 부르심의 이유가 바로 하나님 아버지를 위한 부르심으로 완성된 하나님의 나라를 아버지께 드리기 위한 성령님의 동역자로 부르셨기 때문이라고 가르친다. 우리를 정결한 제사장으로 삼아 하늘의 뜻이 이 땅에서 이루어지기를 원하시는 하나님의 목적대로 이 세상은 사탄과 사망과 음부가 사라지고 하나님의 영광이 온 땅에 선포되는 날이 속히 오도록 우리를 부르신 것이다.

다윗은 시 57편을 통하여 여호와의 이름이 높여질 것에 대하여 이렇게 고백한다.

> 하나님이여 주는 하늘 위에 높이 들리시며 '주의 영광이 온 세계 위에 높아지기를' 원하나이다 시 57:11

8. 신앙생활의 열매인 천년왕국과 완성된 하나님의 나라를 알기 위함 계 21장

우리 신앙생활의 궁극적 열매는 완성된 하나님의 나라를 유업으로 받는 것이다. 하나님께서는 이 나라에 대하여 이사야서, 스가랴서, 요한계시록 등을 통해 분명히 인식하도록 가르치신다. 사 11:6-9, 사 25:6-8, 사 60:16-22, 사 65:17-25, 사 66:18-24, 슥 14:9-11, 16-21, 계 21:1-22:5, 눅 11:20, 롬 14:17, 고전 4:20절에 나타나는 하나님의 나라에 대한 가르침은 우리가 그 나라를 사모하도록 만들기에 충분하다. 천년의 왕국은 예수님께서 직접 통치하시는 나라이다. 이 나라의 필요는 무엇이며 이 나라와 완성된 하나님 나라의 관계에 대한 이해는 어떤 유익을 줄까? 이에 대한 답이 곧 End-time의 지식이 필요한 궁극적 이유일 것이다. 요한계시록을 제외한 신약성경에는 하나님의 나라에 대하여 구약의 가르침에 비하여 구체적이지 않음은, 보지 않고 믿는 것이 복이 되기에 믿음으로 하나님 나라를 보아야 하기 때문이 아닐까? 하나님은 이미 구약성경을 통해 그 나라에 대해 다 보이셨으니 이제 '믿음의 눈으로 보고 믿으라 이것이 온전한 믿음이다'라고 말씀하시는 듯하다. 구약시대 구원의 백성에게는 육신적 이해가 가능하도록 이끄셨으나 온전히 믿게 하는 데는 실패하였으므로 이제는 육의 눈으로 보이도록 가르치는 것이 아니라 영의 눈으로 보고 믿음으로 알게 하는 것이리라 여겨진다. 도마처럼 만지고 봄으로 믿으려 하지 말고 성령으로 더 깊은 것을 볼 수 있는 마지막 때의 성도로 살아가야 할 것이다. 요한계시록을 이해하기 위하여 성경을 읽고 듣고 지키는 자에게 주시는 복계1:3을 기대하며 마지막 때의 지식으로 충만하게 되기를 소망한다.

9. 하나님 나라를 유업으로 받기 위해 오늘의 열매를 준비하기 위함

End-time에 대한 지식을 반드시 알아야 하는 이유 중 어쩌면 가장 중요한 관점일 수도 있다. 누구나 하나님 나라를 원한다. 곧 누구나 천국을 소망한다는 의미다. 그러나 그 나라는 아무렇게 살아도 갈 수 있는 나라가 아니며 누구나 갈 수 있는 나라도 아니다. 악을 행하는 자는 갈 수 없는 나라이며, 열매 없이는 갈 수 없는 나라이다. 마 7:20절은 이렇게 증거한다. **"이러므로 그의 열매로 그들을 알리라"** 마지막 때를 살아가는 교회가 분명히 알아야 할 하나님의 계명은 **"열매 맺는 삶"**에 초점이 있다는 사실이다. 공동체와 개인이 열매를 맺지 않는 가지라면 반드시 제거하시겠다는 단호한 말씀을 기억해야 한다. 성도는 두 가지를 생각하며 살아야 한다.

❶ 내가 주님의 심판대 앞에 섰을 때 내 열매를 보시고 나를 판단하실 것이라는 사실이며

❷ 이 열매로 인하여 내 영원한 삶이 결정된다면 현재를 부지런히 살며 열매를 맺는 삶을 게을리 해선 안 된다는 것.

그러므로 믿는 자들이 준비해야 하는 것은 내세의 삶, 곧 하나님 나라에서의 영원한 삶을 준비해야 한다. 그런데 중요한 사실은 이 영원한 삶을 결정하는 열매는 바로 이 땅에서 내가 호흡하고 살아가는 바로 "지금! 현재!"에 이루어진다는 것을 알아야 한다. End-time을 알 때 영원한 나라를 위해 지금이 그 준비의 시간임을 깨닫게 될 것이다.

요한계시록
제 1 장

¹ 예수 그리스도의 계시라 이는 하나님이 그에게 주사 반드시 속히 일어날 일들을 그 종들에게 보이시려고 그의 천사를 그 종 요한에게 보내어 알게 하신 것이라 ² 요한은 하나님의 말씀과 예수 그리스도의 증거 곧 자기가 본 것을 다 증언하였느니라 ³ 이 예언의 말씀을 읽는 자와 듣는 자와 그 가운데에 기록한 것을 지키는 자는 복이 있나니 때가 가까움이라 ⁴ 요한은 아시아에 있는 일곱 교회에 편지하노니 이제도 계시고 전에도 계셨고 장차 오실 이와 그의 보좌 앞에 있는 일곱 영과 ⁵ 또 충성된 증인으로 죽은 자들 가운데에서 먼저 나시고 땅의 임금들의 머리가 되신 예수 그리스도로 말미암아 은혜와 평강이 너희에게 있기를 원하노라 우리를 사랑하사 그의 피로 우리 죄에서 우리를 해방하시고 ⁶ 그의 아버지 하나님을 위하여 우리를 나라와 제사장으로 삼으신 그에게 영광과 능력이 세세토록 있기를 원하노라 아멘 ⁷ 볼지어다 그가 구름을 타고 오시리라 각 사람의 눈이 그를 보겠고 그를 찌른 자들도 볼 것이요 땅에 있는 모든 족속이 그로 말미암아 애곡하리니 그러하리라 아멘 ⁸ 주 하나님이 이르시되 나는 알파와 오메가라 이제도 있고 전에도 있었고 장차 올 자요 전능한 자라 하시더라 ⁹ 나 요한은 너희 형제요 예수의 환난과 나라와 참음에 동참하는 자라 하나님의 말씀과 예수를 증언하였음으로 말미암아 밧모라 하는 섬에 있었더니 ¹⁰ 주의 날에 내가 성령에 감동되어 내 뒤에서 나는 나팔 소리 같은 큰 음성을 들으니 ¹¹ 이르되 네가 보는 것을 두루마리에 써서 에베소, 서머나, 버가모, 두아디라, 사데, 빌라델비아, 라오디게아 등 일곱 교회에 보내라 하시기로 ¹² 몸을 돌이켜 나에게 말한 음성을 알아 보려고 돌이킬 때에 일곱 금 촛대를 보았는데 ¹³ 촛대 사이에 인자 같은 이가 발에 끌리는 옷을 입고 가슴에 금띠를 띠고 ¹⁴ 그의 머리와 털의 희기가 흰 양털 같고 눈 같으며 그의 눈은 불꽃 같고 ¹⁵ 그의 발은 풀무불에 단련한 빛난 주석 같고 그의 음성은 많은 물 소리와 같으며 ¹⁶ 그의 오른손에 일곱 별이 있고 그의 입에서 좌우에 날선 검이 나오고 그 얼굴은 해가 힘있게 비치는 것 같더라 ¹⁷ 내가 볼 때에 그의 발 앞에 엎드러져 죽은 자 같이 되매 그가 오른손을 내게 얹고 이르시되 두려워하지 말라 나는 처음이요 마지막이니 ¹⁸ 곧 살아 있는 자라 내가 전에 죽었었노라 볼지어다 이제 세세토록 살아 있어 사망과 음부의 열쇠를 가졌노니 ¹⁹ 그러므로 네가 본 것과 지금 있는 일과 장차 될 일을 기록하라 ²⁰ 네가 본 것은 내 오른손의 일곱 별의 비밀과 또 일곱 금 촛대라 일곱 별은 일곱 교회의 사자요 일곱 촛대는 일곱 교회니라

1. 교회를 향한 사랑1-3장

[제 1 장]

환난을 앞둔 교회를 향한 예수님의 사랑

1장의 개관

1장의 의미는 ❶ 예수 그리스도의 계시1-2절 ❷ 계시록이 주는 복3절 ❸ 삼위일체 하나님의 심판과 기원4-6절 ❹ 예수님의 재림모습과 영원하신 하나님 선포7-8절 ❺ 예수의 환난에 동참하는 자에게 주시는 계시, 일곱 교회를 향한 그리스도의 고뇌9-13절 ❻ 심판주의 아름다운 모습13-16절 ❼ 몸 된 교회의 통치방법17-20절에 대하여 가르치는 내용으로 채워져 있다.

요한계시록 1장과 전체의 관계

계시록의 시작은 심판의 주권자와 예수 그리스도의 몸 된 교회에 대한 그리스도의 사랑하는 마음을 드러냄으로 시작하고 있으며, 계시록 전체의 핵심은 이러한 구원받은 하나님의 백성인 교회를 향한 심판에서의 보호와 최종적 승리와 함께 성도가 추구해야 할 완전한 가치인 영원한 나라가 그 중심이다. 1장을 읽고 듣는 독자는 전체의 내용 가운데 1장이 말하는 주님의 의도를 알아야 전체를 온전한 마음으로 받아들일 수 있을 것이다. 8장의 심판으로부터 시작되어 완성된 하나님 나라에 대하여 증거 하는 22장까지의 예언을 간단하게 정리하면 이 땅과 인류에 대한 엄청난 심판내용이 **'사탄과 그의 능력인 사망과 그의 영역인 지옥을 단죄하심으로 이 땅과 인류로 하여금 죄가 없는 처음의 에덴을 회복하셔서 우리와 영원히 거하시기를 원하시는 것이 하나님 심판의 궁극적 이유'**라 정리할 수 있다. 이러한 이유를 바탕으로 환난 가운데 끝까지 인내하며 통과하여 '오직 예수님만이 영원한 나의 신랑이십니다.'라는 변치 않는 정금의 고백을 가진 교회만이 내 신부가 될 것이라는 시그널을 전하고 있는 것이 1장이라 할 것이다. 이러한 하나님의 사랑을 회복할 수 있는 방법에 대한 가르침이 2, 3장이며, 1-3장을 통하여 마지막 때의 환난을 통과해야 하는 교회를 향한 주님의 사랑이 고뇌로 표현된 글이 1:12-13절과 2:1절에 나타나 있다.

1장의 핵심 주제에 대한 구체적 이해

[1장의 5가지 핵심 내용]

내 용 구 분	1 장 의 주 제 들	해당 구절
1) 계시의 주체	예수 그리스도와 삼위일체 하나님	1, 4, 5, 6절
2) 계시록을 주신 목적	읽는 자, 듣는 자, 지키는 자의 복을 위함	1:3절
3) 재림의 상황	각 사람의 눈이 주를 보도록 임하실 것	1:7절
4) 심판주의 아름다움	촛대 사이를 거니시는 이의 고뇌	11 - 13절
5) 교회의 통치방법	일곱 별의 비밀	16 - 20절

1. 계시의 주체
심판의 주체, 예수 그리스도와 삼위일체 하나님의 계시계 1:1, 4-6절

> **계 1:1** '예수 그리스도의 계시'라 이는 하나님이 그에게 주사 반드시 속히 일어날 일들을 그 종들에게 보이시려고 그의 천사를 그 종 요한에게 보내어 알게 하신 것이라

요한계시록은 예수 그리스도의 진리의 계시이며 천사에 의해 전달되고 실행된다.

1:1절의 명백한 증거는 예수 그리스도께서 이 계시를 자신에게 허락하셨다는 요한의 고백으로부터 시작되고 있으며 모든 계시는 예수님의 명령으로 보냄 받은 천사에 의해 전달되는 것으로, 계시의 진리성에 대한 의심의 여지가 없도록 글의 처음을 시작하고 있다. 6장의 인을 제외하고 8장부터 시작되는 나팔과 대접의 모든 심판 또한 천사에 의해 실행되고 있음을 알 수 있다. 6장의 인은 예수님과 네 생물이 주체인데 이것이 6장의 인과 나팔, 대접 심판과 차이이다. 예수님은 심판의 수행자가 아닌 주

권자라는 사실을 반드시 구분해서 살펴야 할 필요가 있다.

심판의 주권자 삼위일체 하나님의 목적계 1:4-6절

> **계 1:4-6** ⁴ 요한은 아시아에 있는 일곱 교회에 편지하노니 '이제도 계시고 전에도 계셨고 장차 오실 이'시며 그의 '보좌 앞에 있는 일곱 영'과 ⁵ 또 충성된 증인으로 죽은 자들 가운데에서 먼저 나시고 땅의 임금들의 머리가 되신 예수 그리스도로 말미암아 은혜와 평강이 너희에게 있기를 원하노라 우리를 사랑하사 그의 피로 우리 죄에서 우리를 해방하시고 ⁶ 그의 '아버지 하나님을 위하여 우리를 나라와 제사장으로 삼으신 그'에게 영광과 능력이 세세토록 있기를 원하노라 아멘

요한계시록에 나타나는 삼위일체 하나님에 대한 묘사는 다른 성경과는 다른 특별한 의미를 느끼게 한다. **"성자 예수님"**에 대한 표현은 **"장차 오실 이"**이다. 이 표현은 고전 15:22-24절에 나타나는 사도 바울의 가르침에서 의미를 제공받는다.

> ²² 아담 안에서 모든 사람이 죽은 것 같이 그리스도 안에서 모든 사람이 삶을 얻으리라 ²³ 그러나 각각 자기 차례대로 되리니 '먼저는 첫 열매인 그리스도'요 '다음에는 그가 강림하실 때에 그리스도에게 속한 자'요 ²⁴ '그 후에는 마지막'이니 그가 모든 통치와 '모든 권세와 능력을 멸하시고' '나라를 아버지 하나님께 바칠 때'라 고전 15:22-24

첫 아담 안에서 죄로 인하여 죽었던 모든 육체가 두 번째 아담이신 예수 그리스도 안에서 그의 재림으로 말미암아 다시 부활할 때 순서가 있을 것인데, 첫 번째는 초림의 때 예수님의 부활을 따라 부활하게 될 '그리스도 안에서 죽은 자'요, 두 번째는 '환난 가운데 살아남은 교회'의 휴거를

통해 영원한 삶을 얻을 것이며살전 4:16-17, '마지막은 천 년이 지난 후 잠시 풀려난 사탄에게 미혹된 곡과 마곡으로 대표되는 세상의 모든 미혹된 자들과 창세부터 생명책에 기록되지 아니한 모든 자들이 사망을 위해 일어나는 흰 보좌 심판까지의 모든 부활'을 총칭하며 이후 유황 불못에 던져지고 이 세상은 끝날 것이라는 심판에 대한 가르침이다. 24절의 "그 후"에 라는 표현은 천 년의 시간을 품고 있으며 이는 행간의 내용 중 뒤에 나타나는 표현 "모든 권세와 능력을 멸하시고"사탄과 그 능력인 사망과 그의 통치 영역인 지옥, 곧 음부까지도 유황 불못에 던져진 후 아버지 하나님께 드려질 것이다. 결론적으로 말하면 예수님의 이 땅의 초림과, 십자가의 죽으심과 부활, 그리고 재림과 심판의 궁극적 목적은 이 모든 땅을 회복시켜 다시 창조의 계획자 하나님 아버지께 드리는 것이라는 사실을 깨우치는 것이다. 그러므로 요한이 5-6절을 통해 우리에게 상기시키는 것은 우리의 신분이 벧전 2:9절에 나타나는 나라와 제사장으로서의 부르심으로 궁극적 목적에 부합한다는 것을 가르치는 것이다. 사도는 이러한 부르심에 대하여 '우리를 사랑하사 그의 피로 우리 죄에서 우리를 해방하시고 6절 그의 아버지 하나님을 위하여 우리를 나라와 제사장으로 삼으신 그에게 영광과 능력이 세세토록 있기를 원하노라'고 축원하고 있다. 이러한 재림과 심판의 궁극적 목적에 대한 관점은 End-time 교회가 반응해야 할 제자도에 대한 화두를 던지고 있는 것이라 여겨진다.

2. 계시록이 주는 유익
읽는 자, 듣는 자, 지키는 자에게 복을 주시기 위함계 1:3절

> 계 1:3 이 예언의 말씀을 읽는 자와 듣는 자와 그 가운데에 기록한 것을 지키는 자는 복이 있나니 때가 가까움이라

계시록의 크고 정확한 가치를 밝히는 본문이라 할 수 있다. 분명 계시록은 예언의 말씀이다. 그러므로 1-22장까지는 어느 날 갑자기 닥쳐올 마지막 시간에 있을 재림과 심판과 완성될 하나님 나라에 대한 말씀으로 해석되어야 하며, 읽는 자와 듣는 자와 지키는 자가 복이 되도록 해석되고, 가르치고, 설교되어야 한다. 심판의 내용과 의미는 사라진 채 현실 속에서 의미를 찾으려 설교하고 교훈을 위한 소재로 삼는 행위는 예수님께서 원하시는 계시록의 의도를 무색하게 한다. 특히 2-3장의 일곱 교회 내용을 환난에 앞서 말씀하시는 예수님의 교회를 향한 사랑과 고뇌에 찬 마음에 대해서는 한마디도 하지 않고 지나간 교회 역사에 있는 교회의 문제에 대하여 반복과 재현을 막기 위한 교훈과 설교의 소재로 삼아 가르치는 우를 범한다. 현실에서 이루어지는 모든 문제들을 교훈하고 설교하는 내용이라면 계시록의 내용은 사실 제외하는 것이 낫지 않을까? 심판이라는 주제 외 교훈과 설교의 모든 주제는 계시록 외 모든 성경에 다 기록되어 있고 모든 성경에 원하는 가르침과 설교의 주제로 넘쳐나기 때문이다. 계시록은 말 그대로 종말에 대한 예언적 기록으로 종말을 설교할 때 그 가치를 가지는 말씀이라는 사실을 기억하고 마지막 때를 준비하는 지식으로서의 가치를 양산하는 본문으로 연구되고 설교되어야 한다.

3. 재림하시는 주님의 모습
각 사람의 눈이 주를 보게 하실 것 계 1:7절

> **계 1:7** 볼지어다 '그가 구름을 타고'오시리라 '각 사람의 눈이 그를 보겠고' 그를 찌른 자들도 볼 것이요 '땅에 있는 모든 족속이 그로 말미암아 애곡'하리니 그러하리라 아멘

예수님의 재림은 모든 사람의 눈이 동시에 재림의 주님을 보는 것이

아니라 그분이 모든 사람에게 보이게끔 나타나실 것이라는 표현이다. 한 사람도 빠짐없이 각 사람의 눈이 그분을 볼 수 있도록! 하나님은 자신이 만드신 세상의 법칙을 스스로 거스르지 아니하실 것이다. 그러므로 재림의 시간에 그분을 바라는 모든 이에게 공의의 하나님으로 한 사람도 메시아이신 자신을 보지 못하는 일이 없도록 자신을 나타내실 것이다. 성경은 이스라엘의 흩어진 자들이 돌아오게 될 시간에 대하여 이렇게 표현한다.

> 전에는 내가 그들이 사로잡혀 여러 나라에 이르게 하였거니와 후에는 내가 그들을 모아 고국 땅으로 돌아오게 하고 그 '한 사람도 이방에 남기지 아니하리니' 그들이 내가 여호와 자기들의 하나님인 줄을 알리라 겔 39:28

이 말씀은 계 1:7절과 상관된 말씀이다. 메시아가 오실 때 시온으로 돌아갈 것이라 교육하는 유대인의 사상으로 이스라엘의 회복의 시간에 대한 가르침이다. 이 사상의 끝이 재림 사건으로 재림의 모습을 보고 임하신 메시아를 향해 나아가는 곳이 바로 시온 산, 즉 예루살렘에 계시는 여호와를 향하는 길이 될 것이다. 예수님께서 메시아로 이 땅에 오실 때에는 모든 유대인들을 모아 시온으로 돌아오게 하실 것이며 그분이 흩으셨던 그 이방의 땅에 단 한 사람도 남기지 아니하고 모두 돌아오게 하실 것이다. 세상에 흩어져 있는 유대인들이 한 사람도 빠짐없이 재림하시는 주님을 어떻게 볼 수 있을까? 둥근 지구의 어느 한 편에 서신 주님의 모습을 어떻게 모두가 볼 수 있겠는가? 이런 불가능한 법칙을 넘어서는 방법은 오직 주님께서 지구를 행진하시는 것이다. 단 12:11절이 힌트를 제공한다. 일곱 번째 나팔이 불리고 주님께서 공중 재림하시는 시간대는 적그리스도가 마흔두 달 계 13:5, 1260일, 삼 년 반 동안 권세를 받아 교회를 잔해하는 시간이 될 것이다. 그 시간의 끝, 즉 칠 년이 끝나는 시점이 일곱 나팔이 울리는 주님의 재림 시간인데, 이 시간까지가 적그리스도에게 주어진 마흔두 달, 1260일, 삼 년 반이다. 날짜로는 1260일인데 이 시간에 대하여 다니엘은 '매일 드리는 제사를 폐하며 멸망의 가증한 것을 세울 때부터'라고 묘사하고 있다. 결국 이 묘사는 제사를 폐하고 우상을 세우는 시간이 곧 칠 년 환난 중, (후)삼 년 반이 시작되는 시간, 곧 1260일의 시작이 되는 것이며, 칠 년 절반의 시작인 (후)삼 년 반, 곧 1260일이 끝나고 1290일을 지낸다는 것은 30일의 시간을 더한다는 것인데 이 시간대가 무엇을 의미할까? 바로 일곱 나팔과 함께 예수님의 공중 재림 이후 있을 30일 동안의 대접 심판을 의미하는 것이다. 이 시간대에 예수님은 구름을 타시고 어두운 하늘을 영광으로 밝히시며마 24:31-32 엄청난 환난의 시간을 견뎌낸 유대인들을 위해 하늘에서 구름을 타시고 한 사람도 빠짐없이 모든 사람의 눈이 그분의 영광을 보게 하실 것이며, 이때 예수님을 메시아로 인정하는 모든 유대인들은 현지의 삶을 버리고 미련 없이 약속의 땅, 메시아가 계시는 고토, 여호와의 발을 두시는 곳, 예루살렘으로 돌아오게 될 것이다.

● 관련구절 : 시 12:5-6, 사 66:20, 겔 43:7, 겔 48:35

'그를 찌른 자'도 예수님을 믿으므로 부활의 영광을 볼 것이다

그를 찌른 자는 십자가 사건 이후 예수님을 하나님의 아들로 믿은 로마의 백부장과 로마의 병정들마 27:54이 될 것이다. 그들은 예수님의 공중 재림으로 부활 후 주님의 여호사밧 골짜기 심판욜 3:12에 참여하게 될 것이다.

'백부장과 및 함께 예수를 지키던 자들'이 지진과 그 일어난 일들을 보고 심히 두려워하여 이르되 '이는 진실로 하나님의 아들이었도다' 하더라 마 27:54

예수님의 처형에 참여했던 로마의 병사들은 예수님의 죽음의 순간에 일어난 일들을 접하고 하나님의 아들이라 고백하면서 그들의 삶은 예수님을 구주로 영접하고 새로운 삶을 사는 은혜를 경험했을 것이다.

땅에 있는 모든 족속이 예수님의 재림을 보고 심판 앞에서 울며 후회하게 될 것이다.

> 2 내가 '만국을 모아' 데리고 '여호사밧 골짜기'에 내려가서 내 백성 곧 내 기업인 이스라엘을 위하여 거기에서 '그들을 심문'하리니 이는 그들이 이스라엘을 나라들 가운데에 흩어 버리고 나의 땅을 나누었음이며 3 또 제비 뽑아 내 백성을 끌어 가서 소년을 기생과 바꾸며 소녀를 술과 바꾸어 마셨음이라 12 '민족들은 일어나서 여호사밧 골짜기로 올라올지어다 내가 거기에 앉아서 사면의 민족들을 다 심판하리로다' 욜 3:2-3, 12

> 31 '인자가 자기 영광으로 모든 천사와 함께 올 때'에 자기 영광의 보좌에 앉으리니 32 '모든 민족을 그 앞에 모으고' 각각 구분하기를 목자가 '양과 염소를 구분하는 것 같이' 하여 33 '양은 그 오른편에 염소는 왼편'에 두리라 마 25:31-33

두 가지 말씀은 '대접 심판이 끝나고 천년왕국으로 들어가기 전'에 있을 살아있는 자들에 대한 심판의 시간을 묘사하는 말씀이다. 거짓 선지자와 적그리스도의 혹독한 압박과 핍박에도 불구하고 믿음을 지켜 짐승의 표와 우상숭배를 거부하고 끝까지 인내한 이스라엘 교회와 열방의 교회는 오른쪽에 서게 될 것이며, 그 외 살아있는 모든 자들은 왼쪽으로 나뉘어져 영원한 불못으로 던져질 것이다. 마 25:31-35.

4. 심판 주의 아름다운 모습과 고뇌
촛대 사이를 거니시는 심판 주의 고뇌 계 1:11-14절

> **계 1:11-16** [11] 이르되 네가 보는 것을 두루마리에 써서 '에베소, 서머나, 버가모, 두아디라, 사데, 빌라델비아, 라오디게아 등 일곱 교회에 보내라' 하시기로 [12] 몸을 돌이켜 나에게 말한 '음성을 알아 보려고 돌이킬 때'에 '일곱 금 촛대를 보았는데' [13] '촛대 사이에 인자 같은 이'가 '발에 끌리는 옷'을 입고 '가슴에 금띠'를 띠고 [14] 그의 '머리와 털의 희기가 흰 양털 같고 눈 같으며' 그의 '눈은 불꽃' 같고 [15] 그의 '발은 풀무불에 단련한 빛난 주석' 같고 그의 '음성은 많은 물 소리'와 같으며 [16] '그의 오른손에 일곱 별'이 있고 그의 '입에서 좌우에 날선 검'이 나오고 그 '얼굴은 해가 힘있게 비치는 것 같더라'

❶ 심판 주의 고뇌

이 구절은 상황에 대한 약간의 합리적 상상이 필요하다. 필자는 심판 주의 아름다운 모습이 곧 고뇌에 찬 예수님의 모습이라 묘사했다. 일곱 교회를 향한 편지의 메시지 속에 나타나는 예수님의 마음을 알게 됨이 그 이유다. 일곱 교회에 담긴 편지의 내용 속에는 예수님의 몸 된 교회가 오직 신랑이신 예수님만 바라보지 않고 있음을, 처음 사랑을 잃고 방황하고 있음을, 그래서 회개하고 돌아와야만 알곡과 쭉정이를 구별하는 시험인 환난을 통과하고 이기는 자 이스라엘이 되어 하나님의 나라에서 영원히 거하는 완전한 교회가 된다는 내용임을 볼 때, 요한의 눈에 비치는 그림 언어들을 통하여 알 수 있는 주님의 마음은 분명 현재 교회의 영성으로는 다가올 환난을 이길 수 없을 것에 대하여 심각하게 고민하시는 교회를 향한 주님의 고뇌라는 것이다. 그래서 주님은 각 교회의 문제들을 모두 열거하시며 엡 1:3절을 통해 보이셨던 하늘에 속한 모든 신령한 복을 가진 완전한 교회로 회복시키기 위하여 고민하시는 주님의 마음이 일곱 교회를 향한 편지에 그대로 녹아 있다. 이러한 관점을 전제하고 이 본문을 분석하면 분명 예수님의 교회를 향한 고뇌가 느껴질 것이다.

요한은 일곱 교회를 향해 편지를 보내라는 주님의 음성을 듣고 그 방향으로 돌아봤다. 그런데 눈에 들어와야 할 것은 음성을 주시는 예수님의 모습인 게 당연하지만 요한의 눈에 먼저 들어온 장면은 예수님께서 목숨을 버리시고 그 피로 세우신 교회행 20:28를 상징하는 촛대였다. 그리고 그 다음 눈에 들어온 장면이 그 촛대 사이를 거닐고 계시는 예수님의 모습이었다. 왜? 라는 질문이 있어야 한다. 왜 촛대가 먼저 보였을까? 이 질문은 왜 촛대가 예수님보다 더 크게 부각됐을까? 이다. 예수님은 언제나 그러하셨다. 처음부터 그러하셨다. 자신보다 교회를 더 사랑하시고 교회를 더 드러내기를 원하셨다. 지금도 모든 일을 교회와 함께하시며 교회를 통해서만 성령으로 일하신다. 교회가 없으면 하나님의 나라는 없다. 하나님의 나라가 곧 교회이며, 이것이 계 21장에 나타나는 거룩한 성 새 예루살렘이며 하나님 나라가 완성된 모습이다. 또한 교회의 소중함이며 가치이다. 이렇게 소중한 교회가 곧 우리이며 나 자신이다. 이 교회가 주님의 신부라 비교된다면 나는 곧 주님의 신부로 비교되는 존재적 가치를 지닌다. 이것이 성도의 영광이며 나의 영광이다. 이렇게 소중한 가치를 가진 모든 교회가 처음 사랑을 잃고 방황하며 말씀대로 주님을 바라보지 않는다. 교회는 처음부터 예수님의 피로 죄가 없고 정결하며 의로운 존재로 태어났다. 태생이 거룩했다는 것이다. 이것이 교회의 완전성이다. 그런데 그 처음의 은혜와 사랑과 능력을 잃어버림으로 인하여 교회는 완전성을 잃고 고난에, 두려움에, 이단에, 온갖 세상 풍조에 흔들리는 교회로 쓰러져 가고 있음을 주님은 지켜보고 계셨다.

문제는 마지막 시간대에 있을 시험의 시간이다. 교회가 아버지의 경륜 가운데 환난을 통하여 알곡과 쭉정이를 구분해야 할 그 시간이 다가오고 있다는 사실을 주님은 아신다. 주님의 고뇌가 시작된 것이다. 이대로는 환난을 통과하여 하나님의 나라에 입성할 수 없을 것임을 아시고 요한을 불러 세상의 모든 역사를 종결하실 거대한 세상 심판을 계시하셔서 완전한 본성을 가졌지만 죄악에 물들어 거룩한 것과 속된 것을 구별하지 못하고 살아가는 교회를 향하여 거룩을 회복할 수 있도록 권면하시는 것이 편지이다. 이 편지 속에는 일정한 구조Frame를 통하여 교회의 회복을 이해하도록 돕는다계 2, 3장의 일곱 교회 참조.

일곱 교회를 이해하는 키워드는 두 가지, 'Frame'과 '완전성'이다. '프레임 이해'는 2, 3장 해석에서 상세히 다룰 것이며, '완전성 이해'는 일곱이라는 숫자적 의미가 주는 관점으로 일곱 교회를 이해할 수 있도록 도울 것이다. 교회의 태생은 예수님의 십자가 구속으로 처음부터 완전했다는 사실을 우리는 안다. 그런데 그 완전성이 죄를 지었다고, 처음 사랑을 잃어버렸다고, 우상을 섬긴다고 없어지는 것이 아닌 하나님의 은혜이다. 교회의 완전성은 회개를 통하여 다시 세울 수 있는 것이기에 예수님은 영광의 완전성을 회개로 회복하라고 영광의 약속을 소망하도록 주시면서 권면의 경고와 명령으로 전하고 계시는 것이다. 결론은 **일곱 교회 = 완전한 교회**라는 이해의 등식이 성립되는 것이다. 교회는 결코 그 완전성을 잃어버리지 못하도록 세워졌다는 사실에 근거하여 일곱 교회를 해석한다면 본 절 11-13절에 나타나는 예수님의 모습에 대한 해석은 환난을 앞둔 교회를 향한 사랑의 고뇌로 해석될 수 있다는 데에 동의하지 않을까?

❷ 심판 주의 모습 이해

¹³ 발에 끌리는 옷, 가슴에 금띠

　　진리의 재판장이신 예수님의 권위엡 6:14

¹⁴ 머리털의 희기가 흰 양털 같고, 눈은 불꽃

　　정결한 의와 열정, 우상에 대한 질투와 심판의 성품사 1:18, 사 10:17, 사 29:6

¹⁵ 발은 풀무 불에 단련된 빛난 주석, 음성은 많은 물 소리

　　심판의 발과 심판의 음성시 99:5, 시 110:1, 사 60:1, 합 3:5

¹⁶ 일곱 별, 입에서 좌우에 날선 검, 얼굴은 해가 힘 있게 비치는 것 같더라

　　심판의 능력과 도구와 영광엡 6:17, 계 19:15, 계 2:16, 사 59:19, 눅 1:78

교회의 통치 방법에 대한 설명
일곱 별의 비밀16 - 20절

> **계 1:16-20** ¹⁶ 그의 '오른손에 일곱 별'이 있고 그의 입에서 좌우에 날선 검이 나오고 그 얼굴은 해가 힘있게 비치는 것 같더라 ¹⁷ 내가 볼 때에 그의 발 앞에 엎드러져 죽은 자 같이 되매 그가 오른손을 내게 얹고 이르시되 두려워하지 말라 나는 처음이요 마지막이니 ¹⁸ 곧 살아 있는 자라 내가 전에 죽었었노라 볼지어다 이제 세세토록 살아 있어 사망과 음부의 열쇠를 가졌노니 ¹⁹ 그러므로 네가 본 것과 지금 있는 일과 장차 될 일을 기록하라 ²⁰ 네가 본 것은 '내 오른손의 일곱 별의 비밀과 또 일곱 금 촛대라 일곱 별은 일곱 교회의 사자요 일곱 촛대는 일곱 교회'니라

　　상징에 대한 해석을 겸하고 있는 내용으로 기록되어 있다. 일곱 별은 일곱 교회의 사자라 해석하고 일곱 촛대는 일곱 교회라고 해석을 제공한다. 그런데 일곱 별은 왜 비밀이라 표현할까?라는 질문이 필요한 행간이다. 주님의 오른손에 있는 촛대의 강화가 나타나지만12, 20절, 일곱 별에 대

한 강화도 있다16, 20절. 20절에서는 일곱 별이 강조되어 있다. 일곱 별의 비밀이라는 반복을 통해서 나타난다. 일곱 별은 일곱 교회의 사자라 했는데 사자에 대한 비밀이 무엇인지 궁금하지 않은가? 교회 역사 속에서 사자는 천사라는 의견과 함께 목사라는 해석을 제시했다. 헬라어 원문과 영어 번역은 천사라고 기록하고 있다. 그런데 정황상 편지를 받는 수신자가 천사일 수는 없기에 목사라고 해석한다. 주님은 왜 이러한 이중적 해석이 가능하도록 여지를 제공하실까? 답은 일곱 교회 중 사데 교회에 나타나신 예수님의 현현에 있다. 일곱 교회의 편지 속에서 나타나는 Frame은 일정하다. 첫 번째 현현 Frame은 교회의 문제에 대한 예수님께서 제시하시는 답이 게재되어 있다. 사데 교회에 나타나신 예수님에 대하여 이렇게 묘사되어 있다. "사데 교회의 사자에게 편지하라 하나님의 일곱 영과 일곱 별을 가지신 이가 이르시되", 일곱 별을 가지신 이가 또 다른 일곱 영을 가지신 이로 나타난다. 이해는 간단하다 일곱 영은 성령이시며, 예수님은 오순절에 강림하신 성령 하나님께 교회의 모든 주권을 위임하시고 승천하셨다. 그러므로 교회의 사자로 파송되는 사도는 성령님과 함께하는 동역자라고 사도 바울은 고린도 교회를 향해 이렇게 밝히고 있다.

> '우리'는 '하나님의 동역자들'이요 '너희'는 '하나님의 밭'이요 '하나님의 집'이니라 고전 3:9

오늘날 사도적 권위를 계승한 목사가 교회의 사자로 파송받았다고 여기며 교회를 섬기는 사역에 임한다면 당연히 성령의 충만함으로 임해야 할 것이다. 문제는 성령의 충만함이 아닌 개인의 야망을 사역으로 풀어내려 하기에 욕심이 더해지고 이로 인한 죄가 만들어져 주님의 교회는 처음 사랑을 잃어버린 모습이 되어 마지막 시험을 통과할 수 없는 왜곡된 교회의 모습으로 변질되고 환난을 앞두고 주님께 고뇌를 제공하게 된 것이다. 교회에 파송받은 '사자의 비밀이란?' '성령의 충만함을 입은 주의 종'을 의미하며 성령으로 일하는 영적 추수의 일꾼을 상징하는 묘사이다. 이러한 사자의 모습은 완전한 주님의 몸을 주님이 오실 때까지 거룩하고 완전하게 유지하는 비밀이라 할 수 있는 것이다. 마 16:18절에서 말씀하시는 '음부의 권세가 이기지 못하는 능력의 교회'는 성령으로만 가능하다는 사실을 우리는 알기에 과연 성령 하나님의 인도하심으로 동역하는 교회의 사자는 교회를 섬기는 비밀이라 하기에 충분하다. 성령님이 함께하지 않는 사데 교회와 같은 오늘의 교회들, 살았다 하는 이름은 가졌으나 죽은 교회임을 주님은 아신다는 사실을 파송받은 종은 명심해야 할 것이다. 그러므로 일곱 별의 비밀은 바로 성령의 충만함을 입고 성령의 동역자로 파송받은 사도적인 능력의 사역자를 의미하는 묘사이며 비밀이라는 의미는 세상이 그러한 사실을 모른다는 의미이다.

1장에 나타나는 핵심 주제들의 의미와 결론

1장에 나타나는 5가지 주제에 대한 이해의 결론은 '교회를 향한 예수님의 사랑에 대한 감사'의 관점이다. 계시록이 교회에게 복이 되는 메시지인 이유는 6:6-7절과 7장에 나타나는 자기 백성에 대한 보호와 구원이라는 관점에서, 그리고 심판의 스케줄을 알고 시간대를 기억하므로 환난을 이기도록 인도하실 것에 대한 약속의 계시라는 관점에서 1장 말씀의 의미를 부여할 수 있을 것이다. 심판의 주권자 손에는 계 1:17-18절이 밝히듯이 사망과 음부의 열쇠를 가지시고 교회를 보호하시는 권능의 하나님을 알게 하시는 은혜의 말씀이니 감사하지 않을 수 없다. 1장에 기록된 예수님의 사랑은 교회가 감당해야 할 임박한 진노의 시간을 승리의 시간으로 바꾸어 완전한 교회의 영광을 회복시키심으로 알파와 오메가의 영원한 시간을 주님과 함께 살아가도록 계시하시는 하나님의 사랑을 깨닫게 하신다는 관점에서 큰 의미를 가진다고 할 수 있겠다.

1장 내용 정리

계 1:1절은 요한은 이 계시의 근거에 대하여 "예수 그리스도의 계시라"고 분명히 밝히고 있듯이 심판의 주권자로 오실 그분의 직접적 계시임을 알리며 1장 예언의 성격이 복음이라고 규정한다.

이 예언의 말씀을 '읽는 자'와 '듣는 자'와 그 가운데에 **'기록한 것'을** 지키는 자는 **'복'**이 있나니 때가 가까움이라 계 1:3

계시록은 일곱 교회를 향하여 보내는 예수님의 편지로, 이 편지에 기록된 내용은 교회를 향한 예수님의 사랑을 물씬 풍기며 세상을 향한 분노와 영원한 시간까지의 시간표를 아주 소상하게 가르친다. 하나님의 사랑이 너무나 풍성하게 각 장 구석구석에 베여있는 것을 우리는 발견할 수 있다. 계시록의 예언이 복음이라면 지금 교회는 너무나 이 마지막 때의 복음을 복음으로 인식하지 못하고 있는 것이며 마지막 때의 복음이 갖는 가치와 필요를 인정하지 않고 있다고 할 수 있다. **이 말씀을 읽고 듣고 지켜 행하는 것이 복이 된다는 이 말씀을 지킨다면 마지막 때의 지식이 주는 은혜와 능력은 그 가치로 환산할 수 없는 생명의 가치를 가지기 때문에 복이라 규정하는 것이다.** 1:3절을 이해하는 데 있어 가장 관심을 가지고 살펴야 할 가르침은 "때가 가까움이라"고 가르치는 요한의 마음이다. 요한은 계시록의 예언이 가장 필요할 때가 마지막 때라고 보고 그때가 가까운 세대일수록 이를 연구하고 들어야만 하는 복음이라고 강조하는데, 계시록의 복음이 성경 전체를 통하여 조명되고 이해될 때 인생의 모든 여정에 있어 행할 스케줄을 알고 환난의 시간에 대처할 수 있는 지식을 갖춤으로 이기는 자답게 예수님 앞에 설 수 있기 때문이다. 또한 부활 이후의 모든 시간표가 명확하게 이해되고 규명되기에 오늘을 살아가는 그리스도인의 합당한 삶에 대한 이유를 알고 예수님을 맞이할 그때를 준비하는 오늘을 살아갈 수 있다. 예수님께서 승천하실 때 천사의 말이 구름을 타고 가시는 그대로 다시 올 것이라 하셨기에 요한의 계시는 구름을 타고 오시되 이 세상 모든 사람들이 각자의 상황 속에서 빠짐없이 모두 예수님을 볼 것이라고 가르치고 있다계 1:7. 그러나 이 땅에 있는 모든 족속들이 예수님으로 말미암아 애곡하게 될 것은 그분을 하나님의 아들이요 구원자로서 인정하지 않았기에 구원에 이르지 못할 것을 알고 후회하는 눈물이 될 것이다. 1장에 나타나는 요한이 받은 계시는 교회를 향한 예수님의 마음을 이해하도록 이끄는 은혜를 제공한다. 일곱 교회의 주인 되시는 주권자가 예수님이심을 선포하고 있는 예언임을 알게 하신다.

> 네가 본 것은 내 '오른손의 일곱 별의 비밀'과 또 '일곱 금 촛대'라 '일곱 별은 일곱 교회의 사자'요 '일곱 촛대는 일곱 교회'니라 계 1:20

'그 날' · 제1권 · 교회를 향한 하나님의 사랑

◈ 1장 핵심 문제 ◈

1. 계시록의 복음을 읽고, 듣고, 기록된 것을 지켜야 하는 이유는 무엇인가?
   계 1:3

   ❶ 그리스도인들의 교양을 고쳐 시키기 위함   ❷ 교회의 부흥을 위함
   ❸ 마지막 때가 가까이 왔기 때문   ❹ 경건한 삶을 위함

2. 아버지 하나님을 위하여 우리에게 맡겨진 직분은 무엇인가? 계 1:6

   ----

3. 구름을 타고 오시는 예수님을 바라보는 장면에 대하여 "각 사람의 눈이 그
   를 보겠고"라는 표현에 대하여 두 가지 관점 중 옳은 것을 선택하여 구체
   적 관점을 설명하시오. 계 1:7

   ❶ 모든 사람이 동시에 예수님의 재림을 목격하게 될 것이다.
   ❷ 모든 사람이 예수님의 재림을 볼 수 있도록 온 땅을 돌아보실 것이다.

   ----

4. 1:7절의 "그를 찌른 자도 볼 것이요"란 누구를, 어느 때를 지칭하는 지를
   설명하시오.

   ❶ 누구를 지칭하는가?
   ❷ 이 일은 어느 때에 어떤 사건을 의미하는가?

   ----

5. 계 1:13-15절에 나타나는 예수님의 모습을 일곱 교회에 보내는 의도는 무엇인가?

   계 1:13 촛대 사이에 인자 같은 이가 발에 끌리는 옷을 입고 가슴에 금띠를 띠고

   계 1:14 그의 머리와 털의 희기가 흰 양털 같고 눈 같으며 그의 눈은 불꽃 같고

   계 1:15 그의 발은 풀무불에 단련한 빛난 주석 같고 그의 음성은 많은 물 소리와 같으며

   ❶ 교회가 예수님을 기억하게 하려고 ❷ 교회의 번성을 위하여
   ❸ 심판의 예수님을 전하기 위해 ❹ 예수님의 존귀함을 나타내기 위해

   1,2,3,4,5 ANSWER

1. ❸   2. 나라와 제사장   5. ❸

3. ❷ 예수님의 재림을 알지 못하는 사람이 없도록 땅의 모든 사람들에게 자기를 보이심

4. ❶ 예수님의 죽음에 참여했던 유대인과 로마인들
   ❷ 예수님의 십자가 죽음 사건

요한계시록
제 2장

2:1 "에베소 교회"의 사자에게 편지하라 오른손에 있는 일곱 별을 붙잡고 일곱 금 촛대 사이를 거니시는 이가 이르시되 2 내가 네 행위와 수고와 네 인내를 알고 또 악한 자들을 용납하지 아니한 것과 자칭 사도라 하되 아닌 자들을 시험하여 그의 거짓된 것을 네가 드러낸 것과 3 또 네가 참고 내 이름을 위하여 견디고 게으르지 아니한 것을 아노라 4 그러나 너를 책망할 것이 있나니 너의 처음 사랑을 버렸느니라 5 그러므로 어디서 떨어졌는지를 생각하고 회개하여 처음 행위를 가지라 만일 그리하지 아니하고 회개하지 아니하면 내가 네게 가서 네 촛대를 그 자리에서 옮기리라 6 오직 네게 이것이 있으니 네가 니골라 당의 행위를 미워하는도다 나도 이것을 미워하노라 7 귀 있는 자는 성령이 교회들에게 하시는 말씀을 들을지어다 이기는 그에게는 내가 하나님의 낙원에 있는 생명나무의 열매를 주어 먹게 하리라 8 "서머나 교회"의 사자에게 편지하라 처음이며 마지막이요 죽었다가 살아나신 이가 이르시되 9 내가 네 환난과 궁핍을 알거니와 실상은 네가 부요한 자니라 자칭 유대인이라 하는 자들의 비방도 알거니와 실상은 유대인이 아니요 사탄의 회당이라 10 너는 장차 받을 고난을 두려워하지 말라 볼지어다 마귀가 장차 너희 가운데에서 몇 사람을 옥에 던져 시험을 받게 하리니 너희가 십 일 동안 환난을 받으리라 네가 죽도록 충성하라 그리하면 내가 생명의 관을 네게 주리라 11 귀 있는 자는 성령이 교회들에게 하시는 말씀을 들을지어다 이기는 자는 둘째 사망의 해를 받지 아니하리라 12 "버가모 교회"의 사자에게 편지하라 좌우에 날선 검을 가지신 이가 이르시되 13 네가 어디에 사는지를 내가 아노니 거기는 사탄의 권좌가 있는 데라 네가 내 이름을 굳게 잡아서 내 충성된 증인 안디바가 너희 가운데 곧 사탄이 사는 곳에서 죽임을 당할 때에도 나를 믿는 믿음을 저버리지 아니하였도다 14 그러나 네게 두어 가지 책망할 것이 있나니 거기 네게 발람의 교훈을 지키는 자들이 있도다 발람이 발락을 가르쳐 이스라엘 자손 앞에 걸림돌을 놓아 우상의 제물을 먹게 하였고 또 행하게 하였느니라 15 이와 같이 네게도 니골라 당의 교훈을 지키는 자들이 있도다 16 그러므로 회개하라 그리하지 아니하면 내가 네게 속히 가서 내 입의 검으로 그들과 싸우리라 17 귀 있는 자는 성령이 교회들에게 하시는 말씀을 들을지어다 이기는 그에게는 내가 감추었던 만나를 주고 또 흰 돌을 줄 터인데 그 돌 위에 새 이름을 기록한 것이 있나니 받는 자 밖에는 그 이름을 알 사람이 없느니라 18 "두아디라 교회"의 사자에게 편지하라 그 눈이 불꽃 같고 그 발이 빛난 주석과 같은 하나님의 아들이 이르시되 19 내가 네 사업과 사랑과 믿음과 섬김과 인내를 아노니 네 나중 행위가 처음 것보다 많도다 20 그러나 네게 책망할 일이 있노라 자칭 선

지자라 하는 여자 이세벨을 네가 용납함이니 그가 내 종들을 가르쳐 꾀어 행음하게 하고 우상의 제물을 먹게 하는도다 21 또 내가 그에게 회개할 기회를 주었으되 자기의 음행을 회개하고자 하지 아니하는도다 22 볼지어다 내가 그를 침상에 던질 터이요 또 그와 더불어 간음하는 자들도 만일 그의 행위를 개하지 아니하면 큰 환난 가운데에 던지고 23 또 내가 사망으로 그의 자녀를 죽이리니 모든 교회가 나는 사람의 뜻과 마음을 살피는 자인 줄 알지라 내가 너희 각 사람의 행위대로 갚아 주리라 24 두아디라에 남아 있어 이 교훈을 받지 아니하고 소위 사탄의 깊은 것을 알지 못하는 너희에게 말하노니 다른 짐으로 너희에게 지울 것은 없노라 25 다만 너희에게 있는 것을 내가 올 때까지 굳게 잡으라 26 이기는 자와 끝까지 내 일을 지키는 그에게 만국을 다스리는 권세를 주리니 27 그가 철장을 가지고 그들을 다스려 질그릇 깨뜨리는 것과 같이 하리라 나도 내 아버지께 받은 것이 그러하니라 28 내가 또 그에게 새벽 별을 주리라 29 귀 있는 자는 성령이 교회들에게 하시는 말씀을 들을지어다

제 3 장

3:1 "사데 교회"의 사자에게 편지하라 하나님의 일곱 영과 일곱 별을 가지신 이가 이르시되 내가 네 행위를 아노니 네가 살았다 하는 이름은 가졌으나 죽은 자로다 2 너는 일깨어 그 남은 바 죽게 된 것을 굳건하게 하라 내 하나님 앞에 네 행위의 온전한 것을 찾지 못하였노니 3 그러므로 네가 어떻게 받았으며 어떻게 들었는지 생각하고 지켜 회개하라 만일 일깨지 아니하면 내가 도둑 같이 이르리니 어느 때에 네게 이를는지 네가 알지 못하리라 4 그러나 사데에 그 옷을 더럽히지 아니한 자 몇 명이 네게 있어 흰 옷을 입고 나와 함께 다니리니 그들은 합당한 자인 연고라 5 이기는 자는 이와 같이 흰 옷을 입을 것이요 내가 그 이름을 생명책에서 결코 지우지 아니하고 그 이름을 내 아버지 앞과 그의 천사들 앞에서 시인하리라 6 귀 있는 자는 성령이 교회들에게 하시는 말씀을 들을지어다 7 "빌라델비아 교회"의 사자에게 편지하라 거룩하고 진실하사 다윗의 열쇠를 가지신 이 곧 열면 닫을 사람이 없고 닫으면 열 사람이 없는 그가 이르시되 8 볼지어다 내가 네 앞에 열린 문을 두었으되 능히 닫을 사람이 없으리라 내가 네 행위를 아노니 네가 작은 능력을 가지고서도 내 말을 지키며 내 이름을 배반하지 아니하였도다 9 보라 사탄의 회당 곧 자칭 유대인이라 하나 그렇지 아니하고 거짓말 하는 자들 중에서 몇을 네게 주어 그들로 와서 네 발 앞에 절하게 하고 내가 너를 사랑하는 줄을 알게 하리라 10 네가 나의 인내의 말씀을 지켰은즉 내가 또한 너를 지켜 시험의 때를 면하게 하리니 이는 장차 온 세상에 임하여 땅에 거하는 자들을 시험할 때라 11 내가 속히 오리니 네가 가진 것을 굳게 잡아 아무도 네 면류관을 빼앗지 못하게 하라 12 이기는 자는 내 하나님 성전에 기둥이 되게 하리니 그가 결코 다시 나가지 아니하리라 내가 하나님의 이름과 하나님의

성 곧 하늘에서 내 하나님께로부터 내려오는 새 예루살렘의 이름과 나의 새 이름을 그이 위에 기록하리라 13 귀 있는 자는 성령이 교회들에게 하시는 말씀을 들을지어다 14 "라오디게아 교회"의 사자에게 편지하라 아멘이시요 충성되고 참된 증인이시요 하나님의 창조의 근본이신 이가 이르시되 15 내가 네 행위를 아노니 네가 차지도 아니하고 뜨겁지도 아니하도다 네가 차든지 뜨겁든지 하기를 원하노라 16 네가 이같이 미지근하여 뜨겁지도 아니하고 차지도 아니하니 내 입에서 너를 토하여 버리리라 17 네가 말하기를 나는 부자라 부요하여 부족한 것이 없다 하나 네 곤고한 것과 가련한 것과 가난한 것과 눈 먼 것과 벌거벗은 것을 알지 못하는도다 18 내가 너를 권하노니 내게서 불로 연단한 금을 사서 부요하게 하고 흰 옷을 사서 입어 벌거벗은 수치를 보이지 않게 하고 안약을 사서 눈에 발라 보게 하라 19 무릇 내가 사랑하는 자를 책망하여 징계하노니 그러므로 네가 열심을 내라 회개하라 20 볼지어다 내가 문 밖에 서서 두드리노니 누구든지 내 음성을 듣고 문을 열면 내가 그에게로 들어가 그와 더불어 먹고 그는 나와 더불어 먹으리라 21 이기는 그에게는 내가 내 보좌에 함께 앉게 하여 주기를 내가 이기고 아버지 보좌에 함께 앉은 것과 같이 하리라 22 귀 있는 자는 성령이 교회들에게 하시는 말씀을 들을지어다

일곱 교회를 향한 연서

2-3장에 담긴 내용

2장의 내용은 3장과 연결되어 모두 일곱 가지의 메시지로 되어 있는데 2장에서는 네 개의 교회인 ❶ 에베소 교회 ~ ❹ 두아디라 교회가, 3장에는 ❺ 사데 교회 ~ ❼ 라오디게아 교회를 향한 주님의 메시지로 구성되어 있다. 메시지 이해의 핵심은 편지 속에 감춰진 다섯 가지의 Frame을 찾아 해석에 적용하는 것이며, 일곱 교회에 보내어진 다섯 가지의 Frame에 의해 기록된 메시지는 모든 교회가 차별 없으신 예수님의 구원을 경험하는 방법을 전하며 이기는 자에게 주실 약속을 붙들고 소망 가운데 승리할 수 있도록 인도하고 있다.

계시록 2-3장과 전체의 관계

두 장의 메시지 속에 나타나는 일곱 교회는 요한계시록에 있어 그 목적에 해당한다. 완전한 DNA를 가졌으나 지극히 불량한 상태의 불완전한 교회를 회개를 통해 완전케 하신 후 아버지께 드려고전 15:24 완성된 하나님 나라에서 영원히 함께 거하기를 원하시는 주님의 마음을 드러내시고 있는 내용이라 할 수 있다. 2-3장은 곧 21-22장과 밀접한 상관관계 속에 있는데, **"회개하고 이기는 교회**2-3장 **= 거룩한 성 새 예루살렘"**21-22장의 등식이 된다. 다시 말하면 교회를 21-22장에 기록된 완성된 하나님의 나라의 거룩한 성 새 예루살렘으로 삼고자 2-3장의 메시지를 주셨다고 말할 수 있다.

일곱 교회 메시지 이해의 다섯 가지 Frame

일곱 교회를 향한 편지를 이해하는 방법은 편지 속에 있는 다섯 가지의 일정한 Frame을 통해 예수님의 마음을 알 수 있도록 우리를 인도한다.

구 분	내 용
Frame ❶	각 교회에 나타내시는 예수님의 모습 / 교회 문제에 대한 해결 방안의 메시지
Frame ❷	각 교회의 신앙생활 분석
Frame ❸	교회의 문제에 대한 책망
Frame ❹	문제에 대한 시정 명령과 이기는 자를 향한 약속
Frame ❺	교회의 주권, 성령 하나님 / 성령이 교회에게 하시는 말씀을 들을지어다

"가장 집중해서 분석해야 할 내용은 편지의 서두에 나타나는 'Frame ❶'이다." 이유는 Frame ❶은 곧 교회의 핵심적 문제를 함축하는 묘사이며 문제를 해결하는 핵심 키워드로 작용하기 때문이다. 또한 예수님의 나타나시는 모습을 통하여 그 교회를 향해 무엇을, 어떤 행동을 원하시는지 주님의 마음을 알 수 있도록 제시하는 선명한 힌트라 할 수 있다.

2~3장의 핵심 주제 이해

일곱 교회에 대한 예수님의 평가와 문제점 분석 및 명령과 약속의 일정한 Frame으로 일곱 교회를 진단하시는데 특별히 주목해야 하는 것은 ❶ **각 교회에 드러내시는 자신의 모습** 일곱 교회 Frame 분석표 '현현의 의미' 참조**과 의미 분석이다.** 편지의 서두에 나타내시는 예수님의 모습을 통하여 임박한 심판의 때를 눈앞에 두고 있는 오늘날의 각 교회가 어떻게 변화되어야 할지에 대한 방향을 제시하기 때문이다. ❷ **각 교회가 세워가는 신앙생활**

의 상태분석 내용이다. 이 분석의 결과를 통해 알 수 있는 공통분모는 놀랍게도 에베소 교회와 동일한 처음 사랑의 상실이라는 사실이다. 에베소 교회가 가장 먼저 소개되는 이유는 사랑을 상실한 것이며 이로 인한 교회의 문제는 이미 예수님과의 거리가 멀리 멀어져 있다고 진단하신다. 어디서 떨어졌는지, 언제부터 예수님의 손을 놓고 혼자 걷고 있는지, 지금 어디로 가고 있는지 그 방향을 찾으라는 것이다. 방법은 회개라고 진단하심으로 에베소 교회는 신부로서의 모습에 흠결이 생겼으니, 예수님께서 용서할 수 없는 죄! 그것을 찾으라는 것이다. 노골적으로 드러나지 않는 죄악들이 에베소 교회에 있었다는 것을 알 수 있게 한다. 문제는 그들이 알지 못한다는 것이며, 알 수 없는 이유는 예수님을 향한 열정과 사랑이 사라졌기 때문이라 진단하신다. 이 문제는 에베소 교회만의 문제가 아니라는 데 사태의 심각성이 있기에 예수님은 첫 번째 편지 서두에 에베소 교회를 위치하여 모든 교회의 대표로 내세워 시금석으로 삼기를 원하신다.

❸ **교회를 향한 책망의 Frame이다.** 이 책망은 그 교회가 갖고 있는 표면적 현상이다. 그러나 그 문제를 해결한다고 교회가 문제를 해결하고 회복되는 게 아니라는 것이다. 실제적 해결의 실마리는 현현의 의미에서 찾도록 구조되어 있다는 사실이다. ❹ **시정 명령과 이기는 자에게 주시는 약속이 함께 한다. 시정 명령은 "회개"이다.** 교회는 회개를 통해서만 그 완전성을 회복하도록 프로그램되어 있다. 회개하는 순간 예수님은 즉시 회개하는 자를 정결케 하셔서 거룩하게 하실 것이다. 이 회개와 상관된 존재가 사탄이다. 사탄은 정결함을 방해한다. 그러나 교회는 이 정결을 생명같이 여기고 회복하도록 힘써야 완전성을 회복하여 하나님과 함께 거할 수 있다. 이렇게 중요한 회개의 실현을 위해 선물로 주시는 것이 이기는 자에게 주시는 약속 Frame이다. ❺ **교회의 주권자가 누구인가를 드러내신다.** 성령님께서는 예수님의 몸을 위임받으시고 교회의 사자와 함께 심판 전의 모든 교회를 세우시며, 이루시고 완전케 하시는 하나님이시다.

파송된 사자는 그분의 음성에 귀를 기울이고 동행하며 온전히 동역해야 한다. 그것이 주인이신 예수 그리스도께서 오실 때까지 교회의 존재 가치를 유지하고 환난을 통과할 수 있는 유일한 길이기 때문이다.

2~3장 해석의 유의점

계시록 2~3장은 교회 역사 속에서의 시대별 교회상을 통해 해석하는 경우다. 예를 들어 에베소 교회는 사도시대, 서머나 교회는 순교시대, 버가모 교회는 로마 국교 시대, 두아디라 교회는 암흑시대, 사데 교회는 종교개혁시대, 빌라델비아 교회는 선교시대, 라오디게아 교회는 종말시대라 해석한다. 그러나 이러한 교회사의 해석은 요한계시록의 참된 의미를 살리는 해석이 될 수 없다. 이유는 지나간 역사를 가지고 해석하면 계 1:3절의 말씀을 충족시키지 못하기 때문이다. 1:3절은 "이 예언의 말씀을 읽는 자와 듣는 자와 그 가운데에 기록한 것을 지키는 자는 복이 있나니"라고 하셨기 때문이다. 교회 역사를 끌어와 지나간 과거 시대의 교회상을 굳이 오늘날 듣고 읽고 지켜 교훈으로 삼을 필요가 있을까? 이런 해석의 우를 범하는 이유는 무엇일까?

❶ 교회 역사 속에서 해석된 것으로 재해석하려 하기 때문이다.

본문과 성경에서 분명한 답을 찾아야 한다. 성경을 떠나 교회사 속에서 해석의 실마리를 찾으려 하면 온전한 실마리를 발견할 수 없는 것이 계시록의 계시이다. 요한계시록은 분명 요한의 시대를 배경으로 하고 있는 듯 보이지만 요한의 시대만을 위한 계시의 책이 아니라는 사실을 분명히 인식해야 한다. 다른 모든 성경은 그 시대에 뿌리를 두고 해석할 수 있을지 몰라도 요한계시록은 그렇게 해석해서는 안 된다. 반드시 일어날 미래의 일이라는 확실하고 분명한 명제를 제시하고 있기 때문이다. 요한의 현재에 뿌리를 박고 해석한다면 계시록의 현재는 지나간 역사가 되어 버리고 계시의 가치를 상실한다. 일곱 교회는 계시 속에 나타나는 교회의 모습이라는 사실을 알고 과거에 있었지만 과거를 생각하고 해석해서는 안 되는, 철저한 현재와 미래의 교회상으로 이해해야 현재를 살아가는 우리에게 유익이 되고 복이 되며 묵상하므로 복이 되는 말씀이다. 그렇게 해석될 때 계시록의 가치를 충족시킬 수 있다. 지나간 시대의 선조들에게는 그들의 현재와 미래의 말씀으로 삼았기에 소망과 은혜가 되었을 것이다. 어느 시대를 막론하고 사탄은 교회를 잔해하고 교회 역사의 뿌리로부터 원수로 있어 왔으며 언제나 현재와 미래의 교회를 공격해 왔다. 사탄은 과거의 교회는 공격하는 법이 없으므로 이 시대를 살아가는 21세기의 우리 역시 현재와 미래의 말씀으로 받아 사탄과 싸우며 주님 오실 그날까지 교회를 개혁하고 지켜 미래로 나아가야 하는 말씀으로 삼아야 하는 것이다.

❷ 각 교회를 향한 예수님의 평가 Frame을 발견하지 못했기 때문이다.

일곱 교회를 향한 예수님의 평가를 유심히 살피면 일정한 Frame 안에서 이루어지고 있다는 사실을 발견하게 된다. 각 교회를 향한 예수님의 현현의 모습, 교회의 행위, 책망, 회복 명령, 약속, 권면 등의 일정한 Frame으로 교회를 평가하고 계시는 것을 볼 수 있다. 이러한 Frame 속에서 가장 중요한 내용은 각 편지의 서두에 나타나는 예수님의 현현이다. 그러나 분명한 사실은 이 Frame으로 일곱 교회의 메시지를 각 교회의 상황과 비교하여 읽어낼 수 있다면 일곱 교회를 향한 예수님의 메시지는 분명해지고 오늘날 내가 섬기는 교회에 대한 숨겨진 모습을 찾아낼 수 있다. 그러므로 일곱 교회는 오늘날 교회의 본 모습을 찾아내는 리트머스 시약과 같다. 우리 교회의 리트머스 시험지 7장을 놓고 일곱 교회의 시약을 떨어뜨리듯 적용하여 연구해보면 반드시 반응이 오는 동일한 교회의 모습을 발견하게 될 것이며, 그 교회가 바로 오늘날 우리 교회의 모습이 되는 것이다. 반드시 동질적 모습이 발견될 것인데 이유는 교회의 원수인 사탄이 유황 불못에 던져지기 전이기 때문이다.

Frame에 의한 일곱 교회 메시지 분석

일곱 교회를 이해하는 핵심 방법, Frame ❶ ❸ ❹

일곱 교회는 각각의 문제점들을 안고 있다. 오늘날 모든 교회가 문제를 가지고 있듯이 일곱 교회 역시 동일하다. 그런데 주님은 그 문제들을 드러내시는 방식이 독특하다. 교회에 보내는 편지의 서두에서 나타내시는 자신의 모습을 통해 그 교회의 핵심적 문제를 꼬집어 메시지를 전달하고 계신다는 흥미로운 방법이다. 아래 표의 내용들을 구체적으로 분석해 보자.

[Frame ❶❸❹를 중심 한 일곱 교회 분석]

Frame	구 분	에베소 교회	서머나 교회	버가모 교회	두아디라 교회
F ❶	예수님의 모습	일곱 별, 일곱 금촛대 사이를 거니시는 이	처음이며 마지막 죽었다 살아나신 이	좌우에 날선 검을 가지신 이	눈이 불꽃, 발이 빛난 주석 같으신 이
F ❸	교회의 책망	처음사랑을 버림	환난을 두려워함	발람과 니골라 당의 교훈을 수용	이세벨 용납, 우상의 제물 먹게 함
F ❹	명령과 약속	회개하라, 처음 행위의 회복 낙원의 생명 과일 주실 것	죽도록 충성하라 생명의 관을 주실 것	회개하라 만나와 새 이름의 흰돌을 줄 것	회개치 않으면 환난으로 자녀 사망, 만국의 통치 권세 줄 것
F❶해석	현현의 의미	첫사랑상실·고뇌	부활 신앙 부재	말씀 양육 부재	우상 섬김 심판

Frame	구 분	사데 교회	빌라델비아 교회	라오디게아 교회
F ❶	예수님의 모습	일곱 영과 일곱 별을 가지신 이	거룩, 진실, 다윗의 열쇠를 가지신 이, 여닫는 주권	아멘, 충성된 증인, 창조의 근본이신 이
F ❸	교회책망 내용	이름뿐 죽은 교회	작은 능력, 내 이름을 배반하지 아니함	차지도 뜨겁지도 아니함
F ❹	명령과 약속	회개하라	시험의 때 면하게 하심	회개하라
F❶해석	현현의 의미	성령께서 사자와 함께하시는 교회의 능력	구원의 능력을 가진 교회	거룩, 충성, 순종 부재. 창조주 인식 부재

일곱 교회

일곱 교회를 향한 예수님의 편지는 교회를 향한 예수님의 '연서'이다. 환난을 앞둔 교회를 향하여 근심하시는 모습이 계 1:11-12절에 잘 나타난다. 주께서 교회를 생각하시는 관점은 하나다. **"자기 육신의 몸을 버려 세운 영적으로 완전한 몸"** 그것이 교회이기에 하나님의 비전 앞에서 자기를 버려 세우신 것이다 행 20:28. 자신보다 더 귀하다 여기시는 것이 교회를 향한 주님의 마음이다. 그래서 그분은 자신보다 교회를 드러내어 아버지의 비전을 성취하기를 원하신다. 그러나 요한의 시대와 종말의 교회, 즉 세상에 있는 모든 교회는 환난을 통과하여 온전히 영원한 하나님의 나라에 이르지 못하는 이유들이 내재하고 있음을 분명히 하신다. 현재 너희의 정결함으로는 불가하다는 견해이신 것이다. 가장 큰 문제는 모든 교회가 공히 신부로서의 정결한 감정으로 충만한 상태가 아님을 지적하신다. 사랑의 부재에 대한 실망의 표현이며 주님의 섭섭함이 느껴지는 대목이다. 그러므로 회개를 요청하신다. 그리고 하나의 모델을 제시하신다. 빌라델비아 교회를 닮아가라는 주문이다.

일곱 교회의 이해

일곱 교회의 편지를 통하여 소개되는 일곱 교회란 무엇을 의미하는가? 회개를 통해 구원받을 일곱 개의 교회를 의미하는 표현일까? 요한의 시대, 편지를 통하여 소개된 일곱 개의 교회 외에도 몇 개의 교회가 사도 바울에 의해 개척되었다. 그런데 요한의 편지에 기록된 교회는 왜 일곱 개일까? 분명한 것은 요한의 시대에 존재했던 교회들 중 대표적 교회들이었다는 사실과 교회의 다양성 측면에서 살필 때 현대 교회에서 반드시 찾을 수 있는 문제점들을 가진 교회라는 공통분모가 있다는 사실이다. 그렇다면 일곱이라는 숫자를 왜 차용했을까? 교회의 완전성에 대한 이해를 돕기 위함이다. 일곱 교회 중 빌라델비아 교회를 제외하고는 어느 한 교회도 온전한 교회는 없다. 그러나 에베소서를 보면 교회는 완전하다고 표현되어 있다. 교회라는 공동체의 정체성은 완전한 DNA를 가진다는 사실이다. 그런데 세상 가운데 있으므로 세속화될 수 있다. 성도는 양육의 과정을 거치면서 성숙과 온전함에 이르고 회개의 과정을 겪으며 정결해진다. 불완전한 교회를 완전함으로 이끄시는 주님의 은혜, 현재의 불완전함을 완전함으로 이끌어 하나님의 나라로 인도하시는 주님의 은혜, 그 은혜를 알게 하시는 뜻이 일곱 교회를 향한 편지의 의미 중 하나일 것이다. **일곱 교회의 의미는 두 가지로 이해된다. 첫째는 세상 모든 교회의 표본으로써의 일곱 교회이며, 둘째는 교회의 완전성에 대한 의미이다.**

첫 번째 편지의 수신자 에베소 교회가 주는 교훈

첫 번째, 에베소 교회를 향한 메시지는 특별한 위치를 갖는다. 이 교회가 선두에 위치하는 이유는 무엇일까? 가장 먼저 세워진 교회도 아니고 사도들에 의해 세워진 초대교회를 상징하는 교회로서의 명분이 있는 것도 아니다. 이유는 에베소 교회가 가진 문제는 모든 교회들이 가지는 공통적인 문제라는 의미를 전달하기 위함이라 확신한다. 에베소 교회가 가진 문제는 이해를 위한 첫 Frame에서 나타나듯 교회를 향한 근심이 드러나기 때문이다. 1장에 기록된 메시지의 핵심은 "내가 심판주로 올 것이며계 1:13-16 내가 오기 전 교회의 환경은 환난을 통하여 고난과 고통으로 힘든 시간을 통과해야 할 터인데 지금 너희들의 믿음과 신앙으로는 어려울 것을 내가 염려하여계 1:11-12 내 사자를 통해 나의 편지를 받아 성령의 음성을 듣고 순종함으로 회개하여 내 약속을 붙들고 이기고 내 나라에 이르도록 하라계 1:18-20, 2-3장는 내용이다. 1장에 기록된 메시지는 2장의 첫 교회인 에베소 교회에 그대로 드러나고 있다. 예를 들어 1:12-13, 20절의 핵심적 내용을 에베소 교회에 옮겨 놓은 듯한 말씀이다.

구분	비 교 내 용
계 1:11-13, 20	11 이르되 네가 보는 것을 두루마리에 써서 에베소, 서머나, 두아디라, 사데, 빌라델비아, 라오디게아 등 일곱 교회에 보내라 하시기로 12 몸을 돌이켜 나에게 말한 음성을 알아보려고 돌이킬 때에 일곱 금 촛대를 보았는데 13 촛대 사이에 인자 같은 이가 발에 끌리는 옷을 입고 가슴에 금띠를 띠고 20 네가 본 것은 내 오른손의 일곱 별의 비밀과 일곱 금 촛대라 일곱 별은 일곱 교회의 사자요 일곱 촛대는 일곱 교회니라
계 2:1	에베소 교회의 사자에게 편지하라 오른손에 일곱 별을 붙잡고 일곱 그 촛대 사이를 거니시는 이가 이르시되

촛대에 대한 내용이 1장과 2장으로 구분되었으나 서로 하나라는 사실을 전한다. 에베소 교회에 나타나시는 예수님의 모습을 통해 그 교회를 향해 말씀하시는 예수님의 궁극적 메시지를 읽을 수 있다는 관점을 적용하면 1장의 일곱 교회에 대한 모든 표현 가운데 핵심은 '일곱 별과 일곱 촛대'이다. 그 표현을 에베소 교회에 고스란히 나타내고 계신다는 것은

무엇을 의미할까? 에베소 교회가 가진 문제는 곧 '전체 교회를 대표하는 문제'라는 사실을 나타내시기 위함이다. '에베소 교회가 일곱 교회의 첫 머리에 기록된 이유'와 예수님께서 에베소 교회를 해석하는 첫 Frame에 나타나는 이유는 '**에베소 교회를 모든 교회의 첫 교회로 소개하시면서 교회를 향한 주님의 근심이 무엇인지**'를 독자가 주님의 입장에서 이해할 수 있도록 이해시키기 위해서다. 빌라델비아 교회를 제외한 모든 교회의 현 상태가 환난을 통과할 준비가 되어 있지 않다는 판단과 함께 회개를 촉구하시며 약속을 상기시키시는 이유가 무엇일까? 바로 '**모든 교회가 예수님을 향한 처음 사랑을 잃어버렸기 때문**'임을 알리기 위해서다. 또 한 가지 에베소 교회를 통한 교훈은 아무리 열심히 선한 일들을 많이 하는 교회라 할지라도 예수님을 향한 사랑을 잃어버린다면 그 교회는 신부로서 자격이 없다는 것을 의미하므로 에베소 교회를 통하여 다시 일깨워야 할 교훈이다.

> 예수께서 이르시되 네 마음을 다하고 목숨을 다하고 뜻을 다하여 주 너의 '하나님을 사랑하라' 하셨으니 이것이 크고 '첫째 되는 계명'이요 마 22:37-38

마태는 예수님의 가르침을 전하면서 첫째 계명과 하나님 사랑을 연결하되 목숨을 다하고 뜻을 다하는 삶을 통하여 이루는 것이 사랑이라 가르치고 있다. 하나님을 향한 사랑! 가장 위대한 피조물인 인간만이 고백하며 드릴 수 있는 최고의 선물이며, 하나님께서 우리에게 보이신 최고의 선물이다.

Frame ❶을 중심으로 이해되는 일곱 교회의 문제

1. 에베소 교회

Frame ❶

계 2:1 오른손에 있는 일곱 별을 붙잡고 일곱 금 촛대 사이를 거니시는 이가 이르시되

Frame ❸을 중심한 에베소 교회 Frame ❶ 이해

에베소 교회에 나타나신 예수님의 모습인 **Frame ❶**의 모습은 1:12-13, 16, 20절의 말씀과 동일하다. 다른 교회에는 나타나지 않고 일곱 교회 중 첫 교회인 에베소 교회에만 적용되는 특이점이므로 당연히 왜? 라는 질문이 있어야 에베소 교회와 일곱 교회의 연관성을 찾아 상호 이해가 가능한 해석이 될 것이다. 예수님의 이 모습은 성령 충만한 사자를 통하여 교회를 통치하시는 예수님의 고뇌가 나타나는 모습이다. 에베소 교회를 향한 Frame ❸을 보면 그 이유가 드러난다. "**처음 사랑을 잃어버렸다**"는 문제이다. 예수님의 마음은 복잡하다. 환난을 통해 교회의 알곡을 가리는 심판의 시간은 임박하였고 모든 교회의 상태는 그 환난을 통과하기가 불가능할 정도로 우상에, 이단에, 게으름에, 다른 교훈에, 흔들리고 있으므로 정결한 영성이 요구되는 신부인 교회가 그 기능을 할 수 없으므로 구원의 기쁨을 함께할 가능성이 희박하다고 판단하시는 예수님의 마음이 복잡하시다는 것을 Frame을 통해 알 수 있다. 그래서 제시하시는 방법이 '**회개 명령과 약속**'이다. 채찍과 당근을 주시는 것이다. 주님은 그렇게 교회의 완전성을 회복하시려 하신다. Frame ❶의 예수님 모습에서 알아야 하는 것은 교회를 다스리도록 부름 받은 사자들을 붙들고 교회 사이를 걸

으시며 무엇을 생각하셨을까? 이다. 예수님의 고민과 고뇌는 어떻게 하면 교회로 하여금 환난을 이기고 완성된 아버지 하나님의 나라에서 영원히 거할 수 있을까? "할 수만 있으면 택한 자들도 미혹하리라"마 24:24 라고 가르치셨던 적그리스도의 미혹과 환난을 이기는 권면은 무엇일까? 교회가 예수님의 기대 속 가르침과 다르게 세속화되는 것에 대한 고뇌가 아니겠는가? 예수님은 여전히 하나님 우편에서 이 문제를 생각하며 기도하고 계실 것이다. 그런데 손에 들고 계신 것이 **"일곱 별"**이라는 것은 무엇을 의미할까? 예수님의 교회를 다스리는 **"핵심적 통치 방법"**은 곧 성령 충만한 사자를 통해 일하신다는 사실을 기억하고 파송된 종은 언제나 성령 하나님과 하나 되어 사역해야 한다는 의미이다. 일곱 촛대와 일곱 별을 손에 쥐신 주님의 고뇌는 교회의 사자도 주님의 손에 있고, 교회도 주님의 손에 있어 관심과 시선을 떼지 않으시지만 완전하지 못함을 아시고 하나님 우편에서 고뇌의 중보를 통하여 돌보고 계시는 것이다. 그만큼 성령님의 보호와 인도함이 없이는 교회가 마지막 시간을 통과하기 어려운 미혹에 약한 존재라는 사실을 인식하고 기도하며 나아가야 한다. 첫 번째 교회인 에베소 교회에 나타나는 예수님의 이러한 모습은 곧 모든 교회에 나타나는 문제들의 원인이, 처음 사랑을 잃어버린 이유가 문제의 시작이 된다는 사실을 전하는 암묵적 가르침이 '에베소 교회를 첫 번째 교회로 나타내시는 이유'인 것이다. '**첫 번째**'라는 사실은 '**모든 교회에 대한 근본적 문제점을 가진 대표적인 교회**'라는 의미이다.

2. 서머나 교회

Frame ❶

계 2:8 처음이며 마지막이요 죽었다가 살아 나신 이가 이르시되

Frame ❸을 중심한 서머나 교회 Frame ❶ 이해

Frame ❸에 나타나는 서머나 교회의 문제는 '**순교와 환난에 대한 두려움이다.**' 그래서 예수님은 처음이며 마지막이라고 표현하는 이면적 의미인 창조와 마지막 심판의 주권자이시며 부활하신 주님으로 나타내시는 것이다. 주님은 아신다. 서머나 교회가 두 가지 문제 때문에 마지막 시간을 통과하기가 쉽지 않을 것이라는 사실을 알게 하신다! 이 두 가지의 문제는 **첫째, 영원의 시간에 대한 소망이 없다고 판단하신 것이다.** 전도서 기자는 말한다. '~하나님은 사람들에게 영원을 사모하는 마음을 주셨느니라~'전 3:11고 가르친다. 그러나 서머나 교회는 알파와 오메가가 되시는 하나님을 영적으로 믿지 못하는 문제가 있다는 것을 알 수 있게 한다. **둘째, 순교와 환난에 대한 두려움으로 사로잡힌 교회**인 것을 알게 한다. 주님은 서머나 교회에 나타나실 때 그 모습을 통해 말씀하신다. '나의 사랑 나의 비둘기 서머나의 내 신부들아 나를 봐! 내가 죽었지만 다시 살아난 너희의 신랑이야!'아 4:10라고 말씀하신다는 사실을 알아야 한다. 부활 신앙을 강조하시는 것이다. '**서머나 교회는 부활에 대한 굳건한 믿음이 없었다.**' 그래서 죽음을 두려워한다. 그래서 '죽도록 충성하라'고 말씀하신다. 이 말씀은 '**노예처럼 충성하라는 의미가 아니다.**' '**환난과 순교의 환경 앞에서 죽음을 두려워하지 말고 충성하라**'는 의미다. 주님의 마음은 이들에게 필요한 지식은 부활 신앙의 지식으로 무장하여 죽음을 두려워하지 아니하는 주님의 신부가 되기를 원하시는 예수님의 마음을 표현하

고 있는 것이다. 서머나 교회가 주님께 근심의 대상이 되는 이유는 두 가지다. 첫째, 영원히 함께하기를 원하시는 주님의 마음을 모르기 때문이며 둘째, 부활의 신앙으로 무장하여 죽음을 두려워하지 않는 강한 신부의 교회로 거듭나지 못하고 있기 때문이다. 여러분들이 섬기시는 교회는 어떠한가? 혹시 서머나 교회와 같은 연약함은 없는가? 서머나 교회의 시약으로 점검해 보아야 할 때이다.

3. 버가모 교회

Frame ❶

계 2:12 좌우에 날 선 검을 가지신 이가 이르시되

Frame ❸을 중심한 버가모 교회 Frame ❶ 이해

버가모 교회의 Frame ❸의 문제는 **니골라당**니콜라스라 이름하는 이단의 일파의 미혹이다. 교회 안에 들어와 발람의 교훈을 따라 예루살렘 사도 회의에서 규정된 우상에게 드린 것과 음행을 피해야 할 명령행 15:20,29 을 거스르고 이 구속에서 해방되어야 한다고 주장하며 교회를 미혹했다. 이러한 교훈을 받아들인 버가모 교회는 왜 그 교훈계 2:14-15을 수용했을까? 우상의 제물을 먹게 하고 이스라엘을 저주했던 발람의 교훈인 22-25장을 진리인양 인식하고 받아들이는 이유가 무엇이었을까? 그 답이 Frame ❶에 나타나는 예수님의 모습인데 좌우에 날 선 검은 엡 6:17절에 나타나는 "성령의 검 곧 하나님의 말씀"이라 사도 바울은 가르치고 있다. 버가모 교회가 이단의 미혹에 빠지는 것은 말씀의 견고한 울타리가 없고 심령에 견고한 믿음이 형성되지 않았다는 것을 의미하는 것이다. 오늘날의 교회 상을 그대로 반영하는 거울이다. 신흥 이단에 휘청거리는 오늘날 교회

들의 부끄럽고 창피한 모습을 그대로 비춰주고 있다고 생각하지 않는가? 여러분들이 섬기는 교회에 이 시약을 떨어뜨려 보라! 버가모 교회에 나타나는 연약함의 색깔로 반응하는지 아니하는지!

4. 두아디라 교회

Frame ❶

계 2:18 그 눈이 불꽃같고 그 발이 빛난 주석 같은 하나님의 아들이 이르시되

Frame ❸을 중심한 두아디라 교회 Frame ❶ 이해

두아디라 교회의 Frame ❸의 문제는 '**이세벨을 용납하고 행음하며 우상의 제물 먹게 함**'계 2:20이다. 두아디라 교회는 예수님이 심판 주권자이시며 하나님의 아들이라는 말씀 지식의 견고함이 부족하다는 의미이다. 예수님이 심판의 주권자시라는 의식이 부족하므로 그분을 향한 경외가 약화되고 심판에 대한 두려움이 없으므로 죄의식에 대한 양심의 작용이 둔화되는 것은 자명한 이치다. 두아디라 교회의 죄악은 심판에 대한 두려움의 상실이 주는 심각한 양심의 문제인 것이다. Frame ❶에 나타나는 예수님의 모습인 '**눈이 불꽃 같다는 표현**'은 질투의 하나님에 대한 묘사로 출 20:4-5절을 통하여 가르치신다. "너를 위하여 새긴 우상을 만들지 말고~어떤 형상도 만들지 말며 그것들에게 절하지 말며 그것들을 섬기지 말라 네 하나님 여호와는 질투하는 하나님인즉~" 바알 우상을 섬기는 이세벨의 교훈과 행음, 우상의 제물을 먹는데 동참하게 하므로 우상과의 친밀한 관계를 형성하고자 하는 미혹된 가르침은 교회의 주인 되시는 예수님을 향한 도전이며 패역이요 패악이다. 그러므로 주님의 눈은 질투로 이글거리며 용서할 수 없는 심판의 발로 짓밟으실 것이다. 그러나 십자가

의 보혈로 이미 완전케 하신 그 은혜를 힘입어 회개를 통하여 교회의 완전함을 회복하라고 권면하시는 것이다. 내가 섬기는 교회를 돌아보라! 심판에 대한 염려나 걱정 없이 죄를 행하되 양심이 움직이지 않는 화인 맞은 심령의 교회는 아닌지, 두아디라 교회의 시약을 우리 교회의 리트머스 시험지에 떨어뜨려 보고 회개 거리를 찾으며 마지막 때를 준비하는 열정을 가져야 할 때이다.

5. 사데 교회

Frame ❶

계 3:1 하나님의 일곱 영과 일곱 별을 가지신 이가 이르시되

Frame ❸을 중심한 사데 교회 문제 이해

사데 교회의 Frame ❸의 문제는 "**네가 살았다 하는 이름은 가졌으나 죽은 자로다**"라고 하신 내용이다. Frame ❶과 연결하여 보면 이러한 질문이 형성된다. '**일곱 영과 일곱 별을 가지고도 네가 이름만 있고 죽은 자 같이 살아가는 이유가 무엇이냐?**'가 된다. 그러므로 일곱 영과 일곱 별을 가진 교회에 대한 이해가 사데 교회의 편지를 이해하는 첩경이다. 하나님의 일곱 영이란 성령 하나님을 가리키며 일곱 별은 교회에 파송 받은 자, 곧 요한의 시대에 있어 "사도"를 의미한다. 초대교회에 파송된 사도들은 지금의 목사와는 다소 달랐던 것 같다. 학력, 실력, 능력, 가문 등의 이해관계를 떠나 오직 성령의 충만함을 사역의 첫 번째 충족요건으로 생각하고 오직 말씀과 기도에 전무하는 중심! 이것이 사데 교회를 향한 주님의 현현에 함축된 의미이다. 그러나 사데 교회에 파송된 사자에게 심각한 문제가 있었다고 짐작할 수 있는 것은 성령의 충만함이 없었고 말씀으로 잘

양육하지 못하는 관계로 이름만 있고 영적 생명력을 상실한 교회의 모습으로 명맥을 이어가고 있다는 사실이다. 교회는 성령의 인도하심에 관심을 두지 않고 기도하지 않는다면 교회에 부여하신 능력이 사라져 사탄이 주장하는 여타 종교들보다 못한 그저 무능한 공동체로 전락할 것이다. 그러나 주님의 교회가 부여받은 정체성은 '하늘의 모든 신령한 복이 부어진 교회'엡 1:3 '음부의 권세가 이기지 못하는 교회'마 16:18 '하나님의 영광을 위해 창조되고, 증인으로 택함을 입으며, 하나님을 찬송하기 위해 지음 받은 교회'사 43:6, 10, 21 '아침 빛 같이 뚜렷하고 달 같이 아름답고 해같이 맑고 깃발을 세운 군대같이 당당한 교회'아 6:10 '그의 사랑하는 자를 의지하고 거친 들에서 두려움 없이 광야를 지나 올라오시는 주님을 따르는 교회'아 8:5 '아마나와 스닐과 헤르몬 꼭대기에서, 사자굴과 표범 산의 두려움 속에서 담대하게 훈련되어 주님의 부르심에 일어나 주님과 함께 달려가는 교회'아 4:8로의 부르심이 교회의 정체성이다. 여러분의 교회는 어떤 교회인가 살펴보라. 하늘과 땅의 모든 신령한 복을 받아 누리는 당당한 신부의 교회인지! 사데 교회의 무능한 DNA로 가득한 교회인지 살피고 연구하라! 사데 교회의 시약으로 점검하여 회개하고 일어서야 할 때이다.

6. 빌라델비아 교회

Frame ❶

계 3:7 거룩하고 진실하사 다윗의 열쇠를 가지신 이 곧 열면 닫을 사람이 없고 닫으면 열 사람이 없는 그가 이르시되

Frame ❸를 중심한 빌라델비아 교회 문제 이해

빌라델비아 교회에 대한 Frame ❸의 이해는 **"작은 능력을 가지고도**

내 이름을 배반하지 아니 하였도다"라는 영광된 평가이다. 빌라델비아 교회는 언제나 구원의 문이 열려 있는 교회이며 이러한 능력의 교회는 성도의 수적 증가에 집중하는 교회가 아니라 하나님의 은혜를 사모하고 순종하는 교회이며 이러한 정체성과 자존감을 가진 교회를 주님은 기뻐하신다. 빌라델비아 교회는 성장보다 본질에 집중하는 교회의 특성을 가진다. 양적 성장이 아닌 성도의 신앙과 믿음의 질적 성장에 집중하는 교회이다. 작지만 감사하고 모든 성도가 예수님을 깊이 알고 다가오는 하나님의 나라를 소망하며 현재에 감사하는 교회이다. 어떤 시험 가운데서도 하나님을 향한 신실한 마음에는 변화가 없는 신뢰! 하나님은 이러한 교회를 기뻐하심으로 하나님 나라의 열쇠를 주셔서 땅에서 죄를 결박하면 하늘에서도 결박되고, 하늘의 결박을 풀면 땅에서도 풀리는 엄청난 구원의 능력과 기도의 권세를 가진 교회가 빌라델비아 교회이다. 이러한 교회에 주신 하나님의 약속은 '시험의 때를 면하게 하는 것'이다. '시험의 때'와 '면하게 하다'라는 원어적 표현과 번역 표현 가운데 약간의 상이점이 있다. '시험의 때를 면하게 한다'라는 표현을 근거로 '일부 학자들은 환난 전 휴거설을 주장'한다. 그러나 주님의 구원에는 유대인이나 헬라인이나 차이가 있을 수 없다룸 3:22. 어느 교회는 일찍, 어느 교회는 늦게 가 아니다. 교회는 근본적으로 완전하며 차이가 있을 수 없다. 그러나 회개하지 않고 더러운 옷을 정결케 하지 않는다면 완전함에 이를 수 없는 것이다.

'시험의 때'에 대한 헬라어 '페이라스무'는 '페이라조'의 능동태 부정사로 '유혹' '유혹의 때' '시험의 때'라는 의미를 갖는다. "요한의 당시"에는 황제 숭배의 온갖 유혹과 핍박, "마지막 때"는 적그리스도와 거짓 선지자의 미혹이 있었음을 의미한다. 마 24:24절에서 주님이 말씀하시는 마지막 때의 현상 역시 동일할 것이다. "거짓 그리스도들과 거짓 선지자들이 일어나 큰 표적과 기사를 보여 할 수만 있다면 택한 자들도 미혹하리라"고 하셨던 그 미혹의 때를 말하는 것으로 그들의 미혹에 넘어가 적그리스도의 우상에게 절하고 짐승의 표를 받도록 미혹하는 때! 빌라델비아 교회와 같은 구원에 대한 열정과 예수 그리스도에 대한 분명한 확신과 가치관을 가진 자들은 당연히 시험의 때를 분별하고 이기게 하실 것이라는 성령의 인도하심을 약속하고 있는 것이다.

'면하게 하다'에 대한 이해인데, 헬라어에서는 '면하게 한다'라는 의미의 '아포'가 아니라 '지키다'를 의미하는 '엑크'이다. 이 표현은 시험의 때, 신실하게 구원의 문을 열고 빌라델비아 교회 같이 구원의 열정으로 뜨거운 예수의 마음을 가진 교회를 향하여 '환난의 때, 내가 너희를 안연히 지켜줄 게!'라는 주님의 약속인 것이다. 일곱 교회를 연구하며 기억해야 할 것은 편견을 가져서는 안 된다는 것이다. 일곱 교회 가운데 책망이 없는 교회는 서머나 교회와 빌라델비아 교회인데 서머나 교회는 부활에 대한 믿음이 없어 두려움에 사로잡힌 교회이므로 무흠한 교회가 아니다. 오직 빌라델비아 교회만이 오늘을 살아가는 교회의 자화상으로 생각할 수 있으나 원래 교회라는 공동체의 정체성은 세상이 흉내 낼 수 없는 완전함의 DNA를 가진다는 사실이다. 왜냐하면 예수님의 피로 값 주고 사신 몸이며 성령께서 통치하시기 때문이다. 여섯 교회 모두가 온전하지 않지만 주님은 완전함을 회복하는 방법으로 Frame ❶과 Frame ❸을 통하여 깨닫게 하심으로 회개에 이르도록 도우신다. 내가 섬기는 지금의 교회가 온전치 못하다 불평하며 판단하지 말고 온전한 회개로 완전한 교회의 모습을 회복하도록 기도하며 주님 오시는 그날! 완성될 하나님의 나라를 바라보며 전심을 다해 섬기는 교회를 주님은 기뻐하신다.

라오디게아 교회

Frame ❶

Frame ❸을 중심한 라오디게아 교회 문제 이해

라오디게아 교회에 대한 Frame ❸의 이해는 "**네가 차든지 뜨겁든지
하기를 원하노라**"는 표현 속에 녹아 있으며 이 책망의 말씀은 "**내 입에서
너를 토하여 버리리라**"고 말씀하시는 이유가 된다. 이런 질문을 던질 필
요가 있다. 왜 미지근하다고 표현하시는가? 어떻게 행동하는 것이 미지
근한 것인가? 에 초점을 두고 생각해 봐야 한다. Frame ❶의 핵심적 용
어는 '**아멘**' '**충성**' '**참된 증인**' '**창조주**'이다. 문제는 이 모든 단어가 긍정
이 아닌 부정적 이해 속에서 표현된 것이라는 점이다. 아멘의 고백이 되
지 않고, 충성된 삶이 소멸되었으며, 참된 증인의 삶은 거절되고, 창조주
이신 하나님보다 진화론과 다원주의 같은 비진리에 대하여 진리와 구별
하는 것에 둔감하다는 관점에 대하여 주님은 미지근하다고 표현하신다.
'미지근하다'는 표현이 '적당히 하다'를 의미할까? 아니다. 회개를 통하여
교회가 가져야 할 열정의 완전성을 온전히 회복할 것에 대한 예수님의 강
력한 주문형식의 표현이다. 라오디게아 교회를 종으로 가정할 때 주인으
로부터 사명을 부여받았지만 순종하지 않고, 충성하지 않고, 주인을 음해
하며, 주인을 주인으로 인정하지 않는 존재로 살아가고 있다면 종을 향한
주인의 반응이 과연 '**좋아 너무 적당히 하는 것 같아**'라고 하실까? 천만
의 말씀이다. 엄청난 책망과 징계가 있을 것이다. 라오디게아 교회를 향
하여 말씀하시는 "**네가 차든지 뜨겁든지 하기를 원하노라**"와 "**내 입에서

너를 토하여 버리리라"는 말씀은 엄청난 진노를 예고하시는 준비하시는 채찍을 보이시는 강한 어조라는 사실을 기억해야 한다. 열정의 회복에 대한 주님의 강한 의미가 느껴지는 대목이다. 우리는 알아야 한다. '아멘'과 '충성'과 '증인의 삶'과 '창조주'를 인정하는 것이 어떤 생각 속에서 어떤 삶을 통해 완성되어 가는지! 오직 고난과 희생과 헌신, 십자가를 지듯 사명으로 짊어져야 한다. 그때! 주님께서 십자가를 가볍게 하시는 은혜를 맛볼 수 있을 것이다.

  아멘의 의미는 무엇일까? 아멘으로 나타나신다는 의미에 대한 깊은 성경적 이해가 필요하다. **아멘**은 히브리어 **'아만'**으로 **'의뢰가 된다' '의지 한다'**에서 온 부사가 **아멘**이며 **'진실로' '참으로'**의 뜻을 가진다. 유대인의 회당에서 쓰이던 관용어로 오늘날 교회에서 그대로 답습하고 있는 표현이다. 아멘의 용도는 처음에 쓰이는 경우 다른 사람의 말에 동의를 왕상 1:36, 단독으로 말할 경우 진실에 대한 **'맹세'**민 5:22, 신 27:15-26의 말'이 끝난 후에 사용되었다대상 16:36. 신약에서는 송영의 마지막에 사용 되었다롬 1:25, 16:27. 그런데 다른 곳의 용례와는 달리 본 절에서 사용될 때는 조금 달리 봐야 할 의미인 것은 "아멘"이 곧 예수 그리스도를 가리켜 사용되고 있음을 본다. **구원을 성취하신 분**이라는 의미를 갖는다. 나는 아멘이야! 라고 구원을 성취하신 그분이 이르신 것으로 **아버지의 명령에 대하여 아멘이라 답하고 그 명령을 실행했어!**라고 말씀하시는 것으로 이해되어야 한다. 그러므로 라오디게아 교회에 아멘으로 나타나신 것에 대한 바른 이해는 **구원을 성취하기 위해 그리스도의 순종을 닮아 아멘이라 고백하며 구원의 삶을 살아야 할 라오디게아 교회야 네 삶이 그렇지 못하다**라는 의미로 해석됨이 옳다. **충성되고 참된 증인**이라는 이해 또한 **예수님께서는 참된 증인이셨지만 너희는 그러하지 못하다**는 관점의 해석이다. **창조의 근본**이라는 표현은 요한의 당시에도, 현재와 특히 앞으로 다가올 더 임박한 시간일수록 다원주의와 자유주의 파도 속에서 창조주 하나님을 인정하는 교회의 모습은 더 묻히게 될 것이며 진리의 위치는 더 좁혀져 갈 것에 대한 염려가 담겨 있다. 이것이 종말의 때에 있을 사회현상이다. '말세에 믿음 있는 자를 보겠느냐'라는 주님의 한숨 섞인 말씀의 실제 모습이 그렇게 나타날 것이다. 그러나 성령께서 부으시는 회개의 영으로 완전한 교회의 정체성이 회복되도록 기도해야 한다. 이것이 마지막 때를 살아가는 교회의 사명이기도 하다.

2-3장의 일곱 교회에 보내는 편지의 의미와 결론

심판 앞에서 교회를 향한 긍휼과 사랑을 드러내고 있는 예수님의 마음이 편지에 담겨 전달되고 있는 내용으로 마지막 때를 살아가는 오늘의 교회가 각자의 모습이 어떤지를 알고 회개를 통해 그리스도의 신부로 준비되어 예비 된 상급을 완성된 하나님의 나라 안에서 온전히 함께 누리기를 바라시는 예수님의 마음을 알 수 있도록 이끄신다.

2-3 장 내용 정리

일곱 교회란? 숫자에 함의된 의미를 더하여 예수 그리스도의 구속으로 정결하게 된 거룩하고 완전한 하나님의 교회라는 의미이다. '일곱 교회에 대한 바른 이해는 세상 모든 교회를 함축하는 일곱 개의 표본이며 마치 리트머스 시험지에 떨어뜨려 반응으로 분별할 수 있는 시약과 같다.' 섬기는 교회에 일곱 교회의 시약을 적용해 떨어뜨려 보라. 일곱 교회 중 어느 한 교회와 동일한 색상이 나타날 것이며 이는 시약으로 비교한 교회와 동일한 현재이므로 그 교회를 향한 예수님의 모든 가르침을 그대로 적용하여 교회를 새롭게 하는 컨설팅의 능력과 지혜가 부어지기를 바라는 바이다. 각 교회에 보내는 편지의 서두에 나타내신 예수님의 메시지의 의미이다.

❶ 에베소 교회의 상황과 문제 계 2:1

"오른손에 있는 일곱 별을 붙잡고 일곱 금 촛대 사이를 거니시는 이" 는 고뇌하시는 예수님으로 나타나고 있는데 이 모습은 심판을 앞두고 나를 향한 사랑이 식어버린 에베소 교회가 과연 환난을 통과할 능력이 있는지를 고민하고 계시는 것이다.

❷ 서머나 교회의 상황과 문제 계 2:8

"처음이며 마지막이요 죽었다가 살아나신 이" 는 부활 신앙의 부재를 염려하신다. 다시 살아날 것에 대한 확신이 없는 서머나 교회는 환난 앞에서 절망에 빠져 다시 일어설 용기를 가지지 못하는 것에 대하여 걱정하시는 주님의 마음이 읽혀진다.

❸ 버가모 교회의 상황과 문제 계 2:12

"좌우에 날선 검을 가지신 이"에 대한 이해의 핵심은 '검'에 있다. 곧 말씀의 날이 무딘 교회라는 의미다. 그러므로 교회 안에 발람의 교훈이 횡행해도 그것을 반대하고 끊어내는 진리의 파수꾼이 없는 것을 걱정하시는 예수님의 염려가 읽혀진다.

❹ 두아디라 교회의 상황과 문제 계 2:18

"눈이 불꽃 같고 그 발이 빛난 주석과 같은 하나님의 아들"은 심판의 주권자 예수님을 의미한다. 곧 내가 너의 음행을 질투하여 심판하러 갈 것이라는 의미다. 이세벨의 영을 용납하는 실수를 책망하시며 환난 가운데로 던져지는 고난이 임할 것이라 경고하신다.

❺ 사데 교회의 상황과 문제 계 3:1

"하나님의 일곱 영과 일곱 별을 가지신 이"란? 성령의 능력과 교회의 사자를 붙들고 계신 예수님을 나타내시는 표현으로 성령의 능력으로, 사자의 가르침으로 다시 영적 호흡을 시작하라고 말씀하시는 것이다.

❻ 빌라델비아 교회의 상황 계 3:7

"거룩하고 진실하사 다윗의 열쇠를 가지신 이 곧 열면 닫을 사람이 없고 닫으면 열 사람이 없는 그" 그 교회의 주인은 확실히 예수님이라는 사실을 알고 믿는 교회라고 확정하시는 의미다. 유일하게 책망이 없고 칭찬이 가득한 마지막 때 교회의 모델이다. 곧 작고 강한 교회이다.

❼ 라오디게아 교회의 상황과 문제 계 3:14

"아멘이시요 충성되고 참된 증인이시요 하나님의 창조의 근본이신 이"로 나타나시는 이유는 아멘이 의미하는 순종과 충성과 복음의 증인 된 삶에 게으르며 창조주에 대한 확신보다 다원주의에 둔감한 교회의 게으름과 우둔함, 미지근한 신앙 상태를 책망하시는 표현이다.

◈ 2-3 장 핵심 문제 ◈

1. 일곱 교회에 대한 올바른 설명이 아닌 것은? 계 2-3장

   ❶ 바울 사도가 개척한 일곱 개 교회를 지칭
   ❷ 교회의 완전성을 설명하는 표현
   ❸ 모든 시대의 교회를 아우르는 함축적 모델
   ❹ 교회를 향한 예수님의 사랑을 설명

2. 서머나 교회에 나타나신 예수님 모습의 설명 중 서머나 교회를 향한 예수님의 목적을 가장 잘 설명하는 것은?

   "처음이며 마지막이요 죽었다가 살아나신 이가 이르시되"

   ❶ 영원하신 하나님과 부활의 예수님에 대한 설명
   ❷ 서머나 교회의 부활 신앙의 부재 설명
   ❸ 심판의 예수님을 설명한다.
   ❹ 영생을 주시는 예수님을 나타낸다.

3. 빌라델비아 교회가 예수님으로부터 칭찬을 받은 이유에 대한 설명이 아닌 것은?

   ❶ 작지만 강한 교회를 지향
   ❷ 항상 구원의 문을 닫지 않는 구원 열정
   ❸ 크고 강한 중세시대의 교회를 예표
   ❹ 예수님의 이름을 배반하지 않는 신실함

4. 라오디게아 교회를 향한 예수님의 올바른 진단을 모두 고르시오.

❶ 차갑게 식은 신앙   ❷ 충성과 아멘의 순종이 소멸된 교회
❸ 참된 증인의 삶에 게으른 교회   ❹ 창조주의 능력을 높이는 교회

1,2,3,4 ANSWER

1. ❶   2. ❷

3. ❸   4. ❷, ❸

제 4 장

1 이 일 후에 내가 보니 하늘에 열린 문이 있는데 내가 들은 바 처음에 내게 말하던 나팔 소리 같은 그 음성이 이르되 이리로 올라오라 이후에 마땅히 일어날 일들을 내가 네게 보이리라 하시더라 2 내가 곧 성령에 감동되었더니 보라 하늘에 보좌를 베풀었고 그 보좌 위에 앉으신 이가 있는데 3 앉으신 이의 모양이 벽옥과 홍보석 같고 또 무지개가 있어 보좌에 둘렸는데 그 모양이 녹보석 같더라 4 또 보좌에 둘려 이십사 보좌들이 있고 그 보좌들 위에 이십사 장로들이 흰 옷을 입고 머리에 금관을 쓰고 앉았더라 5 보좌로부터 번개와 음성과 우렛소리가 나고 보좌 앞에 켠 등불 일곱이 있으니 이는 하나님의 일곱 영이라 6 보좌 앞에 수정과 같은 유리 바다가 있고 보좌 가운데와 보좌 주위에 네 생물이 있는데 앞뒤에 눈들이 가득하더라 7 그 첫째 생물은 사자 같고 그 둘째 생물은 송아지 같고 그 셋째 생물은 얼굴이 사람 같고 그 넷째 생물은 날아가는 독수리 같은데 8 네 생물은 각각 여섯 날개를 가졌고 그 안과 주위에는 눈들이 가득하더라 그들이 밤낮 쉬지 않고 이르기를 거룩하다 거룩하다 거룩하다 주 하나님 곧 전능하신 이여 전에도 계셨고 이제도 계시고 장차 오실 이시라 하고 9 그 생물들이 보좌에 앉으사 세세토록 살아 계시는 이에게 영광과 존귀와 감사를 돌릴 때에 10 이십사 장로들이 보좌에 앉으신 이 앞에 엎드려 세세토록 살아 계시는 이에게 경배하고 자기의 관을 보좌 앞에 드리며 이르되 11 우리 주 하나님이여 영광과 존귀와 권능을 받으시는 것이 합당하오니 주께서 만물을 지으신지라 만물이 주의 뜻대로 있었고 또 지으심을 받았나이다 하더라

2. 하늘 예배와 심판의 주권자

[제 4-5 장]

4장 / 삼위일체와 하늘 예배
5장 / 두루마리의 인을 떼실 유다 지파의 사자

[제 4 장]

4장의 핵심 주제 네 가지

1. 요한의 하늘 방문과 보좌 위에 앉으신 이의 모양 1-3절

> **계 4:1** 이 일 후에 내가 보니 '**하늘에 열린 문**'이 있는데 내가 들은 바 처음에 내게 말하던 나팔 소리 같은 그 음성이 이르되 이리로 올라오라 이후에 마땅히 일어날 일들을 내가 '**네게 보이리라**' 하시더라

하늘에 열린 문

보좌 앞으로 인도되는 구원의 문이다. 영안이 열려야 볼 수 있는 다른 차원의 세계인 영계로 인도되고 있음을 나타내는 표현이다. 현재 요한은 성령에 감동되어 영안이 열린 상태이며 하나님의 보좌 앞으로 인도되고 있다는 것을 2절과 3절을 통하여 나타내고 있는데 요한이 보는 보좌의 모습에 대한 묘사가 그것이다.

이후에 마땅히 일어날 일들

요한의 계시록은 성령에 감동된 요한이 앞으로 일어날 일들에 대하여 상세하게 기록한 말씀으로 시간대별로 질서 있게 나열된 역사적 예언이며 하나님께서 보이신 완전한 계시임을 인정해야 한다. 반드시 일어날 것이라는 전제를 분명히 하고 있으므로 계 22:18-19절의 말씀처럼 **"더하거나 뺄 수 없는 완전하고 무흠한 하나님의 신실한 약속"**이라는 사실을 분명히 인식한 상태에서 연구되고 논의되어야 할 것이다.

네게 보이리라

하나님의 마음을 알 수 있는 포인트이다. 중요한 것은 심판에 대한 계획을 말씀으로만 하시지 않았다는 사실이다. 음성과 함께 영상으로 보여주셨다는 것은 심판에 대한 절대적 이해와 감정에 대한 완전한 전달을 원하셨다는 것을 의미한다. 이러한 완전성 안에서의 요한계시록 연구는 완전한 진리의 말씀인 성경을 통해서만 이해되어야 할 당위성이 강조된 가르침이라 할 것이다.

하늘에 베푸신 보좌와 앉으신 이

> **계 4:2** 내가 곧 성령에 감동되었더니 보라 '하늘에 보좌를 베풀었고' 그 '보좌 위에 앉으신 이'가 있는데

하늘에 보좌를 베풀었고

하늘에 베풀어진 보좌는 심판을 위한 보좌이다. 이에 대한 이해는 다

윗의 시 19편의 관계 구절에서 찾아볼 수 있다.

시 19편은 신랑이신 예수 그리스도의 심판을 다루는 시이다. 해는 예
수님을 의미하며 해를 위하여 베풀어진 장막은 곧 보좌가 있는 하늘 성전
을 의미하며 계 11:19절과 15:5절이 논증한다. 그러므로 하늘에 보좌가
베풀어졌다는 의미는 심판을 위한 하나님의 임재를 설명하는 것이다.

심판을 위해 보좌에 앉으신 예수님에 대한 묘사의 한 부분이다. 의와
공평은 심판의 정당성을 나타내는 어휘이다. 이 보좌가 있는 곳은 하늘
성전이며 '하늘 성전이 열리는 것'에 대한 계시록의 증거는 이 땅의 심판
을 위해 '공중 재림하실 때'계 11:19 와 대접 심판을 위해 하늘에 '증거 장막
성전이 열리기 직전의 때'이다계 15:5.

증거 장막 성전이란? 말 그대로 장막으로 이루어져 옮겨 다니는 성소
를 의미한다. 태초의 시간 성소의 영역시 78:54이었던 시온 산을 거처로 정
하셨던 하나님께서 아담과 하와의 죄악으로 더럽혀진 땅을 떠나 하늘로

장막 성전을 옮기셨고 다시 땅으로 임하는 것이 재림의 시간이다.

보좌 위에 앉으신 이의 모양
벽옥, 홍보석, 보좌에 둘린 무지개, 녹보석

계 4:3 '앉으신 이의 모양'이 '벽옥과 홍보석 같고 또 무지개'가 있어 보좌에 둘렸는데 그 '모양이 녹보석 같더라'

보좌 위에 계시는 하나님의 모양에 대한 설명이다. 이 모양은 피조물인 성도와 동일한 모습이다. 이 말씀에 대한 논증과 관련된 말씀은 창 1:26, 출 28:15-21, 계 4:2-3, 계 21:9-20절을 통해 논증된다.

관련 말씀	내 용	의 미 이 해
창 1:26	우리의 형상을 따라 우리의 모양대로 우리가 사람을 만들고~	하나님은 인간 형상과 모양의 근원이시다
출 28:15-21	판결흉패보석(열두 족장): 첫 줄: 홍보석, 황옥, 녹주옥/ 둘째 줄: 석류석, 남보석, 홍마노/ 셋째 줄: 호박, 백마노, 자수정/ 넷째 줄: 녹보석, 호마노, 벽옥	흉패보석=이스라엘 교회의 모양
계 4:2-3	보좌 위 하나님의 모양/ 벽옥, 홍보석, 녹보석, 무지개	하나님 모양=사람 모양
계 21:9-20	새 예루살렘 성, 신부, 어린 양의 아내/ 기초석(열두 제자): 벽옥, 정금, 남보석, 옥수, 녹보석, 홍마노, 홍보석, 청옥, 자수정, 녹옥, 담황옥, 자수정, 성곽(성도): 정금, 열두 문(열두 족장): 진주	하나님 모양=사람 모양=교회 모양=새 예루살렘 성 모양

표의 의미 설명

● **창 1:26절** : 성도는 하나님의 형상Image, 성품이요 모양form을 닮도록 창조되었다.

● **계 4:2-3절** : 계시록은 보좌에 앉으신 하나님의 모양에 대해 보석으

로 묘사하고 있다.

● **출 28:15-21절** : 제사장의 가슴을 덮는 흉패의 모양에 대한 묘사에서 열두 개의 보석은 이스라엘 열두 족장에 대한 상징이며, 이것은 이스라엘 교회를 예표하는 것으로 가슴에 위치하는 이유는 하나님 백성의 정체성을 나타내는 표현으로써 하나님의 구원의 은혜를 입은 자, 즉 이스라엘 교회는 어린 양의 피로 얻은 구원으로 생명을 보호한다는 의미를 갖는다. 곧 교회가 생명 보호의 피난처요 방주라는 의미이다. 열두 개의 보석은 계 21장에서 나타나는 새 예루살렘 성의 문을 구성하는 열두 개의 진주와 기초석의 구성이 구약교회의 열두 족장과 신약시대의 열두 사도에 의해 교회가 세움을 받았다는 의미를 가지는 것이다. 구약시대 제사장의 가슴에 위치하는 흉패는 구약교회와 신약교회를 통하여 구원하시겠다는 교회의 정체성에 대한 의미를 갖는다. 그러므로 구원은 오직 교회에 의해서만 가능하다는 하나님의 계획을 나타내는 식별이다.

● **계 21:9-20절** : 완성된 하나님의 나라로서의 거룩한 성 새 예루살렘 성이 갖는 의미는 하늘의 성전이 땅의 성전이 있는 곳에 내려오는 것으로 묘사되며 열두 사도를 의미하는 열두 개의 보석으로 된 기초석과 열두 족장을 의미하는 열두 개의 진주로 된 구원의 문과 정금으로 된 성곽으로 구성된 거룩한 성 새 예루살렘이 곧 성도들의 모임인 "교회"라는 의미를 완성하도록 돕는다. 하나님은 자기 백성으로 이루어진 새 예루살렘 교회 안으로 들어오셔서 영원한 시간을 함께하실 것인데 이것이 곧 "하나님 나라의 완성"이다. 이 내용은 마지막 장 21~22:5절에서 상세히 다룰 것이다.

2. 이십사 장로 4절

계 4:4 또 보좌에 둘려 이십사 보좌들이 있고 그 보좌들 위에 이십사 장로들이 흰 옷을 입고 머리에 금관을 쓰고 앉았더라 이스라엘의 열두 명의 족장들과 신약의 교회를 세우는 예수님의 열두 명의 제자들이 하나님 나라를 이루는 하나님 백성들의 주요 인물들로서 교회를 대표하는 이십사 명의 장로가 되어 모든 인류의 예배를 위해 하나님의 보좌 주위에서 영광의 대표자로 섬기는 것이다.

열두 족장 + 열두 사도 = 이십사 장로

머리에 금관을 쓰고 앉았더라

머리에 쓴 금관은 왕 같은 제사장들에 대한 묘사이며 하나님으로부터 받은 영광을 나타내는 도구이며, 정금 같이 연단되어 영혼 구원을 위한 삶을 살아온 성도들의 정체성에 대한 묘사로서 머리에 **'금관을 쓰고 앉은 모습 = 통치자로서의 자격 = 심판의 보좌에 앉을 자격'**에 대한 예표적 모습이다. 통치자와 심판자의 자격에 대하여는 예수님의 초림 때 가르침이 마태복음과 누가복음에 기록되어 있으며 참고로 이 왕관이 나타내는 영광의 근본이 하나님이시기에 다시 하나님께 돌려드리는 그림 메시지가 계 4:10절이다.

'심판 메시지'

예수께서 이르시되 내가 진실로 너희에게 이르노니 '세상이 새롭게 되어 인자가 자기 영광의 보좌에 앉을 때'에 나를 따르는 '너희도 열두 보좌에 앉아 이스라엘 열두 지파를 심판'하리라 마 19:28

'통치 메시지'

너희로 내 나라에 있어 내 상에서 먹고 마시며 또는 '보좌에 앉아 이스라엘 열두 지파를 다스리게' 하려 하노라 눅 22:30

흰 옷

흰 옷에 대하여는 계 7:9절은 '**흰 옷**'으로, 계 19:8은 '**세마포옷**'으로 지칭하며 '**성도들의 옳은 행실**'이라 설명한다. 이는 또한 마 22장 '**혼인 잔치의 예복**'이기도 하다. 예복 없이 들어갈 수 없는 혼인 잔치의 참여자 자격은 전 생애에 있어 신랑의 음성을 듣고 집중하여 따르는 열정을 통하여 획득하는 선물이라는 메시지를 갖는다. 신부가 입을 흠과 티가 없는 흰 세마포 옷은 신부가 신랑을 맞이하는 가장 단순하고 깨끗하며 빛나는 영광으로 인정받을 조건인 '정결한 의의 흰 옷'이다. 정결하게 된 흰 옷은 예수님의 보혈로 씻은 바 된 영원한 정결의 옷이다. 흰 옷은 거룩하게 된 자만 입을 수 있는 것으로 거룩, 정결, 의를 이루는 십자가 구속의 열매에 대한 표현들이다. 청함을 받은 자와 택함을 입은 자가 이 땅에서 함께 살아갈 것이나 분명한 사실은 혼인 잔치의 자리에서는 예복을 입지 않은 자는 함께 하지 못할 것이며 준비하지 못한 자는 어두운 데에 던져질 것이라_{마 22:11-13} 말씀하신다.

3. 하나님의 일곱 영과 네 생물에 대한 이해 5-9절

하나님의 일곱 영

> **계 4:5** 보좌로부터 '번개'와 '음성'과 '우렛소리'가 나고 보좌 앞에 켠 '등불 일곱'이 있으니 이는 '하나님의 일곱 영'이라

5-9절의 행간은 성경에 나타나는 하나님을 이해함에 있어 대단히 중요한 의미를 갖는다. 특히 요한계시록이 인류 역사의 마지막 부분을 다루고 있는 책이기에 하나님에 관한 이해에 있어 중요한 이해의 관점을 제공

해 주고 있다. 5절에 나타나 있는 관점은 두 가지다. '번개'와 '음성'과 '우렛소리'에 대한 이해와 '하나님의 일곱 영'에 대한 이해이다.

❶ 번개, 음성, 우렛소리

출 19:16, 출 20:18, 시 77:18, 욥 37:-34, 시 144:6, 사 29:6, 겔 21:15, 겔 43:2-3절 등에 나타나는 번개, 음성, 우렛소리는 하나님의 현현을 나타내는 현상들이며 마지막 때 이 땅을 심판하실 때 나타내시는 심판의 시그널이다.

❷ 등불 일곱 = 하나님의 일곱 영

'일곱 영'은 신약시대를 시작하는 때 곧 오순절기에 이 땅에 오신 예수의 영으로 신약성경에 성령으로 표현된 삼위의 하나님에 대한 표현이다. '하나님의 일곱 영'에 대한 성경의 표현은 주로 구약을 통하여 확인되며 신약성경에서는 예수의 영이라고도 묘사되는 등 여러 가지 표현으로 나타난다. 신약시대의 기록인 요한의 계시록에서 성령에 대하여 성령이라는 신약적 표현이 아닌 구약적 표현이 등장하는 이유는 무엇일까? 구약적 표현이 신약적 표현보다 훨씬 구체적이고 섬세한 면들이 있는 것 같다. 성령님의 역할과 예수님의 역할 묘사를 위한 하나님의 선택인 것 같다. 사 11:1-2절은 장차 초림하실 예수님의 세례 받으신 직후 임하실 신약시대의 성령님에 대하여 이렇게 묘사한다.

> ¹ 이새의 줄기에서 한 싹이 나며 그 뿌리에서 한 가지가 나서 결실할 것이요 ² 그의 위에 여호와의 영 곧 '지혜'와 '총명'의 영이요 '모략'과 '재능'의 영이요 '지식'과 '여호와를 경외하는 영'예배와 경배의 영이 강림하시리니 사 11:1-2

이 본문의 성취는 예수께서 세례를 받으시고 난 후 성령이 비둘기 같이 임하실 때 성취되었다. 예수님은 비둘기같이 임하신 성령님과 함께 신약시대를 준비하시는 모든 능력으로 일하신 것이다. 하나님은 이사야 선지자를 통하여 성령의 사역을 위하여 성령 안에서 역사하는 영에 대하여 구체적이고 세밀하게 가르친다. 성령 안에서 성부와 성자 하나님의 사역을 위해 도우는 영들을 소개하고 있는데 여섯 가지의 사역의 본성들이며 능력이라 할 수 있는 영들이 성령 안에 있다는 사실을 가르치고 있다. 이 본문의 말씀이 주는 유익은 오늘을 사는 신약의 성도들이 하나님의 선한 일들을 위하여 예수님 안에서 능력의 일들을 감당하게 하셨던 그 사역을 위한 영들이 오늘날 우리에게도 부어지도록 기도할 수 있다는 사실을 알게 되는 것이 유익이다. 신앙의 삶 속에서 상황에 따라 필요한 능력을 구할 수 있는 성도! 마지막 때! 이것이 우리의 힘이 되어 완성된 하나님의 나라에 이르도록 우리를 도울 것임을 확신하게 하시는 하나님의 은혜로 다가온다. 성경에 나타나는 성령님에 대한 여러 표현들을 살펴보면 다음과 같다.

❶ 여호와의 영사 11:2 ❷ 일곱 눈슥 3:9 ❸ 하나님의 일곱 영계 3:1 ❹ 일곱 등불 = 일곱 영계 4:5 ❺ 일곱 뿔 = 일곱 눈 = 일곱 영계 5:6 ❻ 예수의 영행 16:7 등으로 나타나고 있다.

유리 바다와 네 생물에 대한 이해

계 4:6-9 ⁶ 보좌 앞에 수정과 같은 유리 바다가 있고 보좌 가운데와 '보좌 주위에 네 생물'이 있는데 앞뒤에 눈들이 가득하더라 ⁷ 그 '첫째 생물은 사자' 같고 그 '둘째 생물은 송아지' 같고 그 '셋째 생물은 얼굴이 사람' 같고 그 '넷째 생물은 날아가는 독수리' 같은데 ⁸ 네 생물은 각각 여섯 날개를 가졌고 그 안과 주위에는 눈들이 가득

네 생물은 예수님 안에서 함께하는 사역적 본성이며 사역을 위한 능력이 되는 영적 존재적 의미를 가진다. 이사야 선지자는 그들을 일컬어 '스랍'이라 묘사하며 곧 '천사'사 6:2이며 히브리 원어로는 '세라핌'이다. 세라핌들은 성령 하나님 안에 있는 여섯 영들과 함께 하나님의 백성을 위한 예수님의 구속 사역의 모든 것을 위해, 섬기는 자로 부름받은 존재들히 1:7-14이다.

유리 바다

하나님의 보좌 앞에 있는 '**수정 같은 유리 바다**'에 대한 이 흥미로운 묘사는 '**완성된 하나님의 나라**'에 대한 그림 언어다. 바다는 세상을 표현하는 은유인데 그 세상이 완성된 하나님의 나라에서 수정과 같은 유리 바다로 변했다는 것이다. 이 말씀을 이해하기 위해 고찰하는 데는 몇 가지 성경 신학적 전제가 필요하다.

첫째, 바다의 본질을 이루는 물질은 물이 되어야 한다.
둘째, 바다의 물은 소금으로 인하여 짜다.
셋째, 짠 물이 되어야 바다 생물이 살 수 있다.

이 세 가지 전제는 바다가 수정 같은 유리 바다로 변한 이유를 이해하도록 도울 것이다. 요한의 눈에 보이는 현재는 완성된 하나님 나라의 장면이다. 다시 말해 심판이 이미 종결된 미래를 본다는 것을 염두에 두고 세 가지의 전제를 설명하면 이러하다.

첫째, 바다의 본질을 이루는 물질은 물이 되어야 한다.

이 전제는 이미 바다 생물이 심판으로 다 죽었기 때문에 더 이상 바닷물이 필요 없을 것이며, 인간 또한 생선과 같은 바다에서 나는 모든 것을 먹지 않아도 살아가는 영원한 나라에서의 삶의 조건이 완성되어 변화된 육체를 가졌다는 것을 의미한다. 참고로 계 21:18, 21절에 나타나는 완성된 하나님 나라의 모습을 설명하는 행간에서 발견되는 '맑다'라는 표현이나 '유리'라는 표현은 거룩한 성 새 예루살렘의 모습을 나타내는 단어로 채용되는데 이것은 곧 하나님의 영광을 설명하는 관련 용어로 채용되고 있다는 사실을 살펴볼 때 심판 이후 이루어질 하나님의 나라를 설명한다는 사실을 알게 한다.

둘째, 바다의 물은 소금으로 인하여 짜다.

두 번째 전제의 핵심은 '짜다'이다. 바다를 세상으로, 소금을 부패 방지의 물질로 이해하도록 은유하는 성경 신학적 특징을 근거로 생각한다면 이미 세상은 더 이상 소금을 필요로 하지 않는 심판 완료의 시점이라는 사실을 직시하게 한다. 하나님의 심판은 죄악 된 세상을 심판하시는 것인데 심판이 끝이 났다면 소금에 의해 죄악을 정화시키는 짠 바다는 존재 가치를 완성한 것이므로 존재 이유는 상실되는 것이다.

셋째, 짠 물이 되어야 바다 생물이 살 수 있다.

심판의 시간은 바닷속에 살아가는 생물의 존재 시간과 존재 이유와 가치가 그 사명을 다한 시간대이다. 사탄과 그의 능력인 사망과 그의 영역인 음부가 심판을 받아 유황 불못에 던져진 최후 심판인 흰 보좌 심판 이후에는 인간에게 더 이상의 죄악은 없을 것이며 인간은 더 이상 먹고 살기 위해 땀을 흘리며 더 좋은 삶을 위한 갈망이 사라질 것이기에 바다 생물은 존재 가치를 다한 시간이 될 것이다.

네 생물 이해

계 4:7 그 첫째 생물은 '사자' 같고 그 둘째 생물은 '송아지' 같고 그 셋째 생물은 얼굴이 '사람' 같고 그 넷째 생물은 날아가는 '독수리' 같은데

사자, 송아지, 사람인자, **독수리**로 표현되는 하나님의 보좌 앞에 있는 스랍들로써 예수님과 함께 하는 **사역의 본성과 능력들**이다. 성령을 일곱 영이라 묘사하며, 사 11:2절에 나타나는 성령 안에서 역사하는 6가지 사역의 본성(지혜, 총명, 재능, 모략, 지식, 경외의 영)과 동일한 수사적 표현이라 할 수 있다. 예수님의 사역에 관한 성품을 분리시켜 표현하는 것으로 예수님의 4대 사역적 사명에 대하여 나타낸다. 네 가지 모양으로 묘사된 것을 풀어 설명하면 다음과 같다.

구 분	예 표	비 유
사 자	왕으로서의 통치자 예수님	통치자 왕에 비유
송 아 지	제사장 직분을 가지신 예수님	이스라엘의 속죄제물 수송아지 비유
독 수 리	선지자 직분을 행하신 예수님	하늘에서 땅을 살피며 예언하는 자 비유
사람(인자)	십자가 대속사역의 예수님 예표	구속을 위해 사람으로 오신 이를 비유

요한은 계 6장에서 네 생물의 역할에 대하여 기록하고 있는데 심판의 시간대별 감찰자로 나타나 있다. 계 6:1, 3, 5, 7절이 그것이다. 예수님 안에서 나타나는 사역의 본성이요, 능력인 네 생물은 성령 안에 있는 여섯 영과 함께 하나님의 일들을 행하는 주체로 역사한다. 지금도 성령님과 예수님 안에 있는 이 사역의 영들을 통하여 이 땅을 조직적이며 체계적으로 섬세하게 통치하고 계시는 것이다.

각각 여섯 날개

> 계 4:8 네 생물은 각각 여섯 날개를 가졌고 그 안과 주위에는 눈들이 가득하더라 그들이 밤낮 쉬지 않고 이르기를 거룩하다 거룩하다 거룩하다 주 하나님 곧 전능하신 이여 전에도 계셨고 이제도 계시고 장차 오실 이시라 하고

여섯 날개를 이해하도록 돕는 말씀은 이사야 선지자의 글에서 살펴볼 수 있다.

> [1] ~ 주께서 높이 들린 보좌에 앉으셨는데 그의 옷자락은 성전에 가득하였고 [2] 스랍들 모시고 섰는데 각기 여섯 날개가 있어 그 둘로는 자기의 얼굴을 가리었고 그 둘로는 자기의 발을 가리었고 그 둘로는 날며 [3] 서로 불러 이르되 거룩하다 거룩하다 거룩하다 만군의 여호와여 그의 영광이 온 땅에 충만하도다 하더라 사 6:1-3

사 6:1절의 가르침은 예수님 주위를 둘러서 있는 네 생물이라는 의미다. 네 생물이 예수님 주위에 섰다는 것은 예수님을 위한 존재라는 의미가 된다. 계 6장의 인을 떼는 장면에서 볼 수 있듯이 어린 양이 인을 떼는 즉시 이후의 심판에 대한 시작에 있어 네 생물의 '오라'는 signal을 시작으로 심판 사역이 진행된다. 즉 예수님과 하나인 영들이며, 예수님의 사

역을 이루는 본성적 존재들이다, 예수님의 능력이며 사역의 원천이라 말할 수 있다. 사람이 어떤 일을 할 때 그 사람의 재능으로 일하듯이 네 생물은 예수님 안에서 사역의 성취를 위해 일하는 사역적 재능의 존재들이라 할 수 있다. 참고로 이사야 선지자의 글에 나타나는 가르침과 비교하여 볼 때 네 생물은 '스랍'이라 부르는 천사임을 알 수 있게 한다. 이는 '불'이라는 의미를 가진 히) **'사라프'**seraph의 역어이며 예수님의 심판에 동원될 천사들을 지칭하는 단어 **'세라핌'**seraphim이 여기서 유래된 듯하다. 민 21:6, 8, 신 8:15절에서 광야의 **'불 뱀'**을 표현할 때 히) **'나하쉬 쉬라프'**로 나타나는데 이는 맹독성 뱀을 의미하며 이스라엘 백성을 향한 심판의 도구로 묘사되었다. 또한 민 2:19절에서는 장대에 달린 **'놋뱀'**을 표현할 때 사용되었는데 히) **'나하쉬 네호쉐프'**로 묘사되어 있다. **'놋 뱀이 주는 교훈'**은 스랍이라고 표현하는 천사인 네 생물의 존재와 무관치 않다. 뱀은 신약시대를 열어갈 정결한 예수 그리스도와 상관되기 때문이다. **예수께서 뱀으로 인하여 저질러진 모든 죄를 뒤집어 쓰시고 죄의 원흉 뱀**죄**의 모양으로 죽을 것이라는 예언적인 관점에서 묘사된 듯하며, 예수께서는 자신이 죄를 뒤집어쓰시고 죄의 원흉인 뱀처럼 된 자신을 십자가에 직접 심판하시므로 나무에 달린 자신을 바라보고 죄를 깨달아 회개하고 구원을 이루도록 인도하는 존재적 가치를 역설적으로 설명하는 것이다.**

　　요한계시록의 네 생물과 비교해서 살펴볼 때 확실한 하나의 관점을 가지고 설명할 수 있는 것이 있는데 바로 **'속죄 사역과 관련되어 나타나는 존재들'**이라는 사실이며 계시록에 나타나는 어린 양과 관련된 생물임을 감안할 때 이 생물은 예수 그리스도의 속죄 사역과 관련된 영적 존재이며 계 4:8절에 나타나는 인칭 대명사 **'그들'**이라는 표현을 통해 예수님의 **'속죄의 구원 사역'**인자, 소 **'하나님 나라를 가르치는 선지자 사역'**독수리 **'천년 왕국의 통치사역'**사자, 왕을 이루는 인격적 존재인 천사임을 알 수 있게 한다. 이들이 가진 '**여섯 날개**'는 ❶ '**얼굴을 가리는 경외의 날개**' ❷ '**속**'**죄의 복음 사역을 위하여 낮은 자세로 발을 가리는 겸손의 날개** ❸ '**지치지 않으시는 복음의 열정으로 하나님의 보좌 앞으로 날아오르는 승리의 날개**'를 가지신 예수님의 열정적 사역의 본성을 나타내는 아이콘을 스랍이라 묘사하는 것이다. 사 6:3절의 '거룩한 찬양'은 계 4:8절에 나타나는 네 생물의 찬양과 동일한 찬양으로 전능하신 성부와 성자 하나님을 향한 경외의 찬양을 드리는 존재가 곧 스랍이라는 것을 이해하도록 가르친다.

그 안과 주위에는 눈들이 가득

네 생물의 앞뒤에 눈들이 가득하다는 묘사는 눈에 대한 이해를 통하여 온전히 해석된다. 눈은 감찰하는 성령님의 사역적 본성이며 능력이다. 이 땅을 살피시며 하나님의 백성들이 행하는 것과 필요들을 감찰하시며 도우시는 영에 대한 사역적 묘사이다. 이러한 영들이 네 생물의 앞뒤에 가득하다는 것은 네 생물과 하나님의 일곱 영과의 관계를 결정해 준다. 곧 예수님과 성령님의 관계라 이해하면 된다. 예수님과 성령님은 하나이시다. 예수님께서 공생애의 시작을 위해 세례를 받으실 때 성령이 비둘기같이 임하심으로 예수님과 하나로 일하셨고 예수님의 말씀 속에 역사하심으로 말씀이 능력으로 나타나게 하신 것이다. 아버지와 예수님이 하나이시듯 성령님과 예수님의 관계는 하나이셨다. 요한은 예수님의 가르침을 이렇게 기록한다.

> '살리는 것은 영'이니 육은 무익하니라 내가 '너희에게 이른 말은 영이요 생명'이라 요 6:63

네 생물과 이십사 장로의 경배

> **계 4:9-11** [9] 그 생물들이 보좌에 앉으사 세세토록 살아 계시는 이에게 영광과 존귀와 감사를 돌릴 때에 [10] 이십사 장로들이 보좌에 앉으신 이 앞에 엎드려 세세토록 살아 계시는 이에게 경배하고 자기의 관을 보좌 앞에 드리며 이르되 [11] 우리 주 하나님이여 영광과 존귀와 권능을 받으시는 것이 합당하오니 주께서 만물을 지으신지라 만물이 주의 뜻대로 있었고 또 지으심을 받았나이다 하더라

4장의 행간에서 9-11절이 가지는 의미는 성경 전체를 살필 때도 매우 중요한 의미를 담고 있다. 단 7:13-14절에 나타나는 천년왕국에 있을 대관식의 내용을 상호 논증하는 행간이기도 하다. 성부, 성자 성령 하나님에 대한 이해를 분명하게 가르치는 문맥으로 보좌에 좌정하사 오른손에 심판 계획이 기록되어 인봉 된 두루마리를 가지신 계획자 성부 하나님을 찬양하는 표현이다계 5:1. 성부 하나님께서 가지신 두루마리의 인을 떼시는 분이 나타나 있는 5-8절은 어린 양 예수 그리스도와 성령 하나님에 대한 소개를 함으로 심판을 위해 인을 떼시며 성부의 계획을 설명하고자 하시는 삼위일체의 심판 사역을 분명하게 인식하도록 돕고 있다. 요 4:24절의 말씀을 따라 "하나님은 영이시니"라는 표현으로 인하여 우리의 사고는 하나님은 영이시라는 사실에 머물러 창 1:26절에서 말씀하시는 "우리의 형상을 따라 우리의 모양대로 우리가 사람을 만들고"에 대해서는 깊은 묵상을 외면하는 우를 범한다. 성부 하나님도, 성자 예수님도, 성경은 분명 우리 형상과 모양의 근본이라 가르침을 분명히 인식해야 우리와 하나님의 관계는 아버지와 자녀의 관계로! 신랑과 신부의 관계와 같은 완전한 사랑의 관계로! 끊을 수 없는 형제의 관계로! 떨어질 수 없는 친구의 관계로 더 뚜렷해질 것이다.

단 7:13-14절과의 비교 분석

> ¹³ 내가 또 밤 환상 중에 보니 '인자 같은 이'예수 그리스도가 하늘 구름을 타고 와서 '옛적부터 항상 계신 이'성부 하나님에게 나아가 그 앞으로 인도되매 ¹⁴ 그에게 '권세와 영광과 나라를 주고'천년왕국의 통치 주권 위임 모든 백성과 나라들과 다른 언어를 말하는 '모든 자들이 그를 섬기게' 하였으니 그의 권세는 소멸되지 아니하는 '영원한 권세'요 그의 나라는 멸망하지 아니할 것이니라 단 7:13-14

End-time에 대한 지식이 없이는 이해하기 쉽지 않은 본문이다. 천년 왕국의 통치를 위한 대관식의 장면이다. 재미있게도 창 1:26-28절을 소환시키는 본문이기도 하다. 인간은 하나님의 성품과 모양대로 지음받았다고 가르치는 창세기의 말씀을 그대로 이해하도록 만드는 본문이다. 성부와 성자의 모습을 그리고 있는데 성부 하나님을 '옛적부터 항상 계시는 이'로 성자 예수님을 "구름을 타고 오신 인자 같은 이"로 묘사하는 장면이 참으로 흥미롭다. 성부와 성자의 모습을 보는 다니엘서의 장면에서 느낄 수 있는 신학적 혼란은 간단하다. 다니엘이 사물을 육신의 눈으로 보는 것이 아니라 영의 눈으로 보는 영적 상황이기에 영의 상태에서 볼 수 있는 하나님의 형상과 모양이 우리와 닮았다는 다니엘의 묘사는 창 1:26절과 비교할 때 전혀 어색할 수 없는 말씀으로 이해될 것이다.

요한계시록
제 5 장

1 내가 보매 보좌에 앉으신 이의 오른손에 두루마리가 있으니 안팎으로 썼고 일곱 인으로 봉하였더라 2 또 보매 힘있는 천사가 큰 음성으로 외치기를 누가 그 두루마리를 펴며 그 인을 떼기에 합하냐 하나 3 하늘 위에나 땅 위에나 땅 아래에 능히 그 두루마리를 펴거나 보거나 할 자가 없더라 4 그 두루마리를 펴거나 보거나 하기에 합당한 자가 보이지 아니하기로 내가 크게 울었더니 5 장로 중의 한 사람이 내게 말하되 울지 말라 유대 지파의 사자 다윗의 뿌리가 이겼으니 그 두루마리와 그 일곱 인을 떼시리라 하더라 6 내가 또 보니 보좌와 네 생물과 장로들 사이에 한 어린 양이 서 있는데 일찍이 죽임을 당한 것 같더라 그에게 일곱 뿔과 일곱 눈이 있으니 이 눈들은 온 땅에 보내심을 받은 하나님의 일곱 영이더라 7 그 어린 양이 나아와서 보좌에 앉으신 이의 오른손에서 두루마리를 취하시니라 8 그 두루마리를 취하시매 네 생물과 이십사 장로들이 그 어린 양 앞에 엎드려 각각 거문고와 향이 가득한 금 대접을 가졌으니 이 향은 성도의 기도들이라 9 그들이 새 노래를 불러 이르되 두루마리를 가지시고 그 인봉을 떼기에 합당하시도다 일찍이 임을 당하사 각 족속과 방언과 백성과 나라 가운데에서 사람들을 피로 사서 하나님께 드리시고 10 그들로 우리 하나님 앞에서 나라와 제사장들을 삼으셨으니 그들이 땅에서 왕 노릇 하리로다 하더라 11 내가 또 보고 들으매 보좌와 생물들과 장로들을 둘러 선 많은 천사의 음성이 있으니 그 수가 만만이요 천천이라 12 큰 음성으로 이르되 죽임을 당하신 어린 양은 능력과 부와 지혜와 힘과 존귀와 영광과 찬송을 받으시기에 합당하도다 하더라 13 내가 또 들으니 하늘 위에와 땅 위에와 땅 아래와 바다 위에와 또 그 가운데 모든 피조물이 이르되 보좌에 앉으신 이와 어린 양에게 찬송과 존귀와 영광과 권능을 세세토록 돌릴지어다 하니 14 네 생물이 이르되 아멘 하고 장로들은 엎드려 경배하더라

[제 5 장]

일곱 인으로 봉해진 두루마리와 인을 떼실 심판의 주권자

5장의 개관

4장의 주제는 보좌에 앉으신 성부 하나님의 모양을 보석으로 소개하므로 교회의 정체성과 닮아 있음을 알게 하고 하나님의 일곱 영과 네 생물에 대한 설명을 통하여 삼위일체 하나님을 온전히 이해하는 지식을 경험하도록 이끌었으며 4장의 마지막 부분에서 네 생물과 이십사 장로들의 경배를 전하는 요한의 지식을 통하여 천년왕국 안에서 교회의 예배와 경배가 어떠해야 하는지에 대한 예배 모범을 경험하게 했다. 이어 5장에서는 요한이 바라보는 하늘 성전의 장면이 나타나며 ❶ 성부 하나님의 오른손에 들려진 심판을 위한 두루마리를 드러내는 것을 시작으로 ❷ 일곱 인을 떼실 이가 누구이며 ❸ 두루마리를 취하시는 어린 양에 대한 기사와 ❹ 네 생물과 이십사 장로들이 취하는 금 대접의 향은 곧 성도의 기도이며 ❺ 네 생물과 이십사 장로들의 노래 속에 담긴 내용을 소개하는 것으로 5장이 이루어져 있다. 이러한 다섯 가지의 관점은 ❻ 5장이 갖는 의미가 4장과 6장에 어떤 상관관계를 가지는지에 대하여 깨닫게 할 것이다. 4장과 5장의 상관관계는 네 생물_{성자}과 하나님의 일곱 영_{성령}의 경배를 받으시는 성부 하나님을 향한 하늘 예배의 질서와 체계를 알게 하며 네 생물이 밤낮 쉬지 않고 전하는 말씀, 곧 성부 하나님의 거룩하심과 완성된 하나님의 나라가 이 땅에 이루어질 때 다시 오실 그날을 기다리시는 성부 하나님이라는 것을 확인시켜 주는 가르침이며, 5장에서는 아버지로부터 심판 계획이 담긴 예언의 두루마리를 받아 그 인을 떼시며 이 땅에서 심판의 주권자로 재림하실 만왕의 왕에 대하여 가르치며 6장에서 그 행

하실 모든 계획을 설명하실 또 한 분의 경배받으시기에 합당하신 구원의
하나님 어린 양 예수 그리스도에 대하여 온전한 지식을 갖게 하는 본문
이다.

❶ 성부 하나님의 오른손에 들려진 두루마리

> 계 5:1 내가 보매 보좌에 앉으신 이의 오른손에 두루마리가 있으니 안팎으로 썼고 일곱 인으로 봉하였더라

내가 보매

6장에서 요한은 각 인이 떼어지며 나타나는 말과 여러 가지 현상들을 본다. 그런데 5장에서 보는 것은 6장에서 요한이 보는 것과 차이가 있다. 5장에서 보는 것은 성부 하나님의 오른손에 들려져 있는 일곱 개의 인으로 봉인된 한 개의 두루마리, 곧 일곱 개의 인을 치고 감추어둔 심판 내용이 기록된 한 개의 두루마리 그 자체를 보는 것이지만 6장에서 요한의 눈에 보이는 것은 각 인을 떼며 심판의 순서와 내용을 설명하는 동영상을 보는 것이 5장과 6장의 다른 점이다.

보좌에 앉으신 이의 오른손에 들려져 있는 두루마리

보좌에 앉으신 이는 성부 하나님이시다. 이 표현은 다니엘서에 나타나는 성부 하나님과 성자 예수님에 대한 말씀을 소환하게 되는데 단 7:13-14절이다. 13절의 말씀은 성부와 성자의 모습을 14절은 천년왕국의 시간에 있을 만왕의 왕으로서의 통치를 위해 왕권을 위임하는 대관식의 장면이다. 신약시대를 살아가는 우리는 하나님을 영으로 인식하고 있는데 사람의 모양으로 설명하는 다니엘과 요한의 표현은 다소 낯설게 느껴질 수 있으나 두 사람이 하나님을 보는 것은 인간의 이성적 눈으로 보는 것이 아니라 영적인 눈이 열려 영적 공간과 시야를 표현하고 있는 것이라 여기면 이해가 쉬울 것이다. 요한은 완성될 하나님 나라에서 만날

그 하나님을 기대하도록 이끌고 있다.

일곱 인으로 봉하였더라

일곱 개의 인으로 봉하였다는 이 표현은 당연히 일곱 개의 두루마리를 각각 인봉해 두었다는 설명일 것이다. 5:5절의 표현그 두루마리와 그 일곱 인을 볼 때도 그러하다. 그러나 성부 하나님의 '**오른손**'심판 주권이 있는 창조주의 능력의 손에 인봉된 '**일곱 개의 두루마리**'라고 표현하지 아니하므로 일곱 개의 봉인된 두루마리가 한 개의 두루마리 속에 들어있다는 것으로 이해해야 옳을 것이다. 왜냐하면 각각 봉인된 두루마리를 열면서 시간대별 상황별 설명을 하는 것이 6장이기 때문이다. 이러한 그림 언어를 이해해야 하는 이유는 계시록 6장의 '**심판 설명**'의 내용을 '**심판**'이라 오해하고 있기 때문이다. 이러한 오해에 대한 분별의 문제는 6장에서 명확히 다룰 것이다.

❷ 일곱 인을 떼실 이, 유대 지파의 사자 다윗의 뿌리

계 5:5 장로 중의 한 사람이 내게 말하되 울지 말라 유대 지파의 사자 다윗의 뿌리가 이겼으니 그 두루마리와 그 일곱 인을 떼시리라 하더라

유대 지파의 사자 다윗의 뿌리

이 표현은 오직 예수 그리스도와 연결되어야 올바른 이해가 된다. 유다 지파는 예수 그리스도가 오실 구원의 지파이다. 곧 인류의 구원을 위해 오실 예수님께서 유다 지파를 통해 오셨기 때문이다. 하나님의 완전성 안에서 이러한 사실은 이미 예언된 내용들이며 예수님의 초림과 재림 심판에 대한 예언은 교회와 연관되어 창세기의 끝 지점인 창 49장 죽음 앞

에선 '야곱의 예언적 유언'에 나타나 있다. 창 49:8-12절에 이르는 이 예언적 말씀을 심도 있게 다루어보며 구약의 율법 교회로부터 신약시대를 거쳐 End-time의 교회에 이르는 예언적 말씀에 대하여 살펴봄으로 눈앞에 다가온 마지막 시간을 창조의 시간으로부터 줄기차게 말씀하시는 하나님의 마음을 온전히 이해하도록 힘써야 할 것이다. '다윗의 뿌리'에 대한 이해는 예수 그리스도의 예표로서 구약시대 이스라엘의 통치자 다윗왕의 근본이신 '예수 그리스도'라는 의미이다. 구원의 백성으로서 하나님을 '찬송'하도록 택함 받은 백성을 총칭하는 이름 유다! 성경적 관점에서의 논증을 이끄는 창 49:8-12절의 의미는 이러하다.

창 49:8절 유다야 너는 네 형제의 찬송이 될지라 네 후손으로 오실 예수 그리스도의 계보 됨을 인하여 예수 그리스도와 동일시 되는 표현이다 **네 손이 네 원수의 목을 잡을 것이요** 십자가 구속으로 예수 그리스도의 구원의 주권이 사탄을 이길 것 **네 아버지의 아들들이 네 앞에 절하리로다** 모든 열한 지파는 유다 지파에게서 나오실 메시아를 인하여 유다 지파를 높이게 될 것

● 신약적 의미로 유다 지파는 ❶ 구원받은 이스라엘의 구약교회슥 12:10-13:1와 신약교회를 아우르는 표현이며 ❷ 신약시대 이스라엘 교회와 열방 교회의 구원받은 모든 하나님의 백성에 대한 표현이다.

유다는 사자 새끼새끼 사자는 어미 사자에 대한 반어법적 표현으로 어미 사자는 여호와 하나님, 곧 오실 예수 그리스도**로다 내 아들아 너는 움킨 것을 찢고 올라갔도다** 움킨 것은 사탄의 권세이며 사망을 이기시고 부활 하시고 승천하심을 의미 **그가 엎드리고 웅크림이 수사자 같고 암사자** 완전한 왕, 강한 왕 **같으니 누가 그를 범할 수 있으랴** 창 49:9

● 유다 지파에서 오실 메시아의 구약교회와 신약교회에 대한 신실하신 통치 주권에 대한 예언

규이스라엘의 통치 주권**가 유다를 떠나지 아니하며**하나님의 통치가 결코 자기 백성을 떠나지 않으실 것 확신 **통치자의 지팡이가 그 발 사이에서 떠나지 아니하기를**하나님의 통치가 구약교회를 떠나지 않으실 것 **실로가 오시기까지**실로(평화의 메시아)가 오시면 구약교회를 떠나 신약교회로 이스라엘을 이끌어가실 것이라는 반어법적 의미를 함축하고 있다 **이르리니 그에게 모든 백성이 복종**End-time의 천년왕국**하리로다** 창 49:10

● 유다 지파에서 오실 메시아와 관련된 구약교회와 신약교회의 정결 규례

그의 나귀예수님의 소유인 이스라엘의 구약(율법)교회**를 포도나무**율법의 예수**에 매며** 구약교회 시대 **그의 암나귀 새끼**이스라엘의 신약교회와 이방교회**를 아름다운 포도나무**신약의 예수 그리스도, 요 15:1**에 맬 것이며**신약교회 시대 **또 그 옷**율법교회의 더러워진 의**을 포도주**신약시대의 복음**에 빨며**히) 카바스, 썻다, 율법의 저주를 끊으신 예수 그리스도의 보혈의 복음으로 정결하게 할 신약교회 시대, 갈 2:16, 3:13 **그의 복장**구약의 제사장 의복**을 포도즙**히) 담, blood, 피, 짐승의 희생제물로 정결하게 되는 구약제사**에 빨리로다** 희생 제물의 피로 제사장의 에봇을 정결하게 하는 정결규례 창 49:11

11절의 행간에 나타나는 깊은 가르침은 예수님의 피로 정결하게 되는 구약교회와 신약교회, 하나님의 백성에 대한 총체적 의미를 담은 '유다 지파'라는 어휘를 사용하여 가르치고 있다. 짐승의 피로 드리는 구약의 희생 제사로 의롭게 됨을 의미하는 이사야의 가르침은 End-time에서 성취될 사 63:1-3절에 나타나는 말씀으로 귀결된다. **심판으로 인하여 예수님의 흰 옷을 붉게 더럽히는 불의한 자들의 희생의 피**짐승의 희생 제사의 피 = 불의한 자의 피를 제물 삼아 교회를 정결하게 하여 완전한 구원에 이르게 될

것에 대하여 설명하는 예언적 말씀이다.

¹**에돔에서 오는 이**에돔 땅을 심판하시는 이 **누구며 붉은 옷을 입고 보스라에**
서 오는 이에돔의 도시 **누구냐 그의 화려한 의복 큰 능력으로 걷는 이가 누**
구냐 그는 나이니예수 그리스도 **공의를 말하는 이요 구원하는 능력을 가진 이**
니라 ² **어찌하여 네 의복이 붉으며 네 옷이 포도즙 틀을 밟는 자 같으냐**
³ **만민 가운데 나와 함께 한 자가 없이 내가 홀로 포도즙 틀을 밟았는데**
내가 노함으로 말미암아 무리를 밟았고 분함으로 말미암아 짓밟았으므로
그들의 선혈이 내 옷에 튀어 내 의복을 다 더럽혔음심판의 피로 예수님의 옷이 더
럽혀 졌음 **이니**사 63:1-3

이러한 의미에 대하여 사 43:3절 이스라엘의 대속물은 이렇게 논증한다. **대**
저 나는 여호와 네 하나님이요 이스라엘의 거룩한 이요 네 구원자임이라
내가 애굽을 너의 속량 물로 구스와 스바를 너를 대신하여 주었노라 곧
하나님은 불의한 자들을 제물 삼아 자기 백성들을 구원하시는 심판의 시
간에 대하여 증거 하는 말씀이며, 존귀한 인간으로 지음을 받았으나 불의
한 삶의 결과에 대하여 시 49:20절은 이렇게 가르친다. "존귀하나 깨닫지
못하는 사람은 멸망하는 짐승 같도다" 사람이 의와 불의 사이에서 방황하
지 말아야 할 절대 이유이다.

● 유다 지파에서 오실 메시아가 구속 사역을 통하여 이루실 신약교회의 복음

창 49:12절 그의 눈은 포도주로 인하여 붉겠고 성령에 취하신 듯 신부를 바라보
시는 예수님의 복음의 열정 **그의 이**복음을 먹고 구원을 취하는 그리스도인의 능력과 정체성**는 우**
유로 말미암아 영혼을 살찌우는 진리의 복음 **희리로다**정결함

창 49:12절은 야곱이 그의 넷째 아들이자 구원의 지파로 부르심을 입은 유다를 향하여 구약의 율법 교회가 신약시대 예수님의 십자가 복음으로 회복되어 하나님의 백성으로 온전하게 부름 받을 온 세계 교회의 확장과 그 의로움을 설명하고 있는 놀라운 예언적 말씀이다.

❸ 어린 양

> 계 5:6 내가 또 보니 보좌와 네 생물과 장로들 사이에 한 어린 양이 서 있는데 일찍이 죽임을 당한 것 같더라 그에게 일곱 뿔과 일곱 눈이 있으니 이 눈들은 온 땅에 보내심을 받은 하나님의 일곱 영이더라

계 5:6절의 '어린 양'히) 아르니온이라는 표현은 예언적 관점에서 다루어진 이름으로 '영원하신 주께서 우리를 위해 십자가에 달리신 그분'이라는 의미로 마지막 때 영광 가운데 이 땅에 임하셔서 심판과 구원을 행하실 영광의 어린 양 예수 그리스도를 일컫는 표현이다. 반면 요 1:29절에 나타나는 예수에 대한 요한의 묘사는 약간 의미를 달리한다. 요 1:29절, "이튿날 요한이 예수께서 자기에게 나아오심을 보고 이르되 보라 세상 죄를 지고 가는 하나님의 어린 양"히) 암노스이로다 라고 하는 어린 양에 대한 요한의 독백은 '세상의 모든 죄를 지고 십자가에서 죽으실 하나님의 제물'이라는 의미다. 요한은 구약시대부터 선지자들의 글을 통해 예언되어 왔던 말씀들을 기억하며 유월 절기의 희생제물로 드려지는 어린 양의 모습과 눈앞에 나타난 실존적 인물이 오버랩될 때 선지자의 영으로 분별하며 하나님이신 독생자를 향해 희생제물이 되실 순결한 어린 양으로 고백했을 것이다. 구약성경은 희생제물인 어린 양에 대해 86회, 신약성경은 35회 나타난다. 특히 계시록에서 29회 나타나는 특이점이 있다. 마지막을 예언하는 계시록에 왜 이토록 많이 언급되어 있을까? 심판을 위해

재림하시는 예수님의 사역 가운데 가장 중요한 사역이 구원 사역이기 때문이다. 구원의 완성을 전하기 위해 기록된 성경인 요한계시록의 정수는 신구약 교회 역사를 아울러 구원을 이루신 희생의 번제물 어린 양 예수를 능가할 그 어떤 가치도 있을 수 없기 때문이며 궁극적으로 그 어린 양이 **'이 땅 가운데 영광의 주로 다시 오셔서 찬양받으시기 합당하신 그 어린 양이시다'**라는 의미의 어린 양을 지칭한다. 반면 계시록에서 예수라는 단어는 12회 발견되는 데 그친다. '어린 양'과 '예수'는 동일한 존재의 이름인데 용례에 있어 현격한 차이의 이유는 무엇일까? 12회 사용된 **예수** 이름의 용례를 살펴보면 **'실존적 경험'**을 다룰 때는 **'예수'**라는 이름을 사용하지만 심판에 있어 **'구원'**을 설명하는 **'관념적 상황'**을 다룰 때는 **'어린 양'**이라고 표현하고 있다.

> 요한은 하나님의 말씀과 **'예수'** 그리스도의 증거~예수님의 실제적 가르침, 계 1:2
> 그들은 하나님의 계명과 **'예수'**에 대한 믿음을~삶에서 이루어지는 실존적 믿음, 계 14:12
> 내가 보매 **'어린 양'**이 일곱 인 중의 하나를 떼시는데구원을 위해 심판의 인을 떼심, 계 6:1
> 또 내가 보니 보라 **'어린양'**이 시온 산에 섰고구원주가 시온 산에 오셨고, 계 14:1

일찍이 죽임을 당한 것 같더라

요한이 느끼는 감정의 표현이다. 영광의 주로 다시 오시기 위해 죽은 어린 양은 요한이 보기에 이미 이천 년은 훨씬 넘게 보였을 것이다. 요한이 보았던 그때로부터 현재까지 이천 년이 지났으니 우리의 현재로부터 재림까지의 시간을 더하면 이천 년이 훌쩍 넘는 그 어느 시점이 될 것이기 때문이다.

❹ 두루마리를 취하시는 어린 양

계 5:7 그 어린 양이 나아와서 보좌에 앉으신 이의 오른손에서 두루마리를 취하시니라

두 가지의 관점을 이해해야 한다. '**두루마리를 취하시는 시간이 주는 의미**'와 **어린 양**에 대한 표현이다.

두루마리를 취하시는 시간의 중요성에 대한 관점

성자께서 성부 하나님으로부터 심판의 주권을 위임받는 순간이기 때문이다. 이 시점의 중요성은 마 24:36절의 말씀 "그러나 그날과 그때는 아무도 모르나니 하늘의 천사들도, 아들도 모르고 오직 아버지만 아시느니라"라는 말씀대로 "아버지의 시간"을 그리고 있는 그림 언어이기 때문이다. 하늘의 이 시간에 땅에서는 요 9:4절의 말씀 "때가 아직 낮이매 나를 보내신 이의 일을 우리가 하여야 하리라 밤이 오리니 그때는 아무도 일할 수 없느니라"가 현실화되는 심판의 어두운 시간이 임박한 시간대이다. 하늘에서의 이러한 움직임과는 대조적으로 세상에서는 유혹과 미혹에 취하여 기름을 준비하지 않고 졸고 있는 교회 앞에 도적 같이 찾아오실 신랑의 준비시간을 묘사하고 있는 본문이 두루마리를 취하시는 시간이므로 이 시간에 대한 이해를 **현재적인 의미로 인식해야** 바람직한 계시록 연구가 된다. 이유는 **마지막 때를 살아가는 교회가 기름을 준비하도록 이끄는 지식으로 작용할 것이기 때문이다.**

예수 그리스도를 어린 양이라 묘사하는 이유에 대한 관점

요한계시록은 속죄와 구원의 주체에 대하여 신약시대의 독자들을 향해 '**예수 그리스도**'라는 표현 하나만으로도 완전한데 왜 '**어린 양**'이라는 다소 모호한 표현을 사용할까? 어린 양이라는 표현은 신, 구약성경에 120회 정도 나타난다. 신약성경에서는 34회 언급되며 복음서, 사도행전, 베드로전서에서 6회, 그 외는 모두 계시록에서 언급되며 총 28회 나타난다. 전체 34회 중 2회만 **연약한 자기 백성**에 대하여 사용되고 나머지 32회는 **예수님**에 대한 표현이다. 구약성경에는 86회 정도 언급되어 있으며 거의 대부분 **희생제물**에 대하여 언급되어 있고 소수가 **종말론적 표현**이나 이스라엘의 **정체성**에 대하여 언급할 때 사용되었다.예) 호 4:16 ~어린 양을 넓은 들에서 먹임 같이~, 사 65:25 이리와 어린 양이 함께 먹을 것이며~ 등의 표현에 언급

요한계시록에서 비중 있게 많이 언급되는 이유는 하나님 나라의 완성이라는 계시록의 특성과 관계되어 나타나는 표현으로 이해되기 때문이다. 계시록이 나타내는 어린 양의 의미는 어린 양의 희생적 가치를 바탕으로 '어린 양이기 때문에 이러이러하다'라는 관점에서 사용되며 어린 양의 희생적 가치를 가지신 예수님의 영광을 높이기 위해 언급되는 듯하다. 신구약 성경 모두가 예수님의 이름을 어린 양으로 묘사하는 이유는 희생의 제물 되신 예수님에 대하여 구약의 피 제사의 구원과 신약의 십자가 보혈의 구원 모두 피와 상관관계를 가지므로 신, 구약의 의미 모두를 만족시키고자 함이 그 이유일 것이다.

❺ 네 생물과 이십사 장로들이 취하는 금 대접의 향 곧 성도의 기도

> **계 5:8** 그 두루마리를 취하시매 네 생물과 이십사 장로들이 그 어린 양 앞에 엎드려 각각 거문고와 향이 가득한 금 대접을 가졌으니 이 향은 성도의 기도들이라

그 두루마리를 취하시매 네 생물 예수 그리스도 안에서 역사하는 사역의 본성들이며 영으로서 곧 예수님 사역에 있어서의 능력이다**과 이십사 장로들** 이스라엘 구약교회의 12족장과 신약교회의 12제자**이 그 어린 양 앞에 엎드려** 성자이신 어린 양 예수 그리스도는 영들과 이십사 장로들로부터 경배받으시기에 합당한 창조주이시다 **각각 거문고와 향이 가득한 금 대접을 가졌으니 이 향은 성도의 기도들** 계 6:9, 8:3-5에서 심판의 동력이 됨을 알게 한다**이라**.

"**향이 가득한 금 대접**"과 "**향은 성도의 기도들**"이라는 표현은 요한계시록의 심판이라는 의미에서는 특별한 지위를 갖는 말씀이다. 계 6:9절에 나타나는 제단 앞의 순교자들의 기도는 지상교회의 고통스런 환난의 시간과 연결되어 있다. 지상교회의 기도가 향로에 채워질 때 하나님께 올려지고 이 기도로 말미암아 심판의 불이 부어지기 때문이다.

'**향로**'는 헬) '**리바노토스**'이다. **70인 역**에서 2회 나타나며 대상 9:29절에서 '레보나'의 역어로 '유향'이라 번역된다. 곧 '**썩지 않는 향기로운 냄새**' 곧 '**썩지 않고 헛되지 않는 성도의 기도**'를 금향로와 향과 동일시 하고 있다. 이러한 동일시된 관점은 신약성경에서는 요한계시록에 2회 나타나는데 계 8:3절에서는 보좌 앞 금제단에 드리기 위해 '**향로와 기도가 합하여 진다**'고 표현될 때이다.

또 다른 천사가 와서 제단 곁에 서서 '금 향로를 가지고 많은 향'을 받았으니 이는 '모든 성도의 기도와 합하여' 보좌 앞 금 제단에 드리고자 함이라 계 8:3

향로가 기도와 합하여진다는 의미는 '**향로에 담긴다**'는 의미로 이해함이 마땅하다. 8:5절에서 밝히는 비워진 향로에 채우는 것이 심판의 불이기 때문이다. 대상 9:29절의 레보나가 향로가 아닌 유향, 즉 기도의 향기로 묘사되어 향로에 담겨 하나님께 드려지고 비워진 향로에 심판의 불을 채워 땅에 쏟아붓는 것이 심판계 8:3이므로 환난의 시간 자기 백성의 기도는 심판과 연결되어 기도가 채워져야 심판이 시작된다는 심판과 기도의 본질적 상관성을 갖는 것이다. 자기 백성의 기도가 채워질 때 심판을 위해 향로의 기도를 받으시고 심판을 시작하시는 하나님의 뜻은 '**향로는 기도와 하나 된 심판의 동력이며 도구**'라는 의미로 귀결되므로 대상 9:29의 말씀에 나타나는 의문점인 향로와 기도의 동질적 의미를 이해하도록 돕는다. 또한 기도를 올려 드림으로 비워진 향로에 제단의 불을 채워 땅에 쏟을 때 "뇌성과 음성과 번개와 지진"이 일어나는 현상은 성경 신학적 관점에서 하나님의 임재와 심판을 알리는 상징적 표현으로 나타난다.

대접과 관계된 또 하나의 해석은 계 15:7절에 나타나는 대접심판의 대접과 연결된 표현이다.

'네 생물 중의 하나'가 영원토록 살아 계신 하나님의 '진노를 가득히 담은 금 대접 일곱'을 그 일곱 천사들에게 주니 계 15:7

이 장면에 나타나는 대접과 계 5:8절에 나타나는 대접히) 피알레은 동일한 대접이다. 계 15:7절의 대접 심판에 쓰는 대접과 계 5:8절의 금 대접

이 동일한 이유는 심판이란 성도의 기도로 인하여 시작되는 것으로 환난의 고통으로 인하여 쏟아부으시는 하나님의 진노이기 때문이다. 때문에 금 대접의 기도가 비워져야 심판의 불을 담을 수 있으니 심판의 일곱 대접은 기도가 비워진 일곱 개의 금 대접과 동일한 의미를 갖는 것이다. 결론적으로 '**심판, 기도, 대접**'은 온전히 '**동질적 의미**'를 가진다고 이해함이 마땅하다.

❻ 네 생물과 이십사 장로들이 부르는 노래의 의미

> **계 5:9** 그들이 '**새 노래**'를 불러 이르되 두루마리를 가지시고 그 '**인봉을 떼기에 합당하시도다**' '일찍이 임을 당하사 각 족속과 방언과 백성과 나라 가운데에서 사람들을 피로 사서 하나님께 드리시고

9절은 어린 양이 인을 떼기에 합당한 자격에 대하여 노래하고 있다. 네 생물과 이십사 장로들은 어린 양의 십자가 희생으로 많은 사람들을 피로 값을 치루고 대속하여 소유로 삼으시고 하나님께 드린 공로로 인하여 인을 떼는 자격을 얻기에 합당한 분이라고 노래한다.

> **계 5:10** 그들로 우리 하나님 앞에서 '**나라와 제사장**'벧전 2:9 들을 삼으셨으니 그들이 땅에서 '**왕 노릇**'하리로다 하더라

10절은 어린 양의 피로 구속된 자들의 지위에 대하여 노래하고 있다. 곧 왕 노릇하는 제사장들에 대한 비유인데 '**왕 노릇**'에 대한 명확한 해석은 무엇일까? 누가복음의 므나 비유를 통해 이해에 접근해보자.

> ^{12} 이르시되 어떤 귀인이 왕위를 받아 가지고 오려고 먼 나라로 갈 때에 천년왕국에서의 통치권을 얻기 위해 하나님 우편으로 갈 때를 의미 ^{13} 그 '종 열'을 불러 '은화 열 므나'를 주며 이르되 '내가 돌아올 때까지 장사하라' 하니라 각자에 한 므나씩 맡겨 돌아올 때 열매에 대하여 계산할 것 명령 눅 19:12-13

> ^{16} 그 첫째가 나아와 이르되 주인이여 당신의 한 므나로 열 므나를 남겼나이다 ^{17} 이르되 잘하였다 착한 종이여 네가 지극히 작은 것에 충성하였으니 '열 고을 권세를 차지하라' 하고 ^{18} 그 둘째가 와서 이르되 주인이여 당신의 한 므나로 다섯 므나를 만들었나이다 ^{19} 주인이 그에게도 이르되 너도 '다섯 고을을 차지하라' 하고 눅 19:16-19

맺는 열매만큼 복을 주실 것이다. 그 '**복은 예수님을 닮은 천년왕국의 통치 주권**'이며 이것이 왕 같은 제사장의 삶이며 왕 노릇이다.

> 아름다운 '열매를 맺지 아니하는 나무마다 찍혀 불에' 던져지느니라 마 7:19

> 이러므로 그들의 '열매로 그들을 알리라' 마 7:20

> **계 5:11-12** ^{11} 내가 또 보고 들으매 '**보좌와 생물들과 장로들을 둘러선 많은 천사의 음성**'이 있으니 그 수가 만만이요 천천이라 ^{12} 큰 음성으로 이르되 죽임을 당하신 '**어린 양은 능력과 부와 지혜와 힘과 존귀와 영광과 찬송을 받으시기에 합당**'하도다 하더라

요한은 엄청난 수의 천사들이 보좌와 네 생물과 장로들을 향하여 서서 어린 양을 경배하고 있는 장면을 보고 있으며 경배의 내용을 통하여 오늘을 살아가는 구원받은 성도의 삶 속에 베풀어진 하나님의 은혜를 깨닫고 헤아리게 한다.

능력과 부와 지혜와 힘과 존귀와 영광과 찬송이 주는 성경적 의미

어린 양 예수님께 드리는 찬양의 내용이다. "이 모든 것의 근본이 예수님이시기에 다시 예수님께 돌려드린다"는 의미를 갖는다. 내게 있는 능력, 내게 있는 부, 내게 주신 힘, 내가 존귀하게 여김 받는 것, 내가 받는 모든 명예와 영광, 모든 것이 주께로부터 왔으니 다시 돌려드리는 의미이다. 인간에게 주어지는 모든 것의 주인은 창조주에게서 난 것이라는 것을 안다면 인간의 욕심과 교만이 진정 죄라는 것을 알게 되지 않을까?

> 계 5:13 내가 또 들으니 '하늘 위에와 땅 위에와 땅 아래와 바다 위에와 또 그 가운데 모든 피조물'이 이르되 '보좌에 앉으신 이와 어린 양에게' 찬송과 존귀와 영광과 권능을 세세토록 돌릴지어다 하니

13절의 말씀을 자세히 보면 **하늘 위에와 땅 위에와 땅 아래와 바다 위에와 또 그 가운데 모든 피조물**이 보좌에 앉으신 이와 어린 양에게 찬송과 **존귀와 영광과 권능을 세세토록** 돌린다는 것은 이 땅에서 창조된 모든 피조물들이 예수님의 재림과 심판 이후 이루어질 영원한 하나님 나라에서 영원토록 하나님을 찬양할 것이라는 의미로 완성된 하나님 나라에서 현재의 창조된 피조물들의 존재가 지속될 것이라는 사실을 이해하도록 돕는다. 이러한 이해는 하나님의 피조물들이 완성된 하나님 나라에서 각기 창조 때 부여하셨던 선한 모습을 회복하여 그때의 흠이 없는 모습으로 영원한 시간 속에서 함께 할 것에 대하여 가르치는 말씀인 것이다. 그러므로 **'완성된 하나님 나라는 이 땅'**이다!

4-5장 내용 정리

　　4-5장은 하늘에서 행해지는 예배의 현장을 보고 있는 내용이며 요한에게 이 장면을 보이시는 하나님의 의도에 초점을 맞추어야 가장 온전한 이해를 위한 연구가 될 것이다. 4장에 나타나는 흥미로운 사실은 이 땅에서 우리가 쉽게 보거나 이해할 수 없는 하늘 존재에 대한 적나라한 표현들이며 이 땅의 예배와 하늘 예배를 비교하므로 이 땅에 완성된 하나님의 나라 안에서 이루어질 예배의 모습을 상상해 볼 수 있는 기회가 되는 것이다. 이 Chapter에서 중요한 관점을 꼽으라면 ❶ 보좌에 앉으신 하나님의 모양이 보석으로 나타난다는 사실과 ❷ 성령 하나님에 대한 구약적 표현인 하나님의 일곱 영과 예수님의 사역을 이루는 능력과 본성을 나타내는 네 생물이라는 구약적 설명과 표현 ❸ 그리고 네 생물과 이십사 장로들이 보좌에 앉으신 이에게 돌리는 예배의 모습이다. 이러한 4장의 모습을 5장을 통하여 굳이 오늘을 살아가는 성도들에게 요한을 통하여 보이시는 이유는 하늘 예배에 대한 이해를 위함일 것이며 완성된 하나님의 나라에서 하나님을 경배하기 위한 예습이다. 5장의 핵심은 심판을 위한 책과 어린 양에 있다. 특히 5장이 필요한 이유는 두루마리를 펼쳐 하나님의 심판과 구원의 계획을 살피고 알릴 수 있는 정보 제공자를 구하는데 그럴만한 능력과 자질을 가진 존재에 대한 요한의 갈급하고 안타까운 마음이 나타나고 해소되어 아! 이분이 두루마리를 열어 그 안에 기록된 계획을 우리에게 알릴 수 있는 분이시구나! 라는 사실을 깨닫고 위로와 평안에 대하여 요한 자신뿐만 아니라 오늘을 살아가는 교회가 인식하도록 돕고 있는 장이다. 계 5:2-3절에서 요한의 안타까움이 묻어난다.

계 5:2-3 [2] 또 보매 힘있는 천사가 큰 음성으로 외치기를 누가 그 두루마리를 펴며 그 인을 떼기에 합당하냐 하나 [3] 하늘 위에나 땅 위에나 땅 아래에 능히 '그 두루마리를 펴거나 보거나 할 자'가 없더라

계 5:5 장로 중의 한 사람이 내게 말하되 울지 말라 '유대 지파의 사자 다윗의 뿌리가' 이겼으니 그 두루마리와 그 '일곱 인을 떼시리라' 하더라

　　5장이 나타내고자 하는 특화된 내용은 6, 7장을 이해하는 척도가 되는데 '6장이 심판이 아니라 심판 설명'이라는 필자의 주장을 논증하는 장이기도 하다. 심판 진행을 위해 인을 떼시는 것이 아니라 하나님의 심판 계획을 설명하기 위해 누구도 손대지 못하고 그 속의 내용을 알지 못하던 인을 유대 지파의 사자 다윗의 뿌리이신 어린 양이 그 인을 떼고 그 속의 내용을 알게 하실 수 있을 것이라는 요한의 안타까움이 해소시키는 위로이며 그 두루마리에 담긴 심판 내용이 6장이라는 것을 논증하고 있다.

◈ 4-5장 핵심 문제 ◈

1. 보좌에 앉으신 하나님의 모양_{계 4:2-3}에 대한 이해에 있어 가장 온전한 설명은?

   계 4:2-3절
   ² 내가 곧 성령에 감동되었더니 보라 하늘에 보좌를 베풀었고 그 보좌 위에 앉으신 이가 있는데 ³ 앉으신 이의 모양이 벽옥과 홍보석 같고 또 무지개가 있어 보좌에 둘렸는데 그 모양이 녹보석 같더라

   ❶ 오직 하나님만 가지는 특별한 신성을 나타내는 존귀함에 대한 설명이다.
   ❷ 하나님의 모양이 곧 성도의 모양이며 교회의 모양임을 이해하도록 이끄는 설명이다.
   ❸ 보석의 근원이 하나님이라는 설명이다.
   ❹ 요한으로 하여금 이 땅에 오실 예수님의 아름다우심을 설명하는 의미이다.

2. 네 생물과 예수님의 사명에 대한 설명이 틀린 것은 어느 것인가?

   ❶ 사자 =〉 예수 그리스도 안에서 심판주로서의 절대 권세를 묘사.
   ❷ 송아지 =〉 예수 그리스도 안에서 제사장적 사역을 이끄는 영을 묘사.
   ❸ 사람 =〉 예수 그리스도 안에서 십자가 사역을 이끄는 주체를 묘사.
   ❹ 독수리 =〉 예수 그리스도 안에서 선지자 사역을 이끄는 영을 묘사.

3. 이십사 장로에 대한 온전한 이해가 무엇인지 계 21:12, 14절의 내용을 묵상 하고 두 그룹의 이름과 그들이 이십사 장로가 되어 보좌 주위에 위치하는 이유에 대하여 성경적 근거로 설명하라.

계 21:12 크고 높은 성곽이 있고 열두 문이 있는데 문에 열두 천사가 있고 그 문들 위 이름을 썼으니 이스라엘 자손 (　　　)의 이름들이라

계 21:14 그 성의 성곽에는 열두 기초석이 있고 그 위에는 어린 양의 (　　　)의 열두 이름이 있더라

❶ 계 21:12 ⋯⋯⋯⋯⋯⋯⋯⋯⋯⋯⋯⋯⋯⋯⋯⋯⋯⋯⋯⋯⋯⋯⋯⋯⋯⋯⋯⋯⋯⋯⋯

❷ 계 21:14 ⋯⋯⋯⋯⋯⋯⋯⋯⋯⋯⋯⋯⋯⋯⋯⋯⋯⋯⋯⋯⋯⋯⋯⋯⋯⋯⋯⋯⋯⋯

1,2,3,4,5 ANSWER

❷　　2. ❶

3. ❶이스라엘 열두 지파의 이름이며 족장의 이름이다. 그들은 구약교회의 대표이다. ❷신약교회를 세우는 데 있어 기초석이 되는 예수님의 열두 제자의 이름이며 신약교회의 대표이기 때문에 보좌 주위에 위치하는 영광을 부여받은 것이다.

¹ 내가 보매 어린 양이 일곱 인 중의 하나를 떼시는데 그 때에 내가 들으니 네 생물 중의 하나가 우렛소리 같이 말하되 오라 하기로 ² 이에 내가 보니 흰 말이 있는데 그 탄 자가 활을 가졌고 면류관을 받고 나아가서 이기고 또 이기려고 하더라 ³ 둘째 인을 떼실 때에 내가 들으니 둘째 생물이 말하되 오라 하니 ⁴ 이에 다른 붉은 말이 나오더라 그 탄 자가 허락을 받아 땅에서 화평을 제하여 버리며 서로 죽이게 하고 또 큰 칼을 받았더라 ⁵ 셋째 인을 떼실 때에 내가 들으니 셋째 생물이 말하되 오라 하기로 내가 보니 검은 말이 나오는데 그 탄 자가 손에 저울을 가졌더라 ⁶ 내가 네 생물 사이로부터 나는 듯한 음성을 들으니 이르되 한 데나리온에 밀 한 되요 한 데나리온에 보리 석 되로다 또 감람유와 포도주는 해치지 말라 하더라 ⁷ 넷째 인을 떼실 때에 내가 넷째 생물의 음성을 들으니 말하되 오라 하기로 ⁸ 내가 보매 청황색 말이 나오는데 그 탄 자의 이름은 사망이니 음부가 그 뒤를 따르더라 그들이 땅 사분의 일의 권세를 얻어 검과 흉년과 사망과 땅의 짐승들로써 죽이더라 ⁹ 다섯째 인을 떼실 때에 내가 보니 하나님의 말씀과 그들이 가진 증거로 말미암아 죽임을 당한 영혼들이 제단 아래에 있어 ¹⁰ 큰 소리로 불러 이르되 거룩하고 참되신 대주재여 땅에 거하는 자들을 심판하여 우리 피 갚아 주지 아니하시기를 어느 때까지 하시려 하나이까 하니 ¹¹ 각각 그들에게 흰 두루마기를 주시며 이르시되 아직 잠시 동안 쉬되 그들의 동무 종들과 형제들도 자기처럼 죽임을 당하여 그 수가 차기까지 하라 하시더라 ¹² 내가 보니 여섯째 인을 떼실 때에 큰 지진이 나며 해가 검은 털로 짠 상복 같이 검어지고 달은 온통 피 같이 되며 ¹³ 하늘의 별들이 무화과나무가 대풍에 흔들려 설익은 열매가 떨어지는 것 같이 땅에 떨어지며 ¹⁴ 하늘은 두루마리가 말리는 것 같이 떠나가고 각 산과 섬이 제 자리에서 옮겨지매 ¹⁵ 땅의 임금들과 왕족들과 장군들과 부자들과 강한 자들과 모든 종과 자유인이 굴과 산들의 바위 틈에 숨어 ¹⁶ 산들과 바위에게 말하되 우리 위에 떨어져 보좌에 앉으신 이의 얼굴에서와 그 어린 양의 진노에서 우리를 가리라 ¹⁷ 그들의 진노의 큰 날이 이르렀으니 누가 능히 서리요 하더라

[6-7 장]

첫 번째 설명
6장, 봉인된 인류 심판 계획 설명

계시록 6장에 대한 이해는 교회사에서 지속적으로 오해되어왔던 본문 중 하나라 할 수 있다. 봉인된 인을 떼는 기사에 대하여 심판이라는 의미로 해석된 것인데, 6장을 '인 심판'이라 부르는 것이 그것이다. 그러나 인을 떼는 것은 심판 자체가 아니라 하나님의 심판 계획에 대한 설명이다. 8장에서부터 나팔 심판이 시작되고 16장에서 대접 심판의 장면이 나타나는데 8장과 16장에 나타나는 심판의 시작이나 장면 전개는 유사하나 6장이 심판의 장면이라 보기에는 그 전개 방식이나 내용에 있어 나팔 심판과 대접 심판과의 비교 분석에 있어 진행 과정이나 전개가 확연히 차이가 있다. 6장을 설명하는 이 책의 관점은 6장이 심판이 아닌 심판 계획에 대한 설명이라는 관점을 논증하는 데 집중할 것이다. 교회 역사 속에서 6장은 심판으로 7장은 구원에 독특한 해석적 오류를 가지고 모든 이단들과 유사종교의 계략에 이용된 장이다. 특히 6장은 기독교 안에서도 심판으로 해석되어왔기 때문에 그 의문에 있어 정확한 이해를 전달하지 못했다고 생각된다. 어휘에 대한 이해에 있어 난점이 있고, 심판의 순서에 대한 모호함이 정확하게 설명되지 못하였으며, 6장의 인에 대한 의미가 4, 5, 7장의 관계 속에서 설명되지 못한다는 점 등이다. 또한 교회 안에서 6-7장이 쉽게 설교 되지 못하고 이해에 있어 오류를 인식하지 못하는 이유는 구조의 문제를 이해하지 못하기 때문인데 계시록의 구조 이해가 중요한 이유는 심판과 구원에 대한 기록 전체를 이해하는 가장 중요한 열쇠이기 때문이다. 구조를 모르고 계시록을 읽을 때 전혀 그 의미에 대하여 알 수 없게 되어 있다. 묵시문학의 특징은 상징에 의해 모호함을 벗어나지 못하는 데 있다고 생각한다. 그러나 성경의 묵시문학을 자세히 들여다 보면 뚜렷하고 선명한 이해의 구조가 보인다. 이 구조에 대한 이해가 요한계시록의 심판에 대하여 이해할 수 있는 핵심적 방법이다. 요한계시록을 가장 온전하게 이해할 수 있는 구조에 대하여 한번 살펴보고 본격적인 계시록 이해에 도전하기 바란다.

심판 이해를 위한 구조 '6설 6사'

요한계시록에 기록된 심판기록의 구조는 6가지의 설명과 6가지의 사건으로 구조되어 이해하기 쉽도록 제시되고 있다. 이러한 설명과 사건의 진행구조를 이해하지 못하면 그게 그것 같고 그 말이 그 말 같은 모호함으로 이해되어 정리하기가 쉽지 않다. 계시록은 어렵게 기록되거나 정리가 안 되는 묵시문학이 아니다. 예수님은 자기의 신부들이 마지막 때를 이해하고 잊지 않도록 마음에 새길 수 있는 말씀으로 나타내기를 원하셨기에 이해의 방법까지도 제시해 주셨음을 알아야 한다. 계시록의 구조는 여섯 가지의 설명과 여섯 가지의 사건으로 구성되어 있다. 사건이 일어나기 바로 직전 반드시 일어날 사건에 대하여 설명을 하는 구조이다. 이것을 '6설 6사' 구조라 이름 붙였다. 계시록 이해가 상당히 복잡할 것 같지만 이러한 구조를 알고 본문을 구분하여 읽고 이해한다면 6설 6사의 구조 안에 숨겨진 하나님의 심판 계획과 예수님의 교회를 향한 사랑에 대하여 온전히 알 수 있을 것이라 확신한다. 1장과 2, 3장의 교회를 향한 편지를 보더라도 주님의 사랑은 분명히 보여진다. 그분의 사랑을 가장 분명하게 이해할 수 있는 방법은 성령의 지혜를 구하며 온전한 구조적 이해에 집중한다면 반드시 깨달음이 있을 것으로 확신하며 묵상해야 할 것이다. 편지의 말미에 주께서 교회들을 향한 요청은 "성령이 교회에게 하시는 말씀을 들을지어다"이다. 이 책을 통하여 모든 주의 백성들이 마지막 때의 메시지에 대한 온전한 성령의 음성을 들을 수 있기를 바라는 바이다.

[6장-20장 이해를 위한 '6설 6사' 구조]

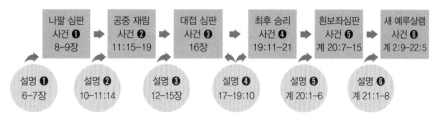

설명부란?

예수님의 심판계획 속에서 **'사건이 일어나기 전이나 후'** 반드시 그 사건에 대하여 설명하는 구조를 의미하며 예수님은 요한에게 사건의 전개전 반드시 사건과 관련된 상세한 설명을 천사를 통하여 전하는 구조이다. 이것은 교회가 심판을 이겨낼 수 있도록 전하는 계시를 이해하도록 이끄는 역할을 한다. **'천사의 설명은'** 교회가 심판의 진행 과정에 대한 지식을 얻게 하며 하나님의 마음을 알아 그 시간을 이겨내는 데 도움이 되고 교회가 환난의 절망적 환경 가운데서 견딜 수 있도록 힘을 제공한다. 다시 말하면 교회의 시험 앞에서 교회로 하여금 인내하여 소망을 잃지 않도록 이끌어 주님을 만나는 시간에 이를 때까지 나아갈 수 있는 동력이 될 것이라는 의미다. **'특이한 점은 4번째 설명'**인데 **'세 번째 사건과 네 번째 사건을 동시에 설명하는 구조'**이다. 일곱 대접이 부어지는 장면을 보고 난 후 그 대접을 가진 천사 중 하나가 요한에게 다가와 큰 음녀가 받을 심판을 보여주겠다는 장면이다. 이 장면은 천사가 하는 말을 미래 완료형으로 해석하느냐 아니냐 또는 이미 부어진 대접을 가지고 있다고 하니 대접심판 전의 내용이 아니냐 라는 관점으로 17장을 혼란스러워 할 필요가 없다. 지금 요한은 현재 심판의 시간 속에 있는 것이 아니라 마치 예정된 미래의 심판 시간에 대한 영상을 보고 있다고 생각해야 한다. 독자가 계시록 속에 있으면 17장을 해석할 수가 없다는 의미이다. 천사는 일곱 개의 대접이 부어지는 장면을 보여 주고 난 후, 요한으로 하여금 영상에서 눈을 떼게 하고 이렇게 말하는 것이다 **"요한 사도님! 이제 영상 화면에서 눈을 떼시고 저를 보세요. 제가 일곱 대접이 부어지는 과정에서 나타나지 않은 큰 음녀의 심판 장면을 설명 할테니 이제 이쪽 화면을 보세요."**라고 일곱 대접의 진행 과정에서 보지 못한 내용을 설명하는 것으로 이해하면 된다. 그리고 새로운 화면으로부터 설명되는 것이 18장까지 연결되고 19:1-5절까지 큰 음녀를 심판하신 하나님을 찬양하고 난 후 **계 19 : 6-10절을 통해 천 년 후에 있을 어린 양의 '혼인 예식 선포'가 아닌 '혼인 기약 선포' 후 '다시 사건부로 연결되는 11절'**부터 예수님의 지상 재림과 짐승인 적그리스도와 거짓 선지자의 최후 심판과 교회의 최후 승리를 가르친다.

[설명부에 나타나는 내용들]

구 분	설 명 내 용	말씀 위치
설명 ❶	① 6장, 여섯 인을 떼며 심판 설명, ② 7장, 셋째 인의 약속에 대한 성취 설명 - 이스라엘 신약교회에서 구원받을 십사만 사천 명, 능히 셀 수 없는 이방 교회의 구원에 대한 성취 설명	계 6-7장
사건 8-9 장		
설명 ❷	① 10장, 일곱 번째 나팔 소리에 일어날 예수님의 공중 재림 사건에 대한 설명과 심판 계시의 열방확산 예언명령 선포 11절 ② 11장, 두 증인의 사역과 순교, 그리고 부활 설명	계 10-11:14
사건 11:15-19		
설명 ❸	① 12장, 사탄이 역사하는 이스라엘 교회 역사 Review ② 13장, 바다짐승과 땅 짐승, 그들의 표와 교회 환난 설명 ③ 14장, 구원받은 십사만 사천 설명, 세 천사가 전하는 대접 심판 예고, 큰 성 바벨론의 멸망, 짐승과 우상 경배, 표 받는 자의 운명 설명, 곡식이방교회과 포도 이스라엘수확	계 12-14장
사건 15-16장		

설명 ❹	① 17장, 큰 음녀에 대한 설명과 여자에게 내릴 심판, 일곱 머리 열 뿔에 대한 설명 ② 18장, 바벨론의 멸망과 바벨론 엑소더스 권면 계 18:4 ③ 어린 양의 혼인 잔치에 초대받은 정결하고 복된 성도 계 19:7-9 ④ 말씀은 예수님에 대한 증언이며 곧 예언이다 계 19:10	계 17-19:10
	사건 19:11-21	
설명 ❺	① 사탄의 결박과 천 년의 수감 ② 천년왕국 백성의 자격과 천 년의 시간이 있을 것에 대한 설명	계 20:1-6
	사건 20:7-15	
설명 ❻	① 새 하늘과 새 땅에 대한 설명	계 21:1-8
	사건 21:9-22:5	

사건부란?

한 과정 속에서 일어날 일들에 대한 설명이 끝나고 시작되는 사건의 전개 상황을 알리는 구조를 의미한다. 요한계시록의 이러한 구조는 하나님의 신실하심과 성실하심이 심판 속에서도 그대로 나타나 있음을 알게 한다. '설명' 이후 실제적 '사건'이 일어나는 두 가지 프레임구조를 반드시 중요하게 인식해야 하는 이유는 '하나님께서 자기 백성과 소통하시며 일하시는 방식'이기 때문이다. 하나님의 일하심에 대하여 무지한 인간이 이해하거나 인식하지 못함을 아시고 반드시 먼저 예고하시거나 경고하시므로 그 일을 행하도록 이끄신다. 이러한 하나님의 배려에 대하여 아모스 선지자는 이렇게 전하고 있다.

> 여호와께서는 자기의 비밀을 그 선지자들에게 보이지 아니하시고서는 결코 행하심이 없으시리라 암 3:7

사건이 일어나기 전 하나님은 선지자인 요한에게 어떤 일이 일어날 것이라고 미리 설명하시는 것이 요한계시록이다. 계시록의 사건은 6장에서 밝힌 흰 보좌 심판까지의 계획 속에서 나팔 심판부터 시작되며 일곱 나팔의 끝에서 예수님의 공중 재림이 있을 것에 대하여 알리며 대접 심판이 이어지고 예루살렘 성에 입성하여 적그리스도와 거짓 선지자를 심판하시고 승리하시는 예수님과 흰 보좌 심판이 사건의 핵심으로 나타난다. 사건의 실체는 하나님의 계획이 실제로 이 땅에서 벌어지는 상황이며 설명은 이러한 사건을 위해 준비되었던 과거의 역사나 앞으로 이루어질 일에 대한 예고적 성격을 가진다. 마지막 때의 교회는 이러한 사건을 중심으로 예수님께서 재림하실 그 시간을 가늠하며 환난 가운데서 소망을 버리지 아니하고 그 시간을 기다리며 인내하는 뒷심을 발휘해야만 이기는 자 되어 기름을 준비하고 신랑을 만나는 신부가 될 수 있는 것이다. 이러한 이해 속에서 설명부와 사건부가 가지는 의미를 충실하게 다루어 계 1-3장에 나타나는 교회를 향한 예수님의 사랑을 이해하고 감사하며 마지막 때를 이기는 교회 되기를 예수님의 존귀하신 이름으로 축복하는 바이다.

[사건부에 나타나는 내용들]

구 분	사 건 내 용	말씀 위치
	설명 6-7장	
사건 ❶ 나팔심판	◉ 8장 ① 일곱째 인을 떼심, 일곱 천사가 일곱 나팔을 받음, 향과 기도를 합한 향연을 드림, 빈 향로에 제단불을 담아 땅에 쏟음으로 심판 시작 ② 첫째 나팔 : 자연 심판, 땅과 수목 1/3, 푸른풀 심판 ③ 둘째 나팔 : 바다 심판, 바다 1/3이 피가되고 바다생물 1/3 이 죽고 들의 1/3이 깨어지는 심판 ④ 셋째 나팔 : 불타는 별이 강들의 1/3, 여러 물 샘에 떨어짐 ⑤ 넷째 니팔 : 해, 달, 별 1/3 어두워짐, 독수리의 경고. 아직 재앙이 남았음을 알림 ◉ 9장 ⑥ 다섯째 나팔 : 열린 무저갱에서 나오는 황충, 다섯달 동안 해하는 권세	계 8-9장

	⑦ 여섯째 나팔 : 사람 1/3을 죽이기로 작정된 유브라데의 세 천사와 마병대 이만 만의 대 살육과 산 자들의 악한 모습	
설명 ❷ 10-11:14		
사건 ❷ **공중 재림**	① 일곱째 나팔 : 예수님의 공중 재림과 열려진 하늘 성전 교회의 휴거 시간	계 11:15-19
설명 ❸ 12-15장		
사건 ❸	⊙ 16장 ② 첫째 대접 : 짐승의 표를 받은 자와 우상에게 경배한 자들에게 악한 종기가 남 ③ 둘째 대접 : 바다가 피같이 되고 모든 바다 생물이 죽음 ④ 셋째 대접 : 강과 물 근원이 피가 됨 ⑤ 넷째 대접 : 해가 권세를 받아 사람들을 불로 태움 ⑥ 다섯째대접 : 짐승의 왕좌에 쏟아진 대접으로 인하여 그 나라가 어두워지고 사람들이 아파서 자기 혀를 깨물고 고통스러워 하지만 회개치 아니함 ⑦ 여섯째 대접 : 동방에서 오는 왕들의 길이 예비됨 ⑧ 일곱째 대접 : ~되었다! 큰 지진, 큰 성 바벨론, 섬, 산악이 간데 없을 정도의 지진 한 달란트 무게의 우박	계 17-19:10
설명 ❹ 17-19:10절		
사건 ❹ **최후 승리**	⊙ 19장 ① 백마를 타고 피뿌린 옷, 곧 말씀을 입고 싸우는 충신과 진실의 만왕의 왕, 예수 그리스도와 그를 따르는 정결한 옷을 입은 백마 탄 하늘의 군대, 교회11-16절 ② 마 24:28절의 성취, 하늘의 새들을 배부르게 할 하나님이 베푸시는 승리의 큰 잔치17-18절 ③ 바다 짐승과 땅 짐승의 심판, 유황 불못 19-21절	계19:11-21
설명 ❺ 20:1-6		
사건 ❺ **흰 보좌 심판**	① 천년왕국의 시간에 있을 사탄의 운명, 무저갱7-15절	계 20:7-15
설명 ❻ 21:1-8		
사건 ❻ **새 예루살렘**	① 어린 양의 혼인 연회의 장소, ② 완성된 하나님 나라	계 21:9-22:5

6장은 심판이 아니라 예배 후의 심판 설명회다

6장과 7장은 첫 번째 설명 구에 해당하는 부분으로 6장은 4, 5장과 연결되어 하늘의 예배 이후 일어날 주요 사건과 심판에 대한 설명이다. 나팔 심판과 예수님의 재림, 그리고 대접 심판을 거쳐 천 년 이후에 있을 흰 보좌 심판까지 진행될 완성된 하나님의 나라를 향해가는 전체 과정을 요한에게 보여주는 내용이다. **'첫 번째 설명 부분'**에 해당하는 6장은 요한계시록을 쉽게 이해할 수 있도록 돕는 첫 번째 단추인데 이 단추가 잘못 채워지면 전체의 구조가 뒤틀리게 되어 이후의 해석들이 짜 맞추기가 힘들다. 만약에 맞추어진다면 그것은 상상으로 맞춘 억지가 될 가능성이 높다. **6장의 구조는 심판의 장면이 아니기 때문에 상세한 설명이 아닌 그 사건의 주체적 존재를 설명하고 심판의 주제적 내용에 대하여 간략하게 정리 요약하여 전하는 형식으로 소개**된다. 6장에 대한 대부분의 견해는 심판이라 해석하고 있지만 6장이 심판이 아니라 설명이라는 정황은 본문 곳곳에서 드러난다.

[6장의 해석을 위한 내용 정리]

구 분	내용과 의미	주권자	시 간 대
첫째 인	**흰 말**/면류관을 받고 이기고 또 이기려 함/미혹	짐승	한 이레의 전반
둘째 인	**붉은 말**/화평 제함, 서로 죽이게, 큰 칼/짐승의 (후)삼 년 반	짐승	나팔 심판, 후반
셋째 인	**검은 말**/한 데나리온 밀, 보리, 감람유, 포도주/구원	천사	대접 심판 전
넷째 인	**청황 말**/사망, 음부, 사분의 일, 검, 흉년, 짐승으로 죽임/심판	천사	대접 심판
다섯째 인	순교자들의 기도를 들으시고 대접 후 천년왕국 전 심판 완료		나팔 심판 전
여섯째 인	큰 지진, 해, 달, 별의 변화, 하늘, 산, 섬, 사람 심판 / 천 년 후	천사	흰 보좌 심판

'심판이 아니라 설명인 이유'

❶ 심판의 전개 방식에 있어서의 차이 때문이다.

8, 16장은 일곱 번째 천사의 행동 직후 바로 심판에 대한 현상이 나타나지만 6장은 말의 색상, 말 탄 자이 있다는 묘사, 그의 손에 받거나 들려 있는 물건에 대한 모양 설명, 말 탄 자의 행동 설명이 주제인 6장과 달리 8, 16장은 일곱 번째 천사의 행동 이후 곧바로 이 땅에 부어지는 심판이 시작된다는 점이다.

❷ 심판의 특징인 점진적 강화가 6장에는 없다.

나팔과 대접 심판은 특정한 대상이나 주제적 관점이 뚜렷하다. 예를 들어 6장의 시작은 자연으로부터 사람에 이르는 심판이며 대접 심판은 짐승의 표를 받은 자, 바다 생물, 강과 물, 해, 짐승의 왕좌 등 뚜렷한 심판의 대상과 점진적으로 강해지는 특성을 가지지만 인은 상황이나 인물에 대한 소개의 내용이며 어디에 어떠한 심판이 부어졌다라는 심판 특유의 내용이나 모습은 전혀 없다는 것을 살펴보면 알 수 있을 것이다.

❸ 6장 전체에 나타나는 인의 특정 주체와 주제들에 대한 묘사이다.

6장의 내용은 심판이 아닌 심판의 주체로 활약할 '네 생물' '말' '말 탄 자' '기도' '우주 변화' 등에 초점을 맞추고 있으며 심판을 진행하고 있는 과정이 전혀 나타나지 않는다. 심판이란 악과 악인과 그 나라에 초점이 맞추어진 교회의 구원을 위해 심판하시는 하나님의 분노 행위이다사 63:1-6. 네 마리의 말, 심판이 아닌 뜬금없는 순교한 영혼들의 부르짖는 모습, 그리고 창조 세계의 가장 큰 변화, 창조된 땅 최후에 있을 심판으로 인한 하늘과 땅의 변화가 6장에 이미 나타난다는 것은 인을 떼는 6장이 심판이 아니라 심판 전체에 대하여 설명하는 내용임을 알게 한다. 8장부터 시작되는 심판이 6장에서 일어나고 가장 혹독한 최후의 새 하늘과 새 땅을 이루시는 우주의 변화가 6장에서 일어난다면 이미 6장에서 모든 심판이 종료되는 시나리오가 되기 때문이다. 다시 말해 6장이 심판이라면 모든 심판이 끝나는 장면을 설명하는 새 하늘과 새 땅의 변화를 말하는 21:1절의 우주 변화의 심판과정이 처음부터 전개될 수 없다는 의미이다. 6장에는 눈을 씻고 찾아봐도 심판의 시작이나 과정, 심판으로 나타나는 폐해에 대한 설명이 없다는 것이 6장을 심판이라 이해하는 전통적 가르침을 그대로 수용할 수 없는 이유가 된다고 할 것이다.

❹ 나팔 심판과 대접 심판에 나타나는 패턴이 6장에서는 전혀 보이지 않는다.

나팔 심판과 대접 심판은 여섯 천사의 실행으로 진행에 있어 일정한 패턴을 갖는다. 그러나 위의 표를 참조하여 볼 때 6장의 일곱 인을 뗄 때는 그 진행이 일정하지 않고 본문 해석상 인을 뗄 때마다 나타나는 주권자 또한 일정하지 않다는 것을 알 수 있다. 예를 들면 첫째 인부터 넷째 인까지는 말 탄 자가 보이는 일정한 패턴이 있으나 다섯째 인은 또 말과 말 탄 자가 없어 심판이 아님을 알 수 있게 한다. 그러다 여섯째 인은 말이 없고 상황 설명만 있다. 또한 본문의 내용 해석에 있어 셋째 인과 다섯째 인은 다른 인과 전혀 다른 성경적 근거를 가진다. - 6장의 인 설명부 구체적 해석 참조

❺ 말의 등장이 일정하지 않다.

여섯 인을 떼는 가운데 등장하는 네 마리의 말과 비교하여 다섯째 인과 여섯째 인에서는 말이 등장하지 않는 이유와 첫째, 둘째 말과 말 탄 자에 대하여는 동일 인물이라는 견해가 성경적으로나 심정적으로 성립되지만 셋째 말을 탄 자는 넷째 말 탄 자와는 서로 결을 달리하며 다섯째 인과 여섯째 인을 뗄 때는 아예 말이 등장하지 않는다는 것에 왜? 라는 질문을

하게 되고 인을 뗀다는 표현에서 심판의 패턴이 보이지 않고 있다는 사실
또한 왜? 라는 질문이 필요하기 때문이다.

❻ 계 7:3절의 내용이 증거이다.

> **계 7:3** 이르되 우리가 우리 '하나님의 종들의 이마에 인치기까지' 땅이나 바다
> 나 나무들을 해하지 말라 하더라

천사가 전하는 이 말은 아직 심판의 준비가 되지 않았으니 구원받을
자의 이마에 구원 식별의 인을 치고 난 후 심판을 시작하라는 의미이다.
이러한 7장의 메시지를 통하여 6장이 심판이 아니라는 사실을 이해할 수
있을 것이며 7:3절 이후의 흐름에서 인을 치고 난 후 십사만 사천 명과
헤아릴 수 없는 열방의 두 무리 교회가 구원 식별의 인을 받는 설명이 있
고 난 후 8장에서 나팔 심판이 시작되고 있기 때문이다. 그러므로 6, 7장
은 심판이 아니라 심판 설명이 된다. 계시록의 전개는 이러한 구조 속에
서 온전히 이해될 수 있는 책이다.

[여섯 인]

요한계시록에 대한 많은 이들의 주장 가운데 6장에 기록된 인에 대한
인식은 '**심판**'이라는 설명으로 고착화되어 있다. 그러나 인을 떼는 것이
심판을 의미하는 것이 아니라는 사실을 인식하게 될 것이다. 인 이란? 내
용물을 무관한 자가 보지 못하도록 봉인하는 주권자의 도장이다. 고대로
부터 지금까지 왕이나 대통령의 친서를 보낼 때 아무도 그 내용을 확인할
수 없도록 온전히 보존하여 전달하기 위한 방법이었다. 계시록 6장을 이
해하기 위해 새롭게 살펴야 하는 부분은 인봉 된 물건이 수신인의 손에

도착하기까지의 과정들이다. 이 과정을 살피는 것은 계시록 6장을 검토하는 한 과정으로서의 의미만 부여되는 것이 아니라 계시록 전체를 이해하는 중요한 의미를 가진다. 인을 떼고 그 안에 내용물이나 내용이 발신자의 뜻대로 효과를 발휘하는 과정을 일상적이고 상식적 수준에서 순서대로 살펴보며 **'예언적 관점의 인'**에 대한 온전한 이해가 설명적 관점으로 이해가 가능하다. 봉인된 두루마리를 **'왕이 보내는 친서'**라 가정하에 봉인을 풀고 확인하는 과정을 분석해 봄으로 인을 뗀다는 의미에 대한 균형 잡힌 이해에 접근할 수 있다.

봉인된 왕의 친서 접수
보좌에 앉으신 이의 오른손에서 두루마리를 취함 계 5:7

왕이 봉한 인 제거
어린 양이 일곱 인 중의 하나를 떼심 계 6:1

왕이 보낸 친서의 내용 확인
네 생물 중 하나가 이르되 오라, 계 6:1, 네 마리의 말, 계 2-8, 순교한 영혼들의 부르짖음 계 6:9

친서의 내용 공표
이스라엘 신약교회의 십사만 사천과 이방 신약교회의 흰 옷 입은 무리 구원, 계 7:1-12과 심판 계 8-20장

　계시록 5장에서 어린 양이 성부 하나님의 손에서 건네받은 두루마리에 대한 이해에 있어 상식적 순서를 고려할 때 계시록 6장을 바라보는 일반적 이해와 상충되는 두 단계가 있는데 '**내용 확인과 공표**'의 과정이다. 왕이 백성에게 전하는 내용이 담긴 친서를 받았을 때는 그 안에 '**기록된 내용에 대하여 반드시 밝혀야 할 의무**'가 있다. 모든 백성이 왕의 뜻을 알아야 하기 때문이다. 만약 왕의 뜻을 백성에게 전하지 않는다면 왕의 친

서를 받은 자는 '**직무유기 죄**'가 적용될 것이다. 계시록 6장에 대한 지금까지의 해석의 문제가 여기에 있다. 왕이 주신 두루마리를 모든 백성이 알도록 선포하는 과정과 동일한 관점으로 요한계시록을 살펴야 하는 이유는 하나님이 일하시는 방식 때문이며 아모스 선지자의 가르침은 이러하다.

> 주 여호와께서는 자기의 비밀을 그 종 선지자들에게 **보이지 아니하시고는** 결코 행하심이 없으시리라 암 3:7

하나님께서 일하시는 방식에 대한 아모스 선지자의 가르침을 이해하지 못하면 요한계시록 = **세상을 향한 심판**이라는 무너지지 않는 공식을 연상하고 볼 것이기 때문에 6장도 심판이라는 범주 안에서만 살피게 되는 것이다. 그러나 요한계시록의 관점은 뚜렷하게 '세 가지 축'을 가지고 연구해야 올바르고 균형 잡힌 이해가 가능하다.

❶ **교회를 향한 하나님의 사랑**
❷ **세상을 향한 하나님의 심판**
❸ **완성된 하나님 나라이다.**

요한계시록에 기록된 모든 내용은 세상의 어떤 책보다 내용과 절차와 순서에 있어서의 완전성과 정당성 그리고 모든 심판이 하나님의 공의에 기초하고 있으며 말씀 속에 나타나는 약속에 근거한 심판과 구원에 대한 내용임을 이해할 수 있도록 깨닫게 한다. 이러한 이해의 정당성은 요한의 계시록에 기록된 모든 하나님의 계획과 예수님의 심판은 창조 시대로부터 기록된 말씀 중에 이미 선언되고 선포된 내용사 46:10들 이기에 공정하며 당위성이 인정된다는 사실이다. 그러므로 우리가 요한계시록의 내용에 대하여 이해할 수 없는 어려운 예언이라고 말한다면 하나님은 가르쳐야 할 사명을 받은 자들을 향해 내가 말하고 가르친 것들을 연구하지 않는다고 책망하실 것이라 여기며 사명 의식을 가지고 계시록을 연구해야 할 것이다. 창조의 시간에서부터 심판에 대하여 말씀하신 하나님의 마음을 이해하도록 힘써야 할 것에 대하여 이사야서는 하나님의 마음을 이렇게 증언한다.

> 내가 '시초부터 종말을 알리며'창 1:3-8 구원과 심판, 7장 홍수 심판 '아직 이루지 아니한 일을 옛적부터 보이고'예언적 약속 이르기를 나의 뜻이 설 것이니 내가 '나의 모든 기뻐하는 것을 이루리라'사 14:24-27 하였노라' 사 46:10

이사야서의 이 가르침은 두 가지의 관점, 곧 '시작과 끝에 대한 예언의 실행'을 다루고 있다. ❶ "시초부터 종말을 알리며"라는 표현이다. 시초는 창조의 시간을 의미한다. 창조의 시간부터 종말에 대하여 알렸다는 것은 죄악 이후 인간이 죄성으로 인하여 멸망 당할 노아 시대의 홍수 심판과 마지막 시간의 재림 심판을 의미하는 것으로 창조 때 궁창 위의 물과 궁창 아래의 물이 시초에 알리신 종말에 대한 이해가 되는 것이다. 인간의 죄성과 죄의 번성으로 인하여 창조의 시간에 준비된 궁창의 물을 쏟아 부으시므로 이 땅에 최초의 심판이 하나님의 선언대로 실행된 심판 사건을 가리키며 설명하고 있다. ❷ "아직 이루지 아니한 일을 옛적부터 보이고"이다. 이 말씀은 미래에 있을 재림 심판을 설명하는 행간이 된다. 시초에 보이신 심판을 위한 피조물인 궁창 위의 물과 아래의 물에 의해 실행될 홍수 심판은 장차 이루어질 구원의 완성을 위한 재림 심판의 예언적 예표이며 모형이라는 예언적 설명이다.

하나님의 심판 계획 설명

6장의 시간대 : 인을 떼며 실행되는 심판 설명회

단 9:27	단 12:11	욜 3:2,마 25:31-33	계 20:3-10	계 20:11-15	계 21:21-22:5

7년 환난 / 한 이레의 언약

전 삼 년 반, 두 짐승과 인 설명	후 삼 년 반, 나팔 심판	대접 심판	여호사밧 골짜기 심판. 천년왕국 시작	흰 보좌 심판	영원한 나라

1260일 → 1260일 → 30일 → 여호사밧 골짜기 심판 45일과 천년왕국의 시작

- 짐승 출현
- 1260일, 해산의 고통증가
- 짐승의 성전 점령

- 입곰 나팔
- 부활 휴거
- 공중 재림

- 지상 재림
- 두 짐승 심판
- 사탄…무저갱

- 무저갱 해제
- 만국 미혹과
- 예루살렘 점공

- 사탄 심판
- 새 예루살렘 성
- 혼인 연회

6장의 개관

6장의 시간대를 이해하는 키는 하나님께서 짐승에게 마흔두 달의 권세를 허락하시는 계 13:5절의 시간대와 밀접한 관계가 있다. 적그리스도가 나타나는 시점이 7년 조약으로 인한 환난의 시작이라는 것을 전제로 단 9:27절의 말씀을 적용하면 7년의 시간 중 절반의 시간부터 두 짐승이 권세를 받아 일하는 마흔두 달이 시작될 것이므로 봉인을 해제하고 심판을 설명하는 시간은 교회를 향하여 마흔두 달의 권세를 행하는 시간 직전에 이루어질 것이라는 말씀에 근거한 합리적 추론이 가능하다. 이 시간은 또한 전체적 심판 시간표에서는 나팔 심판의 시간이며 예수님의 재림을 기점으로 삼 년 반 전의 시간이다. 사탄이 하나님으로부터 부여받은 마흔두 달의 시간, 곧 삼 년 반은 '**일곱 나팔이 불리는 시간까지**'라는 의미가 된다. '교회는 그 마흔두 달 동안 예수님에 대한 사랑을 시험받을 것이며 끝까지 예수님을 사랑을 버리지 않는 자, 곧 미혹의 시험을 견디는 자는 알곡으로 구별되어 생명의 면류관을 받게 될 것이다.' 정리하면 '**두 짐승에게 교회를 맡겨 시험과 환난을 통과하도록 허락하시는 이유는 예수님에 대한 사랑의 진정성 확인 시험**'이라는 사실을 잊어서는 안 된다. '**교회를 사랑하사 자기 몸을 내어주시기까지 하신 하나님께서 어찌 교회에 환난을 주시겠느냐**'고 떠들어 대며 자기 믿음의 시련은 거부하고 하나님의 사랑에 목을 매는 헛소리에 귀를 기울이지 말고 오직 '마지막 때를 이기는 지식'은 교회가 대 배교의 미혹 앞에서 '내 영생을 지키는 절대적 문제'라는 절박한 마음으로 무장되어야만 환난 가운데서 믿음을 지켜 예수님을 만나게 될 것이다.

"명심하라! 예수님의 재림이 코앞에 다가온 임박한 때라는 사실을!"

1. 첫째 인계 6:1절

> **계 6:1** 내가 보매 '어린 양'이 일곱 인 중의 하나를 떼시는데 그 때에 내가 들으니 '네 생물 중의 하나'가 우렛소리 같이 말하되 '오라' 하기로

어린 양

계 5:5-7절이 증거 하듯 보좌에 앉으신 성부 하나님으로부터 일곱 인으로 봉하여진 두루마리를 받으시는 이는 유대 지파의 사자요 다윗의 뿌리 되시며 심판의 주권자 예수님이시다.

> ⁵ 장로 중의 한 사람이 내게 말하되 울지 말라 '유대 지파의 사자 다윗의 뿌리'가 이겼으니 그 두루마리와 그 일곱 인을 떼시리라 하더라 ⁶ 내가 또 보니 보좌와 '네 생물'예수님 안에서 사역을 성취하는 본성과 장로들 사이에 한 '어린 양'이 서 있는데 일찍이 죽임을 당한 것 같더라 그에게 '일곱 뿔과 일곱 눈'이 있으니 이 눈들은 온 땅에 보내심을 받은 '하나님의 일곱 영'성령이더라 ⁷ 그 '어린 양'이 나아와서 '보좌에 앉으신 이의 오른손에서 두루마리를' 취하시니라 계 5:5-7

네 생물

이 흥미로운 존재에 대한 묘사는 예수님께서 심판의 계획이 기록된 두루마리를 취하실 때 어린 양의 심판을 실행할 존재들에 대한 설명이다. 곧 **'네 생물'**과 **'하나님의 일곱 영'**계 5:6에 대한 묘사인데 이러한 묘사는 예수님과 성령님의 하나 된 사역을 묘사하는 것이다. 네 생물은 겔 1장에서 증거 하듯 성령님과 함께 하나님의 사역을 감당하는 영적 존재이다. 계 6장에서 네 생물은 네 말과의 상관관계를 가지는 존재로 나타나며 **'제사장, 선지자, 왕, 인자'**겔 1장의 사역을 성취하는 예수님의 사역을 이루

는 능력에 있어 본성과 같은 영들이다. 이는 마치 사 11:2절의 가르침처럼 하나님의 뜻을 이 땅에 이루시기 위해 성령 안에서 역사하는 여섯 영, 곧 '**지혜와 총명의 영, 재능과 모략의 영, 지식과 여호와를 경외하는 영**'에 대한 기능과 의미를 같이하는 영으로 네 생물에 대한 네 가지 형상은 예수께서 성취하셨고 또 천년왕국 이후까지 성취하실 모든 사역의 주체들이다. 이들은 예수님 안에서 사역을 이루어가시는 능력과 동일한 것으로 이사야와 에스겔과 요한은 이 존재들에 대하여 '네 생물'이라 묘사하고 있는 것이다. 또 한 가지 중요한 가르침은 네 생물의 모든 활동에 대하여 네 생물은 반드시 하나님의 일곱 영과 하나 되어 움직인다는 사실을 알 수 있도록 가르치시는 데껠 1장 예수님의 모든 사역은 성령님과 함께하신다는 신약성경의 가르침요 6:63과 하나된 가르침 이라는 사실을 에스겔의 증거에서 찾아볼 수 있다. 에스겔 1장에 나타나는 핵심적 존재들은 네 생물, 바퀴, 영이며 겔 1:20-21절의 증거는 1장 전체를 대변한다.

> '영'성령이 어떤 쪽으로 가면 '생물들'네 생물도 영이 가려하는 곳으로 가고 '바퀴들'성령 안에 있는 사역의 영들도 그 곁에서 들리니 이는 '생물의 영'네 생물의 중심이신 성령이 그 바퀴들 '가운데에 있음'네 생물이 이루는 사역의 중심이니라 '그들이 가면 이들도 가고 그들이 서면 이들도 서고 그들이 땅에서 들릴 때에는 이들도 그 곁에서 들리니 이는 생물의 영이 그 바퀴들 가운데에 있음'일체의 사역이더라 겔 1:20-21

에스겔의 이 예언적 증거는 신약시대 '**하나님의 일곱 영**'이라 묘사하는 '**성령님**'과 이 땅에 오셔서 십자가를 지시고 희생의 제물 되심으로 구원을 성취하실 '**예수님의 십자가 사역**'을 성취하는 네 생물의 하나 된 사역을 묘사하고 있는 내용이다. 요한은 성령님과 예수님의 연합하시는 사역에 대하여 이렇게 표현했다.

어린 양 예수께서 이 땅에서 하나님 나라의 구원에 대하여 말씀하실 때 그분의 입에서 나가는 말씀에 성령이 역사하시므로 생명이 구원받는 역사가 일어날 것에 대하여 가르치시는 말씀이다. 이 가르침이 육신의 상태로 이해될 때는 성령께서 예수님과 연합하는 것이지만 영적 세계를 열어 성령님과 예수님의 사역을 돕도록 명령된 모든 영들의 세부적 움직임을 분석하듯 기록해 놓은 그림 언어가 바로 에스겔 1장이다. 예수님은 이러한 에스겔의 분석을 토대로 6장을 이해하도록 성경에 이미 모든 것을 기록하시고 기름 부음 받은 자들의 연구와 분석과 양육과 선포를 기다리고 계시는 것이다.

네 생물 중의 하나 사람, 사자, 독수리, 소

흥미롭게도 네 생물의 숫자와 네 마리의 말이 동일하게 짝지워져 있으며 네 마리의 말의 등장 곧 새로운 사건을 허락하는 것이 네 생물이라는 것을 볼 때 네 생물과 네 마리의 말과 말 탄 자는 매우 깊이 연관된 관계로 인식해야 할 대상들임은 분명하다. 심판을 주관하시는 분이 어린 양 예수님이시며 예수님의 사역을 성취해가는 존재가 네 생물이라는 관점은 곧 심판을 시작하고 심판의 시간 속에서 이스라엘 신약교회의 십사만 사천 명과 이방교회의 구원계 7장 그리고 이스라엘의 구약교회의 구원슥 12:10-13:1을 성취하시고 세상 심판을 끝내는 사역의 주체 역시 네 생물이므로 네 마리의 말과 네 생물은 재림의 때 심판과 구원에 있어 동일한 관점에서 연구되어야 할 존재적 의미를 가지는데 네 생물은 예수님 안에서 예수님의 사역을 이루어가는 능력이라 설명할 수 있으며 예수님 사역에 있어 본성과 같은 것이다. 이와 동일하게 설명될 수 있는 것이 바로 성령님 안에서 예수님의 구원 사역을 성취하도록 돕는 여섯 영, 곧 지혜, 총명, 재능, 모략, 직식, 여호와를 경외하는 영사 11:2과 같은 존재이다. 6장을 살피는 데 있어 중요한 관점은 네 마리의 말에 대한 묘사가 심판 장면이 아닌 설명을 위한 아이콘인데 각 말과 말 탄 자가 무엇을 설명하고자 하느냐? 라는 관점이 될 것이다. 각 '**말과 말 탄 자는 예수님의 재림 시간에 있을 심판과 구원에 있어 어떤 상황을 설명하는 아이콘인가?**'를 자세히 살피는 것이 핵심이라는 의미다.

이러한 핵심적 관점을 전제로 네 생물 곧, 사람, 사자, 독수리, 소의 모양과 예표적 의미들을 근거로 분석해 볼 때 첫 번째 인이 떼어질 때 '**오라**'고 반응하는 생물은 '**독수리**' 형상을 가진 생물의 사역이다. 이유는 첫 번째 인이 떼어질 때 나타나는 '**흰 말과 말 탄 자**'는 하나님을 버리고 짐승과 그 우상을 따르도록 미혹하는 두 짐승 중 거짓 선지자이다. 이 시간은 마 24:3-13절까지에 나타나는 미혹의 시간을 의미하며, 성령님과 함께 예수님께서 전하는 하나님의 나라와 하나님에 대한 거짓 미혹의 시간은 당연히 땅에서 올라오는 짐승계 13:11인 종교전문가 거짓 선지자가 중심이 되어 바다에서 나오는 짐승계 13:5, 적그리스도의 이름으로 함께 배교를 선동할 것이며 과장되고 신성 모독을 말하는 입계 13:5을 받은 짐승의 우상을 만들어 그를 하나님으로 섬기는 데까지 나아갈 것에 대하여 계 13:11-18절이 증거하고 있다. 그러므로 심판 시작 전 거짓 선지자의 거짓 미혹의 시간을 주관하는 생물은 '**선지자의 영에 대한 상징**'으로 나타나 예수님의 사역을 대변하는 '**독수리 모양의 생물**'이라는 합리적 유추가 가능하다.

오라네 생물들의 Signal

요한계시록에 나타나는 네 생물은 4장, 5장, 6장에서 계속적으로 나타나는데 하늘 예배에 있어 경배의 중심에 있으며, 특히 그들의 위치에 있어 4:6절은 보좌 가운데와 보좌 주위라고 밝힌다. 하나님의 가장 가까운 곳에 위치하여 성부 하나님을 향한 경배를 이끄는 존재들이다. 첫 번째 인이 떼어질 때부터 그들의 개입이 나타나는데 6장의 심판 설명에서 생물이 말하는 '**오라**'는 신호에 의해 그 사건의 모습이 설명되는 것은 그 시간을 주관하는 존재에 대한 이해로 이끌어 준다. 또한 '오라'는 생물의 신호가 의미하는 바는 미혹의 시간을 주장하는 주관자로서 '시작'을 알리는 'signal'이다.

흰 말 계 6:2

계 6:2 이에 내가 보니 '**흰 말**'이 있는데 그 '**탄 자가 활을 가졌고**' 면류관을 받고 나아가서 '**이기고 또 이기려고**' 하더라

흰 말에 대한 견해가 분분하다. 예수님께서 아마겟돈 전쟁을 위해 지상으로 재림하실 때 타고 오신 흰 말이 나타나 있는 계 19:11절을 연상하는 이유이다. 그렇게 오해 되어진 이유는 아마도 흰색이 갖는 이미지가 정결함이라는 인식이기 때문일 것이다. 그러나 요한계시록이 마지막 때에 있을 심판과 구원을 위한 계시적 의미를 전제한다면 이미지 분석적인 의미인 정결함 보다는 마 24:4-6절에 나타나는 예수님의 가르침을 따라 그리스도를 모방하는 '**미혹**'이라는 의미가 더 적절하다. 마지막 때라는 상황 속에서 흰색에 대한 해석에 접근할 필요가 있다. 이 미혹에 대하여는 계 13:5절의 증거가 우리를 미혹의 이해 속으로 이끌어준다.

또 '짐승이 과장되고 신성 모독을 말하는 입'을 받고 또 '마흔두 달 **동안** 일할 권세'를 받으니라 계 13:5

'**미혹의 본질**'은 하나님을 비방하고 신성을 모독하며 자기를 하나님으로 대체시키는 것이 그 본질이다. 이것이 예수 그리스도를 모방하는 적그리스도들의 미혹이며 그러한 그들의 모습을 묘사하는 것이 흰 옷이라는 것을 이해할 수 있을 것이며 현대 교회를 미혹하는 유사 종교들의 본질과 동일하다. 그러므로 마 24:24절에 기록된 예수님의 가르침을 볼 때 분명 흰색에 대한 의미는 '미혹'이라 단정할 수밖에 없는 것이다. 예수님의 가르침에 따르면 마지막 때 교회를 향해 일어날 미혹은 사탄의 마지막 몸부림이 될 것이며 혈안이 된 사탄의 노골적인 미혹으로 영, 육을 향한 무차별적 공격이 이루어질 것이다. 이로 인하여 교회는 배교의 현상이 일어날 것이라 사도 바울은 예언하고 있다살후 2:3. 사도 바울의 증거는 '**활을 가진 말 탄 자의 정체**'를 분명히 한다. 그는 '**거짓 선지자**'이다. 예수님께서도 마지막 때에 수많은 적그리스도들과 거짓 선지자들에 의한 무차별적이고 강압적 미혹이 있을 것이라 가르치셨다.

> '거짓 그리스도들'과 '거짓 선지자들'이 일어나 큰 표적과 기사를 보여 '할 수만 있다면 택하신 자들도 미혹' 하리라 마 24:24

'**흰 말을 타고 미혹하는 자**' 거짓 선지자는 칠 년의 기간 중 절반의 시간인 삼 년 반이 지난 시점에서 성전을 탈취하고 유대인들의 희생 제사를 금지하는 자단 9:27, 성전에 앉아 자기를 하나님이라 일컫는 자살후 2:4인 적그리스도를 도와 영적 전쟁의 도구인 활과 화살호 7:16이 의미하는 거짓 복음을 들고 세상의 교회들을 향해 예수님을 버리고 '**바다에서 나오는 짐승인 적그리스도**'계 13:1를 경배하고 섬기도록 강요할 것이다. 이러한 영적 전쟁의 일선 사령관이 '**땅에서 나오는 짐승인 거짓 선지자**'계 13:11이며 그는 적그리스도를 위한 종교 전문가로서 우상화를 담당할 세계 종교 연합의 수장으로 마지막 시간대에 활동할 거짓 선지자를 지칭한다. 사도 바울은 미혹하는 자 '**거짓 선지자가 행할 일**'을 분명히 밝히고 있는데 그는 '**적그리스도를 우상화**'하여 그를 하나님으로 섬기도록 하는 데 그의 사명이 있을 것이며 그의 손에 의해 신으로 높여질 자가 멸망의 아들 '**최후의 적그리스도**'라 가르친다. 마지막 때의 두 짐승에 대한 성경의 묘사는 이러하다.

적그리스도

³ 누가 어떻게 하여도 너희가 '미혹되지 말라 먼저 배교 하는 일'교회가 예수님을 버림, 후 삼 년 반부터 일어날 일이 있고 저 '불법의 사람 곧 멸망의 아들'적그리스도가 나타나고 삼 년 반이 지나고 우상화에 의한 배교가 시작될 것이 나타나기 전에는 그 날이 이르지 아니하리니 ⁴ 그는 대적하는 자라 신이라고 불리는 모든 것과 숭배함을 받는 것에 대항하여 그 위에 자기를 높이고 '하나님의 성전'제삼 성전 점령 에 앉아 '자기를 하나님'짐승의 교만 이라고 내세우느니라 살후 2:3-4

거짓 선지자

¹¹ 내가 보매 '또 다른 짐승'땅에서 나오는 짐승, 거짓 선지자 이 땅에서 올라오니 '어린 양 같이 두 뿔이 있고 용처럼 말'모습은 어린 양이신 예수님을 닮았으나 그 입술의 말은 사탄의 말, 신성모독 을 하더라 ¹² 그가 '먼저 나온 짐승'계 13:1, 바다에서 나오는 짐승 의 모든 권세를 그 앞에서 행하고 땅과 땅에 사는 자들을 '처음 짐승에게 경배하게 하니' 적그리스도를 하나님으로 추앙하게 하는 역할, 거짓 선지자의 역할 곧 죽게 되었던 상처가 나은 자니라 ¹³ 큰 이적을 행하되 심지어 사람들 앞에서 불이 하늘로부터 땅에 내려오게 하고 ¹⁴ 짐승 앞에서 받은 바 이적을 행함으로 '땅에 거하는 자들을 미혹' 하며 땅에 거하는 자들에게 이르기를 칼에 상하였다가 살아난 '짐승을 위하여 우상을 만들라'거짓 선지자의 역할, 처음 짐승의 우상화 하더라 계 13:11-14

흰 말을 탄 자가 거짓 선지자에 대한 묘사라면 '**활은 무엇을 의미할까?**' 활은 멀리 있는 적을 넘어뜨리는 전쟁 도구이다. 보이지 않는 살인 도구, 곧 영적 전쟁의 도구인 '**거짓 복음의 미혹**'을 상징하는 묘사이다.

거짓 선지자는 이러한 거짓 복음을 가지고 세상의 어리석은 자들을 조종하게 될 것에 대한 묘사가 활을 가지고 흰 말 탄 자이며 이러한 미혹의 시간대는 적그리스도의 '**한 이레**'7년의 기간 동안이 될 것이다. 성경은 이 시간대에 대하여 적그리스도가 나타나 **해산의 고통이 증가**하는 시간인 (전) 삼 년 반으로부터 예수 그리스도의 재림 시간인 일곱 나팔이 불리는 시간까지에 대하여 **미 5:3, 살전 5:3, 계 12:3, 요 16:20-21절**이 전하고 있는데 이 말씀을 문맥의 흐름 속에서 End-time의 눈으로 본다면 이해될 것이다. 구약의 선지자 '**호세아는 활에 대하여 속이는 도구**'로 지칭한다.

> 저희가 돌아오나 높으신 자에게로 돌아오지 아니하니 '속이는 활'영적 미혹과 같으며 그 방백들은 그 혀의 거친 말로 인하여 칼에 엎드러지리니 이것이 애굽 땅에서 조롱거리가 되리라 호 7:16

흰 말 탄 자에 대한 오해

첫 번째 인이 떼어질 때 등장하는 인물인 '**흰 말 탄 자**'를 예수님이라 해석하는 것은 '**말 탄 자의 행동과 옷에 대한 성경적 관점**'으로 분석할 때 옳은 해석이 될 수 없다. 그의 행동 분석에 있어 예수님은 심판의 주권자로 시간의 흐름에 따라 심판을 진행하시는 분으로 한 치의 오차도 없이 행하시며 거침없이 집행하시는 심판의 주권자를 '**이기고 또 이기려 하더라**'는 애쓰는 자로 묘사하는 저급한 행동 분석에 의한 해석은 적절치 않다. 계 19:13절에 나타나는 심판의 주권자 예수님의 의복에 대하여 '**피묻은 붉은 옷**'이라 묘사하고 있는데 이 의미는 예수님께서 입은 흰 옷에는 심판의 분노에 의한 구원의 열정이 넘쳐나는 묘사인데 '사 63:1-6절'은 이 사실에 대하여 적극적으로 묘사하고 있으며 창 48:8-12절의 해석과 연결되어 이해된다.

> 그의 나귀를 포도나무에 매며 그의 암나귀 새끼를 아름다운 포도나무에 맬 것
> 이며 또 '그 옷을 포도주에 빨며 그의 복장을 포도즙에 빨리로다' 창 49:11

'붉은 옷'에 대하여 묘사되어 있는 창 49:8-12절은 야곱이 죽기 전 예수님의 직계 혈통 지파인 유다 지파를 향한 축복의 예언이다. 11절에 나타나는 '포도주와 포도즙'에 대한 예언적 묘사는 둘 다 피를 의미하지만 이 행간에 나타나는 '포도주'는 히) '야인'의 역어이며 초림의 예수 그리스도께서 흘리신 십자가 구원의 보혈을 의미하며 마지막 유월절 만찬에서 포도주를 들고 마시기 전 제자들을 향해 예수님의 입으로 직접 표현하신 말씀 마 26:27-28이다. 11절 후반부의 포도주는 포도인 '에나브'와 즙인 '담'의 합성어로 '담'은 '피'를 의미하며 영어 성경에는 'Blood'로 번역된다. 이때의 심판의 대하여 계 14:17-20절에서는 추수하는 포도송이를 포도즙 틀에 넣고 밟는 것으로 묘사되어 있다. 이것은 심판받는 자들의 죽음을 묘사하는 내용으로 이 장면에 대해 사 63:3절은 "선혈이 내 옷에 튀어 내 의복을 다 더럽혔음이니"라고 표현하신다. '심판받는 자의 선혈이 튀어 예수님의 희고 깨끗한 옷을 더럽혔다'라는 의미를 함축하고 있는 묵시 문학적 표현이다. 이러한 장면에 대한 부연 설명으로 슥 14:1-3절은 "이왕의 전쟁의 날에 싸운 것 같이 하시리라"라는 증거와 계 19:13절의 "또 그가 피 뿌린 옷을 입었는데 그 이름은 하나님의 말씀이라 칭하더라"고 전하고 있으며 피 뿌린 옷의 이름이 정결한 진리의 말씀이라 증거하고 있다. 입의 말씀을 검으로 삼아 심판을 행하시므로 죽어가는 수많은 사람들의 심판 상황을 극적으로 묘사하는 그림 언어이다. 그러므로 예수님께서는 흰 말을 타고 '이기고 또 이기려고 애쓰는 자'가 아니라 심판의 주권으로 그분의 입에서 나가는 명령과 같은 말씀의 검으로 심판하시며 선혈이 튀어 그분의 흰 옷이 붉은 옷으로 변하는 심판 주권을 가지신 전쟁에 능하신 왕이시기에 흰 말 탄 자와 예수님과는 비교될 수 없는 존재이시다.

그러므로 흰 말 탄 자를 예수님이라함은 합당한 해석이 될 수 없는 것이다.

말 탄 자에 대한 이해

❶ '활을 가지고 흰 말을 탄 자'는 적그리스도와 함께 종교 다원주의와 연합한 땅에서 나오는 미혹의 짐승 거짓 선지자이며계 13:11 마 24:4-6절 의 가르침에 근거하여 미혹하는 자로 이해되어야 성경 말씀에 근거하는 해석이 된다. ❷ '큰 칼을 받고 붉은 말을 탄 자'는 바다에서 나오는 짐승 적그리스도이며계 13:1 그에게 허락된 마흔두 달 동안의 일할 주권계 13:5 으로 세상은 전쟁과 기근으로, 교회를 향해서는 가혹한 환난과 미혹으로 어지럽히는 마지막 때의 주권자 들이다. 붉은 말을 탄 자의 시간은 또한 나팔 심판의 시간이며, 나팔 심판의 끝에 예수님의 공중 재림과 교회의 휴거가 일어나고살전 4:17 그 후는 청황색 말의 시간대로 대접 심판의 때가 시작될 것이다. 셋째 인이 떼어지고 나타나는 ❸ '검은 말 탄 자'는 심판을 수종 드는 천사인데 해석의 근거는 **'셋째 인의 설명은 온통 구원에 대한 의미를 함축'**하고 있기 때문인데 **'검은 말은 붉은 말과 청황색 말 사이에 끼여 있는 위치'**를 가진다. 이 의미는 **'나팔 심판과 대접 심판 사이'**라는 의미이며 심판의 마지막이 일곱 개의 대접이 부어지는 대접 심판이므로 그 시간 전에 위치하여 **'내가 너희를 구원할 것이라는 하나님의 구원 계획을 설명'**하시는 것이다. 또한 이 말은 마지막 일곱 나팔이 불릴 때 교회를 휴거시켜 구원하시겠다는 의미를 함의하고 있는 말씀이 된다. 이러한 해석은 검은 말이 등장하는 셋째 인에 대한 설명에서 상세히 다룰 것이니 참조하기 바라며 검은 말이 나타나는 셋째 인의 행간에서는 적그리스도의 행동이나 거짓 선지자의 행위에 대한 설명은 없고 오직 하나님 백성의 구원에만 설명의 초점이 맞춰져 있다는 사실에서 검은 말에 대한 해석의 핵심이 곧 구원이라는 사실을 알 수 있다. ❹ **'청황색 말을 탄 자'** 역

시 심판을 수종 드는 천사이다. 이유는 대접 심판은 적그리스도나 거짓 선지자의 영향력이 나타나지 못하는 예수님의 일방적 심판의 시간이기 때문이다. 30일_{단12:11} 동안 공중에서 온 지구를 돌며 행하시는 마지막 대접 심판이 적그리스도의 나라 바벨론과 두 짐승에게 정 조준되어 이 땅에 부어지는 오직 예수님의 심판 시간이기 때문이다. 그러므로 말 탄 자가 누구냐 라는 질문에 대한 답은 '**흰 말과 말 탄 자와 붉은 말과 말 탄 자**'는 땅에서 나오는 짐승_{거짓 선지자}과 바다에서 나오는 짐승_{적그리스도}을, '**검은 말과 말 탄 자와 청황색 말과 말 탄 자**'는 심판을 수종 드는 천사를 각각 나타내는 것이다. 이것을 도표로 정리하면 다음과 같다.

[말과 말 탄 자가 나타내는 의미와 시간대]

순서	구 분	시 간 대	말과 말 탄 자가 나타내는 의미	비 고
❶	흰 말	전 삼 년 반 미혹의 때	예수 그리스도의 정결함을 모방하는 의미	환난 주 권자의 시간
	말 탄 자		땅에서 나오는 짐승 = 거짓 선지자	
❷	붉은 말	후 삼 년 반 나팔심판의 때	피 흘리는 전쟁과 분쟁의 상황을 묘사하는 의미	
	말 탄 자		바다에서 나오는 짐승 = 적그리스도를 묘사	
❸	검은색 말	구원의 때	삶과 죽음에 대한 상징적 색상을 의미	심판 주 권자의 시간
	말 탄 자		구원을 위해 죽음을 드리우는 심판 집행자 묘사	
❹	청황색 말	대접심판 의 때	푸름에서 퇴색으로 = 혼란과 두려움을 상징	
	말 탄 자		대접 심판의 집행자	
주 의	나팔 심판의 시간 : 땅에서는 짐승 주도의 환난 시간 + 하늘에서는 심판이 동시에 나타나는 시간			

'**네 가지 말의 색깔이 주는 의미**'는 각종 상황과 시간에 대한 아이콘을 분별하는 기능으로 작용하며 '**스가랴 6장**'은 유사한 말이 등장하지만 말 탄 자에 대해서는 침묵하며 대신 병거에 대하여 묘사하고 있는데 스가랴서의 예언에는 이 병거에 탄 자가 없다. 이유는 신약의 계시록에서 이 예언이 성취된 모습으로 나타날 것이기 때문이라 말할 수 있을 것이다. 스

가라서의 말씀은 신약의 예표라는 관점과 하나님의 심판을 예언적으로 다루고 있기에 신약시대 마지막 심판과는 약간의 차이가 있을 수밖에 없다. 스가랴서에서는 말에 매인 병거를 탄 자가 나타나지 않으나 계시록에서는 말 탄 자로 나타나는 흰 말 탄 거짓 선지자와 붉은 말을 탄 적그리스도, 검은 말과 청황색 말에는 수종 드는 천사가 나타나는 것이다. 두 짐승은 **'심판의 죄명'**을 확정하기 위해 잠시 동안마흔두 달 1260일, 계 13:5 일할 권세를 위임받고 심판의 때가 무르익을 때까지 하나님의 백성을 환난 가운데로 이끌도록 계획되고 그 **환난으로 인하여 하나님의 교회는 알곡과 쭉정이로 구분되어 하나님의 나라에 들어갈 자격을 얻게 될 것**'이다.

면류관을 받고

'면류관'을 받는다는 표현은 **'통치 권세'**계 13:5를 받았음을 의미한다. 이 면류관은 바다에서 나오는 짐승의 머리에 씌여진 열 왕관과 비견되는 표현이며 계 13:5절에 나타나는 말씀으로 이해가 가능하다. 곧 마흔두 달삼 년 반, 계 13:5 동안 허락받은 통치권을 의미하며 바다에서 나오는 짐승으로 묘사된 적그리스도에게 권세를 받아 적그리스도를 우상화할 거짓 선지자의 권세를 의미한다. 이 통치권은 삼 년 반 동안 부어질 극심한 교회의 환난과 직접적 관계를 가지는데 마태가 전하는 예수님의 가르침은 이 환난의 정도에 대하여 환난의 때를 감하지 아니하면 모든 육체가 구원을 얻지 못할 정도의 환난이라고 가르치신다마 24:22.

'이기고 또 이기려고 하더라'는 표현은 전쟁하는 자의 행동이나 정황에 대한 묘사가 아니다. 뭔가를 성취하려고 노력하는 자세를 묘사하는 표현에 훨씬 더 가깝지 아니한가? 6장 이해를 위해서 고려해야 할 성경적 근거가 있다면 마 24장에 나타나는 예수님의 마지막 때에 대한 가르침일 것이다. 계 6:2절에 나타나는 예수님의 '마지막 때에 대한 가르침'은 **'먼저 미혹하는 자를 조심하라'**는 말씀과 밀접한 관계가 있음을 분명하게 인식할 필요가 있다. 예수님의 가르침은 심판 시작 전, 세상에 있을 징조부터 말씀하시는 것과 계 6:2절 **"이기고 또 이기려고 하더라"**의 말씀이 미혹의 상태를 나타내고 있는 것이기 때문이다. 마태복음에서 심판 전 구원을 위해 교회가 조심해야 할 세상의 징조라면 요한에게 보이시는 마지막 계시에도 동일한 징조들에 대하여 말씀하실 것은 당연하다. 그 당연한 내용이 중요하다고 여기는 이유는 바로 구원과 멸망에 관련된 미혹, 배교와 연관되기 때문이며 교회를 향한 마지막 때의 교훈으로 제외 되어서는 안되는 내용이기 때문에 6장에서도 당연히 표현되어야 할 말씀인 것이다. 그러한 맥락에서 2절은 자연스럽게 미혹하는 적그리스도와 거짓 선지자의 배교의 미혹으로 여겨져야 하며 계 6:2절의 흰 말 탄 자가 **"이기고 또 이기려 하더라"**는 묘사가 바로 그 의미에 대한 표현이라는 사실을 명백히 한다. 예수 그리스도께서 행하시는 심판의 승리는 심판 계획에 따라 이루어지는 창조주의 주권이므로 흰 말을 타고 이기고 또 이기려 하는 자는 예수 그리스도라 할 수 없는 것이다.

2. 둘째 인

> 계 6:3-4 [3] '둘째 인'을 떼실 때에 내가 들으니 '둘째 생물'이 말하되 오라 하니 [4] 이에 다른 '붉은 말'이 나오더라 그 '탄 자가 허락을 받아 땅에서 화평을 제하여 버리며 서로 죽이게 하고 또 큰 칼'을 받았더라

둘째 생물

두 번째 생물은 둘째 인의 의미와 관련된 생물이다. 두 번째 인은

6:4절의 기록대로라면 세 가지의 상황으로 설명되는 시간이다. ❶ 화평이 사라지고 ❷ 서로 죽이는 일이 일어나며 ❸ 전쟁과 살육을 의미하는 큰 칼이 등장하는 시간이 되는 것이다. 이 시간은 화평이 사라짐으로 생명이 도살되듯 죽는 시간, 이 시간을 위해 큰 칼, 곧 큰 살상이 일어나는 시간을 의미하는데 이사야 선지자는 이 시간과 연결되는 예언의 말씀을 이렇게 기록하고 있다.

> 대저 나는 여호와 네 하나님이요 이스라엘의 거룩한 이요 네 구원자임이라 내가 '애굽을 너의 속량물로, 구스와 스바를 너를 대신'하여 주었노라 사 43:3

　이사야의 예언의 말씀이 갖는 의미는 실로 지대하다. 하나님께서 마지막 때 자기 백성의 구원을 이루시려면 반드시 제물이 있어야 하는데 자기 백성을 구원하시기 위해 선택한 제물이 곧 **'애굽'** 버려진 세상과 **'구스'** 검다, 저주받은 상태의 표현와 **'스바'** 저주받은 구스의 후손라고 하는데 이는 구원받을 수 없는 세상의 모든 악한 자들이라는 의미이다. 마지막 심판 때 역시 세상에 있는 모든 하나님의 백성들을 구원하시기 위해 세상에 믿지 않는 백성들과 악한 자들을 심판하시되 마치 구약시대 구원을 위해 속죄의 희생제물을 받으시고 구원하시듯 그렇게 애굽과 구스와 스바의 악한 백성들을 희생제물을 삼아 심판하시고 자기 백성들을 구원하시겠다는 의미이다. 이러한 이사야서의 말씀을 전제로 생각할 때 둘째 생물은 희생제물을 통해 구원의 중재자로 사역했던 제사장을 예표 하는 '소'의 모양의 생물일 것이라 추측할 수 있다.

오라

　두 번째 시간의 주관자, 생물이 보내는 signal이다. 둘째 생물이 나타내는 시간대는 교회에 박해가 부어지고 세상에는 심판이 부어지는 나팔 심판의 시간이 될 것이며 칠 년 환난의 시간 중에 절반이 지난 시간이 될 것이며 이 시간의 주관자는 이 땅에서 마흔두 달 동안 일할 권세, 곧 교회를 박해할 시간을 허락받은 적그리스도의 시간이 될 것이다. 계 13:5절은 바다세상에서 나오는 짐승이 받은 마흔두 달의 시간에 대하여 이렇게 밝힌다.

붉은 말

말은 성경 속에서 전쟁을 상징하는 동물이다. 계시록에서 말과 말 탄 자의 의미는 분명하다. 말은 사탄에게 허락된 전쟁 같은 시간을 의미하며, 색상은 상황에 대한 표현이다. 붉은 색은 전쟁과 환난을 의미하는 기능적 색상이다. 이런 관점에서 '붉은 말'이란? 생명이 도살당하듯 죽는 전쟁 같은 시간에 대한 아이콘이며 이 시간의 대상인 교회는 적그리스도의 핍박으로, 세상은 나팔 심판으로 혼란과 환난의 시간이 이르러 교회에게는 전쟁 같은 살육이 이루어지고 세상에는 나팔 심판이 임하는 혼란의 시간이 될 것이라는 의미이며 계 12:3절에 등장하는 붉은 용의 아바타, 바다에서 올라오는 짐승인 적그리스도의 극한 행동의 시간에 대한 표현이다.

탄 자가 허락을 받아

이 시간은 교회를 향한 적그리스도의 박해와 핍박에 의한 환난의 시간임을 가르치는데 그 탄 자가 받는 **허락은 누구의 허락이며 왜 허락되었는가?**라는 두 가지의 관점에서 분석해야 할 필요가 있다. 먼저 누구의 허락인가?라는 관점은 심판주의 허락이라고 답하는 것은 그리스도인으로서 당연한 대답이다. 그런데 왜 허락되었는가?라는 관점은 세대주의적 해석을 낳는 이유가 되기도 한다. 이유는 예수님의 약속대로 알곡을 추수하기 위해서이다. 이러한 추수에 대한 가르침은 이미 구약성경에서도 심판의 시간을 알리는 메시지들을 통하여 끝없이 경고하셨던 내용이기도 하다. 구약성경에 나타나는 마지막 시간에 있을 추수 예언들을 살펴보면 흥미롭다. 구약의 룻기는 마지막 심판의 시간까지 이방 교회가 이스라엘 교회와 함께할 것이라는 메시지로 심판의 시간까지 예수 그리스도를 인하여 하나된 세계 교회를 나타낸다.

> 이에 룻이 보아스의 소녀들에게 가까이 있어서 '보리 추수와 밀 추수를 마치기까지' **이삭을 주우며** 그의 시어머니와 '함께 거주하니라' 룻 2:23

이사야서에 나타나는 마지막 추수의 때에 대한 묘사는 온 세계에 임하는 심판의 시간에 있을 신약교회와 돌아오는 율법 백성인 이스라엘의 유대인들에 대한 구원을 가르친다.

> '세계 민족 중'세계적 심판 **에 이러한 일이 있으리니 곧** '감람나무를 흔듦 같고 포도를 거둔 후에 그 남은 것을 주움 같을 것'이니라 사 24:13

흥미롭게도 **사 18:6절**은 예수님께서 **마 24:28절**에서 전후 문맥과 너무나 어울리지 않는 뜬금없는 가르침인 **주검이 있는 곳에 독수리들이 모일 것**이라는 가르침에 대한 이해를 제공한다. 이사야서와 마태복음의 가르침은 두 말씀이 한 시간대를 가리키고 있는 것인데 곧 **계 19:17-18절**과 같은 시간대이며 심판의 시간에 죽은 시신들을 공중의 새와 짐승들을 동원하여 처리할 것에 대한 하나님의 계획을 설명하는 것이다. 특히 이 시간을 일컬어 하나님의 큰 잔치라 일컫는데 이것을 어린 양의 혼인 잔치가 아닌 짐승들을 먹여 배 불리며 이 땅의 죽은 자들의 시신을 처리하시는 하나님의 지혜를 나타내는 표현이다. 어린 양의 혼인 잔치에 대한 정확한 이해는 사 25:6-8절을 중심으로 묵상하는 것이 바람직하다계21.

화평을 제하여 버리며 서로 죽이게 하고

화평을 제한다는 표현이 갖는 의미는 한 이레의 절반의 시간에 조약을 파기하고 마흔두 달의 권세를 받아 예루살렘을 점령하고 성전을 장악하며 내가 하나님이라 선포하며 돌변하는 적그리스도를 나타내는 표현이다. 그는 잔인한 통치를 통하여 예루살렘과 유대인들을 박해하고 잔해하며 핍박할 것이다. 또한 나라와 나라를 이간질하여 전쟁으로 서로 죽이게 하는 잔인한 살육 전쟁을 주도할 것이라는 의미이다.

큰 칼을 받았더라

칼, 큰 칼은 전쟁의 도구이며 세계 교회에 환난이 닥칠 것을 예고하는 표현이다. 큰 칼을 받는 이는 최후의 적그리스도이며 교회를 향한 핍박의 권세를 허락받았다는 의미이다. 그가 받은 칼은 교회를 핍박하는 칼이며 이 칼을 휘두르는 짐승의 만행과 힘에 대하여 예수님은 마태복음을 통하여 이렇게 가르치신다.

> 9 그 때에 '사람들이 너희를 환난에 넘겨 주겠으며 너희를 죽이리니' 너희가 '내 이름 때문에 모든 민족에게 미움'을 받으리라 10 그 때에 **많은** 사람이 실족하게 되어 서로 잡아 주고 서로 미워하겠으며 11 거짓 선지자가 많이 일어나 **많은 사람**을 미혹하겠으며 12 불법이 성하므로 **많은 사람의 사랑**이 식어지리라 마 24:9-12

3. 셋째 인 계 6:5-6

계 6:5 '셋째 인'을 떼실 때에 내가 들으니 '셋째 생물'이 말하되 '오라' 하기로 내가 보니 '검은 말'이 나오는데 그 '탄 자가 손에 저울'을 가졌더라

셋째 인의 위치는 6장에서 가장 중심에 위치하는 가르침이다. 이유는 하나님의 심판의 이유가 되는 자기 백성의 구원에 대한 신, 구약성경의 성경 신학적 의미들이 집약되어 있기 때문이다. 계 6장을 성경적으로 이해하지 못하면 7장을 온전하게 이해하지 못하게 되어 유사 종교들의 계시록 주권 훼손을 회복할 수 없게 되며 6장과 7장의 의미가 너무나 빈약하고 초라하게 해석되어 하나님의 자기 백성을 향한 구원의 사랑을 온전히 규명하지 못하게 된다. 6, 7장에 대한 온전한 이해를 통하여 계시록 이해의 새로운 지평을 열 수 있기를 바란다.

셋째 생물

셋째 생물은 설명을 통해 예수 그리스도의 십자가 구속 사역의 주체인 사람 모양의 생물임을 알 수 있을 것이다. 셋째 인의 시간을 묘사하는 6:5-6절은 6장의 핵심이며 계시록 전체 심판의 의미를 살려주는 핵심 행간이다. 이유는 이 행간에서 천년왕국에 들어갈 자들의 구원 시간을 설명하고 있기 때문이다. 순교한 영혼들이 그토록 기다리던 시간! 강청하는 과부의 심령으로 간구하던 신앙의 선조들이 부르짖던 기도가 이루어지는 순간이 될 것이기 때문이다. 그러므로 셋째 인의 문맥이 구원의 문맥이기에 이 시간을 주관하는 생물은 십자가를 지심으로 구원을 이루신 인간 예수의 모양을 가진 사람 모양의 생물이라 인지할 수 있다.

오라

검은 말이 나타나는 그 시간대의 주관자, 예수님 안에서 십자가의 구원 사역을 이루도록 역사하는 사람인자 겔 1:10 모양의 생물이 보내는 signal이다. 이 시간대는 붉은 말이 나타내는 나팔 시간의 환난 시간, 곧 마흔두 달의 시간대와 예수님의 재림이 있고 난 후의 대접 심판 사이의 시간대를 나타내는데 바로 예수님의 공중 재림으로 환난을 통과하고 휴거 되는 시간대이다. '둘째 인을 뗄 때는 교회의 환난이 주제'이나 '검은 말이 나타나는 셋째 인'의 시간은 나팔 심판의 시간마흔두 달의 환난의 시간을 통과하고 '공중 재림의 시간 예수님을 영접하기 위해 휴거 되는 교회 구원이 시작을 알리는 시그널'이다.

검은 말

검은색은 사망의 색이며 심판 권위를 나타내는 색이다. 세상에는 적그리스도의 압박과 강포, 그리고 예수님의 심판으로 인한 사망의 그늘이, 교회를 향하여는 적그리스도와 거짓 선지자가 이끄는 환난의 시간에 대한 상황을 묘사하는 기능적 색상이다. 구원의 시간과 심판의 시간은 동 시간대의 사건이므로 검은 말 탄 자의 시간은 구원받을 하나님 백성들에게는 구원의 시간이 될 것이며 불의한 자들에게는 심판의 시간이 될 것이다. 그러므로 검은 말이 나타나는 이 시간대는 사망의 시간대이며 동시에 하나님의 백성에게는 휴거를 통한 구원이 이루어지는 환경과 시간대를 의미한다.

그 탄 자가 손에 저울을 가졌더라

저울에 대한 이해는 슥 5:5-11절에 대한 이해를 필요로 한다. 스가랴 서는 '**에바**'라 표현하는데 이 표현은 곡식을 측정하는 기구로 고대의 사 탄은 언제나 풍요를 빌미로 인간을 현혹했다는 사실을 성경을 통해서 잘 알고 있다. 시대적 사조를 따라서 인간의 생각을 주장하고 죄를 범하게 하는 사탄의 역사에 대하여 우리는 익히 잘 안다. 5:5-11절은 슥 6:1-8절 과 함께 계 6장의 모든 상황을 그대로 예표 하는 본문이다. 슥 5:5-11절 은 특히 사탄의 삼위일체를 잘 표현하고 있다. 5:5-8절은 에바 속의 한 여인으로 묘사된 원흉 사탄을, 9절의 두 여인은 적그리스도와 거짓 선지 자를 예표 하는 묘사이며, 그들은 구약적 표현인 시날 땅, 즉 바벨론에 그 들의 왕국을 건설할 것이며 '**준공 되면**' 이라는 표현은 '**때가 되면**' 으로 해석할 수 있다. 계 20:10절을 통해 그 셋이 유황 불못에서 영원토록 고 통받을 것에 대하여 기록하고 있다. 에바는 저울이다. 달아보고 기준대 로 처리하는 도구이다. 마지막 때 예수님께서 교회를 환난 가운데서 달 아보시듯 사탄 또한 적그리스도를 신랑으로 내세워 고백하는 자들과 그 렇지 아니하는 자들을 측정해 볼 것에 대하여 '에바'를 통하여 예표적으 로 묘사하고 있는 것이다.

저울은 측정하는 계측도구로 무게를 재어서 소유의 가치를 가늠하는 도구이다. 검은 말을 타고 저울을 든 자의 시간은 교회를 향하여 알곡과 쭉정이를 가려내는 하나님의 시간이 될 것이며 내 소유로 삼기 위해 알곡 인지 쭉정인지를 측정하는 예수님의 달아보는 시간을 묘사하는 표현이라 해석함이 옳다. 이 시간은 두 가지를 근거로 해석되어야 한다.

❶ 셋째 인의 내용은 심판의 시간 중에 있을 구원에 대한 예언이라는

관점이다. 정확히 말하면 예수님의 재림의 시간에 있을 교회의 휴거와 대접 심판 이후에 이루어질 율법 교회인 유대인의 구원에 대한 예언이기 때문인데 6절 행간에 나타나는 한 데나리온, '**밀 한되, 보리 석되, 감람유, 포도주**'에 대한 의미 모두가 하나님께서 신, 구약의 모든 자기 백성을 구원하실 계획에 대한 선포이기 때문이다. 그러므로 검은색 말과 손에 저울을 든 자는 자기 백성들만 구원하시겠다는 하나님의 의지를 묘사하는 표현이기 때문에 적그리스도나 거짓 선지자가 아닌 심판을 수종 드는 천사라 해석함이 옳다.

❷ 마지막 때의 구원은 반드시 알곡과 쭉정이를 가리는 하나님의 사역적 관점 안에서의 해석이다. 저울을 들고 알곡을 가리는 것은 하나님의 계획이다. '**사탄에게 알곡과 쭉정이를 구별하거나 추앙하는 이를 측정해야 할 계획이나 이유는 존재하지 않는다.**' 왜냐하면 그는 사랑으로 자기 소유를 결정하는 존재가 아니기 때문이며 짐승처럼 본능으로 자기를 신봉하는 추종자를 찾기 때문에 알곡과 쭉정이라는 개념은 의미가 없기 때문이다. 그러나 예수님은 자기 백성에게 주신 약속을 이루시는 분으로 약속에 신실하신 심판과 구원의 주님이시기에 그분의 약속대로 알곡에게만 영원한 하나님 나라를 유업으로 상속하신 분이기 때문이다. 그러므로 죽음을 상징하는 검은 말을 타고 손에 저울을 든 자는 심판을 수종 드는 천사를 묘사하고 있는 것이다.

한 데나리온 계 6:6

> **계 6:6** 내가 네 생물 사이로부터 나는 듯한 음성을 들으니 이르되 '**한 데나리온에 밀 한 되**'요 '**한 데나리온에 보리 석 되**'로다 또 '**감람유**'와 '**포도주**'는 '**해치지 말라**' 하더라

한 데나리온은 구원에 대한 은유적 표현이다. 예수님께서 '마 20:8-14절'을 통하여 가르치신 말씀이 이를 논증한다. 전통적 해석에 따르면 한 데나리온에 대하여 모두가 '밀 한 되와 보리 석 되를 사기 위한 재정의 의미로 해석'하지만 예수님께서 가르치시는 한 데나리온에 대한 의미는 구원과 관련된 표현이다. 성경에 나타나는 하나님의 모든 가르침은 세 가지 세대를 향한 가르침이라는 분명한 기준을 가지고 성경을 보는 것이 마땅하다. ❶ '과거와 현재 세대적 관점'이며 ❷ '미래 심판 세대적 관점'이며 ❸ '천년왕국 세대적 관점'이다. 하나님의 가르침은 진리이며 진리는 변하지 않는 가치이며 예수님의 재림을 보는 세대까지 아우르는 말씀이 되어야 어느 한 세대가 소외되는 진리의 모순이 없을 것이기에 당연히 모든 말씀을 해석할 때 그 해석상 End-time, 곧 종말론적 관점과 천년왕국 세대를 향한 의미를 함의하고 있음에 유의하며 해석해야 할 필요가 있는 것이다. 이러한 성경적 관점에서 한 데나리온에 대한 예수님의 비유적 가르침이 어느 세대 누구에게든지 적용되고 비유되어야 하는 말씀이라 여긴다면 사용된 어휘를 어떤 관점에서 어떻게 해석해야 한다는 전제는 분명해진다. '마지막 때의 관점'이다. 이것이 종말에 대한 예언적 계시를 연구하는 이들에게 있어 이해의 전제라 할 것이다. 이러한 관점으로 마태복음 20장에 기록된 말씀을 해석할 때 전통적 관점과 다른 해석을 가능하게 한다. 분명한 것은 일부의 설교자들을 제외하고 거의 모든 설교자들이 마태복음의 본문을 해석함에 있어 마지막 때 구원의 관점으로 해석하지 않는 것은 많은 주석에 의존하는 설교이기 때문이 아닐까? 설교자에게 주석이란 설교의 이해에 필요한 참고서이며 답안지가 아니라는 것을 알아야 한다. 설교자의 설교 답안지는 오직 성경이 되어야 한다. 마 20:8-14절에 나타나는 예수님의 가르침을 마지막 때의 관점으로 접근해 보면 흥미로운 관점들이 이채롭다.

한 데나리온은 구원받는 모든 하나님의 백성에게 주어지는 동일한 가치를 일컫는 표현이다. 구원은 그를 믿는 모든 백성에게 주시는 하나님의 공의이며 심판 역시 그 기초는 공의라 말씀하신다사 1:27, 시 72:2.

계 6:6절에 기록된 **'한 데나리온'**의 교훈에 대한 일반적 해석은 마지막 때 기근과 관련된 재정의 가치를 말한다고 하는 구원에 관한 예수님의 마음과는 상관없는 해석이 일반적이다. 또한 계시록의 해석이 자기 백성을 향한 하나님의 **'구원에 대한 묵시문학이라는 관점을 피하는 해석'**은 적절하지 않은 해석이 된다. **'반드시'** 구원에 대한 이해로 접근해야 온전한 하나님의 마음을 이해하도록 이끄는 해석이 될 것이며 **'한 데나리온의 의미에 대한 잘못된 이해의 껍질을 벗기고 밀 한 되와 보리 석 되에게 씌**

위 놓았던 무지한 해석의 덮개를 벗기면' 계 6:6절은 교회를 향한 구원의 의미라는 사실을 알게 되어 심판 앞에 서 있는 교회를 향한 하나님의 사랑을 발견하게 될 것이라 확신한다.

밀 한 되이방의 신약교회

밀 한 되는 오직 오순절에 강림하신 성령으로만 인침을 받아 예수님이 이루신 구원을 얻는 신약교회에 대한 구원을 묘사하는 표현이다. 밀의 추수는 보리 추수가 있고 난 다음 50일이 지나 추수되는 곡식이다. 유월절의 보리 이삭으로 표현되는 구약 시대의 끝에서 오신 예수님은 구약교회시대를 의미한다. 그러므로 보리는 유월 절기에 드려지는 보리 추수의 첫 이삭이신 예수님에 의한 구원 메타포가 되는 것이다. 그러나 밀은 보리 추수 이후 50일째 되는 날인 오순 절기에 드리는 열매로 오순절에 강림하시는 성령님의 인침을 통해서만 구원을 얻는 신약교회시대를 묘사한다. 레 23:15-21절은 보리와 밀에 대하여 기록하고 있는데 이 말씀에서 보리로 대변되는 구약교회와 밀로 대변되는 신약교회, 오순절 성령의 강림을 이해하도록 이끌어 마지막 때에 있을 구원의 의미를 보리와 밀을 통하여 완성하도록 돕고 있다는 것을 알게 하신다.

첫 번째 곡물, 보리 이삭을 드리는 **유월 절기 = 어린 양의 희생 절기**십자가 구속 예표 **= 구약교회**

> 이스라엘 자손에게 말하여 이르라 너희는 내가 너희에게 주는 땅에 들어가서 너희의 곡물을 거둘 때에 너희의 '곡물의 첫 단'을 제사장에게로 가져갈 것이요 레 23:10

두 번째 곡식, 새 소제를 드리는 **오순 절기 = 성령강림 절기 = 신약교회**유월절 언약이성취된 교회

> ¹⁵ 안식일 이튿날 곧 너희가 '요제로 곡식단을 가져온 날부터 세어서 일곱 안식일'49일의 수효를 채우고 ¹⁶ '일곱 안식일 이튿날까지 합하여 오십일을 계수'하여 새 소제를 여호와께 드리되레 23:15-16

'밀'은 보리 이삭을 드린 후부터 50일째 되는 오순 절기에 하나님께 드리는 곡식이며 그 오순 절기에 성령의 임재와 인치심의 구원으로 이 땅에 교회를 세우신 신약교회 시대를 예언하는 단어의 의미이다. 유월절의 희생 제사로 구원을 얻는 이스라엘의 구약교회를 '보리'로, 오순절에 임하신 성령의 인치심으로 구원을 받는 신약의 교회는 '밀'로 나타내는데 성경을 연구하는 자가 기억해야 할 교회 구분을 위한 성경 신학적 지식에 있어 크게는 ❶ '구약교회와 신약교회로 양분'되지만 ❷ '이스라엘의 교회 또한 구약교회와 신약교회로 구분'되고 있음을 알아야 한다. 성경을 종말론적 관점으로 보면 교회는 구체적으로는 세 가지 유형으로 구분된다. ① **이스라엘의 구약교회**율법 교회 ② **이스라엘의 신약교회**메시아닉 교회 ③ **이방의 신약교회**로 구분되지만 **계 6:6절에 나타나는 구원의 네 부류**는 더 세분화된 상태로 구분된다. 이렇게 세분화시키는 이유는 구원에 있어서는 누구든지 하나님의 공의 안에서 이루어지도록 한 부류도 빠짐없이 구원을 얻도록 도우시는 하나님의 신실함을 나타내기 위함이다. **이스라엘 신약교회의 구원**은 계 7:4-8절에 나타나는데 이스라엘 땅에서 살아가는 신약교회 구원은 십사만 사천 명이 전부이다. 이방 땅에 살지 아니하고 이스라엘 땅에 거주하는 신약 백성들에 대한 구원 숫자를 일컫는다. 이들을 '메시아닉 교회'라 지칭하며 이들은 계 6:6절에 나타나는 **보리 석 되와 밀 한 되 중 밀 한 되에 속하는 자들**이다. 오직 성령의 인치심으로 구

원받아 성령으로 하나 되는 신약교회에 속하는 자들이며, 감람유구약교회와 포도주신약교회 중 '**포도주에 속하는 이스라엘의 신약교회**'를 나타내는 표현이다. 계 6:6절에 나타나는 밀 한 되와 보리 석 되 vs 감람유와 포도주를 구별하여 표현하는 이유에 대하여는 표를 통하여 쉽게 분별 될 것이다.

[밀 한 되와 보리 석 되 vs 감람유와 포도주 분별표]

구 분	의 미	성령 강림 기준	구원 대상 세부구분
밀 한 되	이방의 신약교회	성령 강림 후	신·구약교회 양쪽 구분
보리 석 되	희생제사로 구원받은 세 시대 교회	성령 강림 전	
감 람 유	E.time에 구원받을 Is 구약교회	성령 강림 후	Is 교회 세부 구분
포 도 주	E.time에 구원받을 Is 신약교회	성령 강림 후	

보 리 석 되
노아, 아브라함, 모세, 세 시대의 인물들을 통하여 구원을 받는 이스라엘의 희생 제사 교회

보리는 구약시대 희생 제사를 통하여 구원을 받는 '율법교회'구약교회**에 대한 상징적 표현이다.** 레 23:9-14절은 보리와 밀의 의미를 가르치고 있다. 보리는 유월 절기에 맞춰 첫 열매를 거두어 요제로 드리는 곡식이며 유월절 어린 양의 희생과 함께 드리는 소제물이며 속죄와 부활의 첫 열매 예수 그리스도에 대한 예표이기도 하다. 복습하면 이에서 50일이 지난 후 오순절기에 드리는 '**밀**'은 성령의 인침에 의해 구원받은 신약교회를 예표한다. '석 되'는 구약시대 구원의 세 시대를 묘사한다. 마 20:1-12절에 나타나는 '**제삼시, 제육시, 제구시의 구원**'에 대한 하나님의 공의를 나타내는 한 달란트에 대한 의미와 연결된다. 삼시와 육시와 구시 모두는 삼의 배수들이며 구원은 삼위일체의 사역이라는 성경의 예언적 특징이 반영된 계시적 숫자 표현 방법이다. '**삼시**'는 노아 시대에 있었던 방주의 구원을! '**육시**'는 사탄의 땅 바벨론이 세워질 우르 땅에서 구원되어 약속의 땅 가나안으로 인도되어 궁극적 하나님 나라 이스라엘을 세우기 위한 믿음의 구원을, **'구시'**는 모세 시대의 출애굽 구원에 대하여 한 달란트라는 치우침 없는 구원의 공의를 일정한 값으로 예표하고 있으며 성경의 전제를 이해하고 마태복음 20장의 세 시대와 계시록 6장의 석 되를 분석한다면 계시록의 석 되를 기근의 문제로 해석하는 비성경적 접근은 하지 않을 것이며 계 6장의 셋째 인에 대한 성경적 이해에 더 온전히 접근할 수 있을 것이다. 그러므로 **'한 되**성령에 의한 구원, **석 되**역사적 세 인물에 의한 구원는 **구약시대와 신약시대 구원의 Frame'**제사제도 vs 성령의 인침에 의한 구원에 대한 가르침이다.

감람유 흩어진 이스라엘 구약교회

이스라엘 구약교회의 구원을 묘사한다. 예수님의 공중 재림의 시간에 어두운 하늘을 가르시고 빛으로 오시는 메시아마 24:29-30, 삼하 22:10, 사 60:2, 욜 2:2, 습 1:15를 발견하고 이방 땅에 흩어진 모든 유대인들이 이방 땅에 한 사람도 남지 않고 모두 고토로 돌아와겔 39:28 예루살렘 성전에서 흘러내리는 샘물에 회개의 물세례를 받고 구원을 받을 것슥 12:10-13:1, 욜 3:18 겔 47:3-5이라 가르치므로 율법 백성의 구원을 **'구체화, 정당화, 언약화'** 하고 있다. 특히 요엘 선지자의 가르침은 "~여호와의 성전에서 샘이 흘러나와서 싯딤 골짜기에 대리라"욜 3:18고 예언하는데 겔 47:1-5절의 예언과 상관관계를 가지며 성전에서 흘러나온 물이 **'싯딤 골짜기에 대리라'**는 의미에서 구원을 위해 신약시대에 제정된 아버지의 정하신 뜻대로 **'회개의 물세례를 받고 구원에 이를 것'** 이라는 사실을 이해하도록 이끈다.

싯딤 골짜기는 성전에서 흘러내리는 샘물이 요단강을 지나 사해의 서쪽에까지 이르는 골짜기를 가리키는 것이며 중요한 관점은 **'싯딤 골짜기까지 흐르는 요단강'**이다. 요단강은 요한의 세례가 이루어졌던 강이며 그

지류가 흘러 싯딤 골짜기까지 연결된다는 의미인데 그 골짜기의 끝에 사해가 위치한다. 이 의미는 겔 47:1-12절과 연결된 마지막 때에 대한 가르침으로 예루살렘에서 흘러내리는 샘이 죽음의 사해 바다와 그와 같은 세상을 회복시킬 마지막 시간을 의미한다. 이방 땅에서 어두운 하늘에 빛으로 재림하시는 공중의 메시아를 보고 고토로 돌아오는 경건한 유대인들과 이스라엘 땅에 살아남은 모든 유대인에게 회개의 심령이 부어져 요단강에서 세례를 받고 구원을 받아 천년왕국으로 들어갈 것에 대하여 가르치는 말씀이'**요엘 3:18, 슥 12:10-13:1,겔 47:1-12절**'이다. 또한 **구약교회**는 계 6:6절에서 신약교회의 예표로 나타나는 '**보리 석 되**'에 속하며 **감람유와 포도주** 중에서 감람유에 속하는 자들로 포도주로 표현된 이스라엘의 신약교회와 구별되는 이스라엘 구약교회를 일컫는 표현이다. 율법을 섬기는 자들, 곧 온 땅에 흩어져 살아가는 유대인들을 의미한다. 그들은 '**대접 심판 이후 구원받을 율법의 유대인들이며 그들은 환난의 시간에도 메시아를 분별하며 짐승의 표를 거부하고 목숨을 내어놓고 우상에게 절하지 아니하며 어두운 재림 환경의 하늘에서 영광의 빛으로 오시는 예수님을 보고 대망하던 메시아가 이 땅에 임재하신 것으로 확신하고 이방 땅에 한 사람도 남지 아니하고 고토로 돌아와 구원을 받게 될 백성들을 나타내는 묘사**'이다. 이들은 성전에서 흘러내리는 샘물에 죄를 씻고 천년왕국에서 살게 될 것인데 휴거 되지 못하였으므로 육신을 입고 천년을 살며 하나님 나라와 예수님에 대하여 배워가게 될 것에 대하여 사 2:2-3절이 가르친다.

---

2 '말일'히) 아하리트 마지막 시간, 때, 천년왕국의 시간 **에** '여호와의 전의 산'시온 산, 산은 나라를 의미, 하나님의 나라 천년왕국 **이** '모든 산꼭대기에 굳게 설 것'모든 나라 위에 군림할 것 **이요 모든 작은 산 위에 뛰어나리니** '만방이 그리로 모여들 것'만왕의 왕을 예배하기 위함 사 66:18, 슥 14:16-20, 계 21:24, 26 **이라** 3 '많은 백성이 가며 이르기를 오라 우

포도주 E-time에 구원받을 Is 신약교회 - 메시아닉 교회

보혈로 구원받은 이스라엘 신약교회의 성도마 26:27-29**들**이며 이들은
예수님의 재림 때 **'십사만 사천 명'**으로 구분될 자들이다. 그들의 생각
은 오직 어린 양 예수만 따르는 자들이며 예수님을 사모하는 자들이다계
14:1. 또한 그들은 새 노래를 부를 자들이며 오직 그들만 새 노래를 부를 것
인데 그 노래의 내용은 마 23:39절에 나타나는 내용으로 예수님께서 무
너질 예루살렘을 바라보시고 눈물을 흘리시며 예언하셨던 그 말씀이다.

이 노래는 놀랍게도 십자가를 지시기 위해 예루살렘으로 입성할 때 예
수님을 따르던 자들이 그분을 환영하며 부르던 마 21:9절의 입성 환영 노
래이다. 이들은 예수님께서 예루살렘으로 입성하실 때 예수님을 하나님
의 아들로 믿던 이들로 자신의 겉옷을 벗어 길에 펴며 나귀에 얹어 예수
님의 입성을 찬송하며 부르던 그 노래인데 이 노래가 중요한 의미를 갖는
이유는 이스라엘의 예수님을 십자가에 못 박은 완악함을 벗어버리고 마
지막 환난의 시간에 그분이 메시아 되심을 인정하고 다시 **"찬송하리로다
주의 이름으로 오시는 이여"**라는 이 노래를 부를 때, 곧 자신을 메시아로
인정하고 찾을 때가 되면 재림하시겠다는 약속의 예언이기에 각별한 의

미를 가지는 것이다. 이들은 마지막 때 이스라엘 땅에 거하며 예수님을 신실하게 기다리는 '**이스라엘의 신약교회, 곧 메시아닉 교회의 성도들**' 이 될 것이다. 성경은 이들에 대하여 그 땅에 '남은 자'로 표현한다.

해치지 말라

'**감람유와 포도주는 생명을 가진 구원받은 사람을 헤치지 말라는 하나님의 약속에 근거한 선포**'를 의미하므로 셋째 인의 의미가 결코 기근과 굶주림에 대한 내용이 아님을 이해할 수 있으며 하나님의 백성을 보호하심을 뜻하는 표현이라는 사실을 알 수 있게 하는 키워드이다. 심판을 수종 드는 천사들을 향해 자기 백성의 보호를 명령하고 계시는 예수님의 신실하신 사랑을 알게 한다.

● **셋째 인과 관련된 참고 도표**, 밀 한 되, 보리 석 되, 감람유, 포도주 이해

[6:6~7절, 7장, 11:3~4절의 두 언약 공동체 이해표]

구 분	이스라엘 교회		신약 교회	
	Is 구약 교회	Is 신약 교회	Is 신약 교회	이방의 신약교회
정체성	율법 공동체	성 령 공 동 체		
상징적구분	보 리 석 되	밀 한 되		
재림 때 구원	삼분의 일 구원 슥 13:8-9	십 사 만 사 천 계 7:5-8		셀 수 없이 많은 흰 옷 입은 무리 계 7:9
두 부류 성도	감람유율법 유대인	포 도 주		

● 표 이해를 위한 성경구절들

레 23장 / 보리이삭 첫 열매유월절 희생 제사로 구원받는 이스라엘의 구약교회

밀 이삭 첫 열매오순절, 신약의 성령의 인치심으로 구원받는 신약교회

계 6:6-7 / 심판이 시작되기 전, 구원에 대한 약속, 한 데나리온 보리 석 되,

밀 한 되, 감람유, 포도주에 대한 의미 이해를 위한 질문

마 20:1-16 / 구약시대 구원의 세 시대 구분과 신약의 성령시대와

한 데나리온의 의미 이해

마 26:26-29 / 떡은 주님의 살말씀, 잔의 포도주십자가 보혈 예표

슥 12:10-13:1 / 회개의 심령이 부어지고 세례를 통한 유대인의 구원 시점

계 6:6-7절의 이해를 돕는 마태복음 20:1-16절에 나타나는 이스라엘 교회의 구원 이해		
교회 구분	구약의 Is 교회	신약의 Is 교회
정 체 성	율법 공동체	성령 공동체
구원의 세대	삼시 / 육시 / 구시	십일시
	노아 / 아브라함 / 모세의 구원시대	오순절 성령 강림의 구원시대
구 원 상 징	한 데나리온	한 데나리온

4. 넷째 인계 6:7-8절 청황색 말의 시간

계 6:7-8 [7] '넷째 인'을 떼실 때에 내가 '넷째 생물'의 음성을 들으니 말하되 '오라' 하기로 [8] 내가 보매 '청황색 말'이 나오는데 그 '탄 자의 이름은 사망'이니 '음부가 그 뒤를 따르더라' 그들이 땅 사분의 일의 권세를 얻어 '검과 흉년과 사망과 땅의 짐승들로써 죽이더라'

넷째 인의 시간은 대접 심판의 시간을 묘사하는 시간대이다. 이 시간은 예수님께서 행하시는 진노의 시간으로 여섯 대접이 부어지고 나면 심판이

끝나는 마지막 심판의 시간대이다. 이러한 시간대에 대한 힌트를 청황색 말을 탄 자에 대한 설명으로 나타낸다. 사망과 음부가 그 뒤를 따른다는 표현은 심판의 시간에 죽는 자는 곧바로 지옥으로 향한다는 표현으로 의로운 구석이 없어 오직 지옥밖에는 가능성이 없는 생명이라는 의미이다. 계 6:7절의 청황색 말의 때에 나타나는 말씀에 대한 성취는 계 19:11-21절에 나타나는 아마겟돈 전쟁과 두 짐승, 그들과 함께 하던 모든 왕들과 살아남은 그들의 군대를 심판하시고 욜 3:2절에 나타나는 여호사밧 골짜기 심판의 시간에서 성취될 것이다. 요엘서는 그 시간에 있을 예수님의 심판에 대하여 이렇게 가르친다.

> 내가 '만국'모든 나라의 백성 을 모아 데리고 '여호사밧 골짜기'예루살렘 성 시온 산을 두르는 골짜기 에 내려가서 내 백성 곧 '내 기업인 이스라엘'하나님의 통치를 받는 세상의 모든 자기 백성 을 위하여 거기에서 그들을 '심문'히) 샤파트, 심판 하리니 이는 그들이 이스라엘을 나라들 가운데에 흩어 버리고 나의 땅을 3:2

넷째 생물

넷째 생물은 대접 심판을 끝내시고 천 년 통치의 권세를 가지고 온 세상을 다스리시기 위해 오실 예수 그리스도의 왕적 사역을 예표 한다. 이유는 넷째 인의 시간대가 마지막 대접 심판의 시간이며 이후에는 여호사밧 골짜기의 심판욜 3장을 끝내고 천년왕국으로 들어가 만왕의 왕으로 천년의 왕국을 통치하는 시간이기 때문이다.

청황색 말

청황색은 혼재된 색상이 주는 의미 그대로 혼란과 혼돈의 시간을 상징하는 색상이며 대접 심판의 이 시간대는 선한 자는 생명을 얻는 시간

이며 악한 자에게는 사망과 음부의 능력이 춤추는 그야말로 혼돈과 소멸의 시간이 될 것이다. 다른 의미로 설명할 수 있는 것은 싱그러운 생명의 푸르름이 황갈색의 소멸의 시간으로 변해간다는 사실을 설명하는 상징적 색상이 청황색이다. 슥 6:6절은 이러한 대접 심판의 시간대를 어룽진 말로 묘사하고 있는데 이는 대접 심판의 혼란 시간, 곧 계 16장에 나타나는 혼돈의 시간을 묘사하는 표현으로 특히 계 16:18절은 이 시간에 일어날 지진에 대하여 사람이 **"이 땅이 있어 온 이래로 이같이 큰 지진이 없었더라"**라고 묘사한다. 성이 갈라지고 각 섬도 사라지며 산악도 간데 없고 한 달란트26-36kg의 무게나 되는 우박이 쏟아져 심히 큰 재앙으로 온 땅을 심판하실 혼돈의 심판 시간이 될 것에 대하여 예언하고 있다.

말 탄 자의 이름은 사망이니 음부가 그 뒤를 따르더라

청황색 말을 탄 자는 첫째 인 거짓 선지자의 미혹의 시간과 인을 뗄 때 나타나는 존재와는 다르다. 청황색 말 탄 자는 '**대접 심판을 주관하는 예수님의 수행 천사**'이다. 왜냐하면 흰 말 탄 자와 붉은 말 탄 자가 나타나는 두 번째 인까지는 바다 짐승과 땅의 짐승에게 맡겨져 행하는 7년의 미혹과 교회 시험과 박해의 시간을 의미하지만 대접 심판의 시간은 나팔 심판 이후 재림하신 예수님이 행하시는 일방적 진노의 시간이기 때문이다. 음부의 권세가 그 뒤를 따른다는 의미는 심판에 의해 죽은 모든 영혼은 지옥으로 곧바로 향한다는 것을 뜻한다. 그들은 천 년 후 흰 보좌 심판 때 사망의 부활을 통하여 영원한 불 못으로 들어갈 것이다계 20:11-15.

검과 흉년과 사망과 땅의 짐승들로서 죽이더라

대접 심판 때 심판의 도구들이다. 예수님의 심판은 전쟁, 기근, 우박,

천둥, 번개, 지진, 해일, 화산, 등과 함께 짐승들을 통하여도 무익한 인간들을 심판하실 것이다. 짐승들이 동원된 심판은 삼상 17:46, 시 79편, 렘 15:3-4절, 특히 악인들을 향하여 사 18:6, 겔 39:4, 17절 등은 마지막 심판에서 곡과 마곡을 심판하시며 진노하시는 하나님의 모습을 기록하고 있는데 하나님의 심판은 땅의 짐승들과 하늘의 새들을 동원하시어 죽은 자들의 시체를 청소하심으로 이 땅이 죄로 죽은 자들의 시체들로 더럽혀지는 것을 용납하지 않으시겠다는 의도를 드러내시는 가르침이다.

5. 다섯째 인

> 계 6:9-11 ⁹ '다섯째 인'을 떼실 때에 내가 보니 '하나님의 말씀과 그들이 가진 증거로 말미암아 죽임을 당한 영혼들'이 제단 아래에 있어 ¹⁰ 큰 소리로 불러 이르되 거룩하고 참되신 대주재여 땅에 거하는 자들을 심판하여~ ¹¹'흰 두루마기'를 주시며 이르시되 아직 잠시 동안 쉬되 '그들의 동무 종들과 형제들도 자기처럼 죽임을 당하여 그 수가 차기까지' 하라 하시더라

'다섯째 인의 의미'는 하나님의 약속에 근거하여 심판을 행하시는 하나님의 신실하심을 전하고 있다. 심판 시작의 동력은 기도가 될 것을 알게 하시는 말씀은 첫 심판이 부어지는 계 8:3-5절에서 드러난다.

> ³ 또 다른 천사가 와서 제단 곁에 서서 '금 향로를 가지고 많은 향을 받았으니 이는 모든 성도의 기도와 합하여 보좌 앞 금 제단에 드리고자 함'이라 ⁴ '향연이 성도의 기도와 함께 천사의 손으로부터 하나님 앞으로' 올라가는지라 ⁵ 천사가 '향로를 가지고 제단의 불을 담아다가 땅에 쏟으매' '우레와 음성과 번개와 지진'이 나더라 계 8:3-5

성도의 기도가 하나님께 드려지고 향로에 제단의 불을 담아 땅에 쏟으면 심판이 시작될 것이라 심판 시작의 과정에 대하여 가르치는 말씀이다. 이 말씀은 6장에 나타나는 다섯째 인의 설명과 깊은 상관관계를 가진다. 순교자들의 기도는 억울한 심령의 부르짖음으로 눅 18장에 나타나는 강청하는 과부의 기도와 같다. 원수에 대한 나의 원한을 갚아달라는 과부는 현재적으로 이 땅에 신랑이 없어 그를 사모하며 기다리는 교회를 나타냄과 동시에 신랑의 부재 가운데 복음으로 인한 핍박과 박해로 순교한 영혼들을 일컫는 표현이다. 그들의 영혼이 재단 아래서 부르짖으며 심판의 시간이 속히 이르도록 기도하고 또한 이 땅의 교회가 마지막 때의 환난 앞에서 기도할 때 하나님이 들으시고 때가 이르러 심판을 시작하실 때의 상황을 묘사하고 있는 말씀이 다섯째 인의 설명이며 이는 곧 계 8:3-5절을 통하여 성취되는 것이다.

하나님의 말씀과 그들이 가진 증거로 말미암아 죽임을 당한 영혼들

교회사 속에서 복음으로 인하여 순교를 당한 모든 순교자의 영혼들을 지칭한다.

땅에 거하는 자들을 심판

심판받을 악인들에 대한 지칭으로 **적그리스도를 섬기며 짐승의 표를 받은 자들에 대한 심판**을 의미한다.

우리 피를 갚아 주지 아니하시기를 어느 때까지

언제까지 심판을 기다려야 하느냐는 한탄이 묻어나는 기도이다. 심판의 시작은 기도를 들으시고 심판을 위해 일어나시는 하나님의 시간이다시 10:12, 12:5.

흰 두루마기

흰 옷은 성도는 행실의 깨끗함을 의미한다고 가르치고 있다 계 19:8. 흰 두루마기와 흰 세마포는 동일한 의미다. 혼인 잔치에 초대받은 구원받은 신부의 옷에 대한 마 22:11-14절의 예복이 그것이다.

잠시 동안 쉬되 그들의 동무 종들과 형제들도 자기처럼 죽임을 당하여 그 수가 차기까지 하라

하나님의 정하신 순교의 숫자가 채워져야 할 것에 대한 수사적 표현이다. 형제라는 표현은 교회 내의 동일한 하나님의 백성을 의미하는 표현이다. 교회 안에서 하나님의 인내를 결정하는 순교의 분량이 어떤 일정량에 이를 때 천지의 주재이신 하나님께서 심판을 시작하도록 허락하실 것을 의미한다. 심판의 시작 조건은 ❶ 순교자들과 성도의 기도 분량이 채워지는 것과 ❷ 순교자의 수가 채워지는 것이다. 이 분량이 채워지는 순간이 곧 칠 년 시험의 시간 중 (전) 삼 년 반의 시간이 지나고 교회 가운데 극심한 환난이 부어지는 시간이며, (후) 삼 년 반의 시간이 지나면 드디어 온 인류가 기다리던 예수님의 재림이 시작될 것이다. 더 이상 자기 백성의 고통을 외면하지 않으실 것이며 재림하셔서 신음하는 신부인 교회를 구원하실 것이다.

6. 여섯째 인 계 6:12-17절

계 6:12-17 ¹² 내가 보니 여섯째 인을 떼실 때에 큰 지진이 나며 '해가 검은 털로 짠 상복 같이 검어지고 달은 온통 피 같이 되며' ¹³ '하늘의 별들이 무화과나무가 대풍에 흔들려 설익은 열매가 떨어지는 것 같이 땅에 떨어지며' ¹⁴ '하늘은 두루마리가 말리는 것 같이 떠나가고' '각 산과 섬이 제 자리에서 옮겨지매' ¹⁵ 땅의

임금들과 왕족들과 장군들과 부자들과 강한 자들과 모든 종과 자유인이 굴과
산들의 바위틈에 숨어 ¹⁶ 산들과 바위에게 말하되 우리 위에 떨어져 보좌에 앉
으신 이의 얼굴에서와 그 '**어린 양의 진노에서 우리를 가리라**' ¹⁷ 그들의 '**진노의
큰 날**'이 이르렀으니 누가 능히 서리요 하더라

**여섯째 인은 심판 순서상 가장 마지막이면서 앞서 개봉된 다섯 인과
의 시간 간극은 천 년임을 가르치는 설명이다.** 천년왕국 이후 무저갱에
서 잠시 놓여지는 사탄은 즉시 곡과 마곡으로 달려가 그들을 미혹할 것이
며 예수님께서 다스리시는 예루살렘을 침공할 것이다. 천년왕국 끝 시간
의 예루살렘에 대하여 겔 38:8-12절은 이렇게 증거 한다.

⁸ 여러 날 후 곧 "말년에 네가 명령을 받고"천년왕국의 끝, 사탄의 명령 그 땅 곧 오
래 황폐하였던 이스라엘 산시온 산에 이르리니 그 땅 백성은 칼을 벗어나서 여러
나라에서 모여 들어오며 이방에서 나와 천 년 전 모든 유대인들이 이방 땅에서 나옴, 겔
39:28 다 평안히 거주하는 중이라 ⁹ 네가 곡과 마곡 올라오되 너와 네 모든 때와 너
와 함께 한 많은 백성 도갈마 족속, 바사, 구스, 붓, 겔 38:1-6이 광풍 같이 이르고 구름
같이 땅을 덮으리라 계 20:7-10 ¹⁰ 주 여호와께서 이같이 말씀하셨느니라 그날에
네 마음에서 여러 가지 생각이 나서 악한 꾀를 내어 ¹¹ 말하기를 내가 평원의 고
을들로 올라가리라 성벽도 없고 문이나 빗장이 없어도 염려 없이 다 평안히 거
주하는 백성에게 나아가서 ¹² 물건을 겁탈하며 노략하리라 겔 38:8-12

**"칼을 벗어나서 여러 나라에서 모여 들어오며 이방에서 다 나와 평안
히 거주하는 중"**이라는 이 말씀은 겔 39:28절에 나타나는 '**~ 그 한 사람
도 이방에 남기지 아니하리니**'라는 말씀 중에서 드러난다. 예수님의 공중
재림과 30일 동안의 어두운 하늘을 가르며 빛으로 온 세상에 자기를 나
타내시는 예수님을 보고 메시아로 인식할 것이며, 모든 유대인들이 한 사
람도 이방 땅에 남지 않고 고토로 돌아와 평안히 거하는 천년왕국의 삶을

살아가게 될 것이며 이후 무저갱에서 천 년의 시간을 갇혔다가 잠시 놓일 때 일어날 미혹은 사탄으로 하여금 영원한 심판, 흰 보좌 심판을 받게 될 것이다. 여섯째 인이 천 년 후의 흰 보좌 심판을 나타내는 구체적 의미들은 다음과 같다.

해가 검은 털로 짠 상복같이 검어지고 달은 온통 피 같이 되며

예수님의 천년왕국이 끝나고 계 21:1절이 밝히고 있는 새 하늘과 새 땅을 위한 마지막 변화를 이루는 상황을 묘사한 가르침이다. 하나님은 지금까지 존재했던 지구 중심의 우주를 하나님의 나라 중심으로 새롭게 하실 것이다. 자기가 만드신 만유인력의 법칙을 잠시 어기시고 인간에 의해 우주 쓰레기로 더러워진 공간을 창조 때의 정결함으로 회복시키셔서 인간의 손이 닿지 않는 완전하고 정결한 우주로 다시 재구성하실 것이다. 이로 인하여 이 땅에는 하늘의 별들이 떨어져 혼란한 잠시 동안의 재앙이 있을 것이나 출애굽기에 나타나는 열 가지 재앙에서 보여지듯 하나님의 백성이 거하는 곳에는 아무런 영향도 없을 것이며 곡과 마곡, 고멜과 도갈마 족속영국, 프랑스, 독일 이라고 표현된 야벳의 족속들, 그리고 그들과 연합하는 이란바사, 에티오피아구스, 리비아붓 등에는 재앙이 있을 것이다겔 38:2-25, 39:6. 이러한 하나님의 결정은 하늘을 새롭게 하시고 하늘과 이 땅을 정결하게 하시기 위한 것으로 여섯째 인에 대하여 계 21:1절은 새 하늘과 새 땅을 그 결과로 제시하고 있다.

하늘이란? 따로 우리 눈에 드러나는 것이 아닌 만유인력의 법칙에 의해 하늘에 해와 달과 별이 떠 있는 상태를 눈으로 볼 때 이것을 하늘이라 말한다. 영어로는 'Firmament' '창공'을 의미한다. 하늘이 말리는 것 같이 떠나간다는 의미는 눈에 보이는 허공인 창공이 두루마리가 말리듯 떠나간다는 것은 올바른 이해라 할 수 없을 것이니 논리적 관점에서 타당성이 없는 표현이며 '**두루마리가 말리듯**'이라는 창공의 변화에 대한 표현은 하늘에 매달린 수많은 별들이 차례로 쏟아질 때의 모습을 묘사하는 표현이나 도미노 현상과 같은 시각적 효과, 또는 야구장의 파도타기 등의 모습을 연상해 보면 도움이 될 것이다. 이 표현은 계 20:11절을 통하여 논증되고 이해되는 예언의 맥락이다.

> 또 내가 크고 흰 보좌와 그 위에 앉으신 이를 보니 '땅과 하늘이 그 앞에서 피하여 간데 없더라' 계 20:11

이 예언적 말씀은 완성된 하나님의 나라에 이르러 나타나는 현상으로 가시적으로만 느끼던 육신적 우주관이 홀연히 변화되어 영원한 나라로 들어가는 완성된 하나님의 나라, 곧 영원한 세계로의 완성된 변화를 의미하는 것이다.

산과 섬이 제 자리에서 옮겨지매

지진으로 인한 지각의 변동에 대한 수사적 표현이기도 하지만 성경 신학적 관점으로 산은 나라를 상징하는 표현이며 섬하늘에서 바라보는 대륙은 바다에 둘러쌓인 섬이다은 대륙에 대한 묘사이기도 하므로 곡마지막 때 러시아의 지도자과 마곡구 소련과 그 연방국가들·야벳 족속들 나라와 대륙의 변화가 일어날 것에 대한 묘사로 흰 보좌 심판 때 우주의 변화와 함께 이루어질 이 땅의 변화를 예언하는 말씀으로 이해된다.

진노의 큰 날

'진노의 작은 날'의 또 다른 표현이다. 그렇다면 '큰' 이라는 수식어를 만족시키는 진노의 날에 대한 의미는 무엇일까? 큰 날은 **진노의 궁극적 대상인 사탄과 사망과 음부에 대하여 심판**하는 진노의 시간을 의미하는 **'천 년 이후의 심판 상황'**에 대한 묘사이다. 이 진노는 인류를 향한 마지막 진노가 된다. 천년왕국 후 잠시 놓인 사탄에게 미혹되어 예루살렘으로 쳐들어오는 곡과 마곡, 도갈마 족속과 이들과 연합하는 바사와 구스, 붓에 대한 심판겔 39:6을 지칭하는 표현이 진노의 큰 날이다. 큰 날과 작은 날의 차이는 죄와 사망과 음부의 심판이 결정한다. 천 년 이후에 있을 흰 보좌 심판의 시간은 사탄과 사망과 음부가 유황 불못에 던져지는 궁극적 심판의 시간이므로 진노의 큰 날이 되는 것이다.

[여섯 인에 대한 정리도표]

구 분	색상	상황 의미	말 탄 자	인물 행동	의미 이해	시간대 비교
첫째 인	흰 말	미혹	활, 영적 권세	이기려 함	* 한이레 동안 일어날 사건	한 이레의 시작 해산의 고통
둘째 인	붉은 말	짐승 권세	칼, 서로 싸움	화평 제거	넷째 인까지의 사건은 연속적이며 네 생물의 SIGNAL로 통제, 진행될 것에 대한 예언이다	한 이레의 절반 나팔 심판의 때
셋째 인	검은 말	구원	저울	보호 음성		나팔 심판 전
넷째 인	청황색 말	심판	사망, 음부	죽이는 자	* 한 이레후 대접 심판의 시간	대접 심판의 때
다섯 인	순교자 기도	심판 동력		원한 기도	심판 설명 후 시작은 기도로 시작될 것 예고 (8:3-5 실행)	나팔 심판 전
여섯 인	하늘의 변화	마지막 심판		심판 절규	천 년 왕국 이후 (6:14,20:11, 21:1, 겔 38-39)	흰 보좌 심판

6장의 결론

1. 6장은 심판이 아니라 심판 설명이다

하늘 예배 후 성부 하나님께로부터 봉인된 심판의 두루마리를 받아 어린 양 예수님께서 요한과 모든 하늘 예배를 위해 참석한 무리들을 대상으로 심판의 봉인된 인을 떼며 하나하나 브리핑briefing하는 모습을 기록하고 있는 장면이다. 부연 설명으로 4, 5, 6장이 한 가지 상황 속에서 보여지는 장면, 곧 briefing 장면인 것을 이해할 수 있게 하는 내용 중의 하나로 각 장과 장을 이어주고 있는 접속사의 변화로도 이를 알 수 있게 한다.

구분	2, 3장	4장	5장	6장	7장
내용	일곱 교회에 편지	이 일 후에	내가 보매	내가 보매	이 일 후에

2. 6장과 7장과의 관계

7장과는 결을 달리하지만 동일한 설명의 내용이며 6:6-7절의 검은 말 탄 자를 통해 구원에 대한 약속을 실제로 확정해 주는 문서처럼 6:6-7절을 약속 삼아 그 약속을 이렇게 이룰 것이라고 상세하게 설명하는 것이 7장이다.

장별 구분	6장	7장
	6:6-7	7:5-8, 9-17
내용	계 6:5-6 ⁵ 셋째 인을 떼실 때에 내가 들으니 셋째 생물이 말하되 오라 하기로 내가 보니 검은 말이 나오는데 그 탄 자가 손에 저울을 가졌더라 ⁶ 내가 네 생물 사이로부터 나는 듯한 음성을 들으니 이르되 한 데나리온에 밀 한 되요 한 데나리온에 보리 석 되로다 또 감람유와 포도주는 해치지 말라 하더라	7:5-8, 12지파 × 12,000명 7:9-17, 각 나라와 족속과 방언에서 능히 셀 수 없는 무리, 흰 옷을 입고 손에 종려가지를 들고 ~ 큰 환난에서 나오는 자들

3. 6장과 8장과의 관계

6장과 8장의 관계를 결정짓는 본문 구절은 6:9-11절이다. 이 구절과 8장의 관계를 연결하는 말씀과 비교하면 본문의 말씀은 심판의 동력이 기도라는 것을 알게 된다. 두 가지의 말씀을 비교해 보자.

[다섯째 인(6:9-11)이 나팔 심판의 동력(8:3-5)이라는 주장에 대한 말씀 비교 이해]

말씀	6 장
계 6:9-11	⁹ 다섯째 인을 떼실 때에 내가 보니 하나님의 말씀과 그들이 가진 증거로 말미암아 죽임을 당한 영혼들이 제단 아래 있어 ¹⁰ 큰 소리로 불러 이르되 거룩하고 참되신 대 주재여 땅에 거하는 자들을 심판하여 우리의 피를 갚아주지 아니하시기를 어느 때까지 하시려 하나이까 하니 ¹¹ 각각 그들에게 흰 두루마기를 주시며 이르시되 아직 잠시 동안 쉬되 그들의 동무 종들과 형제들도 자기처럼 죽임을 당하여 그 수가 차기까지 하라 하시더라
계 8:3-5	³ 또 천사가 와서 제단 곁에 서서 그 향로를 가지고 많은 향을 받았으니 이는 모든 성도의 기도와 합하여 보좌 앞 금 제단에 드리고자 함이라 ⁴ 향연이 성도의 기도와 함께 천사의 손으로부터 하나님 앞으로 올라가는지라 ⁵ 천사가 향로를 가지고 제단의 불을 담아다가 땅에 쏟으매 우레와 음성과 번개와 지진이 나더라

6:9-11절의 말씀은 8:3-5절에 대한 시그널이다. 그러므로 6장은 8장의 심판을 시작하는 동력이 되며 크게 확대하면 6장 전체는 심판이 아니라 심판에 대한 전체적 설명이 되는 것이다. 그렇다면 몇 가지의 또 다른 질문이 가능하다.

❶ 다섯째 인이 8장에 시작되는 심판의 동력이라면 나팔 심판 직전이 아니고 왜 다섯번 째 인에서 나타나는가?

이유는 간단하다 셋째 인의 내용은 세 번째 나타나는 설명이지만 실제는 둘째 인과 같은 시간대에 위치하는 설명이다. 순서상 세 번째일 뿐이다. 이것은 설명 순서이며 시간대 상으로는 둘째 인의 나팔 심판과 동일한 시간대에 이루어질 보호와 구원의 약속에 대한 설명이기 때문이다.

❷ 다섯째 인과 여섯째 인은 왜 말이 등장하지 않는가?

이 질문은 반드시 의문을 가지고 분석하고 해석해야 할 구절이다. 이유는 마흔두 달 동안 허락되었던 환난과 권세계 13:5의 시간이 끝이 났기 때문이며 다섯째 인의 시간은 대접 심판의 시간으로 예수님의 일방적 세상 심판의 시간이므로 더 이상 말 탄 자에 대한 묘사가 필요 없이 예수님께서 직접 말을 타시고 전쟁의 영웅으로 나타나셔서 세상의 모든 전쟁을 끝내시는 시간이기 때문이다. 또한 여섯째 인에서 말이 등장하지 않는 이유는 시간적으로는 천 년 후의 시간에 있을 흰 보좌 심판을 설명하는 구절이기 때문인데 이 시간 역시 예수님의 통치로 완전한 천 년의 평화의 시간이 지나고 무저갱에 갇혔던 사탄이 계 20:3, 7절의 말씀대로 갇혔다 잠시 놓일 때 곡과 마곡을 미혹하여 예루살렘으로 쳐들어올 것이며 이 전쟁을 빌미로 사탄과 곡과 마곡을 따르는 모든 나라와 군대는 흰 보좌 심판을 통하여 죽은 자의 사망의 부활로 이루어지는 심판과 함께 '사탄과 사망과 음부'지옥는 이 땅에서 영원히 사라지고 완전한 에덴으로 회복되는 것이다. 이러한 이유로 다섯째 인과 여섯째 인은 말과 말 탄 자가 등장하지 않는 것이다.

❸ 그러므로 6장은 성경에 나타나는 시간대를 이해함으로 모든 인을 떼는 장면이 심판의 장면이 아닌 설명의 장면이라는 사실이 논증된다.

예수님은 여섯 가지 인을 설명하심에 있어 심판으로 오해하지 않도록 근거를 주셨다. 계시록의 계시는 풀리지 않는 의문이 되도록 주시지 않으셨다. 환난의 시간에 그 시간대를 따라가도록 말씀 속에 시간과 방향을 제시하시고 자기 백성이 승리하는 방법을 주신 것이 성경의 구조라 여겨진다. 분명한 이해를 할 수 있도록 구조해 놓으신 것이다. 그러므로 6장은 이 땅에서 이루어질 모든 심판과 천년왕국의 시간을 지나 영원한 하나님의 나라를 바라보도록 인도하고 있는 설명구가 6장이라는 해석이 올바른 해석이 되는 것이다. 아래의 도표가 이해를 도울 것이다.

구분	내 용	시 간 대 / 말씀
첫째 인	미 혹	한 이레의 환난 / 단 9:27
둘째 인	조약의 파기와 짐승이 받을 마흔두 달의 권세	나팔 심판 / 계 13:5
셋째 인	인침과 보호선포, 한 데나리온, 밀, 보리, 감람유, 포도주	나팔심판과 대접 신판 시간의 보호와 구원 약속 / 계 6:5-6
넷째 인	사망과 음부가 함께 하는 죽음	대접 심판 / 단 12:11
다섯째 인	순교한 영혼들의 제단 아래서의 기도	나팔 심판 직전 / 계 8:3-5
여섯째 인	큰 지진, 하늘이 떠나감, 산과 섬의 옮겨짐	흰 보좌 심판, 천 년 후/ 계 20:1-14

7장의 설명과 8장의 심판 사건 시작

6:9-11절의 말씀은 8:3-5절에 대한 시그널이다. 그러므로 6장은 8장

의 일곱 나팔로부터 시작되는 모든 심판의 동력이 되므로 6장 전체는 심판이 아니라 심판에 대한 전체적 설명이 되는 것이다. 그렇다면 또 다른 질문이 가능하다. 6장이 8장으로부터 시작되는 심판의 동력이라면 순서상으로 왜 다섯 번째 인이냐? 라는 질문일 것이다. 그 이유는 간단하다. 셋째 인에서 심판 전 하나님의 보호에 대한 약속이 시작되는 시점이 나팔 심판과 동일한 시간대이기 때문에 나팔 심판 바로 뒤에 위치하며 이후에 순서대로 넷째 인의 대접 심판이 연결되기 때문에 순서적으로나 시간대 표기상 심판 설명이 끝난 후에 표기된 것이다. 교회를 사랑하시고 자기 백성의 구원을 위한 심판에서 자기 백성을 위한 인침이 있기 전에는 심판이 시작이 될 수 없기 때문이다. 6장의 인은 심판에 있어 가장 중요한 두 가지 의미인 ❶ 구원과 심판, 그리고 ❷ 심판 시작이 어떻게 시작되는지를 교회에게 알리시므로 마지막 때를 위한 기도를 통하여 예수님의 재림을 기대하며 믿음으로 기다려야 할 것을 강조하기 위함이다.

◈ 6장에 대한 Q & A ◈

Q : 색상과 말 탄 자가 나타내는 의미는 무엇인가?

A : 도표로 정리하면 다음과 같다.

구분	말	말의 색상	말 탄자
의미	심판 시간과 사건의 아이콘	심판 사건의 특징과 상황의 아이콘 나팔, 대접, 흰 보좌 심판	심판 상황의 주관자에 대한 아이콘

   인은 순서에 대한 역할이며 인의 순서에 따라 나타나는 말과 말의 색상, 말 탄 자에 대한 의미는 사건의 배경과 관계를 가진다는 것을 알고 본다면 계시록의 심판에 대한 진행을 흥미롭게 관찰할 수 있을 것이다.

Q : 첫째 인~여섯째 인 가운데 넷째 인까지만 말이 등장하는 이유가 무엇인가?

A : 다섯째 인은 나팔 심판 시작의 동력으로 작용하는 기도가 하나님의 보좌 앞에 드려지는 시간계 8:3-5이며 여섯째 인은 천년왕국 이후 흰 보좌 심판은 교회를 향한 심판과 구원이 아닌 하나님 나라의 완성의 시간이며 교회와 상관없는 두 번째 사망의 심판, 곧 사탄과 함께 사망과 지옥을 벌하시는 목적의 시간이기 때문이다. 6장을 이해하는 방법으로 제시할 수 있는 것은 여섯 개의 블록으로 가정하여 생각해보기를 제안한다. 6장을 첫 인부터 여섯 인까지의 과정과 내용을 심판의 도표로 정리하면 다음과 같다.

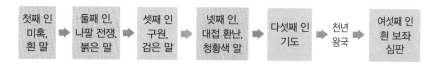

'네 생물'과 함께 나타나는 '네 말'은 첫째 인~넷째 인까지만 나타나고 있으며 '교회를 대상으로 나타나는 두 가지의 현상'과 '세상을 향하는 나팔과 대접의 두 가지 심판'을 나타내고 있다. 또한 넷째 인과 여섯 인 사이에 심판 시작을 알리는 기도가 위치하는 구조를 가지므로 심판과 구원 메시지가 교차되어 나타나는 Frame으로 구성되어 있다. **첫째 인의 미혹**은 모든 심판의 이유이며 근간을 이루는 핵심이며 심판 시작의 전조 역할을 하는 교회를 향한 미혹을 설명한다. **둘째 인**은 두 짐승에게 맡겨진 시간이면서 천사들에 의해 이 땅에 나팔 심판이 부어지는 시간을 설명하고 있는데, 나팔 심판은 먼저 **'자연'**에 부어지는 심판으로 시작되는 것이 특징이며 직접적 심판으로 '사람'이 죽는 것은 **'여섯째 나팔'** 부터이다. 그러나 이 역시 예수님께서 직접적으로 심판하시는 것이 아니다. 무저갱의 군대가 전쟁을 통하여 사람들을 죽이는 살상이 일어날 것에 대하여 말하는데 사람 **'삼분의 일'**이 죽을 것이라 증언하고 있다계 8:17-19. **셋째 인은 교회를 향한 구원 약속을 설명**하며, **넷째 인은 예수님께서 직접 행하시는 대접 심판을 설명**한다. 다시 말하면 두 가지의 사건과 두 가지의 심판이 심판, 구원, 심판, 구원의 메시지로 교차 되어 나타나는 구조이다. 네 마리의 말에 대한 이해 도표이다.

구분	흰 말	붉은색 말	검은 말	청황색 말
상 황	교회 미혹, 해산의 고통 증가	나팔 심판의 때	교회 구원의 약속	대접 심판의 때

천년왕국 전에 있을 심판은 **'둘째 인의 나팔 심판'**과 **'넷째 인의 대접 심판'**이며, 천년왕국 후의 심판은 **'여섯째 인의 흰 보좌 심판'**이다. 천 년이 지난 후의 **'흰 보좌 심판이 갖는 의미'**는 이미하나님께서 원하시는 알곡 추수는 끝이 난 상태이기 때문에 현재 지상교회를 향한 심판은 없다. 다만 천년왕국의 세대가 천 년 후 무저갱에서 풀려나 만국을 미혹하는 사탄에게 미

혹된 나라의 백성들에 대한 처벌이 있을 것인데 이것은 심판이 아니라 배신자에 대한 처벌이 있을 것이며 그 처벌 직후에 천 년 전 예수님의 재림의 시간 부활하지 못하고 땅에 그대로 있는 죽은 자들을 일으키는 사망의 부활을 통해 영원한 사망, 곧 흰 보좌 심판이 있을 것이다계 20:5-14. 흰 보좌 심판은 천년왕국 전의 나팔 심판과 대접 심판과는 다른 심판이다. 대상에 있어 성도는 제외되고 영원히 심판받을 모든 영혼들이 무덤으로부터 부활되어 마지막 심판을 받게 될 것이다계20:11-15. 이를 위한 부활을 일컬어 사망의 부활, 심판의 부활이라 가르친다요 5:29. 6장에 나타나는 확연한 차이는 여섯 번째 인을 뗄 때 말은 나타나지 않는다는 사실이다. 그러나 슥 6:7절은 천 년을 이길 건장한 말이 '**세상을 두루 다니도록**' 명령을 받는데 두루 다니는 시간이 '**천 년**'인 것을 알도록 이끄신다. 천 년 후의 흰 보좌 심판 때에 말이 등장하지 않는 이유는 그때는 예수님께서 싸우시는 심판이 아니라 죽은 영혼들의 심판을 위한 부활이며 사탄과 사망과 음부인 지옥까지 유황 불못에 던져지는 심판이므로 전쟁이나 믿는 자의 미혹을 의미하는 말이 나타나지 않는 것이다. 선지자를 통하여 하실 일들을 미리 말씀하시고 행하시는 하나님암 3:7은 계시록 6장의 말에 대하여 스가랴서를 통하여 예언하셨다. 스가랴서와 계시록을 비교한 도표이다.

[슥 6:1-8의 다섯 마리의 말과 계시록 6장의 네 마리의 말에 대한 비교]

순서	스가랴서의 묘사	요한계시록의 묘사
1	첫째 병거 : **붉은 말**	첫째 인의 말 : **흰 말**
2	둘째 병거 : **검은 말**	둘째 인의 말 : **붉은 말**
3	셋째 병거 : **흰 말**	셋째 인의 말 : **검은 말**
4	넷째 병거 : **어룽진 말**	셋째 인의 말 : **검은 말**
5	**건장한 말** / 땅에 두루다니는 말	여섯째 인의 말 : 건장한 말, 흰 보좌 심판 예표

'다섯째 인에서 말이 필요 없는 이유는?' 순교자의 부르짖음으로 심판의 때가 임박했음을 알리는 신호의 역할이기 때문인데 이 장면은 전쟁이나 미혹과 상관없는 때이므로 말이라는 아이콘이 필요 없는 것이다. 다섯째 인의 시간에 보여지는 기도의 의미는 계 8:3-5절과 연동된다. 나팔 심판이 시작되기 전, 기도를 취하심으로 인하여 심판의 시작을 알리는 심판 동력으로서의 의미를 가지며 다섯째 인의 또 다른 의미는 여섯째 인에 함의된 천년왕국 후에 있을 흰 보좌 심판의 시간 사이에 위치하여 대접 심판과 흰 보좌 심판 사이의 긴 공백, 곧 천 년의 시간을 메우고 있다.

'여섯째 인에서 말이 나타나 있지 않은 이유는?' 심판의 내용이 달라서이다. 나팔과 대접은 환난 속에서 구원을 위해 이겨야 할 교회를 향한 예언적 메시지가 필요하므로 주셨지만 천년왕국으로 들어가는 교회에게는 이후에 환난이라는 시간이 없고 흰 보좌 심판은 성도의 구원과 상관없이 새 하늘과 새 땅으로의 변화를 위한 심판이 될 것이다. 사탄과 사망과 지옥, 그리고 죽은 자들에 대한 심판이며 알곡을 구별하는 추수가 아니라 사탄에 미혹되어 하나님을 버린 배신자 곡과 마곡, 그들의 연합에 대한 일방적 징계이기 때문에 굳이 전쟁이나 분쟁을 상징하는 말이라는 아이콘을 표기할 이유가 없기 때문이다. 마치 쓰레기를 버림에 있어 특별한 행사나 광고를 하지 않는 것과 같다고 할 것이다.

'말'에 대한 질문

Q : 스가랴서와 요한계시록의 말에 대한 표현에 있어 순서가 일정하지 않은 이유.

A : '스가랴서는 예언'이지만 '계시록은 예언의 성취'라는 의미를 전제로

볼 때, 등장인물은 결정되었으나 그들의 시간에 따른 역할은 결정되지 않았기 때문이다. 시간에 따른 역할이 구분되는 계 6장의 내용은 슥 6장에 예고된 예언의 성취라고 보면 합당하다.

Q : 스가랴서에 어룽진 말과 건장한 말이 넷째 병거에 함께 표현되는 이유 슥 6:3.

A : 스가랴서는 예언적 표현이므로 실제적 상황으로 나타날 계시록을 중심으로 생각할 때 넷째 병거의 심판 시간은 대접 심판천년왕국 전 심판과 흰 보좌 심판천년왕국 후 심판을 나타내는 시간이며 이 시간의 심판은 하나님의 일방적 진노로 구원받지 못할 생명들을 향한 심판의 시간이기 때문이다. 계시록의 나팔 심판은 짐승에게 주어진 마흔두 달의 일할 시간과 예수님의 세상 심판이 겹쳐 나타나는 시간이지만 어룽진 말과 건장한 말이 나타내는 대접 심판과 흰 보좌 심판은 오직 **'예수님의 일방적 분노로 인한 심판이라는 공통적 의미를 가지기 때문'**일 것이다. 그러나 슥 6:3절의 두 말이 합쳐진 표현은 그 뒤 6-7절에서는 나누어져 표현된다.

Q : 스가랴서에 나타나는 말과 병거가 계시록에서 말과 말 탄 자로 나타나는 이유.

A : 신약시대의 마지막 때 나타날 존재가 병거에 탈것이기 때문에 예언서인 스가랴서에는 병거에 탄 자가 나타나지 않는다. 그러나 요한계시록은 비어 있는 병거에 오르는 자가 있으니 곧 말 탄 자이며 이로써 예언이 성취되는 것이라 여기면 된다. 말이 의미하는 바는 전쟁과 환난과 혼돈의 사건을 상징하는 아이콘이며 말 탄 자는 그 혼돈을 주장하는 수행 인물과 심판의 주권자이기 때문이다.

Q. 6장이 심판이 아닌 예고인 분명한 이유는 무엇인가?

A. 이유에 대하여는 본문에서 찾을 수 있는데 세 가지의 이유를 들어 설명하면 다음과 같다.

첫째, '인을 뗀다'라는 표현 때문이다.

인이란 감추어 두었던 계시를 밝히 보여주는 과정에서 제일 먼저 행하는 행동이다. 두루마리 속에 감추어진 나팔 심판을 시작으로 대접 심판의 끝까지 계시적인 장면들을 설명하기 위해 차례대로 열어 보여주는 Briefing의 과정에 대한 묘사이다. 이렇게 심판이 진행될 것이라고 요한을 향하여 계시를 열어 보이시는 예수님의 모습을 담은 영상 언어라 할 수 있겠다.

> 내가 보매 '어린 양이 일곱 인 중의 하나를 떼시는데' 그 때에 내가 들으니 '네 생물 중의 하나가 우렛소리 같이 말하되 오라' 하기로 계 6:1

어린 양이 인을 떼면 생물이 진행하는 구조로 구성되어 있다. 이것은 예수님의 사역의 시스템을 설명하는 구조이며 겔 1장과 10장에 나타나는 네 생물과 하나님의 일곱 영과의 상관관계를 이해할 수 있도록 돕는다.

둘째, '세 단원으로 구성된 Frame'이다

이 Frame은 6장이 심판이 아닌 설명이라는 관점을 분명히 제공한다.

● 1 단원 : 네 생물이 관련된 심판에 대한 설명이다 계 6:1-8절

'네 생물'은 두 번째 단원인 9절부터는 관련되어 나타나지 않는다. 네 생물이 관련된 심판은 대접 심판까지이며 네 생물과 관련되어 나타나는 설명은 첫째 인~네 번째 인이다. ❶ 첫 번째 생물독수리-선지자적 사역 상징의 '오라' 는 시그널과 함께 '흰 말미혹의 영적 전쟁이 나타나는 첫 번째인' 은 이스라엘과 아랍 연합과의 분쟁이 일어날 일촉즉발의 상황으로 전개되어 온 세상이 위험을 알고 두려워할 때 전쟁의 위기를 7년의 평화조약 단9:27으로 반전시키는 온 세상의 영웅이 등장할 것인데 그가 바로 적그리스도이며 그 때부터 교회는 7년의 시험 기간 중 해산의 고통이 증가하는 (전)삼 년 반의 시간이 시작되는 것이다. ❷ 두 번째 생물소, 제사장적 사역 상징의 '오라'는 시그널과 함께 '붉은 말전쟁과 환난의 상징이 나타나는 두 번째 인의 시간'은 칠 년 시험시간의 기간 중 (후)삼 년 반의 시간으로 계 13:5절이 밝히는 바다에서 나오는 짐승으로 묘사된 적그리스도가 용으로부터 모든 권세를 받고 하나님께로부터 마흔두 달의 일할 권세를 받아 세상과 교회를 혼란하게 하는 시간이 될 것이다. 또한 이 시간은 나팔 심판의 시간이 될 것인데 그렇다고 나팔 심판이 적그리스도가 주권자라는 의미는 아니라는 사실을 기억해야 한다. 나팔 심판의 시간과 겹치는 시간인 마흔두 달 동안 일할 권세를 받은 것이다. 이 시간이 교회에게 극한 미혹과 시련이 되는 이유는 교회가 예수님과 적그리스도 가운데 한쪽을 선택해야 하는 피할 수 없는 시간이 될 것이며 예수님을 따르는 알곡과 적그리스도의 우상에게 절하고 표를 받아 세상의 필요를 공급받는 배교의 가라지가 구분되는 시간이 되기 때문이다. 예수님은 자신의 온전한 알곡의 신부를 구분하시고자 이러한 마흔두 달의 시간을 사탄에게 허락하신다는 사실에 대하여 모든 교회가 깊이 인식하도록 가르치는 제사장적 사역이 필요한 때이다. 이러한 짐승이 일할 시간에 대하여 계 13:5절이 명확히 증언하고 있다.

> 또 '짐승이 과장되고 신성 모독을 말하는 입을 받고' 또 '마흔두 달 동안 일할 권세"를 받으니라 계 13:5

적그리스도는 하나님의 허락하는 시간 안에서 사탄으로부터 능력을 받아 마치 자기가 하나님 인양, 심판의 주권자 인양 교만하여 하나님을 모독할 것이며 자신이 심판주인듯 교회를 환난 가운데로 이끌고 세상을 향해 마음껏 주권을 행사할 것인데 심판의 대상인 그를 향하여 교만하여 오만한 자라고 판단하시며 심판을 피할 수 없을 것이라 말씀 하신다시 94:2, 사 2:17, 사 13:11. 하나님은 교만한 그를 향하여 그의 행동에는 분명한 시간적 한계가 있을 것을 가르치고 있으며 이 권세자를 향해 사도 바울은 성전에 서서 자기를 하나님이라고 하는 자살후 2:4라 증거하고 있다. 적그리스도가 행세하는 기간은 겨우 마흔두 달, 곧 3년 반이 될 것이라 계 13:5이 증언 하고 있는 것이다. 마흔두 달 이후 공중에 재림하신 예수님이 그의 나라와 이 땅에 부으실 대접 심판은 적그리스도의 나라와 세상을 향해 일방적으로 쏟아부으시는 예수님의 진노의 심판이며 사탄도, 적그리스도, 거짓 선지자도, 그들의 죄악을 심판하시는 창조주의 절대 주권을 거부할 수 없는 시간이다. 진노의 대접은 더 이상 용납할 수 없는 적그리스도와 그 나라를 대상으로 부어질 것이며 그 환난은 역사 이래로 전무후무한 환난계 16:18이 될 것이지만 그 환난 가운데서도 예수님은 자기 백성, 곧 메시아를 기다리는 신실한 유대인들을 보호하시고 구원하실 것이며 구원을 위한 하나님의 열정을 온 땅에 알게 하시는 시간시 3:7이 될 것이다. ❸ 세 번째 생물인자, 구원의 주체 상징의 '오라'는 시그널과 함께 '검은 말 구원을 위한 심판의 상징이 나타나는 세 번째 인의 시간'은 자기 백성들을 향한 구원 약속에 대한 선포가 있는 시간이다. 이 시간은 나팔 심판의 시간 안에서 있어질 것인데 이유는 일곱 나팔이 울리고 예수님의 공중 재림의 시간이 이르면 그 시간부터는 이 땅에 대접 심판이 부어질 것인데 그 시간 전에 자기 백성의 구원이 이루어질 것에 대한 의미를 함의하고 있기 때문이다. 나팔 심판의 끝에 예수님께서 공중에 재림하실 것이며 그때 이 땅의 교회는 예수님을 영접하기 위해 구름 위에 계시는 예수님 앞으로 끌어올려지는 휴거가 이루어져 신실한 자기 백성들을 구원하실 것이며 이 시간에는 예수님을 알지 못하고 오직 약속의 메시아를 기다리는 신실한 유대인들은 휴거의 시간에는 휴거에 참여하지 못할 것인데 이유는 그들의 죄악을 사하는 세례를 받지 못하였기 때문이다. 그들의 구원에 대하여는 대접 심판이 끝나는 시점 온 이방 땅에서 그들을 예루살렘으로 부르셔서겔 39:27-28 회개의 영을 부어주심슥 12:10-11으로 성전에서 흘러내리는 샘에 세례를 받고13:1, 겔 47:1-5, 욜 3:18 구원을 얻을 것이라는 유대인 구원에 대한 하나님의 구원 계획에 대하여 성경이 밝히고 있다. ❹ 네 번째 생물사자, 왕권상징, 통치자의 지상 재림의 시간의 '오라'는 시그널과 함께 '청황색 말대접 심판의 혼란의 시간 상징이 나타나는 네 번째 인의 시간'은 일곱 대접으로 심판은 끝날 것이며 이 시간대는 계 19:11-21절의 시간대이다. 아마겟돈 전쟁의 종식과 함께 적그리스도와 거짓 선지자가 처단되는 시간이며 모든 심판이 끝이 나는 시간대이며 예수님께서 만왕의 왕으로 임하시는 시간대이므로 왕권에 대한 상징인 사자 모습의 생물이 심판을 주관하는 시간이 될 것이다.

● 2단원 : 나팔 심판의 시작에 대한 동력을 설명한다 계 6:9-11절

8절까지 네 생물의 시그널로 시작된 나팔 심판이 8절에서 끝나갈 때 새로운 국면을 맞이할 준비의 과정을 나타내는 것이 본 절이다. 하나님은 심판의 시작을 기도에서 찾고 계신다는 교훈을 발견할 수 있다. 심판뿐만이 아닌 세상의 모든 일들이 기도로 이루어진다는 계시록의 교훈은 마지막 시간을 살아가는 우리에게 복계 1:3이 되는 이유이다. 8절은 죽임을 당한 순교의 영혼들이 원수를 갚아 달라는 나팔 심판을 간청하는 기도를 하고 있는 장면이다. 기도에 대한 응답은 순교자의 수가 찰 때까지 잠시 참으라는 말씀이다. 그런데 이 기도가 응답되어 심판이 시작되는 과정을 유추할 수 있는 확실한 증거의 말씀을 계 8:3절을 통해 볼 수 있다.

> ³ 또 다른 천사가 와서 제단 곁에 서서 '금 향로'를 가지고 '많은 향'을 받았으니 이는 모든 '성도의 기도와 합하여' 보좌 앞 금 제단에 드리고자 함이라 ⁴ 향연이 성도의 기도와 함께 '천사의 손으로부터 하나님 앞으로 올라가는지라' ⁵ 천사가 '향로를 가지고 제단의 불을 담아다가 땅에 쏟으매 우레와 음성과 번개와 지진'이 나더라 ⁶ 일곱 나팔을 가진 '일곱 천사가 나팔 불기를 준비'하더라 계 8:3-6

심판의 동력은 기도이다. 이러한 말씀을 통해 볼 때 두 번째 단원은 분명 심판이 아닌 심판의 준비라는 것을 알 수 있으므로 6장의 내용이 심판의 실행이 아니라는 두 번째 이유가 설명되는 것이다.

● 3단원: 여섯째 인의 시간은 천년왕국 후 흰 보좌 심판의 시간을 나타낸다

3단원은 천년왕국 후에 있을 흰 보좌 심판의 시간을 설명하고 있다. 이 시간은 계 20장의 시간으로 천 년 동안 갇혀있던 사탄이 잠시 놓임을 받을 때 곡과 마곡을 미혹하여 예루살렘으로 다시 공격을 감행할 것인데 그들을 멸하고 사탄과 사망과 음부까지 유황 불못에 던져지고 이 땅에 완전한 정결이 이루어지는 시간대를 설명하는 행간이다. 특히 12-14절의 묘사는 최종적 심판의 시간, 하늘의 변화를 설명하는 것으로 하늘의 별들이 떨어질 때의 시각적 효과를 설명하고 있는 장면이다. 떨어지는 별들로 인하여 하늘이 말리는 것 같은 느낌을 갖게 될 것에 대한 설명인데 비유하자면 흡사 야구장의 파도타기와 같이 하늘의 별이 좌에서 우로 순차적 낙하를 한다고 가정하면 하늘이 두루마리 말리듯 떨어진다고 느껴질 것이 상상될 것이다. 하늘이 떠나간다는 것은 아무것도 없는 하늘이 떠날수 없으니 하늘에 있는 별이 떨어진다고 밖에는 설명할 길이 없음을 기억한다면 이해가 되는 묘사이다. 이 장면은 계 21:1절로 설명되는 부분인데 처음 하늘, 곧 이 땅이 창조될 때의 하늘, 현재 우리가 살아가며 보는하늘이 없어지며 현재 우리가 거주하는 땅이 없어지고 현재의 바다도 있지 아니할 시간대는 곧 완성된 하나님의 나라를 의미하므로 3단원은 흰보좌 심판의 시간을 의미하는 것이 된다. 이 행간의 묘사는 사도 요한이가진 정말 감탄할 만한 탁월한 문학적 표현 능력이라 할 수 있겠다. 또한15-17절에서 심판의 두려움을 피해 숨은 자들이 말하는 내용은 대접 심판으로 끝나는 적그리스도의 나라를 이루던 자들이며 대접 심판의 마지막 단계를 보여주는 예루살렘을 탈환하신 예수님 앞에서 심판받는 적그리스도와 그의 추종자들과 동일하다는 것을 발견할 수 있다.

Q. 6장이 전체 심판의 시간을 설명하고 있다면 각 인을 뗄 때 나타나는 현상에 대하여 시간대를 적용하여 설명이 가능한가?

A. 가능하다!

6:1-8절은 한 이레(7년)의 조약으로 시작되어 한 이레가 끝나는 일곱 나팔의 시간, 곧 예수님의 공중 재림까지의 시간이다. 이 시간 속에서1-8절은 말을 기준으로 그 시기가 또 나누어진다.

❶ 첫번째 인, '흰 말의 시간대' – 해산의 고통이 증가하는 시간대이다.

7년 평화 조약이 체결된 직후부터 시작될 해산의 고통이 증가하는 시기이며 이때부터 온 세상과 이스라엘은 평안할 것이나 이스라엘 교회와 세상의 교회들은 거짓 선지자와 연합하는 자들로 인하여 핍박이 증가할 것이며, 이 현상을 성경은 해산의 고통에 대한 증가라 표현하며 살후 2:3절은 미혹과 배교가 적그리스도에 의해 일어날 것이라 증거 한다.

> 누가 어떻게 하여도 너희가 '미혹'되지 말라 '먼저 배교하는 일'이 있고 저 '불법의 사람 곧 멸망의 아들이 나타나기 전에는 그 날이 이르지 아니하리니' 살후 2:3

그러므로 이 시기는 7년 평화 조약이 체결된 직후가 될 것이다. 본문 2절의 흰 말은 배교를 미혹하는 적그리스도를 상징한다.

❷ 둘째 인 '붉은 말'의 시간대 – (전)삼 년 반이 끝난 시간대로 나팔 심판의 시작 단계이다.

본문에서 답을 찾을 수 있다. '6:4절 ~ 그 탄 자가 허락을 받아 땅에서 화평을 제하며'라는 표현이다. 이 묘사는 적그리스도가 한 이레의 절반에 조약을 파기하고 예루살렘을 점령함으로 상황은 돌변하여 그가 세상을 지배하는 상황으로 흘러갈 것이며 세상의 군왕들은 그를 추종하는 세력으로 바뀌게 될 것이다. 이에 대하여 다니엘서와 데살로니가후서의 말씀을 통해 적그리스도의 돌발적 변화가 증명된다.

> 그가 장차 많은 사람들과 더불어 한 이레 동안의 언약을 굳게 맺고 그가 그 '이레의 절반에 제사와 예물을 금지할 것이며 또 포악하여 가증한 것이 날개를 의지하여 설 것'이며 또 이미 정한 종말까지 진노가 황폐하게 하는 자에게 쏟아지리라 하였느니라 하니라 단 9:27

> 그는 대적하는 자라 신이라고 불리는 모든 것과 숭배함을 받는 것에 대항하여 그 위에 '자기를 높이고 하나님의 성전에 앉아 자기를 하나님'이라고 내세우느니라' 살후 2:4

이 시간대가 붉은 말의 시간대로 표현되는 이유는 붉은 말은 계 12:3절에 묘사된 일곱 머리 열 뿔의 사탄을 상징하는 붉은 용에 대한 예표적 모습으로 적그리스도의 행동이 붉은 용인 사탄의 궁극적 본성을 드러내는 시간대라는 의미를 함축하고 있는 표현이다. 결론적으로 붉은 말의 시간대는 한 이레의 절반, 곧 7년 평화 조약의 절반인 (전)삼 년 반이 끝나고 (후)삼 년 반의 시점이 시작되는 시간대를 의미한다. 이때는 나팔 심판이 시작되는 시간이며 적그리스도가 예루살렘을 점령하고 미친 듯 권세를 휘둘러 자기를 우상화하며 표를 받지 아니하는 자들과 교회를 향해 잔혹한 행동을 시작하는 환난의 시간대계 13:15-18이다. 교회는 핍박으로 힘들 것이며 이때는 적그리스도의 표를 받는 쭉정이와 표를 받지 아니하고 견디는 알곡이 구분되는 시간이 될 것이다. 이 시간대는 하나님의 시간표상 일곱 나팔 소리로 시작되는 예수님의 재림이 삼 년 반 남은 시간대이다.

❸ 셋째 인, 검은 말의 시간대 – 나팔 심판으로 시작하여 대접 심판의 시간까지 전 심판의 시간대에서 자기 백성을 향한 보호와 구원의 선포이다.

5-6절에 대한 설명은 상세히 설명되었다. 저울의 의미, 한 데나리온의 의미, 밀 한 되와 보리 석 되의 의미, 그리고 감람유와 포도주의 의미 등에서 찾아볼 수 있듯이 모든 것이 구약의 이스라엘 교회와 신약교회, 구약시대와 성령 시대, 그리고 감람유의 기름 부으심으로 예표 되는 구약교회의 백성과 성령의 기름 부으심으로 예표 되는 신약교회의 백성에 대한 구원을 드러내는 가운데 기름 부음을 받지 못한 나머지 백성은 모두 심판을 받을 것을 검은 색의 말이라는 관점으로 이해할 수 있도록 돕고 있다. 그러므로 이 시간대는 예수님의 구원이 선포되는 나팔과 대접의 시간대이다.

❹ 넷째인, 청황색 말의 시간대 – 대접 심판의 시간대를 나타낸다.

청황색에 대한 원어적 표현은 헬) '클로로스'이며 의미는 두 가지다. 푸른 빛과 누른 빛이다. 싱싱한 엽록소의 푸른 빛에서 낙엽이 색깔인 누런 빛으로의 변화를 말하는 것이다. 이 두 가지 색상을 합친 청황색이라는 색상의 의미는 심판이라는 관점 안에서 생각한다면 당연 생명력을 잃은 사람의 낯 빛에 비유되는 표현일 것이다. 죽음을 연상시키는 색상으로 대접 심판이라는 세상을 향한 두 번째 심판이면서 심판의 끝인 대접 심판은 이 땅에 무섭도록 강하게 부어질 것에 대하여 계 16:18절은 이렇게 예고하고 있다.

> **계 16:18-21** 18 번개와 음성들과 우렛소리가 있고 또 '큰 지진'이 있어 얼마나 큰지 사람이 '땅에 있어온 이래로 이같이 큰 지진이 없었더라' 19 '큰 성이 세 갈래로 갈라지고 만국의 성들도 무너지니' 큰 성 바벨론이 하나님 앞에 기억하신 바 되어 그의 '맹렬한 진노의 포도주 잔을 받으매' 20 '각 섬도 없어지고 산악도 간데없더라' 21 또 '무게가 한 달란트나 되는 큰 우박'이 하늘로부터 사람들에게 내리매 사람들이 그 우박의 재앙 때문에 하나님을 비방하니 그 재앙이 심히 큼이러라

인간이 피할 수 없는 재앙의 수준을 말하며 감당할 수 없는 재앙으로 엄청난 죽음을 예고하고 있다. 말을 탄 자의 이름은 '**사망**'이다. 곧 심판으로 인한 죽음이 있는 시간이라는 의미다. 계 6:8절은 사망과 함께 '**음부가 뒤를 따르더라**'라고 예고하고 있는데 '**따르다**'에 대한 역어인 '**아콜루데오**'는 '함께가다, 동반하다' 라는 의미를 가진다. 곧 심판은 곧 죽음으로 직결된다는 의미로 심판으로 인한 죽음이 어떤 이유로도 지체되지 않을 것이라는 의미다. 대접 심판으로 죽는 이는 세상적 가치관을 가지고 살았던 심판받을 자들이라는 의미를 함축하고 있다. 또한 대접 심판의 방

법론에 있어 사용되는 도구들에 대하여 밝히고 있는데 **검**계 1:16 계 2:16 **과 흉년과 사망과 땅의 짐승들**렘 15:3, 16:4, 겔 39:17 **로 죽이더라** 라고 예고하고 있다. '**검**'이란 예수님의 입에서 나오는 말씀으로 심판하실 것에 대한 예고이다. 그러므로 6:8절의 내용을 분석할 때 대접 심판의 시간임을 알 수 있다.

Q : 심판이라면 나팔, 대접 심판과 다르게 인과 말, 말 탄 자와 네 생물이 함께 사용된 이유가 무엇인가?

A : '심판의 내용이라면 '말' 이라는 아이콘이 필요 없다' 인과 심판 상황만 나타나면 된다. 그러나 6장에는 눈을 씻고 찾아도 심판 상황과 폐해는 보이지 않는다. 6장의 내용을 세심하게 살펴보면 인은 감추어진 내용을 열어 보여주는 기능이며, '**말은 사건을 나타내는 아이콘**'이다. 감추어진 내용을 드러내기 위해 인을 떼고 나면 나팔이나 대접 심판에서 나타나는 심판이 나타나는 질서나 심판의 강도가 증가의 패턴과는 상관없이 무질서하고 전혀 다른 이질적 내용으로 채워진 6장의 내용은 심판이 될 수 없는 다양한 주제에 대한 설명이라고 말할 수밖에 없는 구조이다. 인과 말, 둘 중 하나만 사용해도 심판은 설명이 가능한데 두 가지가 다 사용되는 이유는 인을 떼는 것이 심판이 아니라 인류를 향한 심판과 교회의 구원에 대한 과정을 설명하기 위해서이며 각 아이콘이 나타내는 일어날 심판에 대한 의미들을 설명하고자 표현되는 예언적 묘사들이다. 도표로 정리하면 다음과 같다.

인의 순서	시간적 배경	말의 색상과 의미	사건적 배경
첫째 인	한 이레의 시작, 적그리스도 출현의 때	흰 말, 종교적 미혹(마 24:4-11)	종교 다원주의, 우상화 준비
둘째 인	한 이레의 절반, 조약파기의 시간	붉은 말, 전쟁과 혼란	전쟁, 기근, 지진, 재난, 환난
셋째 인	한 이레의 (후)삼 년 반의 시간, 재림	검은 말, 심판과 구원	나팔 심판의 환경
넷째 인	대접 심판의 시간	청황색 말, 환난, 아마겟돈전쟁	환난, 대접 심판, 아마겟돈
다섯째 인	나팔 심판 직전, 순교자의 기도	없 음	나팔 심판의 동력이 된다
여섯째 인	흰 보좌 심판의 시간, 천 년 후	없 음	곡과 마곡의 전쟁, 사탄 심판

이상의 설명에서 인을 떼시는 예수님의 행동과 어린 양이신 예수님 자신으로서의 본성으로 자신의 사역에 함께하는 네 생물의 반응에 관련하여 6장이 심판 장면이 아니라 심판 계획을 설명하는 장면이라는 사실에 대한 깊은 이해가 충족되기를 바란다.

요한계시록
제 7 장

1 이 일 후에 내가 네 천사가 땅 네 모퉁이에 선 것을 보니 땅의 사방의 바람을 붙잡아 바람으로 하여금 땅에나 바다에나 각종 나무에 불지 못하게 하더라 2 또 보매 다른 천사가 살아 계신 하나님의 인을 가지고 해 돋는 데로부터 올라와서 땅과 바다를 해롭게 할 권세를 받은 네 천사를 향하여 큰 소리로 외쳐 3 이르되 우리가 우리 하나님의 종들의 이마에 인치기까지 땅이나 바다나 나무들을 해하지 말라 하더라 4 내가 인침을 받은 자의 수를 들으니 이스라엘 자손의 각 지파 중에서 인침을 받은 자들이 십사만 사천이니 5 유다 지파 중에 인침을 받은 자가 일만 이천이요 르우벤 지파 중에 일만 이천이요 갓 지파 중에 일만 이천이요 6 아셀 지파 중에 일만 이천이요 납달리 지파 중에 일만 이천이요 므낫세 지파 중에 일만 이천이요 7 시므온 지파 중에 일만 이천이요 레위 지파 중에 일만 이천이요 잇사갈 지파 중에 일만 이천이요 8 스불론 지파 중에 일만 이천이요 요셉 지파 중에 일만 이천이요 베냐민 지파 중에 인침을 받은 자가 일만 이천이라 9 이 일 후에 내가 보니 각 나라와 족속과 백성과 방언에서 아무도 능히 셀 수 없는 큰 무리가 나와 흰 옷을 입고 손에 종려 가지를 들고 보좌 앞과 어린 양 앞에 서서 10 큰 소리로 외쳐 이르되 구원하심이 보좌에 앉으신 우리 하나님과 어린 양에게 있도다 하니 11 모든 천사가 보좌와 장로들과 네 생물의 주위에 서 있다가 보좌 앞에 엎드려 얼굴을 대고 하나님께 경배하여 12 이르되 아멘 찬송과 영광과 지혜와 감사와 존귀와 권능과 힘이 우리 하나님께 세세토록 있을지어다 아멘 하더라 13 장로 중 하나가 응답하여 나에게 이르되 이 흰 옷 입은 자들이 누구며 또 어디서 왔느냐 14 내가 말하기를 내 주여 당신이 아시나이다 하니 그가 나에게 이르되 이는 큰 환난에서 나오는 자들인데 어린 양의 피에 그 옷을 씻어 희게 하였느니라 15 그러므로 그들이 하나님의 보좌 앞에 있고 또 그의 성전에서 밤낮 하나님을 섬기매 보좌에 앉으신 이가 그들 위에 장막을 치시리니 16 그들이 다시는 주리지도 아니하며 목마르지도 아니하고 해나 아무 뜨거운 기운에 상하지도 아니하리니 17 이는 보좌 가운데에 계신 어린 양이 그들의 목자가 되사 생명수 샘으로 인도하시고 하나님께서 그들의 눈에서 모든 눈물을 씻어 주실 것임이라

[제 7 장]

보호와 구원의 약속에 관한 확정 문서

7장의 시간대 : 본격적인 심판인 8장의 나팔 심판이 시작되기 전 이스라엘 선악교회와 이방인 선악교회를 향한 구원 약속에 대한 설명

단 9:27　　　단 12:11　　　욜 3:2, 마 25:31-33　　　계 20:3-10　　　계 20:11-15　　　계 21:21-22:5

7년 환난 / 한 이레의 언약		대접 심판	여호사밧 골짜기 심판, 천년왕국 시작	흰 보좌 심판	영원한 나라
전 삼 년 반, 두 짐승과 인 심판	후 삼 년 반, 나팔 심판				

1260일　　　30일

- 1260일, 해산의 고통 증가
- 짐승 출현
- 짐승의 성전 점령
- 일곱 나팔 부활 휴거 공중 재림
- 지상 재림 두 짐승 심판 사탄 → 무저갱
- 여호사밧 골짜기 심판 45일과 천년왕국의 시작
- 무저갱 해제 만국 미혹과 예루살렘 점공
- 사탄 심판 새 예루살렘 성 혼인 연회

7장의 개관

6장은 모든 심판의 과정에 대한 하나님의 계획을 설명하는 장이라 정리했다. 그 가운데 하나님의 구원에 대한 약속 또한 셋째 인을 통하여 약속하셨다. 7장의 시작은 **'이 일 후에'**라는 접속사로 시작되는데 6장의 설명회 이후에 시작하는 7장의 의미가 심판 속에서 일어나는 한 사건이 아니라 6장의 설명이 연장되고 있음을 알도록 이끌고 있다. **'7장에 대한 온전한 이해는 6장의 셋째 인에서 약속된 구원과 보호하심에 대한 약속 이행의 확정 문서'**라는 사실이다. 구원의 약속에 대한 6:5-6절의 약속에 대하여 7장은 그에 대한 답으로 보호의 대상들을 명확하게 표현하고 있으며 그 대상이 **'두 그룹'**이라 소개하고 있는 것이다. 두 그룹은 **'이스라엘 신약교회'**와 **'이방의 신약교회'**를 의미하고 있으나 실제 이스라엘 교회에 대하여는 144,000명이라는 숫자로 표시하되 구약의 12지파와 관련하여 표기하고 있다. 이유는 신약의 이스라엘 또한 12지파의 후손, 곧 구원에 대한 언약 백성이라는 의미에서다. 이 의미를 신, 구약성경으로 확대하여 6:6-7절을 해석하면 더 충실한 의미를 구할 수 있다. 자세한 해석은 6장의 해석에서 밝혔듯이 계 6:6-7절의 해석은 마 20:1-16절의 **'한 데나리온'**에 대한 구속사적 해석의 토대 위에 레 23:9-21절에 나타나는 **'밀과 보리'**에 대한 구약의 의미를 이해하게 될 때 구약의 이스라엘 백성의 구원에 대한 하나님의 뜻을 이해 할 수 있게 될 것이며 이를 따라 감람유와 포도주를 해석해야 6, 7장이 명확하게 마음에 자리하게 될 것이다. 6-7장은 철저히 신, 구약 성경 속의 약속에 근거하여 해석되어야 명확한 해석이 이루어지며 7장 이후의 심판에 대한 이해와 함께 암기가 가능해진다. 교회사 속에서 해석되어져 왔던 **'기근'**이라는 해석으로 6:6-7절을 해석하거나 6장의 일곱 인을 떼는 장면이 **'심판'**이라고 해석할 때 발생하는 오류는 나팔로부터 대접에 이르는 열네 번의 심판 순서를 점진적으로 이끄시며 그 강도에 있어 점진적 증가를 보이는 특성을 무시하는 해석이 되어 시작하는 인의 설명이 가장 강한 마지막 심판으로 이해되는 오류가 생겨나게 되는 것이다. 더불어 계 6:6-7절의 내용이 '기근'이라는 해석으로는 6-7장이 주는 하나님의 심판과 자기 백성의 구원에 대한 유익한 정보를 10%도 이해하지 못할 것이며 계시록 전체를 일정한 Frame으로 해석하지 못하고 부분적으로 해석할 수밖에 없는 답답함이 씌워진 빈약한 해석이 된다. 7장의 핵심은 구원받는 두 개의 언약 공동체에 대한 섬세한 이해를 위한 정보가 전달되고 있다. 성경이 말하는 구원받을 하나님 백성에 대한 전체 대상을 온전하게 이해하도록 6장과 7장이 정확한 정보를 전하는 것인데 마지막 때 구원의 대상에 대하여 정리한 표를 보며 6장과 7장의 해석에 또 다른 의미를 더하여 리뷰해 보기를 바란다.

[6장, 7장, 11:3-4절에 나타나는 두 개의 언약 공동체와 구원받은 세 무리 이해]

구분	이스라엘 교회	이방의 신약 교회	
	구약율법 백성	이스라엘의 신약 백성메시아닉 교회	이방의 신약 백성
정체성	율법 공동체	성령으로 하나된 공동체	
예표적구분	보리 석 되	밀 한 되	
재림때 구원	남은 자 구원	십사만 사천 명 구원 받는 이스라엘의 신약성도, 계 7:14	셀 수 없는 흰 옷 무리계 7:9
두부류성도	감람유 기름부음 받은 제사장의 희생제사, 율법교회	포도주 보혈로 구원받는 신약의 성령공동체	

두 개의 언약 공동체 이해가 6장과 7장 이해에 미치는 영향

교회사 가운데 지속적으로 7장이 호도되어 '십사만 사천의 숫자가 악용되는 사례'를 막지 못했었다. 그러나 6, 7장을 자세히 보면 자기 백성을 보호하시고 빠짐없이 구원하시려는 하나님의 약속에 의한 사랑이 역력

히 보인다. 성경이 말하는 교회 구원의 Frame이 선명하며 구약교회와 신약교회의 구분 선을 분명하게 느낄 수 있다. 십사만 사천 명은 가장 먼저 구원을 받는 무리가 아니라 구원받는 무리들 중 그들의 특별한 사명 때문에 가장 먼저 표기된 무리이다. 그들의 사명에 대한 신약적 의미를 성경적으로 규명할 것이다. 이들의 규명을 위해 필요한 것이 위의 표에 기록된 의미이다. 완성된 하나님 나라에서 만날 성도들에 대한 시대적 구분이라 할 수 있을 것인데 이들에 대하여는 성경이 말하는 교회의 구조로 나타나며 계 6장의 설명에 있었던 셋째 인이 떼어질 때 설명하시는 구원의 대상들, 곧 **'밀 한 되와 보리 석 되, 감람유와 포도주'**라는 구원받을 자들에 대한 네 가지 표현 방식이 그것이다. 크게는 **'율법과 복음'**의 구분이며 세부적으로는 **'이스라엘의 구약 백성과 신약 백성, 그리고 이방의 신약교회'**에 대한 표현이며 구원받는 모든 하나님의 백성들의 부류에 대하여 빠짐없이 온전하게 인식하도록 묘사한 예수님의 배려이다. 다시 되새기면 ❶ **'밀 한 되'**는 오직 성령의 인치심으로만 구원이 허락되는 **'신약교회 시대'**를 나타내는 은유이며, ❷ **'보리 석 되'**는 구원역사를 예표하는 세 시대, 곧 **'노아 시대'**의 홍수 구원과 **'아브라함 시대'**의 갈대아 땅 우르로부터 가나안 땅으로 부르심과 믿음으로 순종하여 구원을 얻는 믿음의 구원 은유, 그리고 **'모세 시대'**의 출애굽 구원에 대한 은유이며 희생 제사로 구원을 받는 율법 시대에 대한 구원의 세 시대를 설명하고 있다. ❸ **'감람유'**는 율법 시대 기름 부음을 받고 희생 제사를 집전하는 제사장을 통하여 죄 사함을 받는 율법 교회의 유대인들을, ❹ **'포도주'**는 신약의 예슈아를 영접하고 그리스도인으로 살아가며 예슈아의 재림을 기다리는 자들, 곧 성령으로 인침 받은 이스라엘의 신약교회메시아닉 교회를 지칭하는 표현이며 특히 이스라엘 교회 안에서 구분되는 두 교회를 은유적으로 묘사하고 있다. 이러한 묘사는 구원받을 자기 백성의 무리를 빼놓지 않고 기록하여 한 형제임을 알도록 이끌어 모두의 구원을 위해 기도하며 섬기고 함

께 하도록 소개하는 예수님의 사랑과 구원 계획을 온전히 인식하도록 이
끄시며 '**천년왕국에서 만날 너희의 형제들이야!**'라고 말씀하시는 주님의
음성이 들리는 듯하다.

이러한 6, 7장의 함축된 의미를 이해하고 계시록을 연구한다면 계시
록은 믿는 자로 하여금 하나님의 구원 계획과 은혜를 알아 마지막 때 구
원을 향한 하나님의 계획을 어떻게 수행해야 할 지를 결단하게 할 것이며
마지막 때를 이기는 자가 될 수 있도록 인도하시는 예수님의 신실한 사랑
을 더 깊이 느낄 수 있도록 인도할 것이다. 그러므로 6, 7장에 나타나는
이 계시의 기록은 '**마지막 때를 이기도록 주시는 하나님의 사랑과 능력
의 결정체**'이다.

[7장에 대한 6장과 8장과의 연관성 이해]

구 분	내 용	비 고
6장과의 관계	심판 계획의 핵심, 셋째 인의 구원 약속을 실행	밀 한 되, 보리 석 되, 감람유, 포도주
7장의 의미	구원받을 두 그룹, 구약교회와 신약교회	십사만 사천과 흰 옷 입은 수많은 무리
8장과의 관계	6장의 다섯째 인이 나타내는 기도와 7장의 구원 약속 이후 8장의 심판과 연결되는 구조	6:9-11, 7:4-9, 8:3-5, 8:6-9:21의 나팔 심판 실행

표에서 나타나듯 7장을 중심으로 6장과 8장의 내용은 서로 일정한 질
서를 가지며 점진적으로 진행되어 가고 있는 구조를 가진다는 사실을 알
수 있게 한다. 하나님 나라를 위하여 심판하시는 예수님의 마음을 중심
으로 생각한다면 '**6장의 심판 설명 중 가장 핵심**'이라 여기는 내용을 꼽
으라면 당연히 하나님 백성의 '**구원 계획**'을 설명하는 '**셋째 인의 구원 약
속**'이며, 7장의 핵심 또한 구원 약속의 성취를 설명하는 '**구원받는 두 교**

회 십사만 사천의 이스라엘의 신약교회와 흰 옷 입은 수많은 무리로 나타나는 이방의 신약교회'이다. 이러한 자기 백성을 향한 6장의 약속이 7장에서 성취되는 인침계 7:3이 끝난 후 8장에서 첫 심판인 나팔 심판이 시작되어야 하나님과 자기 백성 사이의 온전한 관계인 약속에 신실하신 하나님에 대한 신뢰를 확인할 수 있는 것이다.

[7장 본문 이해]

'땅의 네 모퉁이에서 네 바람을 붙잡은 천사'1-2절

계 7:1 이 일 후에 내가 '네 천사가 땅 네 모퉁이에 선 것을 보니 땅의 사방의 바람' 을 붙잡아 바람으로 하여금 '땅에나 바다에나 각종 나무에 불지 못하게' 하더라

● 네 바람에 대한 성경적 근거와 의미

네 바람은 동서남북 곧 모든 세상에 부는 심판의 바람이라는 뜻이며 이 바람을 불지 못하게 하는 이유는 문맥상 인침의 시간까지 기다리라는 자기 백성의 보호를 의미하는 묘사이다. 심판의 바람에 대한 다니엘의 묘 사는 바벨론과 바사, 헬라와 로마의 멸망에 관한 심판 기사에서 온 땅에 불어닥칠 네 바람으로 묘사하고 있다.

다니엘이 진술하여 가로되 내가 밤에 이상을 보았는데 '하늘의 네 바람'이 '큰 바다'온 세상로 몰려 불더니 단 7:2

또한 '스가랴 선지자'는 네 바람에 대하여 더 깊이 있는 의미를 전하고 있는데 계시록의 심판에 대한 더 깊은 묵상으로 이끌어준다.

천사가 대답하여 가로되 이는 '하늘의 네 바람'인데 온 세상의 '주 앞에 서 있다 가 나가는 것'예비된 심판 이라 하더라 슥 6:5

스가랴 5장과 6장은 계시록 6장과 깊이 관계되는 말씀이며 End-time 에 있을 심판에 대하여 계시록과 가장 유사한 모습으로 예언하고 있다. 슥 6:5절은 주권에 대한 설명으로 하나님의 계획에 의거 준비된 상태에

있다가 실행되는 심판이 하나님의 계획임을 설명하고 있으며 계 6장과 흡사한 이 예언서 역시 하나님의 심판 계획을 설명하는 예언이라는 것을 알 수 있도록 도운다. 특히 슥 6:1-8절은 어디에도 현재적 심판의 모습은 없으며 앞으로 일어날 심판을 준비하고 있는 모습이라는 것과 스가랴가 이 예언을 기록할 때 심판이 일어나는 장면이 아니라 심판이 이렇게 진행될 것이라는 계획을 설명하는 관점이라는 사실에서 앞으로 다가올 미래의 심판을 예언하는 계 6장이 갖는 의미와 동일한 '심판 설명'이 되는 것이다.

땅과 바다를 해롭게 할 네 명의 천사 7:2절

> **계 7:2** 또 보매 다른 천사가 살아 계신 '하나님의 인'을 가지고 해 돋는 데로부터 올라와서 '땅과 바다를 해롭게 할 권세를 받은 네 천사'를 향하여 큰 소리로 외쳐

나팔 심판을 주도할 천사를 묘사하고 있다. 땅과 바다를 해롭게 하는 심판은 계 8:6-12절까지 나타나는 넷째 천사의 나팔 소리에 이루어질 심판의 내용이다. 네 천사는 나팔 심판의 수종자들이며 이 시간대는 바로 붉은 말의 시간대이며 붉은 말의 시간대는 땅과 바다에만 국한되는 심판이 아니다. 붉은 색상이 나타내는 의미가 전쟁과 환난이며 살육의 의미를 갖듯이 이 시간대는 9:1-19절의 내용대로 다섯째 인부터 시작되는 무저갱의 황충과 마병대가 붉은 말의 의미를 대변하고 있으며 8:18절은 불과 연기와 유황으로 인하여 사람 삼분의 일이 죽는 엄청난 살육이 일어날 것이라 말하고 있다. 이 살육의 시간을 주관하는 자는 천사가 아닌 적그리스도이다. 이러한 천사와 적그리스도의 중복되는 시간에 대한 의문은 천사가 주도하는 나팔 심판의 시간에 계 13:5절이 증거하는 바다에서 올라오는 짐승과 땅에서 올라오는 두 짐승이 받는 마흔두 달 동안 일할 권세와 땅과 바다를 해할 네 천사의 시간과 겹치는 '(후)삼 년 반'의 시간이 될

것이다. 다시 환기시키면 이 시간은 나팔 심판의 시간대이며 이 시간에 세상에서는 두 짐승이 하늘에서는 네 생물이 일하는 시간이며 땅에서는 두 짐승에 의한 교회의 환난이 함께 부어지는 것이다. 이 시간의 끝에 일곱 나팔이 불리고 예수님께서 재림하실 것이다.

이마에 인침 3절

> **계 7:3** 이르되 우리가 우리 '하나님의 종들의 이마에 인치기까지' 땅이나 바다나 나무들을 '해하지 말라' 하더라

● 이마에 인을 치는 성경적 근거와 의미 이해

> [4] 이스라엘 '하나님의 영광'이 거기에 있는데 내가 들에서 본 모습과 같더라 [5] 그가 이르시되 인자야 이제 너는 눈을 들어 북쪽을 바라보라 하시기로 내가 눈을 들어 북쪽을 바라보니 '제단 문 어귀' 북쪽에 그 '질투의 우상'이 있더라 겔 8:4-5

> [10] 내가 들어가 보니 각양 '곤충과 가증한 짐승과 이스라엘 족속의 모든 우상'을 그 사방 벽에 그렸고 [11] 이스라엘 족속의 '장로 중 칠십 명이 그 앞에 섰으며 사반의 아들 야아사냐'도 그 가운데에 섰고 각기 손에 향로를 들었는데 향연이 구름같이 오르더라 겔 8:10-11

> [15] 그가 또 나를 데리고 여호와의 전으로 들어가는 북문에 이르시기로 보니 거기에 '여인들이 앉아 담무스를 위하여 애곡'하더라 [16] 그가 또 나를 데리고 여호와의 '성전 안뜰'에 들어가시니라 보라 여호와의 성전 문 곧 '현관과 제단 사이'에서 약 '스물다섯 명'이 여호와의 '성전을 등지고 낯을 동쪽으로 향하여 동쪽 태양에게 예배' 하더라 겔 8:15-16

하나님이 성전을 버리시는 이유는 섬기는 자기 백성이 하나님의 성전

에 하나님보다 더 큰 가치가 자리할 때이며 이는 곧 태양신의 우상이다.

> 그가 또 내게 이르시되 인자야 이스라엘 족속이 행하는 일을 보느냐 그들이 여기에서 크게 가증한 일을 행하여 '나로 내 성소를 멀리 떠나게' 하느니라~ 겔 8:6

성전을 버리시는 하나님의 진노는 곧 심판을 의미한다. 그런데 심판을 하실 때 심판을 받는 자와 받지 않는 자를 구분하시기 위해 인을 치시는데 **'인 치시는 위치가 이마'**라 가르치신다.

> 2 내가 보니 '여섯 사람'이 '북향'한 윗문 길로부터 오는데 각 사람의 손에 죽이는 무기를 잡았고 그 중의 한 사람은 가는 베 옷을 입고 허리에 '서기관의 먹 그릇'을 찼더라 그들이 들어와서 놋 제단 곁에 서더라 4 여호와께서 이르시되 너는 예루살렘 성읍 중에 순행하여 그 가운데에서 행하는 모든 '가증한 일로 말미암아 탄식하며 우는 자의 이마에 표'를 그리라 하시고 겔 9:2, 4

표를 받는 곳이 왜 '이마'인가?

'이마'는 머리의 구조 가운데 '전두엽'이라는 뇌가 위치한다. '**전두엽은 인지, 인식, 분별, 판단의 기능을 담당하는 뇌**'이다. 예루살렘의 가증한 일을 보고 하나님 앞에 큰 죄악임을 분별하고 인지하는 이들은 하나님의 진노를 의식하므로 하나님 백성의 죄악을 보고 탄식하며 기도하지 않을 수 없는 것이며 분별하지 못하는 어리석은 자들은 그들의 머리에 숯불을 계속 쌓는 것이다 잠 25:22. 에스겔서의 가르침은 가증한 우상 섬김을 회개하며 탄식하는 그들은 이마에 위치하는 전두엽이 올바로 하나님의 백성됨을 인식하므로 하나님 보시기에 자기 백성으로서의 정체성을 가졌다고 판단하시며 **'네가 이마에 위치한 전두엽으로 올바른 분별을 하였구**

나!' 라는 하나님 인정의 표식과도 같다. 전두엽이 앞쪽 이마에 위치하고 있는 이유는 무엇이겠는가? 정면을 바라보고 올바른 진리의 방향을 분별하라는 의미라 여겨야 옳을 것이다.

마지막 **때** 사탄 또한 이와 마찬가지로 '**오른손에나 이마**'에 표를 받게 할 것이다계 13:16. 손과 이마라는 묘사는 관념적 표현에 속한다. 극심한 환난 속에서 매매하지 못하도록 모든 경제적 고립을 가속화하며 네가 섬기는 예수 그리스도는 너희의 배고픔을 해결하지 못하는 그리스도가 아니냐 너희를 배부르게 하고 자유롭게 할 적그리스도가 진정한 그리스도이니 그를 그리스도로 '**인정**'이마하고 그의 우상을 '**섬기면**'손 모든 것에 대한 자유가 너희의 것이며 영원토록 편안하게 살 것이라 미혹할 것이다. 사도 바울은 그 불법의 사람, 멸망의 아들로 인하여 교회 안에서 배교가 일어날 것이라고 가르친다.

> 누가 어떻게 하여도 너희가 미혹되지 말라 '먼저 배교하는 일'이 있고 저 '불법의 사람 곧 멸망의 아들이 나타나기 전에는 그 날이 이르지 아니하리니'살후 2:3

십사만 사천 명과 능히 셀 수 없는 큰 무리의 정체계 7:4-8절

> 계 7:4, 8 ⁴ 내가 인침을 받은 자의 수를 들으니 '이스라엘 자손의 각 지파 중에서 인침을 받은 자들'이 십사만 사천'이니 ⁸ ~스불론 지파 중에 '일만 이천'이요 요셉 지파 중에 일만 이천이요 베냐민 지파 중에 인침을 받은 자가 일만 이천이라.

$$12 \times 12,000 = 144,000명$$

구원받은 '**십사만 사천 명의 정체**'는 선명하고 분명하다. '**이스라엘의**

열두 지파에서 구원받은 자들'이라고 명확하게 밝힌다. 이 숫자가 호도될 수 있는 가능성은 제로이다. 그런데 왜 믿는 자들이 미혹에 속는 것일까? 변명하지 못할 이유는 가르치는 자가 연구하지 아니하고 듣지 못함으로 인한 지식의 부족이다. 이에 대하여 사도 베드로는 벧전 1:10-12절을 통하여 하나님 백성이 말씀 앞에서 어떤 자세를 가져야 하는지를 가르치고 있는데 그리스도인의 합당한 자세는 선지자들을 따라 부지런히 연구하고 살피는 삶이라고 권면한다.

> ¹⁰ 이 구원에 대하여는 너희에게 임할 은혜를 예언하던 선지자들이 '연구하고 부지런히 살펴서' ¹¹ 자기 속에 계신 그리스도의 영이 그 받으실 고난과 '후에 받으실 영광'을 미리 증언하여 '누구**를 또는** 어떠한 때**를 지시하시는지** 상고'하니라 ¹² 이 섬긴 바가 자기를 위한 것이 아니요 '너희를 위한 것임**이 계시로 알게 되었으니**' 이것은 하늘로부터 보내신 성령을 힘입어 복음을 전하는 자들로 이제 너희에게 알린 것이요 천사들도 살펴보기를 원하는 것이니라 벧전 1:10-12

십사만 사천 명에 대한 성경적 근거

성경에는 십사만 사천이라는 표현이 계시록에 3회 등장하는 숫자이다.

❶ 계 7:4, 인 맞은 자의 수이다.

❷ 계 14:1, 어린 양과 함께 시온 산에 함께 선 십사만 사천 명의 구원받은 사람들이다.

❸ 계 14:3, 보좌와 네 생물과 장로들 앞에서 새 노래를 부르는 자들이다. '**땅에서 구속함을 얻은 십사만 사천**' 인 밖에는 능히 이 노래를 배울 자가 없는 찬송의 사명을 받은 자들이다.

● '능히' 헬) '뒤나마이', '~할 수 있다'라는 의미를 가지며 문맥적 의미로 '**보좌 앞에서 새 노래를 부를 수 있는 자는 오직 십사만 사천 명만**

할 수 있다'이다. 사람들의 정체를 알려면 몇 가지의 질문을 토대로 근거를 밝혀야 한다. ❶ 구원받은 십사만 사천 명이 이 노래를 부르는 상황과 ❷ 그 노래가 무엇인지에 대한 성경적 근거는 있는지, ❸ 이 노래를 왜 부르는지를 안다면 십사만 사천 명에 대한 성경적 근거는 온전히 논증될 것이다.

❶ 구원받은 십사만 사천명이 노래를 부르는 상황에 대한 이해

이 사람들이 소속된 교회는 이스라엘의 구원받은 신약교회이며 이스라엘의 열두 지파에서 하나님의 공의대로 공평하게 구원받은 자들이라고 7장은 전하고 있는데 계 7장의 시간대와 내용은 하늘 성전에서 심판에 대한 설명회가 끝나고 나팔 심판 직전의 시간대이며 6장에서 셋째 인을 뗄 때 나타났던 검은 말의 시간에 있었던 밀 한 되와 보리 석 되, 감람유와 포도주가 의미하는 구원받을 하나님의 모든 교회에 대한 구체적 설명을 영상으로 보이시듯 확인시켜 주시는 내용이다. 또한 계 14장에는 그들이 시온 산에 어린 양과 함께 서 있는 모습에 대하여 기록하고 있는데 14장의 시간대는 11장에서 일곱 번째 나팔이 울리고 예수님의 공중 재림이 있은 후이며 대접 심판이 시작되기 전의 시간대에 위치하여 15-16장, 대접 심판의 끝에 일어날 예루살렘 입성을 준비하는 장면을 설명하는 장이다. 예수님의 입성은 그들의 찬송을 부를 때 시작될 것이다 마 23:39.

❷ 십사만 사천이 부르는 노래에 대한 성경적 근거

'이 노래에 대한 성경적 근거는 마 23:39절을 통하여 분명하게 나타난다'

마 23장의 구체적 내용은 예수님께서 모인 무리와 제자들에게 말씀하

시는 내용으로 서기관들과 바리새인들의 행위는 본받지 말라고 경고하신
다. 랍비라 칭함을 받지 말며 지도자라 칭함을 받지 말 것과 십일조와 율
법의 더 중한 바 정의와 긍휼과 믿음을 버린 것에 대한 책망, 그들의 이중
적 삶을 책망하시며 뱀들아 독사의 새끼들아!라고 꾸짖으시고 하나님 백
성의 공동체, 곧 불순종하는 무지한 구약교회의 몰락을 슬퍼하시며 예루
살렘아! 예루살렘아! 라고 통곡하시며 안타까워하시는 모습이 나타난다.
예수님께서 승천하신 후 끝내 예루살렘이 황폐하여 버린 바 될 것에 대하
여 말씀하실 때 다시 오시는 재림의 시간을 예언하시던 중 구원받은 자들
이 부를 노래를 미리 예언하시며 이 노래를 부를 때 내가 다시 올 것이라
예언하시는 내용이다. 예루살렘의 멸망을 예언하시며 자신의 재림에 대
한 예언 속에 관련된 십사만 사천 명이 부를 노래의 내용에 대하여 선포
하신 예언의 말씀은 이러하다.

> 내가 너희에게 이르노니 이제부터 너희는 '찬송하리로다 주의 이름으로 오시는
> 이여' 할 때까지 나를 보지 못하리라 하시니라 마 23:39

　본 절의 의미를 살피면 23장 전체에서 하나님의 아들인 자신을 받아
들이지 못하고 자신을 십자가에 못 박을 자기 백성의 타락과 무지함을 책
망하시는 내용이며 마 23:39절을 통하여 자신이 이 땅에 다시 오실 재림
의 시간이 이를 때 그들이 부를 노래를 가르치시는 말씀이다. 이렇게 찬
송하지 않으면 내가 오지 않을 것이다! 라는 이 노래의 내용을 자세히 보
면 자신을 십자가에 못 박을 자기 백성들의 오만에 대한 섭섭함이 묻어나
있다. 그래서 너희 스스로 후회하며 **오직 당신만이 우리의 메시아이십니
다**'라는 깨달음으로 나의 재림을 기뻐하는 찬송을 부를 때 내가 오겠다는
예수님의 다짐으로 이스라엘을 향한 구원에 대한 옵션을 제시하신 것이
다. 이 노래를 부르는 자가 바로 십사만 사천 명의 이스라엘 신약교회이

다. 마 23:39절에서 예수님의 섭섭한 감정이 느껴지는가?

❸ 노래를 왜 부르는가에 대한 성경적 근거이다.

14장에 나타나는 환경에 대한 이해가 노래를 부르는 자에 대한 성경적 근거를 제공한다는 것을 알아야 한다. 14장의 배경은 예수님께서 '**예루살렘 입성**'이 배경이며 전제이다. 14장은 이미 일곱째 나팔이 불리고 예수님께서 공중에 재림하신 이후의 시간이며 곧 있을 계 16장의 대접 심판에 대한 설명을 하고 있는 장이며 대접 심판이 끝나고 어린 양이 예루살렘을 적그리스도로부터 탈환하고 자기 백성들과 함께 승리를 선포하기 위해 입성하기 직전의 순간이다. 이때는 예수님의 '**초림 때**' 구원을 위한 십자가를 지시기 위해 예루살렘으로 입성하던 그 시간과 오버랩 된다. 대접 심판이 끝나고 욜 3장에 나타나는 만국 심판, 곧 여호사밧 골짜기에 서 있을 심문의 시간, 그 시간은 구원의 시간이며 모든 슬픔과 눈물이 끝나는 천년왕국의 시간이 눈앞에 있는 시간대이다. 이러한 시간을 위한 계 21:19-21절에 나타나는 적그리스도와 거짓 선지자를 벌하시기 위해 예루살렘으로 입성하시는 예수님을 구원주 메시아로 찬송하며 그분을 영접하는 십사만 사천 명의 신약의 이스라엘 교회는 예수님의 초림 때 유월절 입성을 영접하며 노래하던 자들, 겉옷을 벗어 나귀 등과 바닥에 깔며 종려나무 가지를 흔들던 그들! 초림 때의 그들과 재림 때의 십사만 사천 명의 구원받은 이스라엘의 신약교회는 분명 동질적 사명을 가진 자들로 오버랩 된다. 초림의 환영 인파는 재림의 십사만 사천에 대한 예표라 할 수 있다. 그들이 십사만 사천을 예표하는 자라는 또 다른 이유는 초림의 환영 인파와 십사만 사천의 영접 인파가 부르는 노래의 내용이 동일하다는 것이다. 공관복음에 나타나는 그들의 노래를 비교해 보면 충분한 동의가 가능할 것이다.

> ⁷ 나귀와 나귀 새끼를 끌고 와서 자기들의 겉옷을 그 위에 얹으매 예수께서 그 위에 타시니 ⁸ 무리의 대다수는 그들의 겉옷을 길에 펴고 다른 이들은 나뭇가지를 베어 길에 펴고 ⁹ 앞에서 가고 뒤에서 따르는 무리가 가장 높은 곳에서 호산나 하더라 마 21:7-9

막 11:9-10, 눅 19:38, 요 12:13절에도 동일한 기사를 다루고 있다. 사복음서가 이 내용을 동일하게 다룬다는 것은 성경을 읽는 모든 나라와 백성들이 모두 알아야 할 내용이라는 것을 의미한다. 이러한 십사만 사천 명에 대한 믿음에 대하여 계 14:4절이 전하고 있는데 그들의 신앙관에 대한 기사들 중 눈에 띄는 표현이 있다면 단연 **'처음 익은 열매'**라는 표현이다. 처음 익은 열매란 이스라엘 교회 가운데 가장 먼저 구원받는 자라는 의미인데 초림 때 예수님의 입성을 반겼던 환영 인파들 역시 이스라엘에서 신약시대를 바라보며 성령이 오시기 전 예수님을 하나님의 아들로 고백하며 가장 먼저 구원받은 자들이라는 공통적 관점을 가진 자들이다. 그러므로 십사만 사천 명의 구원받은 이스라엘 신약교회와 예수님의 초림 때 예수님의 예루살렘 입성을 반기던 환영인파는 성취와 예표로서의 의미를 가지는 동질적 존재들이다.

능히 셀 수 없는 큰 무리는 누구인가? 계 7:9-14절

> **계 7:9** 이 일 후에 내가 보니 '각 나라와 족속과 백성과 방언에서 아무도 능히 셀 수 없는 큰 무리'가 나와 흰 옷을 입고 '손에 종려 가지를 들고' 보좌 앞과 어린 양 앞에 서서

계 7:13-14 ¹³ 장로 중 하나가 응답하여 나에게 이르되 이 '흰 옷 입은 자들이 누구며 또 어디서 왔느냐' ¹⁴ 내가 말하기를 내 주여 당신이 아시나이다 하니 그가 나에게 이르되 이는 '큰 환난에서 나오는 자들인데 어린 양의 피에 그 옷을 씻어 희게' 하였느니라

이방의 신약교회에 대한 묘사이다. 능히 셀 수 없는 큰 무리는 온 세계 열방에서 구원받은 신약교회의 숫자이므로 능히 셀 수 없을 것이라는 표현은 사실적이다. '**나라와 족속과 백성과 방언**'에서 라는 의미는 모든 민족의 소규모 단위, 곧 언어가 다른 소수의 민족까지 포함하는 표현이며, '**손에 종려 가지를 들고**'라는 표현은 수장절에 흔들던 추수에 대한 의미로 요 12:13절에 나타나는 초림의 환영 인파가 손에 들었던 종려 가지에 대한 성취의 의미를 가진다. 종려 가지는 추수를 위한 축제의 시간인 수장 절기에 흔들던 가지로 마지막 추수의 시간에 오실 예수님을 환영하는 모습에 대한 예표였던 것이다. 이들은 '**큰 환난에서 나오는 자들**'로 오직 어린 양의 피에 의해 정결하게 된 자들로 적그리스도의 모든 미혹을 이기고 끝까지 승리한 하나님의 백성들인 이방의 신약교회를 지칭한다.

2. 천년왕국의 삶에 대한 설명14-17절

계 7:15-17 ¹⁵ 그러므로 그들이 하나님의 보좌 앞에 있고 또 그의 성전에서 '밤낮 하나님을 섬기매' 보좌에 앉으신 이가 '그들 위에 장막을 치시리니' ¹⁶ 그들이 다시는 '주리지도 아니하며 목마르지도 아니하고 해나 아무 뜨거운 기운에 상하지도 아니하리니' ¹⁷ 이는 보좌 가운데에 계신 어린 양이 그들의 목자가 되사 '생명수 샘'으로 인도하시고 하나님께서 그들의 '눈에서 모든 눈물을 씻어 주실 것'임이라

'**천년왕국의 삶에 대한 선명한 묘사**'이다. 세 구절은 천년왕국 안에서

의 삶에 대하여 간결하지만 완전한 삶에 대한 충분한 이해를 돕는 말씀으로 전달되고 있다. 세부 내용을 살펴보면 이러하다.

밤낮 하나님을 섬기매

밤낮 하나님을 섬기는 천년왕국 안에서 섬기는 삶이 어떠하리라는 것에 대한 생각이 필요하다. 우선 천년왕국 안에 존재하는 삶은 두 부류가 될 것이다. 첫 번째 부류는 예수를 믿고 죽었다 부활한 자들과 예수님의 공중 재림 때 홀연히 변화되어 천 년을 살아가는 휴거 된 자들이다. 두 번째 부류는 휴거 되지 못한 몸으로 천년왕국으로 들어와 육신을 입은 상태로 살아가는 자들이다. 두 번째 그룹에서는 예수를 믿지 않고 구원받은 구약교회의 백성들로 흩어진 유대인들이 대표적이며 그 외 휴거 되지 못하고 이 땅에 살아남은 자들로 계 20:4절의 증거에 해당하는 자들이며 말씀이 이렇게 증거 한다. "또 짐승과 그의 우상에게 경배하지 아니하고 이마와 손에 그의 표를 받지 아니한 자들이 살아서 그리스도와 더불어 천 년 동안 왕 노릇 하니"라는 말씀 속에서 이마와 손에 짐승의 표를 받지 아니한 자들이 휴거를 받지 못한 상태에서 천년왕국 안에서 함께 할 것이라는 의미이다. 특히 천년왕국 안에서 신실한 유대인들은 예수님의 공중 재림 때 이방 땅에서 환난과 핍박의 시간을 견디며 메시아의 도래를 기다리다 어두운 하늘을 배경으로 온 세상의 사람들에게 자신을 보이시며 빛으로 오시는 공중 재림의 예수님을 보고 그들이 대망하던 메시아가 도래하였다는 것을 알고 이방 땅에 한 사람도 남기지 아니하고 돌아오게 하실 것이라는 겔 39:28절의 말씀대로 고토로 돌아올 것이며 예루살렘 성전에서 흘러내리는 샘에 죄를 씻고 구원을 받아 천년왕국의 백성으로 함께 하게 될 것이다. 하지만 그들은 예수를 믿지 않으므로 휴거 되지 못하고 대접 심판의 환난을 통과한 자들이기에 홀연히 변화되지 못한 상태의 육신을 가지고 천년왕국의 시간을 살아가게 될 것이다. 그러나 첫 번째 부류는 휴거 된 백성들로 홀연히 변화된 영체로 시, 공을 초월하며 낮, 밤에 구애받지 않고 하나님을 찬양하며 예배하는 삶을 살아갈 수 있는 것이며 이러한 모습에 대한 미리보기가 바로 계 4, 5장의 하늘 예배 모습이다. 완전하신 하나님께서 요한에게 하늘 예배의 장면과 하늘 성전의 모습을 그렇게 소상히 기록하여 전하게 하신 이유가 무엇이라 생각하는가? 하나님과 어떠한 모습으로 영원의 시간을 함께 살아갈 것을 전하기 위함인 것이다. 그 시간은 현재의 인간적 생각이나 개념이 다른 완전한 시간과 영광으로 인하여 하나님 앞에서 예배하는 것이 최고의 영광이며 최고의 가치임을 알게 될 것에 대하여 가르치시는 것이다.

그들 위에 장막을 치시리니

이 장막은 천 년의 시간을 함께 할 장막이다. 장막이란 옮겨 다니는 하나님의 성소를 일컫는 것으로 계 21:1-21절까지 나타나는 하늘에서 내려오는 거룩한 성 새 예루살렘 성이 이 땅에 임하기 전까지만 있을 임시 거처를 가리키는 표현이 장막이라는 묘사이다. 천년왕국은 영원의 시간으로 들어가기 전 새 하늘과 새 땅, 어린 양의 혼인 연회를 준비하는 시간이 천 년이다. 하늘에서 내려오는 새 예루살렘 성이 임하는 시간대는 영원한 시간으로 들어가는 혼인 잔치를 위해 이 땅에 임하는 하나님의 영원한 처소인 완성된 하나님의 성전이기도 하다. 천 년 동안 하나님은 우리 위에 장막을 치시고 홀연히 변화되지 못한 몸으로도 천 년 동안 살아갈 수 있도록 보호하시기 위해 장막을 치시는 것이다. 이 장막은 예수님께서 이 땅에 거하신다는 임재의 표징이기도 하다.

주리지도 아니하며 목마르지도 아니하고

주림과 목마름이 주는 고통은 두 짐승의 시간에 있었던 매매와 관련된 표를 생각하며 비교할 수 있는 시간이다. 표를 거부한 백성들에게 주어지는 배고픔과 목마름이 다시는 없는 시간! 오직 예수님을 기다리며 이긴 자가 누리는 시간이다. 현재의 모든 자유로운 매매 행위가 두 짐승의 시간에 성도들에게는 철저히 봉쇄될 것이며 먹을 것을 빌미로 할 수만 있다면 택한 자들을 미혹할 것이라는 예수님의 가르침대로 교회를 압박하며 배교를 선동할 것이다마 24:24. 이때 온전한 End-time의 지식으로 무장되지 못한 성도들은 예수님의 재림과 두 짐승의 미혹 사이에서 방황하다 견디지 못하고 짐승의 표를 받으므로 배교의 무리와 합하여 영원한 불못에 던져지게 될 수도 있다. 주리고 목마름이 없는 예수님의 통치 시간! 그래서 천년왕국은 우리의 산 소망이 된다.

해나 아무 뜨거운 기운에 상하지도 아니하리니

하나님의 장막은 하늘의 해가 가지는 기운을 이기도록 하여 홍수 이후에 있었던 태양의 자외선이나 방사능, X선, 감마선 등의 해로운 모든 광선의 영향을 막아주시며 천 년을 살아가게 하실 것이므로 인간의 수명은 나무의 수한 만큼 살아가는 천 년의 시간이 될 것이다사 65:22.

생명수

하나님의 말씀과 은혜로 이루어지는 생명의 생수로 인생의 목마름이 완전히 사라질 것에 대한 가르침이다. 겔 47:1-12절은 하나님의 성전으로부터 흘러내리는 생수로 인한 은혜에 대하여 예언하고 있는데 이것이 천년왕국의 삶이라는 것을 알 수 있도록 가르친다.

눈에서 모든 눈물을 씻어 주실 것

눈물은 하나님의 피조물이 가지는 가장 슬프고 아픈 표현이다. 이러한 슬픔과 아픔이 없는 세상이 예수님이 통치하시는 천년왕국과 그 후에 있을 영원한 나라임을 알 수 있도록 이끄는 가르침이다. 예수님의 통치가 있을 천년왕국과 영원한 하나님의 나라를 사모하며 오늘에 부어지는 원수의 미혹과 고난을 싸워 이기며 살아가야 한다.

● 천년왕국에 대한 자세한 내용은 계 20장과 21장의 해석 참조

4-7장 내용 Review

4-5장
하늘 예배와
하나님의 오른손에 있는
심판 계획의 두루마리를 받는 어린 양

6장
7년의 시간부터 완성된 하나님의 나라까지의 심판 계획 설명
미혹, 흰 말 첫째 인
환난, 붉은 말 둘째 인, 넷째 인
구원, 검은 말 셋째 인
심판 동력 다섯째 인, 기도
흰 보좌 심판, 청황색 말 여섯째 인 설명

7장
셋째 인의 구원 약속에 대한 확정 문서의 내용
구원받은 십사만 사천 명과
수를 헤아릴 수 없는 흰 옷 입은 무리 설명

6-7장 내용설명

강해 내용에 나타나듯이 6장은 심판의 진행에 대한 묘사가 아닌 나팔
심판과 대접 심판에 대한 설명이다. 수천 년을 기다려온 하나님의 심판을

자기 백성들이 준비하도록 설명도 없이 진행하실 하나님이 아니라는 사실에 대하여 아모스 선지자의 가르침에서 드러난다.

> 주 여호와께서는 '자기의 비밀'을 그 종 '선지자들에게 보이지 아니하시고는' 결코 행하심이 없으시리라 암 3:7

계 11:15절에서 일곱째 나팔이 불리기 직전 계 10:1-7절에서 힘센 천사로 나타나는 예수님머리 위의 무지개, 행, 불기둥같은 발의 가르침에서 나타나듯 심판을 위해 임하시는 예수님의 재림은 복음이며 때를 알지 못하는 '비밀'이다.

> '일곱째 천사가 소리 내는 날' 그의 나팔을 불려고 할 때에 하나님이 그의 종 선지자들에게 전하신 '복음'과 같이 '하나님의 그 비밀'이 이루어지리라 하더라 계 10:7

그러므로 이 비밀이 한 번의 광고도 없이 진행되지 않는다는 것은 명백한 사실이요 하나님의 약속이기에 우리는 모든 성경과 요한이 기록한 계시록을 통해 주시는 하나님의 예언에 대하여 때가 되어 하나님 나라의 비밀을 밝히는 심령으로 연구하고 살펴야 하는 것이다벧전 1:10-11.

'7장의 중요성은 6장의 약속이 성취됨을 확정하는 문서로서의 기능을 가지기 때문'이다. 6장에 있어 가장 핵심적 예언인 자기 백성의 구원에 대한 약속을 전하고 있는 셋째 인과 검은 말에 대한 예언이 성취되는 의미이다. 7장의 구원 성취의 대상은 구원받을 두 개의 역사적 교회, 곧 휴거 받을 이스라엘의 신약교회 십사만 사천 명과 그 수를 헤아릴 수 없는 많은 이방의 신약교회를 뚜렷이 나타내고 있으며 7:14절을 통하여 환난에서 나오는 자라는 가르침을 통하여 심판 후에 구원받은 하나님의 백성들이 입은 옷의 상태를 설명한 후 15-17절은 그들에게 베푸시는 안식을 설명하고 있다.

> **내가 말하기를 내 주여 당신이 아시나이다 하니 그가 나에게 이르되 이는 '큰 환난에서 나오는 자들인데 어린 양의 피에 그 옷을 씻어 희게 하였느니라'** 계 7:14

7장의 내용은 간단하고 명료하다.

❶ 열두 지파에서 이만사천 명씩 십사만 사천 명을 구원하시는 이스라엘 신약교회를 향한 하나님의 구원이 공의에 기초하고 있음을 알게 하며

❷ 구원받은 이방의 신약교회의 구원의 풍성함이 과연 이스라엘로 하여금 시기나게 할 만한 구원 롬 11:11 임을 알게 하신다.

❸ 구원받은 하나님의 백성들이 누릴 마지막 안식에 대한 선포이다.

◈ 6-7장 핵심 문제 ◈

1. 네 말이 등장하는 시간대에 네 생물의 "오라"는 시그널의 의미에 대한 바른 설명은?

   ❶ 심판의 주권이 천사에게 있다는 의미이다.
   ❷ 짐승의 등장을 알리는 신호이다.
   ❸ 심판하시는 예수님을 부르는 신호이다.
   ❹ 미혹과 심판의 실행을 위한 집행자의 시작 신호이다.

2. 셋째 인과 검은 말의 시간에 대한 설명으로 올바른 설명은?

   ❶ 나팔 심판의 시간대를 의미한다.
   ❷ 기근의 때를 설명한다.
   ❸ 일곱 나팔의 휴거와 대접 심판 후의 모든 구원의 시간을 모두 말한다.
   ❹ 대접 심판의 시간을 의미한다.

3. 계 7:3절에 나타나는 "하나님의 종들의 이마에 인 치기까지"라는 표현에서 "이마에 인을 친다"는 의미에 대한 올바른 설명은 어느 것인가?

   ❶ 예수님만이 나의 신랑이요 하나님 되신다는 확고한 생각을 가진 자에 대한 구별
   ❷ 나는 그리스도인이야 라고 말하는 자를 보호
   ❸ 두 짐승과 예수님의 차이를 아는 자를 구분
   ❹ 하나님의 일을 행할 자들을 구분

4. 7장에 나타나는 구원받은 두 그룹을 구분하고 설명하시오

❶ (   ) : (   )
❷ (   ) : (   )

1, 2, 3, 4 ANSWERT

1. ❹, 2. ❸ 3. ❶
4. ❶ 십사만 사천 명 : 구원받은 이스라엘 신약교회의 숫자
   ❷ 흰 옷을 입은 무리 : 구원받은 이방의 신약교회

Glory day
Community
Glory day
End-time Institute

요한계시록
제 20 장

1 또 내가 보매 천사가 무저갱의 열쇠와 큰 쇠사슬을 그의 손에 가지고 하늘로부터 내려 와서 2 용을 잡으니 곧 옛 뱀이요 마귀요 사탄이라 잡아서 천 년 동안 결박하여 3 무저갱 에 던져 넣어 잠그고 그 위에 인봉하여 천 년이 차도록 다시는 만국을 미혹하지 못하게 하였는데 그 후에는 반드시 잠깐 놓이리라 4 또 내가 보좌들을 보니 거기에 앉은 자들이 있어 심판하는 권세를 받았더라 또 내가 보니 예수를 증언함과 하나님의 말씀 때문에 목 베임을 당한 자들의 영혼들과 또 짐승과 그의 우상에게 경배하지 아니하고 그들의 이마 와 손에 그의 표를 받지 아니한 자들이 살아서 그리스도와 더불어 천 년 동안 왕 노릇 하 니 5 (그 나머지 죽은 자들은 그 천 년이 차기까지 살지 못하더라) 이는 첫째 부활이라 6 이 첫째 부활에 참여하는 자들은 복이 있고 거룩하도다 둘째 사망이 그들을 다스리는 권세 없고 도리어 그들이 하나님과 그리스도의 제사장이 되어 천 년 동안 그리스도와 더불어 왕노 릇 하리라 7 천 년이 차매 사탄이 그 옥에서 놓여 8 나와서 땅의 사방 백성 곧 곡과 마곡 을 미혹하고 모아 싸움을 붙이리니 그 수가 바다의 모래 같으리라 9 그들이 지면에 널리 퍼져 성도들의 진과 사랑하시는 성을 두르매 하늘에서 불이 내려와 그들을 태워버리고 10 또 그들을 미혹하는 마귀가 불과 유황 못에 던져지니 거기는 그 짐승과 거짓 선지자 도 있어 세세토록 밤낮 괴로움을 받으리라 11 또 내가 크고 흰 보좌와 그 위에 앉으신 이 를 보니 땅과 하늘이 그 앞에서 피하여 간 데 없더라 12 또 내가 보니 죽은 자들이 큰 자 나 작은 자나 그 보좌 앞에 서 있는데 책들이 펴 있고 또다른 책이 펴졌으니 곧 생명책이 라 죽은 자들이 자기 행위를 따라 책들에 기록된 대로 심판을 받으니 13 바다가 그 가운 데에서 죽은 자들을 내주고 또 사망과 음부도 그 가운데에서 죽은 자들을 내주매 각 사 람이 자기의 행위대로 심판을 받고 14 사망과 음부도 불못에 던져지니 이것은 둘째 사망 곧 불못이라 15 누구든지 생명책에 기록되지 못한 자는 불못에 던져지더라

[제 20 장]

다섯 번째 설명, 사탄의 패망

20장의 시간대 : 천 년의 왕국과 마지막 흰 보좌 심판 사건

	7년 환난 / 한 이레의 언약		대접 심판	천년왕국 시작, 여호사밧 골짜기 심판	흰 보좌 심판	영원한 나라
	전 삼 년 반, 두 짐승과 인 설명	후 삼 년 반, 나팔 심판				

단 9:27   단 12:11   욜 3:2, 마 25:31-33   계 20:3-10   계 20:11-15   계 21:21-22:5

1260일 ⇨ 1260일 ⇨ 30일 ⇨ 여호사밧 골짜기 심판 45일 ⇨ ⇨ ⇨

- 짐승 출현
- 짐승의 성전 점령
- 일곱 나팔 부활 휴거 공중 재림
- 지상 재림 두 짐승 심판 사탄…무저갱
- 무저갱 해제 만국 미혹과 예루살렘 점공
- 사탄 심판 새 예루살렘 성 혼인 연회

20장의 개관

　대접 심판이 마무리되는 시간을 나타내는 19장에서 '두 짐승이 유황 불못에' 던져지고 난 후 '45일' 단 12:12 동안 '양과 염소를 구별하는 여호사 밧 골짜기 심판' 마 25:31-46, 욜 3:2 으로 천년왕국을 위한 준비가 끝나고 곧바로 천년왕국이 시작되지만 요한의 계시록에는 천년왕국에 대한 기록이 다양하지 못하다. 20:4절에 "천 년 동안 왕노릇 하리라"는 짧은 기사를 통하여 천년왕국이 있구나! 라는 의미 전달로 끝이 나므로 천년왕국에 대한 가르침이 활성화되지 못하는 것이라 사료 된다. 계시록에는 천년왕국에 대한 기록이 없으나 이사야서와 에스겔서 등 구약성경의 예언서는 천년왕국에 관한 기록이 분명하다. 이 흥미로운 내용들에 대하여 천년왕국 내용을 참고하기 바란다. 21장은 20장에서 흰 보좌 심판으로 사탄과 사망과 음부까지도 유황 불못으로 던지고 난 후 새 하늘과 새 땅으로의 홀연한 변화로 인하여 거룩한 성 새 예루살렘이 변화된 땅에 임하므로 에덴과 같이 정결하게 된 이 땅에 영원한 나라가 이루어져 하나님과 그의 백성이 함께 예배하며 영광 안에서 살게 될 것이다. 이것이 완성된 하나님 나라이다.

[19장과 20장, 21장의 관계 도표]

구　분	내　용	비　고
19장과의 관계	19장의 두 짐승 심판과 20장의 시간 간 극은 천 년	천년왕국의 시간
20장의 의미	천년왕국 이후 벌어지는 세 가지 관점 기록, 인간 역사의 끝	❶ 사탄의 무저갱 수감 ❷ 패망, ❸ 흰 보좌 심판
21장과의 관계	땅과 하늘의 정결한 변화, 새 예루살렘의 도래, 완성된 하나님 나라로 들어가기	새 예루살렘 성과 어린 양의 혼인 연회

요한에게 주신 계시록은 철저하게 순서적으로 질서가 강조된 계시이다. 계시록 1장에서 심판이 이루어져야 할 이유에 대하여는 하나님의 예고하신 약속임을 강조하며 일곱 교회를 향한 편지는 약속에 의하여 이루어지는 심판에 대하여 준비되지 못한 교회들을 일깨우시는 편지를 보내시고 난 후 심판 설명회를 위해 예배를 받으시는 4-5장의 장면은 장차 있을 심판 이후 천년왕국과 완성될 영원한 나라에서의 예배의 모범이다. 예배 후 심판 설명회를 위해 심판 계획이 기록되어 인봉 된 두루마리를 아버지로부터 받으신 어린 양 예수께서 그 봉인을 떼시며 모든 심판에 대하여 말, 말 탄 자, 돈에 든 것에 대한 상징으로 설명하시는 그림 언어가 6장이다. 하나님의 심판은 자기 백성의 구원이 핵심이므로 6장은 검은 말이 나타나는 셋째 인의 약속이 일곱 인의 중심이며, 셋째 인의 약속은 7장에서 약속에 신실하신 하나님께서 두 교회, 곧 희생 제사로 구원받은 율법교회와 성령으로 구원받는 신약교회를 향한 약속을 제시하고 자기 백성의 구원 약속을 성취하시기 위한 심판 실행 계획을 보여주시고 난 후 드디어 심판이 시작되는 것이 일곱 나팔 심판의 8장이다.

이후 설명과 사건의 반복을 통하여 19장에서 천년왕국 전의 모든 일곱 대접의 심판이 아마겟돈 전쟁을 끝으로 종료되며 유대인들의 귀환으로 여호사밧 골짜기 심판, 곧 마 25장에 예언된 양과 염소 심판을 통하여 천년왕국에 들어갈 사람들이 결정되고 사탄을 무저갱에 가두고 난 후 예수님이 다스리는 천년왕국이 시작될 것이다. 천 년의 시간이 지나고 난 이후 잠시 놓인 사탄에 의해 곡과 마곡을 미혹하여 예루살렘 침공과 처참한 패배가 있을 것이며 이 전쟁의 끝에서 사탄, 사망, 음부까지 유황 불못에 던져지는 심판을 받을 것이다. 이러한 사탄의 패망과 흰 보좌 심판에 대하여 설명하는 것이 20장이다. 19장과 20장에 나타나는 한 페이지 차이의 시간 간극은 천 년이며 20장 이후 또한 철저하게 순서와 질서 속에서 완성된 하나님 나라로 나아가게 되는데 이 땅에서 하나님의 자녀로 살기를 거부하는 모든 자들이 죽어 땅에 묻혀있다가 사탄과 사망과 음부까지도 유황 불못에 던져지고 나서 행하실 흰 보좌 심판의 시간이 이어질 때 땅에 묻힌 모든 불신자들의 죽은 몸을 일으켜 불못으로 던지시므로 이 땅에 더 이상 죄와 관련된 어떤 것도 남지 않는 시간이 될 때, 드디어 새 하늘과 새 땅으로 홀연히 변화될 것이며 정결해진 하늘과 땅에 거룩한 성 새 예루살렘이 임하고 그 안으로 들어가 하나님과 예수님 앞에서 어린 양의 혼인 연회를 거쳐 영원한 하나님 나라가 시작될 것이다. 이러한 모든 과정에 대하여 나타내는 계시인 요한의 계시록을 성경 전체를 통하여 이해할 때, 마지막 때 자기 백성들이 이해하기 쉽도록 철저히 순서대로 나열된 질서의 원칙이 분명한 책이라는 사실을 알아야 한다. 표를 통해 한눈에 전체를 살피면 더 분명한 질서의 원칙을 발견할 수 있다.

순 서	순서와 질서를 수반하는 각 장의 내용
❶ 1장	약속된 재림과 심판 선언 후 ⬇
❷ 2-3장	준비되지 못한 일곱 교회를 일깨우시는 편지 후 ⬇
❸ 4-5장	심판 설명회를 위한 하늘 예배와 심판 계획의 두루마리 전달 후 ⬇
❹ 6-7장	인봉을 떼시며 심판 계획 설명회와 자기 백성을 향한 구원 약속의 확인 후 ⬇
❺ 8-19장	나팔 심판과 대접 심판의 실행과 두 짐승의 최후 심판 후 ⬇
❻ 20장	천 년 후의 사건, 사탄의 패배와 흰 보좌 심판 후 ⬇
❼ 21-22장	새 하늘과 새 땅, 거룩한 성 새 예루살렘과 혼인 연회 후 완성된 하나님 나라 성취

[20장의 내용]

1. 사탄의 무저갱 감금 20:1-3절

> 계 20:1-2 ¹ 또 내가 보매 천사가 '무저갱의 열쇠와 큰 쇠사슬'을 그의 손에 가지고 하늘로부터 내려와서 ² '용을 잡으니 곧 옛 뱀이요 마귀요 사탄이라 잡아서 천 년 동안 결박'하여

'용 = 옛 뱀 = 마귀 = 사탄'을 잡아 천 년 동안 결박하는 이 장면은 당연히 천년왕국의 시작 직전에 이루어질 것이며 천 년 동안 결박했다가 천 년 후에 잠시 놓일 것이다. 이때 잠시 놓여져 풀려난 사탄은 곡과 마곡의 백성들을 미혹하여 다시 예루살렘을 향해 나아가 성을 둘러싸고 예루살렘의 예수님을 상대로 전쟁을 도발할 것이나 시작도 해 보지 못하고 멸망 당할 것이라 기록하고 있다계 20:7-10. 원수 마귀는 분명 오늘날도 이 땅의 임금으로서요 12:31, 이 세상의 임금 자신의 영역을 지키기 위해 하나님의 나라가 확장되지 못하도록 두 눈을 부릅뜨고 혈안이 되어 성도의 삶을 무너뜨리기 원한다. 베드로는 이에 대하여 우는 사자와 같이 삼킬 자를 두루 찾는다벧전 5:8고 가르친다. 문제는 교회의 가르침이다. 오늘날 교회의 리더들은 사탄에 대한 설명이나 영적 전쟁의 관점에 대하여 부각시키고 설명하여 마귀의 실체를 드러내는 것을 즐거워하지 않는 것 같다. 성도를 힘들게 하는 것이 마귀가 하는 일이라고 말하면 촌스럽다고 생각하는지 강조하지도 않는다. 오히려 그런 영적인 양육 사역이나 축사 사역을 터부시하며 심지어 금기시하고 불편해 하는 것을 볼 수 있다. 그러나 성경의 가르침은 분명하다. 성도의 삶을 힘들게 하는 모든 일들에 대하여 사 59:1-2절은 하나님께서 성도를 시험하거나 고난에 빠뜨리는 것이 아니라 인간의 선택이 하나님께 순종하지 않고 계명을 지키지 않는 죄를 인하여

하나님과 성도 사이에 틈이 생겨 그 사이로 비집고 들어온 마귀가 역사하므로 생기는 현상이라 가르치신다. 그러므로 창 4:7절의 말씀, "~죄가 너를 원하나 너는 죄를 다스릴지니라"는 가인을 책망하시는 하나님의 말씀을 따라 성도에게 주어진 권세를 가지고 죄를 다스려 하나님 백성의 강성함을 나타내는 삶을 살아가야 하는 것이다. 마지막 때 두 짐승을 통하여, 그리고 무저갱에서 잠시 풀려났을 때 곡과 마곡의 백성을 미혹하여 멸망의 길로 이끄는 사탄에 대하여 성도는 하나님이 주신 약속의 말씀을 붙잡고 오직 예수님만 바라보며 미혹의 시간을 이겨야 할 것을 잊지 말아야 한다.

1절에서 만들어지는 질문이 생긴다. '사탄을 잡아 천 년을 가두는 이유는 무엇인가?'라는 질문이다. 이 질문은 예수님께서 통치하시는 '천 년의 시간이 왜 필요한가?'라는 질문과 맥을 같이하는 질문이다. 예수님의 천 년이 굳이 왜 필요할까? 재림 후 심판하시고 영원한 나라로 들어가면 되지 않을까? 라는 생각의 끝에서의 질문은 당연하다. 이유는 ❶ '이 땅이 정결하게 되는 시간'이며 ❷ '이 땅에 사는 사람들의 하나님 나라에 대한 이해를 위해 필요한 시간'이며 ❸ '천 년의 끝에서 잠시 놓일 사탄을 저울로 삼아 천년왕국 세대의 믿음을 시험하시기 위함'이 그 천 년의 시간 동안 사탄을 무저갱에 가두셨다가 잠시 놓으시는 이유가 되는 것이다. 세 가지의 정결에 대한 설명에 귀를 기울여 보라.

❶ 이 땅의 정결을 위한 시간

예수님의 심판은 끝이 났다. 그러나 지진과 화산, 해일과 각종 재난으로 인간이 만든 재앙의 상황들이 너무나 심각할 것이다. 온갖 쓰레기와 무너진 건물들, 원자력으로 인한 방사능 오염, 인간의 죄로 인하여 더러워진 모든 땅이 에덴으로의 변화와 회복을 이루어가는 데 걸리는 시간이 천 년이다. 이사야 선지자는 이 땅이 에덴으로 변화하는 회복의 시작 시점에 대하여 '**내 팔이 만민을 심판할 때**'라고 밝히며 이 땅이 천 년 이후 에덴으로 회복될 소망을 전한다. 그때는 천 년의 끝 시간이다.

> ³ 나 여호와가 시온의 모든 황폐한 곳들을 위로하여 그 '사막을 에덴 같게 그 광야를 여호와의 동산 같게' 하였나니 그 가운데에 '기뻐함과 즐거워함과 감사함과 창화하는 소리'완성되어져 갈 천 년의 시간 가 있으리라 ⁵ 내 공의가 가깝고 '내 구원이 나갔은즉 내 팔이 만민을 심판' 하리니 섬들이 나를 앙망하여 내 팔에 의지하리라 사 51:3, 5

❷ 이 땅에 사는 사람들을 향한 하나님 나라 양육을 위한 시간

천년왕국에서 함께 살아갈 인류를 세분화하면 세 부류의 인간이 함께 살아갈 것이며 세 부류의 몸 상태를 다시 두 부류로 구분할 수 있을 것이다. 세 부류로 구분할 때는 '첫째, 부활과 휴거로 홀연히 변화된 성도 고전 15:51가 있을 것'이며 '둘째, 온 땅에 흩어져 짐승의 미혹을 이기고 살다가 어두운 하늘에서 운행하시는 메시아의 재림재림 환경/습 1:15, 시 18:9, 사 60:2, 겔 34:12, 욜 2:2을 보고 이방 땅에 남지 않고 예루살렘으로 돌아온 유대인'겔 39:28들이며 '셋째, 계 20:4절의 말씀대로 짐승에게 절하지 아니하고 오른 손과 이마에 짐승의 표를 받지 않고 메시아를 기다리며 살아남은 자들'이다. 이들을 다시 몸을 입은 상태에 따라 두 부류로 구분한다면 '**홀연히 변화받아 휴거 된 자들**'과 '**휴거 되지 못하고 육신의 몸 그대로를 입고 살아가는 두 부류**'이다. 육신을 입고 살아가는 자들은 천년왕국으로 들어가는 메시아를 기다린 '**신실한 유대인**'들과 기타 '**생명책에 기록되고도 휴거 되지 못한 성도**'의 부류가 살아서 천년왕국에 들어갈 것이다. 사도 바울은 이들에 대하여 이렇게 증거 한다.

> **누구든지 '그 공적이 불타면 해'를 받으리니 그러나 자신은 구원을 받되 '불 가운데서 받은 것 같으리라'** 고전 3:15

이 말씀은 성도의 삶 속에서 맺는 공적이 시험받는 마지막 때 심판의 시간에 자신의 공적이 불에 타는 것이면 자신은 구원을 받으나 그 엄청난 불이 부어지는 대접 심판을 고스란히 경험한 후 구원을 받는다는 의미이다. 이는 대접 심판 직전 구름 위로 끌어올려지는 휴거로 예수님과 함께 심판에 참예 하는 자가 되지 못한다는 의미이며 이는 성도에게 있어 가장 부끄러운 구원이 되지 않을까? 그러므로 이들은 천년왕국 안에서도 여전히 휴거되지 못한 육체를 가지고 예수님의 율법과 말씀으로 양육될 것이며 육신을 가진 인간의 성욕은 자식을 잉태하고 출산할 것이다. 이는 하나님 나라의 무궁함사 9:7에 근거한다. 천 년 동안 태어나는 자녀들은 예루살렘에 계시는 예수님의 말씀을 직접 받아 양육될 것인데 이사야 선지자사 2:2-3와 미가 선지자미 4:1-3는 천년왕국의 시간에 있을 이러한 일들에 대하여 예언하고 있다. 그러나 휴거 된 자들의 삶은 어떠할까? 성경에 나타나는 부활 후의 육체를 고찰하면 알 수 있다. 요한은 이에 대하여 선명하게 가르치고 있다.

> **이 날 곧 안식 후 첫날 저녁 때에 제자들이 유대인들을 두려워하여 모인 곳의** '문들을 닫았더니 예수께서 오사 가운데 서서 이르시되' 너희에게 평강이 있을지어다 요 20:19

시간과 공간을 초월하는 신적인 몸! 그 완전한 영생의 몸이 곧 휴거 된 우리의 몸이 될 것이라 확신하며 기대하라!

> ² '말일'아하리트, 마지막 때, 종말의 **에** '여호와의 전의 산'성전이 있는 시온 산, 예수님의 통
> 치왕국 **이** '모든 산'모든 나라 **꼭대기에 굳게 설 것이요** '모든 작은 산 위에 뛰어나
> 리니'이름을 가진 모든 나라보다 배어난 통치자가 다스리는 천년왕국 '만방이 그리로 모여들
> 것이라'모든 나라의 백성이 예배하러 모일 것 ³ **많은 백성이 가며 이르기를 오라 우리가**
> '여호와의 산'천년왕국의 예루살렘이 있는 시온 산 **에 오르며** '야곱의 하나님의 전'천년
> 왕국의 정부를 섬기는 이스라엘 백성에 **이르자 그가 그의 길을 우리에게 가르**
> **치실 이라 우리가 그 길로 행하리라 하리니 이는** '율법이 시온에서부터 나올 것'
> 구약, 레위기와 오경의 율법 **이요** '여호와의 말씀이 예루살렘에서부터'신약의 복음 / 천
> 년왕국 구약의 율법(형법)과 신약(계명)의 복음으로 통치되는 하나님의 나라가 될 것이다 **나올 것**
> **임이니라** 사 2:2-3

이사야서의 이 가르침은 천년왕국에서 일어날 일들을 가리킨다. 이 본
문이 천년왕국의 내용인 이유는 원어와 시제를 근거로 이해할 수 있다.

'말일'

말일이라는 단어는 히) "아하리트"의 역어이며 '마지막 끝부분, 마지
막 때'라는 의미로 해석되는 End-time의 의미를 가진다.

'여호와의 전의 산'

예루살렘 성전이 있는 시온 산을 가리킨다. 시 78:54절은 이 산을 가
리켜 처음부터 성소의 영역이라 표현한다.

> **그들을 그의** '성소의 영역'처음부터 성소로 결정 되어진 산 **곧 그의** '오른손으로 만드
> 신 산'창조의 능력으로 만드신 시온 산 **으로 인도하시고** 시 78:54

'만방이 그리로 모여들 것'

온 세상의 백성이 왕래하는 시간. 곧 예수님께 예배하러 오는 천년왕국의

시간을 묘사하는 표현이다. 그 시간에 대한 이사야서의 가르침은 이러하다.

> **내가 그들의 행위와 사상을 아노라** '때가 이르면 뭇 나라와 언어가 다른 민족들을 모으리니 그들이 와서 나의 영광을 볼 것'**이며** 사 66:18

'율법이 시온에서부터 나올 것이요 여호와의 말씀이 예루살렘에서부터 나올 것'

　말씀으로 온 세상을 통치하실 시간을 나타내는 표현으로 마귀가 무저갱에 갇혀 예수님의 통치를 방해할 수 없게 된 시간에 예수님에 대하여 알지 못하지만 이마와 오른손에 짐승의 표를 받지 아니하고 짐승의 우상에게 경배하지 아니한 육신 그대로의 몸을 입고 살아가는 자들이 홀연히 변화되어 휴거 된 자들과 함께 살아가는 이 땅에서 어린 양의 혼인 연회가 시작될 때까지 신랑에 대하여, 그 아버지와 그의 나라에 대하여 배우는 시간이 천 년이 될 것이며, 천 년이 지난 후 흰 보좌 심판을 지나 하늘에서 내려오는 새 예루살렘 성에서 어린 양의 혼인 연회가 열리고 나면 영원한 하나님의 나라로 들어가는 수순을 따라 나아갈 것인데 어린 양의 혼인 연회에 참석하는 자가 되려면 하나님 백성의 자격을 갖추어야 할 것이며 이를 위한 양육이 천년왕국 안에서 이루어질 것이다. 율법이 시온에서, 말씀이 예루살렘에서 나온다는 가르침이 그것이며 이 행간이 설명하는 바가 바로 그 천 년의 시간에 대한 설명이다.

❸ 천 년 동안 새로이 태어날 생명들의 배교

　새로이 태어나는 자녀들은 천 년 동안 하나님 나라와 삼위일체 하나님에 대하여 양육받게 될 것이며 천 년 동안 고난이라는 것을 알지 못하고 사탄 마귀를 경험하지 못한 그들 중에는 천 년이 지나고 이 땅에 놓인 사탄의 미혹에 빠지는 사람들이 있을 것이다. 하나님은 그들 중 하나님을 버리고 도전하는 자들을 가려내도록 사탄으로 하여금 미혹의 시험 겔 38-39장, 계 20:7-8을 하도록 허락하실 것이며 이것이 천 년이 지나고 잠시 놓이는 이유가 될 것이다. '곡과 마곡, 도갈마 족속, 구스와 바사와 붓'겔 38:2-6, 천 년 후 예루살렘 침공의 연합세력의 백성들 외 이 시험을 통과한 자들은 완성된 하나님의 나라로 들어가도록 허락하실 것이다.

천 년 후 사탄의 무저갱 출소 3절

계 20:3 '무저갱에 던져 넣어 잠그고 그 위에 인봉'하여 '천 년이 차도록 다시는 만국을 미혹 하지 못하게' 하였는데 '그 후에는 반드시 잠깐 놓이리라

하나님께서 사탄을 무저갱에 던져 넣는 이유는 만국을 미혹하지 못하도록 하신 하나님의 뜻이다. 그 후에 잠깐 놓이는 시기는 천년왕국이 끝나는 시간대이며 이때 잠깐 놓임을 받을 때 그 사이를 참지 못하는 사탄은 곡과 마곡을 미혹할 것이며 고멜과 도갈마 족속, 구스, 바사, 붓을 미혹하여 전쟁으로 인도할 것이라고 계 20:7-10절이 가르치고 있으며 에스겔은 겔 38장과 39장을 통하여 사탄에 미혹되는 나라들이 야벳의 후손인 구 소련과 위성국들, 그리고 고멜과 도갈마 족속이라고 표현된 현재의 독일과 영국, 프랑스를 이루는 족속들, 구스라고 표기된 지금의 에티오피아, 바사라고 표기된 지금의 이란, 붓이라고 표기된 지금의 리비아가 마지막 때 잠시 놓인 사탄에 미혹되어 하나님을 배반하고 예루살렘의 통치자 예수님께 도전할 것인데 계 20:9-10절은 그들의 패배에 대하여 분명하게 밝히고 있다.

2. 천년왕국 20:4-6절 – 별도로 다루는 주제 참조

[다섯 번째 사건]

사탄의 패망과 흰 보좌 심판 20:7-15

	단 9:27	단 12:11	욜 3:2, 마 25:31-33	계 20:3-10	계 20:11-15	계 21:21-22:5
	7년 환난 / 한 이레의 언약					
	전 삼년 반, 두 짐승과 인 설명	**후 삼년 반, 나팔 심판**	**대접 심판**	**천년왕국 시작, 여호사밧 골짜기 심판**	**흰 보좌 심판**	**영원한 나라**
⇨	1260일 ⇨	1260일 ⇨	30일 ⇨	여호사밧 골짜기 심판 45일 ⇨	⇨	⇨
짐승 출현	짐승의 성전 점령	일곱 나팔 부활 휴거 공중 재림	지상 재림 두 짐승 심판 사탄…무저갱	무저갱 해제 만국 미혹과 예루살렘 침공	사탄 심판 새 예루살렘 성 혼인 연회

사탄의 패망 7-9절

드디어 예수님이 다스리시던 천년왕국의 시간이 채워지고 그 끝 시간 즈음 하나님의 예정대로 사탄이 무저갱에서 잠시 놓이는 시간이 왔고 주어진 본성대로요 8:44 거짓과 미혹으로 곡과 마곡을 미혹하는 시간을 묘사하고 있다. 곡과 마곡에 대한 기사는 에스겔 선지자가 그의 책 겔 38, 39장을 통하여 상세하게 기록하고 있는데 곡은 왕의 이름이며 마곡은 나라의 이름이다. '마곡'은 야벳의 후손들이 살아가는 구 냉전시대 구소련 연방을 포함하는 땅을 지칭하는 표현이며 '곡'은 그 땅들 중 로스와 메섹과 두발이라는 땅을 다스리는 왕을 일컫는 표현이다. 고멜은 노아의 증손이고 야벳의 장남이며 도갈마의 아버지이다창 10:2-3, 대상 1:5-6. 마지막 전쟁에서 곡의 동맹들은 하나로 연합할 것이다.

천 년이 지나고 난 후 사탄이 마곡의 왕 곡을 미혹하여 마곡의 모든 백성들, 곧 구소련 연방의 나라들을 미혹하여 사탄의 뜻을 따르도록 이끌 것인데 이들과 연합하는 또 다른 나라들에 대하여 에스겔은 증거하고 있다.

> ⁵ 그들과 함께 한 방패와 투구를 갖춘 '바사'와 '구스'와 '붓'과 ⁶ '고멜'과 그 모든 떼와 북쪽 끝의 '도갈마 족속'과 그 모든 떼 곧 많은 백성의 무리를 너와 함께 끌어내리라 겔 38:5-6

바사는 지금의 이란을, 구스는 지금의 에티오피아를, 붓은 지금의 리비아를, **'고멜'**고메르은 현대의 게르만족, 프랑스 민족, 영국 민족이 고멜의 후손들에 속한다. **'도갈마'**토가르마 족속은 노아의 셋째 아들인 야벳의 손자이다. 야벳의 일곱 아들 중 맏아들 고멜의 세 아들 중 막내가 **'도갈마'**다 창 10:3, 대상 1:6. 도갈마 인들은 전투용 말들과 노새를 가지고 두로와 무역겔 27:14, 겔 36:6을 하며 살았다. 천년왕국의 시간 이후 야벳의 후손들은 사탄의 미혹에 빠져 이란, 에티오피아, 리비아와 함께 연합하여 예수님이 계시는 예루살렘을 쳐들어와 전쟁을 도발겔 39:2, 계 20:7-9할 것이나 하늘에서 불이 내려 그들을 태워버리고 그들의 시신은 날짐승과 땅의 짐승들에게 먹힐 것이며 인간 역사의 완전한 종식에 있어 마지막 희생물이 될 것이라고 에스겔서는 증거하고 있다.

사탄의 최후 10절

> 계 20:10 또 그들을 '미혹하는 마귀가 불과 유황 못에 던져지니' 거기는 그 '짐승과 거짓 선지자도 있어' 세세토록 밤낮 괴로움을 받으리라

천년왕국 후 곡과 마곡을 미혹하던 마귀의 최후를 가르치고 있다. 미혹하던 두 짐승, 적그리스도와 거짓 선지자는 천 년 전에 이미 유황불 붙는 못에 던져졌고계 19:20 천 년 후에 사탄도 그들이 있는 그곳에 던져져 사탄의 삼위일체가 다시 만나 영원토록 괴로움을 받게 될 것이다.

마귀의 심판에 대한 Q & A

Q : 마귀를 짐승과 거짓 선지자와 함께 천 년 전에 유황 불못에 던지지 않으시고 천 년이라는 시간 동안 무저갱에 남겨두셨다가 천 년 후에 다시 잠깐 놓으시는 이유는 무엇인가?

A : 이유는 분명하다.

예수님의 통치 시간인 천 년 동안 이 땅은 에덴으로 변화되는 시간이 필요한 것이며, 두 부류의 인간이 살 것이다. 이 땅에서 휴거를 통해 홀연히 변화된 몸을 가진 자들, 그리고 그들과 함께 살아가는 변화되지 못한 _{휴거 되지 못한} 자들이 있을 것인데 변화되지 못한 육체를 가지고 살아가는 이들과 _{구원받은 율법 백성들} 그들로부터 태어난 자들은 하나님과 영원한 나라에 대한 지식을 배우며 자랄 것이다. 이들은 죄에 대한 영향력은 있으나 사탄이 어떠하며 죄가 어떠한지에 대하여 삶을 통해 경험할 수 없고 지식으로만 알게 되어 마치 죄를 모르는 아담과 하와처럼 사탄의 미혹과 시험을 경험하는 시간이 있을 것인데 그 시간에 있을 사탄의 시험에 대하여 계 20:7-8절은 이렇게 증거 한다.

> [7] '천 년이 차매 사탄이 그 옥에서 놓여' [8] 나와서 '땅의 사방 백성 곧 곡과 마곡을 미혹'하고 '모아 싸움'을 붙이리니 그 수가 바다의 모래 같으리라 계 20:7-8

이 말씀을 살필 때 미혹하는 자들에 대하여 **"땅의 사방 백성 곧 곡과 마곡"**이라 표현한다. 세상의 모든 백성들을 미혹하였으나 그중에 야벳의 족속인 곡과 마곡이 미혹되었고 그들을 통하여 바사, 구스, 붓과 고멜 족과 지금의 유럽을 이루는 도갈마 족속, 곧 독일, 프랑스, 영국을 이루는 민족들이 천 년 후 잠시 놓이는 사탄에게 미혹되어 그의 궤계에 동참할 것이며겔 38:2-6 예수님이 천년의 시간을 다스리시는 평안한 예루살렘겔 38:8, 11을 향해 전쟁을 일으키게 될 것이라고 에스겔은 그의 책에서 분명히 밝히고 있다. 사탄이 세상의 모든 백성을 미혹하였으나 그 가운데 미혹된 자들은 모두 심판을 받게 될 것인데 이들을 심판하시는 때를 둘째 사망이라 이름하고 있다계 20:6. 천년왕국의 끝에서 평안을 누리는 예루살렘에 대하여 에스겔 선지자는 이렇게 전한다.

> 여러 날 후 곧 말년에 네가 명령을 받고 그 땅 곧 '오래 황폐하였던 이스라엘 산'에 이르리니 그 땅 백성은 '칼을 벗어나서 여러 나라에서 모여 들어오며 이방에서 나와 다 평안히 거주하는 중'이라 겔 38:8

> ¹¹ 말하기를 내가 평원의 고을들로 올라 가리라 '성벽도 없고 문이나 빗장이 없어도 염려 없이 다 평안히 거주하는 백성'에게 나아가서 ¹² '물건을 겁탈하며 노략하리라' 하고 네 손을 들어서 황폐하였다가 지금 사람이 거주하는 땅과 여러 나라에서 모여서 짐승과 재물을 얻고 '세상 중앙에 거주하는 백성'을 치고자 할 때에 겔 38:11-12

    이 두 가지 말씀에서 '**천 년 후의 예루살렘**'을 이해할 수 있도록 살펴야 할 행간은 ❶ "**그 땅 백성은 칼을 벗어나서 여러 나라에서 모여 들어오며 이방에서 나와**"라는 행간인데 이 가르침의 의미는 겔 39:28절에 기록된 대로 이방 땅에서 한 사람도 남지 않고 돌아와 구원받은 천 년 전의 사건을 소환한 것이며, '**칼을 벗어났다는 의미**'는 예레미야 선지자에게 말씀하셨던 이스라엘을 향한 저주가 끝났다는 의미이다. 태양상을 향해 절하며겔 8-9장 각종 우상을 섬기는 자기 백성들을 향한 하나님의 저주는 온 세상에 흩어 버리겠다는 저주였다. 예레미야서는 하나님의 분노의 저주를 이렇게 전하고 있다.

❷ "성벽도 없고 문이나 빗장이 없어도 염려 없이 다 평안히 거주하는 백성"이라는 표현의 행간은 천년왕국의 평안한 상태를 설명하고 있는 것이며 ❸ "세상 중앙에 거주하는 백성"이라고 묘사하는 이 행간은 예루살렘이 온 세상 가운데 천년왕국의 수도로서 '예수님이 통치하시는 세상의 중심'이라는 의미이다. 천년왕국의 끝에서 예수님께서 통치하시는 예루살렘의 평안한 정적을 깨고 사탄에게 미혹된 마곡과 바사, 구스, 붓, 도갈마 족속이 쳐들어올 것이다. 그러나 천년왕국에서 하나님과 하나님 나라에 대하여 양육을 받은 후손들은 천년왕국 후 잠시 풀려난 사탄의 미혹을 이기고 통과하는 자들만 살아 어린 양의 혼인 연회에 들어가게 될 것이며 영원한 시간으로 들어가 하나님과 영원히 살아가게 될 것이다. 이러한 하나님의 계획을 이룰 수 있도록 '천 년 후의 미혹'은 철저하게 기획된 하나님의 예정이며 이 예정을 이루시기 위해 사탄을 천 년 동안 무저갱에 감금하신 것이다. 하나님이 하시는 이러한 하나님의 계획에 대하여 에스겔은 이렇게 증거 한다.

에스겔 선지자의 이 글 중에 중요한 대목은 "끝 날에 내가 너를 이끌어다가 내 땅을 치게 하리니"이다. 예수님은 자기의 땅을 치도록 하심으로 심판의 빌미를 주는 것이 공의냐는 질문을 한다면 요 12:31절을 통하여 '공의가 맞다'라고 답한다. 왜냐하면 마귀는 이미 심판을 받기로 예정된 자이기 때문이다. 신약의 요한은 심판받을 마귀에 대한 예수님의 가르침을 이렇게 전하고 있다.

> 심판에 대하여라 함은 '이 세상 임금'이 심판을 받았음이라 요 16:11

> 이제 이 세상에 대한 심판이 이르렀으니 이 '세상의 임금'이 쫓겨나리라 요 12:31

흰 보좌 심판 20:7-15절

흰 보좌 심판의 시간대 : 천 년 후 사탄을 유황불 못에 던지신 후의 시간

단 9:27 단 12:11 욜 3:2, 마 25:31-33 계 20:3-10 계 20:11-15 계 21:21-22:5

7년 환난 / 한 이레의 언약					
전 삼 년 반, 두 짐승과 인 심판	후 삼 년 반, 나팔 심판	대접 심판	천년왕국 시작, 여호사밧 골짜기 심판	흰 보좌 심판	영원한 나라

1260일 1260일 30일 여호사밧 골짜기 심판 45일

짐승 출현
짐승의 성전 점령

일곱 나팔
부활 휴거
공중 재림

지상 재림
두 짐승 심판
사탄 …무저갱

무저갱 해제
만국 미혹과
예루살렘 점령

사탄 심판
새 예루살렘 성
혼인 연회

흰 보좌 심판 11-15절

> **계 20:11-15** [11] 또 내가 '크고 흰 보좌와 그 위에 앉으신 이'를 보니 '땅과 하늘이 그 앞에서 피하여 간 데 없더라' [12] 또 내가 보니 죽은 자들이 큰 자나 작은 자나 그 보좌 앞에 서 있는데 책들이 펴 있고 또 다른 책이 펴졌으니 곧 '생명책'이라 '죽은 자들'이 자기 행위를 따라 '책들에 기록된 대로 심판'을 받으니 [13] '바다가 그 가운데에서 죽은 자들을 내주고 또 사망과 음부도 그 가운데에서 죽은 자들을 내주매' 각 사람이 자기의 '행위대로 심판을 받고' [14] '사망과 음부도 불못에' 던져지니 이것은 '둘째 사망 곧 불못'이라 [15] 누구든지 '생명책에 기록되지 못한 자는 불못에 던져지더라'

흰 보좌 심판은 천 년 후에 있을 인류에 대한 마지막 심판이다. 그러나 구원받기로 작정된 성도와는 관계가 없는 오직 사망한 자들을 일으켜 심판하시는 시간이다. 이 시간의 심판이 가지는 특별한 의미는 '**이 땅을 더럽히고 있는 죄인들의 시신을 일으켜 세워 유황 불못에 던지심으로 땅을 정결하게 하여 새 땅으로의 회복이라는 주제적 의미**'를 가지며 '**영원한 시간으로 향하기 위한 마지막 관문을 여는 시간**'이라는 의미를 가진다. 천 년 이후에 있을 흰 보좌 심판에 대한 예고는 계 6:12-17절의 여섯째 인, 곧 마지막 인을 떼며 설명하는 행간에서 나타난다.

> [12] 내가 보니 여섯째 인을 떼실 때에 '큰 지진'이 나며 '해가 검은 털로 짠 상복 같이 검어지고 달은 온통 피 같이 되며 [13] 하늘의 별들이 무화과나무가 대풍에 흔들려 설익은 열매가 떨어지는 것 같이 땅에 떨어지며 [14] 하늘은 두루마리가 말리는 것 같이 떠나가고' 새 하늘로의 회복 '각 산과 섬이 제 자리에서 옮겨지매 계 6:12-14 / 새 하늘과 새 땅으로의 회복, 계 21:1

새 하늘과 새 땅을 위해 온 하늘의 해와 달, 별들의 변화가 있을 것을 예고하는 6장의 설명이다. 여섯째 인이 흰 보좌 심판과 관련된 인이라는 사실에 대한 성경적 논증은 어렵지 않다. 첫째, 여섯째 인의 위치는 여섯 번째이다. 설명에 있어 제일 마지막에 위치하는 것은 가장 마지막에 일어날 심판 계획이기 때문이며 이 심판의 장면을 자세히 보면 모든 심판의 장면 가운데 가장 강력한 형태로 부어지는 심판의 모습이다. 결론적 모습이라는 것이다. 더 이상 심판할 것이 없는 온 우주를 대상으로 한 심판으로 하늘과 땅의 완전한 변화를 위한 시간이다. 새 하늘이 된다는 의미는 해와 달과 별을 모두 없애고 새로운 하늘을 만드는 것이며 새 땅을 만드는 것은 이 땅의 모든 죽은 시신들을 일으켜 유황 불못으로 던져 이 땅의 정결을 완성하시는 것을 의미한다. 구약성경 에스겔서는 흰 보좌 심판의 대상에 대하여 겔 38장에서 **곡과 마곡** 구소련 연방의 나라들, 그리고 **바사** 이란, **구스** 에티오피아, **붓** 리비아, **고멜** 야벳의 장자, 고대의 고울 족과 켈트족, 현대의 영국, 프랑스, 독일의 족속**과 고멜의 후예인 도갈마 족속**이라 기록하고 있다 겔 38:2-6. 천 년 후에 있을 곡과 마곡의 전쟁에서 나타날 큰 지진에 대하여는 겔 38:19절이 나타내는데 이 지진이 일어나는 곳이 이스라엘 땅이라고 예언한다. 왜냐하면 천 년 후에 무저갱에서 놓인 사탄에게 미혹된 곡과 마곡을 중심으로 온 세상에서 모인 미혹된 연합군들이 온 이스라엘 땅을 채우고 있을 시간이기에 이스라엘 땅에 지진이 있어 그들을 흔들고 그들을 심판하여 죽이시는 것이다.

> 내가 '질투와 맹렬한 노여움으로' 말하였거니와 그 날에 '큰 지진이 이스라엘 땅에 일어나서' 겔 38:19

홍미로운 사실은 이스라엘에서 일어나는 큰 지진의 모습에 대한 설명이다. 19:20절에서 모든 세상의 심판으로 연결되는데 하늘의 새와 땅속의 곤충까지도 심판의 모습에 포함되는 것이 이채롭다고 할 수 있을 것이다. 에스겔의 예언은 이러하다.

> '바다의 고기들과 공중의 새들과 들의 짐승들과 땅에 기는 모든 벌레와 지면에 있는 모든 사람이 내 앞에서 떨 것'이며 '모든 산이 무너지며 절벽이 떨어지며 모든 성벽이 땅에 무너지리라' 겔 38:20

에스겔의 증언 가운데 특이한 점은 공중의 새들이 지진에 영향을 받아 떨어지지는 않을 것인데 두려움에 떨 것이라 묘사한다. 이어지는 22절의 증거는 '~불과 유황을 비를 내리듯 할 것'이라고 하나님의 말씀을 기록하고 있다. 이러한 장면은 '해가 검은 털로 짠 상복 같이 검어지고 달은 온통 피 같이 되며, 하늘의 별들이 무화과나무가 대풍에 흔들려 설익은 열매가 떨어지는 것 같이 땅에 떨어지며, 하늘은 두루마리가 말리는 것 같이 떠나가고, 산과 섬이 제자리에서 옮겨지매'라는 여섯째 인의 설명과 연결되어 있다. 마지막 사망의 심판으로 온 세상의 지형 또한 변화될 것이다. 천 년 후에 예루살렘을 치러온 곡과 마곡을 향해 심판하시는 예수님의 심판은 온 이스라엘과 온 땅으로 확대되고 온 우주의 변화로 연결되어 인간 역사의 종결과 함께 변화된 새 하늘과 새 땅 계 21:1을 열어가실 것이다. 이사야서는 변화된 후 영원히 있을 새 하늘과 새 땅에 대하여 증거한다.

> '내가 지을 새 하늘과 새 땅이 내 앞에 항상 있는 것 같이' 너희 자손과 너희 이름이 항상 있으리라 여호와의 말이니라 사 66:22

새 하늘과 새 땅으로의 변화는 천년왕국의 시작부터 새롭게 되기 시작하는 것이며 천 년의 끝에서 완성되어 그 정결함 위에 하나님의 거룩한 성 새 예루살렘이 도래하고 그 안에서 혼인 연회를 베푸시므로 인류의 역사는 끝이 나고 영원한 하나님의 나라가 시작되는 것이다.

땅과 하늘이 그 앞에서 피하여 간 데 없더라 20:11절

흰 보좌 심판으로 인한 땅과 하늘의 변화는 완성된 하나님의 나라를 열어가는 첩경이다. 완성된 하나님의 나라는 이 땅에서 육체적으로 경험되게 하셨던 모든 것을 모두 사라지게 하고 새로운 경험, 곧 홀연히 변화된 완전한 몸으로, 경험할 수 있는 완전한 세상으로 거듭나게 될 것을 의미한다. 땅도, 하늘도, 자연의 모든 것이 변하여 영원한 시간으로 들어가도록 준비되는 시간이 흰 보좌 심판으로 완성되는 것이다. 사탄과 사망과 음부, 곧 지옥이 유황 불못에 던져지는 의미가 곧 이 세상이 완전한 에덴으로 변화되는 그 시간을 전제로 이루어지는 심판의 완결판이라 할 수 있다.

자기 행위를 따라 책들에 기록된 대로 심판 20:12절

성경적 심판의 기준을 설명하고 있다. 심판은 두 부류를 향하여 두 가지의 기준으로 실행된다.

❶ '행한 대로 보응하리라'
❷ '열매로 알리라'이다.
- 보응에 대한 말씀들 / 욥 34:11, 시 28:4, 시 92:11, 잠 22:4, 사 3:11, 사 40:10, 사 59:18, 렘 17:10, 렘 25:14, 애 3:64, 롬 2:6, 골 3:25절이 증거 한다.
- 열매에 대한 말씀들 / 렘 32:19, 마 7:20, 마 21:31, 눅 3:9, 눅 6:44, 롬 7:4, 엡 5:1절 등이 증거 하며 악인과 선인들은 행한 대로 보응을 받고 행한 대로 상급을 받게 될 것이며 현재를 살며 맺은 열매는 예수님 앞에 설 때 반드시 상급의 기준이 될 것을 알고 현재의 삶 속에서 충실한 열매가 준비되고 있는지 살펴야 할 것이다.

바다가 ~ 죽은 자들을 내주고 사망과 음부도 ~ 죽은 자들을 내 주매 20:13절

바다는 세상에 대한 은유이다. 세상 사람들 가운데 믿지 않고 죽은 자들에 대한 마지막 사망의 심판을 예고하고 있다. 바다가 죽은 자들을 내어주었다는 표현과 사망과 음부도 죽은 자들을 내어주었다는 표현은 시제적 관점으로 다른 표현이다. **'바다가 죽은 자들을 내어주었다는 의미는?'** 천년왕국 전의 심판을 위해 심판받을 자들을 내어주어 심판을 받게 했다는 의미가 되고 **'사망과 음부도 죽은 자들을 내어주었다는 의미는?'** 천년왕국 후의 세상에서 구원받지 못하고 죽은 자들을 일으켜 영원한 불못에 던지는 흰 보좌 심판의 때를 의미한다. 총체적으로 이 모두를 영원한 불못에 던지는 마지막 흰 보좌 심판의 자리에 내어주었다는 심판의 결말에 대한 기사이다.

사망과 음부도 불못에 던져지니 둘째 사망 곧 불못이라 20:14절

이 행간에 나타나는 **'사망과 음부'**는 20:10절의 행간에 나타나는 사탄과 짐승과 거짓 선지자와 함께 둘째 사망의 장소인 불못에 던져지는 결론적인 심판으로 모든 심판의 끝을 의미한다. 더 이상 이 땅에 심판의 대상이 존재하지 않을 최종적 심판이라는 의미다. 이 시간에 대하여 초림의 예수님께서 제자들에게 가르치신 말씀에 나타나 있다.

> 이제 이 '세상에 대한 심판'이 이르렀으니 '이 세상의 임금이 쫓겨나리라' 요 12:31

> 심판에 대하여라 함은 '이 세상 임금이 심판을 받았음'이라 요 16:11

예수님께서 세상의 주인이며 임금이라고 인정하셨던 '**사탄**'은 하와를 미혹한 죄의 근원이며, '**사망**'은 지옥을 권세를 의미하며, '**음부**'는 지옥을 지칭하는 표현으로 사탄의 권세가 미치는 영역을 의미한다. 이 세 가지 중 한 가지라도 이 땅에 존재한다면 죄의 영향력이 이 땅에 있는 상태가 되므로 거룩한 성 새 예루살렘은 도래할 수 없을 것이며 하나님은 이 땅에서 우리와 함께 거하실 수 없는 것이다. 모든 죄의 영향력까지도 사라져야만 완성된 하나님의 나라로서의 에덴, 태초에 의도하셨던 하나님의 나라로서의 지구로 다시 회복될 수 있기 때문이다. 그러므로 '**하나님 나라 완성에 있어서의 핵심 조건은 사탄과 사망과 지옥이 사라지는 것**'이다.

누구든지 생명책에 기록되지 못한 자는 불못에 던져지리라

계 13:8절의 말씀을 보면 창세 때부터 어린 양의 생명책이 이미 존재했다는 것을 증거한다. 어린 양의 생명책에 기록되지 못한 자들은 마지막 때 짐승의 우상에게 경배할 것이며 엡 1:4절의 말씀처럼 창세 전에 예정된 자들, 곧 생명책에 기록된 자들은 오른손이나 이마에 짐승의 표를 받는 것에 대하여 거부할 것이며 어떤 고난 가운데서도 우상에게 절하지 않는 의지를 가지게 될 것이다. 생명책에 대한 이해를 돕는 말씀은 신약시대의 결론인 계시록과 교회의 부르심을 가르치는 에베소서와 생명의 근본을 깨닫게 하는 예레미야서를 통하여 논증된다.

> 죽임을 당한 '어린 양의 생명책'에 '창세 이후로 이름이 기록되지 못하고 이 땅에 사는 자들'은 다 그 '짐승에게 경배'하리라 계 13:8

이 말씀이 주는 은혜는 성도의 존재 가치가 구원이라는 축복의 영역 안에서 이미 결정되어 있었다는 것을 알게 하는 말씀이다.

사도 바울의 가르침은 하나님의 예정 안에서 우리의 이름이 기록된 생명책이 창세 전에 이미 선재했다고 선포하며 우리가 잉태되는 순간 예수님으로 말미암아 구원을 받아 하나님의 자녀가 될 것에 대하여 미리 계획되었다는 것을 천명하고 있다. 이것을 하나님의 경륜이라 하며 '아들'이라는 표현을 사용하는 것은 성별에 대한 의미가 아니라 '창 1:29절'에 나타나는 여섯째 날 사람을 만드시고 먹을거리를 주시되 '씨 맺는 것으로만 허락하시는 창조주의 뜻'을 따라 '영적인 열매를 맺는 성도의 씨앗 된 삶의 정체성'을 설명하는 표현이다. 남자와 여자란 이 땅에서 하나님의 뜻을 이루기 위하여 씨를 잉태하고 출산하는 영광스러운 역할에 대한 구별이지만 천 년이 지나고 완성된 하나님 나라에서는 더 이상 필요 없는 기능이 될 것이며 오직 씨앗의 수고를 보상받는 영원한 누림의 시간 속에서는 모든 남녀의 성별이 사라지고 오직 씨앗의 가치를 가진 존재로 '하나님의 아들'이라 불리울 것이다. '여자'라는 칭호는 오직 천년왕국까지만 사용될 명칭으로 현세적 삶 속에서는 영혼을 잉태하고 출산하는 밭으로 계획하신 교회에 대한 예표적 기능이다 고전 3:9 우리는 하나님의 동역자들이요 너희는 하나님의 밭이요 하나님의 집이니라. 영원한 나라에서는 출산의 고통이 멈추게 될 것이며 오직 한 가지 '하나님의 아들'로 회복되는 은혜 안에서 살게 될 것이다.

핵심은 '**모태에서 조성되기 전**'이라는 표현이다. 모태는 어머니의 자궁을 일컫는 표현인데 인간이 자궁에 착상하여 육체를 성장시키기 전에 너를 알았다는 표현은 '**영혼의 상태에서 나를 알았다**'는 것 외에 다른 해석이 있을 수 없다. 내가 씨앗으로 어머니의 자궁에 착상될 때 구원받기로 예정된 내 영혼을 내 육체에 심었다는 것을 의미한다. 또한 10개월의 성장이 시작될 때 이미 하나님의 거룩한 구별이 있어 성도의 지위가 결정되었으며 가정의 문화에 따라 성장의 과정에서 차이는 있겠지만 하나님의 복음을 전할 자로 결정하셨다는 의미의 가르침이다. 이것이 성도의 위대함이며 창조주의 사랑이다.

**거부할 수 없는 하나님의 은혜로 인한 구원!
그래서 성도는! 교회는!
하나님의 계획과 시선에서 제외되거나 벗어난 적이 없다.
위대하신 하나님의 손에서 창조되고 보호되는 교회!
그래서 교회는 위대하기에 위대한 정체성으로 마지막 때에
승리할 것이다!**

20장 내용 정리

짧고 간단해서 아쉬운 듯한 20장은 천년왕국에 대한 짧은 언급과 사탄의 패망, 사망을 위해 부활한 자들을 향한 흰 보좌 심판이 핵심이다. 20장의 시간대는 대접 심판이 끝나고 천년왕국으로 들어가는 시간으로 시작하여 천 년의 끝 지점의 시간대에 일어나는 일들을 다루는 설명부에 속하는 본문으로 세 가지의 핵심 주제를 중심으로 교회가 알아야 할 지식들을 전하고 있다.

❶ **천년왕국이 시작되는 시점에 있을 두 가지 내용을 다룬다 / 1-6절**

첫 번째 주제 : 천년왕국의 시작 시점에 사탄을 무저갱에 가두는 사건을 설명한다.

두 번째 주제 : 천년왕국에서 함께 살아갈 자들의 정체성에 대한 설명이다.

❷ **천 년 후에 일어날 사건으로 무저갱에서 잠깐 놓인 사탄에게 미혹된 곡과 마곡의 예루살렘 정복 도발과 패배, 유황 불못 심판을 다룬다 / 7-10절**

❸ **흰 보좌 심판을 다룬다 / 11-15절**

심판의 정보는 생명책에 기록되어 있다는 사실이 강조되고 있음이 새삼 마음에 새겨지도록 전달되지 않는가? 책에 기록된 대로 심판을 받는 자는 행실의 문제가 얼마나 중요한 판단의 근거가 될지를 염두에 두고 행하도록 가르치는 행간이며 흰 보좌 심판은 구원받은 백성과는 상관없는 죽은 자들을 부활시켜 미루어 두었던 심판을 행하는 것이다. 흰 보좌 심판을 통하여 인류가 육신을 입고 살아가는 인간 역사의 막을 내리는 순간이 될 것이다. 이 시간에 반드시 해결되어야 할 숙제가 처리되는 시간인데 사망과 음부, 곧 지옥까지도 유황 불못에 던져지고 인간과 함께하던 죄가 영원히 사라지는 순간이 될 것이다.

계 20:14 사망과 음부도 불못에 던져지니 이것은 둘째 사망 곧 불못이라

◈ 20장 핵심 문제 ◈

1. 천 년 동안 용을 무저갱에 가두는 이유로 적합하지 않은 설명을 고르시오.

   ❶ 만국을 미혹하지 못하도록 하기 위함
   ❷ 예수님의 천 년 통치의 시간을 성결하게 하기 위함
   ❸ 천 년 이후 천년왕국 세대들의 정결함을 시험하기 위함
   ❹ 사탄을 깨닫게 하기 위함

2. 예수님께서 통치하실 천년왕국 백성의 자격에 대한 틀린 설명을 고르시오.

   ❶ 짐승과 그의 우상에게 경배하지 아니한 신실한 믿음의 소유자들
   ❷ 오직 일곱 나팔이 불릴 때 부활한 자들과 휴거 된 자들
   ❸ 이마와 오른손에 짐승의 표를 받지 아니한 자들
   ❹ 예수를 증언하고 하나님의 말씀 때문에 목 베임을 당한 순교자의 영혼들

3. 유황 불못에서 다시 만나게 될 세 짐승은 무엇인가?
   ❶ (   )   ❷ (   )   ❸ (   )

4. 흰 보좌 심판 대상자들은 누구인가?

   ❶ 짐승과 그의 우상에게 경배한 자들
   ❷ 휴거 받지 못한 모든 자들
   ❸ 사망을 위해 부활한 모든 죽은 자들
   ❹ 천 년 이후 사탄의 미혹에 현혹된 자들

5. 예수님께서 행하시는 모든 심판의 기준과 근거에 대한 성경적 설명을 모두 고른다면?

❶ 생명책에 기록된 대로 심판하신다.
❷ 행한 대로 심판하실 것이다.
❸ 열매로 우리를 판단하실 것이다.
❹ 예배와 기도의 열정이 기준이 될 것이다.

1-5 ANSWER

1. ❹   2. ❷
3. 용사탄, 바다에서 나오는 짐승 적그리스도, 땅에서 나오는 짐승 거짓 선지자
4. ❸   5. ❶❷❸

[천년왕국]

예수님께서 다스리시는 천 년 통치의 왕국

천년왕국의 시간대 : 대접 심판 후 이루어질 만국 심판, 여호사밧 골짜기의 양과 염소 심판 이후

단 9:27 　　단 12:11 　　단 3:2,마 25:31-33 　　계 20:3-10 　　계 20:11-15 　　계 21:21-22:5

7년 환난 / 한 이레의 언약		대접 심판	천년왕국 시작, 여호사밧 골짜기 심판	흰 보좌 심판	영원한 나라
전 삼 년 반, 두 짐승과의 설명	후 삼 년 반, 나팔 심판				

1260일 　　 1260일 　　 30일

짐승 출현
짐승의 성전 점령

짐승의 성전 점령

일곱 나팔
부활 휴거
공중 재림

지상 재림
두 짐승 심판
사탄 → 무저갱

여호사밧 골짜기 심판 45일과
천년왕국의 시작

무저갱 해제
만국 미혹과
예루살렘 점공

사탄 심판
새 예루살렘 성
혼인 연회

1. 천 년의 시간에 대한 계시록 20장의 증언

요한의 계시록에는 천년왕국에 대한 풍성한 설명은 없다. 단지 천 년의 시간이 있을 것에 대하여 분명하지만 너무나 짧고 간결하여 아쉬움 가득한 메시지만 던질 뿐, 천년왕국에 대한 어떤 설명도 없다. 그러므로 모든 사람들이 마지막 때 예수님이 다스리는 천 년의 시간에 대하여 생각하고 어렴풋이 짐작은 하지만 이 주제에 대한 정확하고 확신할 만한 가르침이 없으므로 언제나 모호하여 답답해하는 것 같다. 이러한 주제가 또 하나 있는데 그것이 어린 양의 혼인 잔치에 대한 가르침이다. 어느 때, 어떤 환경 속에서 어떤 그림으로 이해해야 할지 모호하게 받아들인다. 그러나 성경 속에는 천년왕국과 어린 양의 혼인 잔치에 대한 질문을 확정해 주는 분명한 메시지와 설명이 존재하므로 그 내용을 찾아 다가올 그 날을 분명한 확신 가운데 소망하며 오늘을 살아가는 동력으로 삼도록 가르쳐야 할 것이다. 천년왕국에 대한 기록은 이사야 선지자의 글에서 특별히 많이 발견된다. **사 2:2-4, 사 11:4-9, 사 33:20-21, 사 35장, 사 41:18-19, 사 51:3, 사 65:20-25, 사 66:18-21절** 등에서 나타나며, 또한 천 년의 왕국에서 이스라엘의 땅 분배에 대하여 겔 48:21-35을 통하여 분명한 이해가 가능하다. 에스겔 48장의 구절들이 천년왕국의 때를 의미하는 근거를 묻는다면 35절에 나타나는 '**여호와 삼마**'가 그 이유이며 이 어휘의 의미는 '**여호와께서 거기 계시다**'라는 의미인데, '**여호사밧 골짜기의 심판**' 욜 3:1-2, 양과 염소의 심판 시간, 단 12:12 ●표 참조을 끝내시고 천년왕국으로 들어가 영원히 그곳에 계실 것이라는 가르침이다.

단 9:27 칠 년 시작		단 12:11 30일	단 12:12 여, 골, 심 45일	계 20:4 여호와 삼마	계 20:11-15 천 년 후
(전)삼 년 반	후삼 년 반, 나팔 심판	대접 심판	천년왕국 (여호사밧 골짜기 심판시작)		흰보좌심판

'**여호와 삼마**'를 온전히 이해하기 위해서는 마지막 때 예수님께서 예루살렘으로 입성하시는 과정을 이해하는 것이 중요하다. 먼저 슥 14:4절에 나타나는 동편 감람산으로부터 동문을 통하여 입성하실 예수님에 대하여 예언하고 있는 말씀이 '**겔 43:1-7절**'에 나타나고 있다. 현재까지 닫혀있는 예루살렘 성의 동쪽 문이 예수님의 재림으로 열릴 것인데 닫혀있는 이유는 동쪽의 문은 하나님의 출입구이며 마지막 때 동쪽빛이 오는 방향, 태양이 뜨는 방향, 구원의 방향 문의 주인이신 여호와 곧 재림의 여호와 예수님께서 구약시대 자신이 들어오시고 닫아 놓으라고 명하신 그 문으로 심판과 천 년의 통치를 위해 성의 동문으로 들어오실 것이며겔 43:1-4, 44:1-2, 슥 14:4, 계 19:11-21, 계 14:1, 그곳에서 영원히 거할 것이라고 자신의 입으로 말씀하시는 내용이 겔 43:7절이다.

> 그가 내게 이르시되 인자야 '이는 내 보좌의 처소, 내 발을 두는 처소, 내가 이스라엘 족속 가운데 영원히 있을 곳'이라 이스라엘 족속 곧 그들과 그들의 왕들이 음행하며 그 죽은 왕들의 시체로 '다시는' 내 거룩한 이름을 더럽히지 아니하리라 겔 43:7

이 말씀은 재림하셔서 두 번의 심판재림 심판과 천년왕국 후 흰 보좌 심판을 행하신 이후 영원히 거기 계실 것이기 때문인데 '**예루살렘에 영원히 거하시며**'겔 43:7 자기 백성을 통치하실 하나님에 대하여 나타내는 어휘가 '**여호**

와 삼마'겔 48:36 곧 '**여호와께서 예루살렘에 계시며 통치하실 것이다**'라는 의미이다. 계시록에 짧게 나타나는 천년왕국에 들어갈 자들에 대한 가르침과 심판의 권세와 관련된 가르침들에 대하여 살펴보자.

에스겔서의 성전 동쪽 문에 대한 지칭은 하나님 나라의 개념으로 설명하면 예루살렘이 곧 교회가 되기 때문에 마지막 때의 예루살렘 성은 영원히 거하신 하나님의 성전이 되는 것이다. 천 년이 지난 후 에스겔의 예언이 성취될 것인데 땅의 예루살렘으로 하늘에서 거룩한 성 새 예루살렘이 도래할 것이라 성경은 가르친다계 21:2, 9-10.

> 또 내가 보매 '거룩한 성 새 예루살렘이 하나님께로부터 하늘에서 내려오니' 그 준비한 것이 신부가 남편을 위하여 단장한 것 같더라 계 21:2

> 10 성령으로 나를 데리고 크고 높은 산으로 올라가 '하나님께로부터 하늘에서 내려오는 거룩한 성 예루살렘'을 보이니 11 '하나님의 영광이 있어' 그 성의 빛이 지극히 귀한 '보석 같고 벽옥과 수정 같이' 맑더라 계 21:10-11

천년왕국에 들어갈 자격과
'심판의 권세를 받은 자들'에 대한 가르침

> 계 20:4 또 내가 보좌들을 보니 거기에 앉은 자들이 있어 심판하는 권세를 받았더라 '또' 예수를 증언함과 하나님의 말씀 때문에 목 베임을 당한 자들의 영혼들과 '또' 짐승과 그의 '우상에게 경배하지 아니하고 그들의 이마와 손에 그의 표를 받지 아니한 자'들이 살아서 '그리스도와 더불어 천 년 동안 왕 노릇' 하니

계 20:4절에 나타나는 천년왕국에 들어갈 자들에 대한 세 가지 관점은 이러하다.

❶ 천년왕국 안에서 심판하는 권세를 받은 자들이 누구인지를 질문하

게 한다.

❷ '또'라는 접속사가 주는 의미를 살펴야 한다.

❸ 그들이 살아서 그리스도와 더불어 천 년 동안 왕 노릇 한다는 의미이다.

❶ 보좌들을 보니 거기에 앉은 자들이 있어 심판하는 권세를 받았더라

'보좌에 앉은 권세자들'은 누구를 지칭하는 표현일까? 이 중요한 가르침을 이해하는 핵심은 심판의 주권자이신 예수님의 입에서 나오는 말씀에 집중해야 할 것이다. 심판과 심판 주권에 대한 예수님의 가르침들을 살펴볼 때 심판할 권세를 받을 대상이 누구인가에 대한 가르침은 마 19:28절에 나타나는 말씀이 유일하다. 유사한 의미라 할 수 있는 계 3:21절의 "내 보좌에 함께 앉게 하여 주기를 아버지 보좌에 함께 앉은 것과 같이 하리라"는 말씀은 심판의 보좌가 아니라 문맥상 왕좌를 의미하기에 심판의 보좌라는 의미는 아니다. 마 19:27절에 나타나는 제자들 중 베드로의 질문과 예수님의 답변을 살펴보자.

> 이에 베드로가 대답하여 이르되 보소서 우리가 모든 것을 버리고 주를 따랐사온대 그런즉 우리가 무엇을 얻으리이까 마 19:27

모든 것을 버리고 부르심을 따라 예수님을 따른 것에 대한 보상은 무엇입니까? 라는 베드로의 질문에 대한 예수님의 답변은 이러했다.

> 예수께서 이르시되 내가 진실로 너희에게 이르노니 '세상이 새롭게 되어' 인자가 자기 영광의 보좌에 앉을 때에 나를 따르는 '너희'12명 모두 도 '열두 보좌'나와 함께 보좌에 앉아'에 앉아 '이스라엘 열두 지파를 심판하리라'심판의 대표로 나와 함께 심판할 것이다 마 19:28

흔히들 이 말씀에 대하여 세상의 성도들이 심판의 자리에 앉아 심판할 것이라고 이해하지만 예수님의 이 가르침에는 분명한 영역의 한계가 나타나 있다. 열두 사도는 열두 지파의 족장들과 함께 하나님의 보좌 주위에서 하나님을 예배하는 자로 나타나는 계 4장과 거룩한 성 새 예루살렘의 기초석이라 묘사된 신약의 열두 사도들에 대하여 증거 하는 계 21:14절에 근거하여 이십사 장로들에 속한 자들이다. 복음서에 나타나는 예수님의 가르침은 이들에게 심판의 주권이 부여될 것이라고 가르치신다. 흥미로운 사실은 심판의 권세에 대한 마태복음의 이 말씀이 **'재물이 많은 청년에 대한 가르침의 끝에서 나타나는 말씀'**으로 재물을 가진 자가 천국에 들어가기가 힘들다는 가르침을 듣던 제자들 중 **'그럼 우리는 주님을 따르고 난 후 무슨 보상을 받지?'**라는 보상에 대한 베드로의 고민 속 질문을 받으시고 답변하시는 예수님의 가르침이라는 사실이다. 재물이 많은 청년에 대한 가르침은 복음서에서 공통적으로 나타나는 말씀이다. 흥미로운 사실은 마 19:16-30, 막 10:17-31, 눅 18:18-30절에 동일하게 나타나지만 열두 보좌에 앉아 열두 지파를 심판할 것에 대한 예수님의 가르침은 유대인들을 위한 **'마태복음서에서만'** 언급되어 있는 말씀이라는 사실이다. 더 흥미로운 관점은 세 권의 복음서 저자가 **'부자의 결론적 선택'**이라는 동일한 주제를 다루지만 이 주제의 끝부분은 내용을 달리한다는 점이다. 마태는 **'심판의 주권을 받은 자에 대한 가르침'**을 기록하고 있으며 **'마가와 누가는 현세에 받는 복과 내세에 받는 복에 대한 내용으로 그 결론'**을 달리하고 있다는 것이다. 마태복음이 유대인들을 위해, 마가, 누가복음이 이방인들을 위해 기록된 복음이라는 사실을 감안 할 때, 열두 보좌에 앉아 이스라엘을 심판할 권세의 약속은 이방인들에게는 주어지지 않은 열두 제자를 향한 약속이었으며 이 권세는 자기 백성 이스라엘 열두 지파에 국한된 심판 권세라는 한정된 의미이거나 그들이 예수님의 모든 심판에 참여할 자라는 두 가지 의미를 함축하고 있는 것이다.

❷ '또'라는 접속사가 주는 의미

첫 번째 나타나는 접속사 **'또'** 에 해당하는 역어 헬) '카이'는 **'그리고'** 라는 접속사이다. 이 접속사에 대한 설명이 중요한 이유는 심판하는 권세를 받은 자들과 **'예수를 증언함과 하나님의 말씀 때문에 목 베임을 당한 자들의 영혼들'**과 **'짐승과 그의 우상에게 경배하지 아니하고 그들의 이마와 손에 그의 표를 받지 아니한 자들'**계 20:4을 각각 구분하는 접속사이기 때문이다.

요한이 보좌에 앉은 자들을 보는데 그들이 심판하는 권세를 받았다는 것을 인식하고 있다. 이는 열두 사도들을 말하는 것이며 **'또 내가 보니'** 예수를 증언함과 하나님의 말씀 때문에 목 베임을 당한 자들의 영혼들과~라는 증언은 **'열두 사도들은 다른 성도들과 동일하게 예수님의 복음을 위하여 죽었지만 특별히 심판의 권세를 받은 자들이다.'**라는 의미를 부여하는 접속사가 '카이'라는 접속사이기 때문이다. 열두 명의 존재를 다른 자들과 구별하고 그 외에 모든 자들은 다시 살아나는 부활을 통하여 왕과 같은 완전한 평강의 삶을 살아갈 천년왕국의 삶을 표현하고 있는 구절이다. 두 번째 나타나는 접속사 **'또'**는 예수를 증언함과 하나님의 말씀 때문에 목 베임을 당한 자들의 영혼들과 (또) 짐승과 그의 우상에게 경배하지 아니하고 그들의 이마와 손에 그의 표를 받지 아니한 자들을 구분하는 접속사로 배치되어 있다. 이러한 접속사의 사용은 '예수를 증언함과 하나님의 말씀 때문에 목 베임을 당한 자들의 영혼들'이 순교한 시점은 '신약시대'를 의미하는 표현이며 짐승과 그의 우상에게 경배하지 아니하고 그들의 이마와 손에 그의 표를 받지 아니한 자들은 'End-time 시대'를 표현하는 접속사로 이해하도록 이끌어 준다.

❸ '그들이 살아서' 그리스도와 더불어 천 년 동안 '왕 노릇' 하리라

'그들이 살아서'라는 의미는 '순교한 영혼들이 육체를 입고 부활하여'라는 의미가 된다. 이 가르침은 예수님의 재림 시간에 살아있는 자들은 휴거라는 과정을 통하여 구원을 얻게 될 것이며 죽은 자들은 부활을 통하여 자신들의 구원에 대한 완성을 경험하게 될 것인데 순서에 대하여 성경은 죽은 자들의 부활이 먼저 있고 난 후 휴거가 있을 것이라고 가르친다살전 4:16-17. 부활과 휴거 된 자들은 천년왕국의 시간 속에서 왕 노릇을 할 것인데, '왕 노릇'은 왕은 아니지만 왕의 권세를 가지고 사는 자들이라는 의미로 헬) '바실류오'의 역어이며 '통치하다, 다스리다'라는 의미이다. 그들이 살아서 왕 노릇 할 것이라는 이 말씀은 천년왕국의 통치권자이시며 만왕의 왕이시며 만주의 주이신 예수님은 천년왕국에서 부활한 자들과 휴거 된 자들 중에서 선교사를 징조로 세워 먼 나라와 하나님의 영광을 알지 못하는 생존자들에게 보내실 것이며사 66:19 대접 심판의 끝 지점, 이방 땅에서 돌아온 유대인들 중에서 택하여 제사장을 삼아 천년왕국을 섬기게 할 것이다사 66:20-21. 이때 보내어지는 자들은 천년왕국 가운데서 하나님 나라를 가르치는 영적 권세를 가진 통치자로 세워질 것이다. 이것을 '왕 노릇'이라 표현한다. 천 년 동안 왕 노릇 할 자들의 자격과 심사기준은 다음과 같다고 전하고 있다.

❶ 예수님을 증언한 자들과 하나님의 말씀 때문에 목 베임을 당한 자들의 영혼들 신약시대 순교한 자들 ❷ 짐승과 그의 우상에게 경배하지 아니하고 그들의 이마와 손에 그의 표를 받지 아니한 자들 End-time을 이기고 휴거 된 자들이며 이들에게 주어질 권위와 임무는 그리스도와 더불어 천 년 동안 왕 노릇 할 자들이라고 분명히 밝히고 있다. 다시 말하면 마지막 환난의 시간에 있어 구원받을 자격은 이마와 손에 '짐승의 표'를 받았느냐 받지

않았느냐와 '그의 우상에게 절'을 했느냐와 하지 않았느냐가 기준이 될 것임을 가르친다. 아무리 예수를 잘 믿는 것 같이 보이는 자라 할지라도 굶주림과 기근의 문제를 해결해 주고 매매할 수 있는 표를 부여받을 수 있다는 미혹에 속아 짐승의 표를 받거나 우상에게 절하는 것은 지금까지 예수를 어떻게 믿었는지와는 상관없이 모두 심판의 대상이 될 수밖에 없을 것임을 알게 하는 중요한 행간이다. 짐승에게 마흔두 달의 일할 권세를 주고 교회를 핍박하도록 허락하는 이유도 여기에 있다. 자유의지를 주시고 스스로 계명을 지키며 하나님을 선택하고 사랑할 것을 원하시는 하나님의 자기 백성에 대한 식별 방법이다. 알곡인지 가라지인지를 구별하시겠다는 의도이시다. 하나님은 우리가 사탄의 미혹을 이기고 예수님을 오직 한 분 신랑으로 여기며 사탄을 외면하고 자기를 붙들고 거짓 선지자의 미혹을 '이기는 자'계 2:7, 11, 17, 26, 4:5, 12, 21 되기를 원하시는 것이다. 이러한 승리자들에게 이마에 그의 이름을 주시고 천 년 동안 왕 같은 삶을 살아가는 신부로 인정하시겠다고 약속하시는 것이다.

이렇게 두 가지의 조건에 의해 구별된 자들은 일곱 나팔이 불릴 때 첫째 부활에 참여하여 천년왕국의 시간 안에서 살아갈 것이지만 그렇지 못한 자들은 천년왕국이 시작되기 전에 죽어 천 년 동안 사망 가운데 있다가 천 년 이후 흰 보좌 심판의 시간에 사망을 위한 심판의 부활요 5:29로 예수님께 나아가 심판을 받고 영원한 불 못에 던져질 것이다. 그러나 '첫째 부활'은 천 년 후 흰 보좌 심판을 받기 위해 일어나는 사망의 부활인 둘째 부활과 비교되는 '생명의 부활'이다.

> 5 (그 나머지 죽은 자들은 그 천 년이 차기까지 살지 못하더라) 이는 '첫째 부활'이라 6 이 '첫째 부활'에 참여하는 자들은 복이 있고 거룩하도다 '둘째 사망'이 그들을 다스리는 권세가 없고 도리어 그들이 '하나님과 그리스도의 제사장' 되어 '천 년 동안 그리스도와 더불어 왕 노릇' 하리라 계 20:5-6

예수님의 재림의 때 부활하여 휴거 된 백성들은 천 년 후 흰 보좌 심판의 시간에 있을 사망의 심판을 위해 바다도 사망과 음부도 죽은 자들을 내어주는 시간인 둘째 사망의 영향을 받을 수 없다. 왜냐하면 천 년 전에 이미 승리한 존재들이기 때문이다. 그들은 주어진 사명대로 하나님과 그리스도의 제사장이 될 것인데 예수님을 닮은 왕과 같은 삶을 살아가게 될 것이다.

2. 천년왕국이란?
천년왕국의 모습에 대한 성경적 근거들

사 2:2-4, 사 11:4-9, 사 33:20-21, 사 35장, 사 41:18-19, 사 51:3, 사 65:20-25, 사 66:18-21, 계 20:4-7절 등에서 증거 되고 있다.

❶ 사 2:2-4절의 천년왕국 근거

> ² '말일'에 여호와의 전의 산이 모든 산꼭대기에 굳게 설 것이요 모든 작은 산 위에 뛰어나리니 '만방이 그리로 모여들 것'이라 ⁴ 그가 '열방 사이에 판단하시며 많은 백성을 판결'하시리니 무리가 그들의 '칼을 쳐서 보습을' 만들고 그들의 '창을 쳐서 낫을' 만들 것이며 이 나라와 저 나라가 '다시는 칼을 들고 서로 치지 아니하며 다시는 전쟁을 연습하지 아니하리라' 사 2:2, 4

'말일'이란? End-time을 의미하는 표현이다. '말일'에 대한 히브리어 역어는 '아하리트'이다. 끝, 결말, 마지막 때에 대한 의미이다. 창 49:1절에서 열두 명의 자녀를 향한 예언이 기록된 글에서 '후일'이라 묘사하기도 했다. 미 4:1절과 단 10:14절 등 마지막 때에 대한 표현으로 사용된 End-time에 전용되는 단어이다. 그러므로 "말일에 여호와의 전이 모든 산꼭대기에 굳게 설 것"이라는 표현은 마지막 천년왕국이 시작될 때 예수님이 계시는 '시온 산의 권위'를 설명하는 표현이다. '모든 산꼭대기에 굳게 설 것이요 ~ 뛰어나리니'라는 표현은 산이 나라를 묘사하는 표현임을 감안할 때 '가장 뛰어나고 높은 권위를 가진 하나님의 나라'라는 의미가 된다. 이는 만왕의 왕이요 만군의 주가 통치하시는 천년왕국의 수도 예루살렘의 권위를 설명하는 가르침이기도 하다. 에스겔은 예루살렘이 예수님께서 다스리실 천년왕국의 수도가 되고 영원히 거하실 처소가 될 것이라는 여호와의 말씀에 대하여 이렇게 증거 한다.

> 그가 내게 이르시되 인자야 '이는 내 보좌의 처소, 내 발을 두는 처소, 내가 이스라엘 족속 가운데에 영원히 있을 곳'이라 이스라엘 족속 곧 그들과 그들의 왕들이 음행하며 그 죽은 왕들의 시체로 '다시는 내 거룩한 이름을 더럽히지 아니하리라' 겔 43:7

예수님의 천년왕국 통치 장소로서의 예루살렘에서 영원히 거하시겠다는 확고한 의지에 대한 표명은 사 2:2절 행간과 함께 예수님의 거처로서의 예루살렘에 대하여 증거하고 있는 말씀이다. 또한 이 말씀이 End-time에 대한 가르침이 되는 이유는 '다시는 내 거룩한 이름을 더럽히지 아니하리라'는 시제적 표현 때문이다. 더 이상 하나님의 백성과 그들의 왕들이 우상을 섬기는 행위로 인한 하나님의 진노로 죽은 왕들의 시체를 볼 수 있는 기회가 다시는 없을 것이며 이러한 자기 백성들의 행위는 하나님의 거룩한 이름을 더럽히는 것이므로 심판 이후에는 다시 그러한 일은 없을 것이라는 하나님의 맹세이기도 하다. 이 선포는 '다시는'이라는 부사를 통하여 End-time 이후에는 영원히 그런 일이 없을 것이라는 절대적 확신의 뜻이므로 종말에 대한 표현이 되는 것이다.

'만방이 그리로 모여들 것이라'에 대한 이해는 예배를 위함이다. 천년 왕국의 시간에 있을 예루살렘 예배는 이사야와 스가랴를 통하여 우리에게 온전히 전하고 있다.

> 여호와가 말하노라 '매월 초하루와 매 안식일'에 '모든 혈육이 내 앞에 나아와 예배하리라' 사 66:23

> [16] '예루살렘을 치러 왔던 이방 나라들 중에 남은 자'심판 받아 죽은 자들 외에 살아남은 자가 해마다 올라와서 그 왕 만군의 여호와께 경배하며 '초막절을 지킬 것'구원 하심을 감사하는 절기이라 [17] '땅에 있는 족속들 중'천년왕국의 시간에 함께하는 자들에 그 '왕 만군의 여호와께 경배하러 예루살렘에 올라오지 아니하는 자들'에게는 '비를 내리지 아니하실 것'인즉 [18] 만일 애굽 족속이 올라오지 아니할 때에는 비 내림이 있지 아니하리니 여호와께서 '초막절을 지키러 올라오지 아니하는 이방 나라들의 사람을 치시는 재앙'을 그에게 내리실 것이라 슥 14:16-18

이사야와 스가랴의 예언적 메시지를 종합해 보면 천년왕국의 시간에는 **'매월 초하루'**의 예배와 **'매 안식일'**, 그리고 **'초막절'**을 지키게 될 것에 대하여 가르치고 있다. 절기들 가운데 지켜지는 절기에 대하여 성경적 근거를 가지고 본다면 다른 절기들은 이미 성취된 것이라는 공통점이 있으며 초막 절기는 하나님의 구원에 대한 기억을 되새기며 영원히 감사와 찬양을 돌리며 지키고 기념해야 할 절기로 지켜졌던 것으로 성취된 다른 절기와 구분되어 지속적인 감사로 지켜져야 할 절기임을 알 수 있게 하신다. 이는 하나님께서 받으시기에 합당한 예배이며 구원받은 자기 백성이 영원토록 지켜야 할 사명이다. 이로 인하여 하나님은 피조물들의 영광을 즐거이 받으실 것을 선포하시는 말씀이다. 예수님께서는 만방이 예루살렘에 모여 하나님을 찬양하고 모든 민족들의 예배를 받으심으로 천 년 후 흰 보좌 심판을 끝내고 어린 양의 혼인 연회를 거쳐 완성된 영원한 하나님 나라 안에서 하나님을 예배할 모든 것을 준비하실 것인데 그 모습이 바로 계 4-5장에 나타나는 하늘 예배의 모습을 통하여 발견되는 것이다.

> 많은 백성이 가며 이르기를 오라 우리가 여호와의 산에 오르며 야곱의 하나님의 전에 이르자 '그가 그의 길을 우리에게 가르치실 것이라' 우리가 그 길로 행하리라 하리니 이는 '율법'구약의 진리이 '시온'하나님의 거처에서부터 나올 것이요 '여호와의 말씀'신약의 복음이 '예루살렘'영원한 교회의 예표에서부터 나올 것임이니라 사 2:3

두 가지의 관점을 통하여 천년왕국에 있을 예수님의 통치하심을 알게 한다.

그가 그의 길을 우리에게 가르치실 것이라

예수님께서 천년왕국의 백성들에게 어떻게 살아가야 할 길들을 가르치실 것이며 휴거 된 성도들은 생명책에 기록된 열매를 보고 달란트 비유와 므나 비유에서 나타나듯 다스리는 통치의 지역을 받고 왕 같은 제사장의 역할을 감당하게 될 것인데 이 역할은 통치의 주권을 받아 천 년의 시간 동안 하나님 나라와 예수님의 구원에 관하여 가르치게 될 것이다. 이러한 가르침이 시온 산의 예루살렘에 계시는 만왕의 왕이신 예수님으로부터 나오게 될 것이라 가르치는 말씀이다.

율법이 시온에서부터 나올 것이요 여호와의 말씀이 예루살렘에서부터 나올 것임이니라

시온에 계시는 예수님으로부터 나오는 말씀을 온 세계에 흩어져 살아가는 천년왕국의 백성들이 어떻게 듣고 교육이 이루어질까 궁금하지 않은가? 천년왕국의 시간에는 두 부류의 인간이 살아갈 것이다. ❶ 홀연히 변화되어 부활의 영체를 입고 휴거 된 자 ❷ 홀연히 변화되지 못하고 육신의 상태로 천 년을 살아가는 자들이다. 이 부류 속에는 구원받은 유대인들과 하나님의 영광을 모르고 환난의 시간 속에서 살아남은 자들사 66:19이다. 예수님의 약속대로 여호사밧 골짜기 심판 직전 이방 땅에서 돌아온 유대인들은 성전으로부터 흘러내리는 생수로 가득한 요단강에서 회개의 세례를 받고 심판의 메시아 앞에 서게 될 것이므로 그들은 예수님에 대한 이해가 없으며, 죄의 속성을 그대로 가지고 있는 자들이다. 그들에게 복음을 가르치며 하나님 나라에 대한 신약적 가르침들을 전하는 자가 바로 홀연히 변화되어 공기보다 가벼운 몸을 가지고 구름 위로 들려 올라가 예수님의 심판에 참여했던 시간과 공간을 초월하는 휴거 된 자들이 될 것이다. 그들은 휴거 되어 시, 공간을 초월하는 몸을 가진 자들이며 도시와 통치 영역을 부여받아 말씀으로 다스리게 될 것이다. 이것이 '달란트와 므나비유의 성취'이다. 주어진 영역을 다스리기 위해 사역의 영역과 예수님이 계시는 예루살렘을 순간 이동으로 왕래하며 그분의 말씀을 받아 가르치는 사명을 가진 왕 같은 제사장으로 천 년을 살아갈 것이다. 휴거 된 몸이 아니면 섬과 섬들로 이루어진 지구촌을 향하여 전하시는 예수님의 살아있는 말씀을 듣고 전할 수 없다. 유일한 길은 시공간을 초월하여 움직이는 홀연히 변화된 몸을 가진 왕 같은 제사장들, 천 년 동안 왕 노릇 하는 휴거 된 자들 밖에 할 수 없는 일이다. 이러한 시공간 초월의 몸에 대한 성경적 근거는 부활하신 예수님에 대하여 전하는 요한의 증거에 귀를 기울이면 이해할 수 있다.

> 이 날 곧 안식 후 첫날 저녁 때에 제자들이 유대인들을 두려워하여 '모인 곳의 문들을 닫았더니' '예수께서 오사 가운데 서서' 이르시되 너희에게 평강이 있을지어다 요 20:19

> 여드레를 지나서 제자들이 다시 집 안에 있을 때에 '도마도 함께 있고 문들이 닫혔는데' '예수께서 오사 가운데 서서 이르시되' 너희에게 평강이 있을지어다 하시고 요 20:26

두 절 이해의 핵심은 **'문들이 닫혔는데'**이다. 이 표현 속에 나타나는 요한의 글은 문들이 닫혔으나 예수님께서 공간 이동으로 가운데에 나타나셨다는 사실을 설명하며 이것이 너희가 부활하여 갖게 될 영체가 가지는 특성이며 이 모습이 후일 너희들의 부활의 영체, 곧 홀연히 변화될 휴거의 영체에 대한 모습이라고 조심스럽게 가르치고 있는 듯하다. 도마라는 인물을 이 말씀 속에서 그리고 있는 이유는 무엇이겠는가? 의심 많은 그에게 '부활의 몸은 이런 것이야'라고 가르치시기 위함이며 부활에 대한 믿음을 주기 위한 요한의 소환이며 천년왕국에서 살아가는 휴거 된 몸에 대한 분명한 근거를 이해하도록 이끄는 말씀이다.

> 그가 '열방 사이에 판단'하시며 '많은 백성을 판결'하시리니 무리가 그들의 칼을 쳐서 보습을 만들고 그들의 창을 쳐서 낫을 만들 것이며 이 나라와 저 나라가 다시는 칼을 들고 서로 치지 아니하며 다시는 전쟁을 연습하지 아니하리라 사 2:4

이사야 선지자는 인간이 살아가는 세상에서 필연적으로 일어나는 야망에 의한 정복 전쟁이 다시는 일어나지 않을 시간에 대하여 말하고 있다. 중요한 의미는 칼을 들고 살육하지 아니하며 전쟁을 연습하며 위기를 고조시키는 일이 없을 것에 대한 확신을 가지도록 이끄는 근거에 대하여 열방을 판단하시고 많은 백성들을 심판하시는 그분으로 인하여 그렇게 된다는 것이다. 심판의 주 예수님으로 인하여 다시는 전쟁이 없을 것이라는 전쟁 종결에 대한 End-time을 선포하고 있는 것이다.

❷ 사 11:6-9절에 나타나는 천년왕국의 근거

> ⁶ 그 때에 '이리가 어린 양과 함께 살며 표범이 어린 염소와 함께 누우며 송아지와 어린 사자와 살진 짐승이 함께 있어 어린아이에게 끌리며 ⁷ 암소와 곰이 함께 먹으며 그것들의 새끼가 함께 엎드리며 사자가 소처럼 풀을 먹을 것이며 ⁸ 젖 먹는 아이가 독사의 구멍에서 장난하며 젖 뗀 어린아이가 독사의 굴에 손을 넣을 것이라' ⁹ 내 거룩한 산 모든 곳에서 '해 됨도 없고 상함도 없을 것'이니 이는 '물이 바다를 덮음 같이 여호와를 아는 지식이 세상에 충만할 것'임이니라 사 11:6-9

이 말씀의 전체 맥락은 하나다. 서로 해하는 죄악의 본성이 사라졌다는 것이다. 이리와 어린 양이, 표범이 어린 염소와 함께 누우며, 어린 사자와 살진 짐승이 함께 공존하는 세상, 사자가 소처럼 풀을 먹는 것은 창 1:30절의 여섯째 날의 창조에 대한 말씀을 논증한다.

> 또 '땅의 모든 짐승과 하늘의 모든 새와 생명이 있어 땅에 기는 모든 것'에게는 내가 모든 '푸른 풀을 먹을 거리로 주노라' 하시니 그대로 되니라 창 1:30

죄가 없었던 에덴에서의 현상이 재현될 것에 대한 가르침이다. 모든 짐승이 푸른 풀을 먹을 거리로 삼았던 그 에덴의 순수함이 천년왕국에서 재현될 것이다. 이것은 완전한 평화라는 의미를 전달하고 있는데 완전한 평화는 오직 하나님의 나라에서만 가능한 현상이기에 천년왕국의 통치자 예수님의 통치에 의해서만 재현될 수 있는 완전한 나라가 완성되어가는 시간인 것이다. 특히 **"물이 바다를 덮음 같이 여호와를 아는 지식이 세상에 충만할 것임이니라"**사 11:9 라는 표현이 주는 의미는 매우 중요한 의미를 전하는 표현이다. 하나님을 아는 지식이 천 년 동안 쉼없이 가르쳐질 것에 대한 의미인데 휴거 되지 못한 자들의 신앙 상태는 **'오른손이나 이마에 표를 받지 아니하고 우상에게 절하지 아니하고 오직 메시아만을 기**

다리며 인내했던 신실한 율법 백성인 돌아온 유대인들'겔 39:27-28과 '휴거되지 못하고 환난을 통과한 신약의 연약한 그리스도인들'고전 3:15과 적그리스도가 하나님이 아님을 알고 예수님을 기다린 자들이 있을 것을 예견할 수 있는데 이들 모두는 하나님 나라와 삼위일체, 예수님의 구원에 대한 지식들이 부족할 것이며 천 년 동안 그들과 그들의 태어날 자녀들이 천 년 동안 하나님을 아는 지식이 온 세상에 가득할 정도로 충만하게 될 것이라고 전하는 것이다. 이러한 준비는 천 년 후에 있을 영원한 하나님의 나라를 위한 준비가 될 것이다. 이러한 준비를 하는 하나님의 시간을 천년왕국이라 말하는 것이다. 천년왕국이 왜 필요하냐는 질문에 대하여 더 깊은 이해를 위해 Q & A를 참고하기 바란다.

❸ 사 33:20-21절에 나타나는 천년왕국의 모습

> 20 우리 절기의 시온 성을 보라 네 눈이 안정된 처소인 예루살렘을 보리니 그것은 '옮겨지지 아니할 장막'이라 그 '말뚝이 영영히 뽑히지 아니할 것'이요 그 줄이 하나도 끊어지지 아니할 것이며 21 '여호와는 거기에 위엄 중에 우리와 함께 계시리니' '그곳에는 여러 강과 큰 호수가 있으나 노 젓는 배나 큰 배가 통행하지 못하리라' 사 33:20-21

"옮겨지지 아니할 장막"이라는 표현에 주목해야 하는데 이 의미는 계 15:5절의 해석을 참조하기를 바라며 "말뚝이 영영히 뽑히지 아니할 것이요"라는 의미는 두 번 다시 장막이 옮겨질 일이 없을 것이라는 이해를 제공한다. 그 시간은 예수님께서 이 땅을 다스리시는 천년왕국이라는 의미다. 천년왕국의 끝에서 이루어질 완성된 하나님의 나라는 영원의 시간으로 들어가는 준비의 시간으로 천년왕국과 하나님 나라의 완성은 사탄이 역사하지 않는 시간이라는 공통된 의미를 가지고 예수님이 통치하시는 연결된 시간이다. 거룩한 성 새예루살렘 성계 21:1이 이 땅에 있는 예루살렘에 임할 것이며 이 성은 성전이 필요 없는 성계 21:22으로 **"하나님과 어린 양이 곧 성전"**계 21:22이라고 말씀하시는 완성된 하나님 나라의 교회를 의미한다. **"여호와는 거기에 위엄 중에 우리와 함께 계시리니"**라는 표현을 통하여 더 온전히 우리와 함께 거하시는 하나님에 대하여 이해하도록 돕는 천년왕국에 대한 표현인 것을 알게 한다. **"그곳에는 여러 강과 큰 호수가 있으나 노 젓는 배나 큰 배가 통행하지 못하리라"**는 말씀에 대한 의미는 천년왕국의 시간에는 사람들이 욕심을 내고 무역하며 이윤추구를 목적으로 아둥바둥 살아가는 세상이 아니라는 사실에 대하여 가르치는 말씀이다. 오직 말씀 양육으로 하나님을 아는 지식으로 가득차는 여유롭고 평안한 안식의 시간이 될 것이다. 오직 하나님께서 베푸시는 은혜를 알고 그 은혜 아래서 살아가는 시간이 될 것이다. 그 시간의 예루살렘에 대한 에스겔의 증거는 이러하다.

> 여러 날 후 곧 말년에 '네가 명령을 받고 그 땅 곧 오래 황폐하였던 이스라엘 산에 이르리니' 그 땅 백성은 '칼을 벗어나서 여러 나라에서 모여 들어오며 이방에서 나와 다 평안히 거주하는 중'이라 겔 38:8

> 말하기를 내가 평원의 고을들로 올라 가리라 '성벽도 없고 문이나 빗장이 없어도 염려 없이 다 평안히 거주'하는 백성에게 나아가서 겔 38:11

돌아온 이스라엘 백성이 예수님의 통치하에 온전한 안식과 평강을 누리고 있을 때 하나님께서 곡과 마곡을 이끌어 예수님이 통치하시는 예루살렘으로 모여 전쟁을 일으키는 천년왕국 후의 모습을 설명하는 행간의 말씀으로 안식을 누리는 예루살렘의 풍경을 그리고 있다. 인상적인 풍경은 **"칼을 벗어나서 여러 나라에서 모여 들어오며 이방에서 나와 다 평안히 거주하는 중"**이라는 표현과 **"성벽도 없고 문이나 빗장이 없어도 염려**

없이 다 평안히 거주"한다는 풍경이다. 이 표현의 의미는 온 땅에 흩어져 평안이 없었던 이스라엘이 천년왕국 안에서 누리는 예루살렘의 완전한 평강이다. 죄와 욕심, 사망이 없는 예수님의 통치가 있는 나라가 천년왕국이라는 설명구에 속하는 행간이다.

❹ 사 35:3-10절에 나타나는 천년왕국에 있을 '사람과 땅'의 회복과 변화

⁴ ~보라 너희 '하나님이 오사 보복하시며 갚아 주실 것'이라 하나님이 오사 너희를 구하시리라 하라 ⁵ '그 때에' '맹인의 눈이 밝을 것이며' '못 듣는 사람의 귀가 열릴 것'이며 ⁶ 그 때에 '저는 자는 사슴 같이 뛸 것'이며 '말 못하는 자의 혀는 노래하리니' 이는 '광야에서 물이 솟겠고 사막에서 시내가 흐를 것'임이라 ⁷ '뜨거운 사막이 변하여 못이 될 것'이며 '메마른 땅이 변하여 원천이 될 것'이며 '승냥이의 눕던 곳에 풀과 갈대와 부들이 날 것'이며 사 35:4-7

환난의 시간에 느끼던 모든 두려움이 사라지고 내 편이신 메시아가 강림하셔서 모든 것에 대한 회복이 일어날 것에 대한 예언이다. 천년왕국은 약한 자와 겁내는 자가 굳세게 되는 시간이다. 왜냐하면 적그리스도와 거짓 선지자를 불못에 던지신 후 약하게 하고 두려워하게 하는 사탄을 무저갱에 가두시며 우리의 모든 약함과 두려움에 대하여 갚아 주실 것이기 때문이며 하나님의 백성들을 위하여 보복하실 것이기에 더 이상 두려움이나 약함이 없을 것이기 때문이다. 곧 5절의 '그 때에'라는 시제적 표현이 그 시간을 말하는 것이며 그 때와 천년왕국이 이어져 사람을 완전하게 회복시키고 땅의 사막화와 메마름을 해소시켜 생명의 땅으로 회복되는 시간이 되는 것이다. 이러한 회복이 일어나는 시간이 천년왕국이며 또한 천년왕국이 필요한 이유가 된다. 사람의 회복에 대하여는 "⁵**맹인의 눈이 밝**

을 것이며 못 듣는 사람의 귀가 열릴 것이며 ⁶ 그 때에 저는 자는 사슴 같이 뛸 것이며 말못하는 자의 혀는 노래 하리니"라고 증거하고 있으며 땅의 회복과 변화에 대하여는 "이는 광야에서 물이 솟겠고 사막에서 시내가 흐를 것임이라 ⁷ 뜨거운 사막이 변하여 못이 될 것이며 메마른 땅이 변하여 원천이 될 것이며 승냥이의 눕던 곳에 풀과 갈대와 부들이 날 것"이라 가르치고 있는 것이다. 또한 그곳에서 살아갈 사람들의 자격을 분명히 구별하고 있다는 사실에 집중하라! 그곳에 다닐 수 있는 사람들은 오직 구속함을 받은 거룩한 사람만 가능할 것이라 가르치고 있다. 특히 '우매한 자'라고 묘사하는 '어리석은 자'들은 결코 들어갈 수 없는 나라가 예수님이 다스리시는 천 년의 왕국이다. 천년왕국 안에서 하나님을 쉽게 배반하고 하나님의 구원에 대하여 감사하지 않는 어리석은 자는 결코 볼 수 없을 것이라 가르치고 있는데 이 말씀의 의미는 예수님의 구원에 대하여 오늘날과 같이 '나는 구원받았으니 염려 없어' 라고 하나님의 창조 목적대로 살지 않는 어리석은 자는 예수님이 다스리는 천년왕국에 들어가지 못할 것에 대한 반증이라는 사실을 직시해야 할 것이다. 이러한 인식에 대한 이사야서의 증거는 이러하다.

⁸ 거기에 대로가 있어 그 길을 거룩한 길이라 일컫는 바 되리니 '깨끗하지 못한 자는 지나가지 못하겠고 오직 구속함을 입은 자들을 위하여 있게 될 것'이라 '우매한 행인'은 그 길로 다니지 못할 것이며 ⁹ 거기에는 사자가 없고 사나운 짐승이 그리로 올라가지 아니하므로 그것을 만나지 못하겠고 오직 '구속함을 받은 자만 그리로 행할 것'이며 ¹⁰ 여호와의 '속량함을 받은 자들이 돌아오되' 노래하며 시온에 이르러 그들의 머리 위에 영영한 희락을 띠고 기쁨과 즐거움을 얻으리니 슬픔과 탄식이 사라지리로다 사 35:8-10

깨끗한 자와 의롭게 된 하나님의 구원받은 백성들만 거룩한 대로로 걸어갈 것이며 또한 예수님의 통치 시간에 부어질 은혜와 평강에 대하여 사

나운 사자 같은 짐승은 없을 것이며 하나님의 속량함을 받은 이방의 유대인들이 돌아와 구원을 얻게 될 것슥 12:10-13:1에 대하여 말씀하고 있다. '이방 땅에서 돌아온 유대인들'겔 39:28은 '예루살렘에서 흘러내리는 샘에 죄를 씻고'욜 3:18, 슥 13:1 시온에 이르러 더 이상 슬픔과 탄식이 사라진 천년왕국의 예수님 통치 아래서 평안을 얻고 살아갈 것에 대하여 분명한 어조로 가르치고 계신다.

❺ 사 51:3절에 나타나는 천년왕국의 근거

> 나 여호와가 시온의 모든 황폐한 곳들을 위로하여 그 '사막을 에덴 같게' 그 '광야를 여호와의 동산 같게' 하였나니 '그 가운데에 기뻐함과 즐거워함과 감사함과 창화하는 소리'가 있으리라 사 51:3

천년왕국의 목표를 설명하고 있다. 천년왕국의 필요는 여러 가지가 있는데 본문은 땅의 회복을 위한 시간에 대하여 설명하고 있다. 황폐하게 하는 나팔과 대접의 심판이 끝나고 나면 이 땅은 참혹하게 변할 것이다. 엄청난 지진과, 거대한 화산의 폭발과, 해일, 화재, 우박으로 인한 피해들, 사람과 짐승의 죽음으로 인한 시신들, 세계 곳곳에서 폭파된 원전들로 인한 방사능 폐해, 무너진 건물들과 유전폭발과 기름유출로 인하여 더러워진 지구의 망가지고 부서진 화재, 기후 변화로 인한 황폐화된 사막들과 광야들이 여호와의 동산, 곧 '에덴의 모습으로 새롭게 되는데 필요한 시간이 천 년'이라는 의미를 가지는 것이라고 천 년의 시간이 필요한 이유를 설명하고 있는 행간이다. 이러한 환경에 대하여 회복이 이루어지고 있는 땅에서 기뻐함과 즐거워함과 감사함과 창화하는 감사의 찬송 소리가 있을 것이라는 천년왕국에 대한 가슴 설레는 소망의 가르침이다.

❻ 사 65:20-25절에 나타나는 천년왕국의 근거

'거기'는 '날 수가 많지 못하여 죽는 어린이와 수한이 차지 못한 노인이 다시는 없을 것'이라 곧 '백 세에 죽는 자를 젊은이라 하겠고 백 세가 못되어 죽는 자는 저주 받은 자'이리라 사 65:20

거기

이 행간이 말하는 '**거기**'는 예수님께서 만왕의 왕으로 다스리시는 천년왕국의 땅과 시간을 지칭하는 표현이면서 20절 이후의 모든 현상은 곧 예수님이 다스리는 천년왕국의 시간 안에 있는 지구상의 모든 땅을 지칭하는 표현이기도 하다. 예수님이 다스리는 천 년의 시간 속에서는 예루살렘과 다른 또 다른 땅이 있을 수 없기 때문이다.

날 수가 많지 못하여 죽는 어린이와 수한이 차지 못하고 죽는 노인이 다시는 없을 것

예수님께서 만왕의 왕으로 친히 다스리시는 천년왕국의 시간에는 하나님의 뜻에 반하는 불순종이나 특별한 이유 없이 질병이나 기타 사유로 죽는 생명이 없을 것이라는 가르침이다. 누구든지 예수님의 천년왕국이 시작되면 구원받은 모든 자들은 천 년을 살아가게 될 것에 대하여 가르치는 말씀이며 이것이 천년왕국의 생명법이 될 것이다.

백 세에 죽는 자를 젊은이라 하겠고 백 세가 못되어 죽는 자는 저주받은 자이리라

천년왕국 안에서 죽음이 있을 것인데 백 세가 못되어 죽는 사람은 저주를 받은 자이기 때문 이라는 의미의 선언이다. 천 년의 시간에 저주를 받는다는 의미는 인간의 성품이 변화되지 못한 상태이기 때문인데 아직 사탄이 심판받지 않고 천 년 동안 무저갱에 있는 상태이고 사망과 음부지옥가 유황 불못에 던져지기 전의 시간이기 때문이다. 사탄과 사망과 음부와 관련된 죄에 대한 모든 것이 없어지는 시간은 천 년이 지나고 흰 보좌 심판의 때가 될 것임을 계 20:11-15절이 증거하고 있으므로 그 시간까지 사탄은 무저갱에서 나오지 못하지만 여전히 죄의 영향력은 살아있을 것이며 변화되지 못하고 구원받은 유대인들과 휴거 되지 못하고 구원받은 자들이 살아서 죄성을 가진 육체로 살아가는 시간에는 여전히 죄의 영향력은 이 땅에 잔존하게 될 것이다. 그러므로 사 2:3절의 말씀인 "~**율법이 시온에서 나올 것이요 여호와의 말씀이 예루살렘에서 나올 것임이니라**"는 예언적 선포를 바탕으로 육체적 본성들이 변화되지 못한 사람들을 온전히 양육하기 위해 율법과 복음이 시온 산에 계시는 예루살렘의 예수님으로부터 나와 사람을 변화시킬 것이다. 시온 산의 예수님으로부터 율법과 말씀, 곧 복음이 동시에 나올 것이라는 의미는 신약성경에 나타나는 "**복음은 징계에 관한 내용이 없어 천년왕국 안에서 저주와 징계에 대한 법으로 사용될 수 있는 항목은 없다. 저주와 징계는 율법에만 있다는 사실을 전제로 천년왕국에서 저주를 받아 처벌받는 법은 레위기에 나타나는 하나님의 법이 될 것**"이라는 합리적 추론이 가능하며 만약 그렇지 않다면 레위기를 바탕으로 조례나 규칙이 강화된 특별법을 제정하셔서 다스리실 것이라 예측할 수 있다. 이러한 분석은 천년왕국 안에서 저주의 법은 순종하지 않는 완악함이 남아 레위기의 법과 특별법을 범하므로 주어지는 예수님의 저주와 진노가 여전히 있을 것이라는 사실에 대하여 알게 하는 지식이다.

> 21 그들이 '가옥을 건축하고 그 안에 살겠고 포도나무를 심고 열매를 먹을 것'이며 22 그들이 건축한 데에 타인이 살지 아니할 것이며 그들이 심은 것을 타인이 먹지 아니하리니 이는 '내 백성의 수한이 나무의 수한과 같겠고' 내가 택한 자가 그 손으로 일한 것을 길이 누릴 것이며 23 그들의 수고가 헛되지 않겠고 '그들이 생산한 것'이 재난을 당하지 아니하리니 그들은 여호와의 복된 자의 자손이요 그들의 후손도 그들과 같을 것임이라 사 65:21-23

　천 년의 시간을 살아갈 구원받은 자들의 삶의 모습에 대하여 전하고 있다. 이 행간이 말하는 모습은 네 가지이다. ❶ 가옥을 건축할 것이며 ❷ 포도 농사를 지을 것이며 ❸ 각자의 수고를 빼앗는 자가 없을 것과 ❹ 그들과 그들의 후손까지 복을 받을 것에 대하여 말하고 있다. 가옥에 대한 건축은 육신을 가지고 천 년을 살아가는 자들에게는 반드시 있어야 할 필요이며 포도 농사와 곡식 농사 또한 육신을 가지고 살아가는 자들에게 반드시 필요한 의식주이므로 이를 해결하며 살아가야 할 것에 대하여 말하고 있다. 천년왕국의 시간에는 악한 일이 많지 않을 것이라 여기면 될 것이다. 예수님의 통치가 직접 이루어지는 시간이며, 무저갱에 갇힌 사탄의 존재는 사망과 지옥과 함께 힘을 쓰지 못하는 시간이 될 것이다. 악한 자들은 모두 심판으로 사라지고 짐승의 표를 받지 아니하고 우상에게 절하지 않는 믿음으로 견뎌 예수님의 구원을 이룬 이긴 자들이기에 그들은 예수님의 말씀에 순종할 준비가 된 자들로 예수님의 말씀을 따라 주어진 삶을 신실하게 살아갈 것이다. 그러므로 각자의 수고에 대한 열매를 빼앗길 일이 없이 평안을 누리는 것은 당연하다. 이러한 복은 환난을 이기고 천년왕국으로 들어간 자와 천 년 동안 태어날 그들의 후손까지 받을 복이라 약속하는 말씀이다. 24절은 천년왕국에서 있을 예수님과 자기 백성과의 친밀함과 보호하심에 대하여 전하고 있다.

> '24 그들이 부르기 전에 내가 응답'하겠고 그들이 '말을 마치기 전에 내가 들을 것'이며 25 '이리와 '어린 양이 함께 먹을 것'이며 '사자가 소처럼 짚을 먹을 것'이며 '뱀은 흙을 양식으로 삼을 것'이니 '나의 성산에서는 해함도 없겠고 상함도 없으리라' 여호와께서 말씀하시니라 사 65:24-25

내 백성의 수한이 나무의 수한과 같겠고

인간의 생명이 천 년을 살 것에 대하여 말하고 있다. 나무는 천 년을 사는 수명을 가지고 있다. 인간 또한 이러한 수명을 가질 것에 대하여 말하는 것으로 천 년의 수명 후에 영원한 나라로 들어갈 것이기에 인간의 수명은 영원한 것이 된다. 영원의 나라에서의 인간 수명은 영원하다. 이 것을 성경은 영생이라 표현한다. 영생은 신의 영역에 속하며 과분하게도 인간을 창조하신 하나님은 그분의 사랑 때문에 인간에게 영원의 시간을 하나님과 함께 살아가도록 정하시고 인간을 신이라 부르셨는데 아삽의 시 82:1, 6절과 요 10:34-35절을 살펴 인간을 향하여 신이라 말씀하시는 하나님의 말씀을 온전히 이해하기를 바란다.

> 하나님은 '신들의 모임 가운데에 서시며' 하나님은 그들 가운데에서 재판하시느니라 시 82:1

> 내가 말하기를 '너희는 신들이며 다 지존자의 아들들'이라 하였으나 시 82:6

신약시대를 여시기 위해 이 땅에 오신 여호와이신 예수님은 아삽의 시에 나타나 있듯 인간을 향해 신이라 하신 그 말씀에 대하여 요한을 통하여 다시 이렇게 논증하셨다.

> ³⁴ 예수께서 이르시되 너희 '율법에 기록된 바 내가 너희를 신이라 하였노라' 하지 아니하였느냐 ³⁵ '성경은 폐하지 못하나니' '하나님의 말씀을 받은 사람들을 신이라' 하셨거든 요 10:34-35

곧 하나님의 말씀을 받은 신약시대의 성도들이 신의 자격을 가진다는 의미이다. 하나님의 말씀을 받은 성도들을 신이라 부르시는 이유는 무엇일까? 이 의미를 이해하려면 인간과 신의 특징을 살펴야 할 것이다.

❶ 영원히 죽지 않는 존재이다.
❷ 죽었다 할지라도 다시 살아나는 존재이다._{부활}
❸ 능력을 행하는 존재이다.

인간이 신적 존재가 되려면 적어도 이 세 가지의 기본적인 존재적 능력에 대한 이해는 있어야 할 것인데 성도에게 그러한 능력이 있을까? 답은 '있다'이다. '성도는 영생을 허락받은 하나님의 자녀'마 25:46이며, '예수님의 재림의 시간에 부활'할 것요 5:29/생명의 부활과 심판의 부활, 요 11:25/나는 부활이요 생명, 행 24:15/의인과 악인의 부활이며, 신약시대에는 '예수님보다 더 큰 능력을 행할 것'요 14:12을 허락받은 자가 성도이며 하나님의 나라가 완성되는 그 시간 모두가 신성을 가지고 하나님과 영원히 함께 살아갈 것이기 때문에 이 모든 것을 준비하신 하나님이 우리를 이미 신이라 부르신 것에 대하여 아삽의 시편과 이를 인용하시는 예수님의 가르침을 통하여 알 수 있는데 이는 성도의 존재적 가치를 설명하는 말씀이다.

❼ 사 66:18-21절의 천년왕국의 선교에 대한 논증

¹⁸ 내가 그들의 행위와 사상을 아노라 '때가 이르면 뭇 나라와 언어가 다른 민족들을 모으리니 그들이 와서 나의 영광을 볼 것'이며 ¹⁹ 내가 그들 가운데에서 징조를 그들 가운데에서 도피한 자를 여러 나라 곧 '다시스와 뿔과 활을 당기는 룻과 및 두발과 야완'과 또 '나의 명성을 듣지도 못하고 나의 영광을 보지도 못한 먼 섬들'로 보내리니 그들이 '나의 영광을 뭇 나라에 전파'하리라 ²⁰ 나 여호와가 말하노라 이스라엘 자손이 예물을 깨끗한 그릇에 담아 여호와의 집에 드림 같이 그들이 '너희 모든 형제를 뭇 나라에서 나의 성산 예루살렘으로' 말과 수레와 교자와 노새와 낙타에 태워다가 여호와께 예물로 드릴 것이요 ²¹ 나는 '그 가운데에서 택하여 제사장과 레위인을 삼으리라' 여호와의 말이니라 사 66:18-21

천년왕국에서의 선교가 무슨 말이냐고 말할 수 있을 것이다. 그러나 분명한 사실은 천년왕국의 시간 안에 들어온 자들을 세밀하게 구분하면 휴거 된 자들, 돌아온 유대인, 생명책에 이름이 기록된 자들로 환난에서 살아남은 자들 세 그룹이요, 이들을 두 그룹으로 구별하면 홀연히 변화되어 휴거 된 몸과 휴거 되지 못한 몸이다. 사 66:19절의 말씀은 아예 예수님을 모르는 자들에게 선교사를 보내시겠다는 하나님의 계획을 설명한다. 이 생소한 가르침에 대한 이해가 필요하다.

'때가 이르면' 뭇 나라와 언어가 다른 민족들을 모으리니
그들이 와서 나의 영광을 볼 것이며 사 66:18절

"때가 이르면"이라는 표현의 '때'는 천년왕국의 시간을 의미하는 것이며 '언어가 다른 민족들'이란? 환난 가운데서 살아남은 이방 백성들을 의미한다. 이들은 천년왕국의 시작 시점에 있었던 여호사밧 골짜기 심판 때 생명책에 기록된 자들로써 살아남은 자들이다. 그들은 성전에서 흘러내리는 생수에 회개의 세례를 받고 구속함을 받은 자들이며 깨끗함을 받은 자들이다 슥 12:10, 13:1, 사 35:8-9. 이들은 예수님의 부름을 받고 예수님이 계시는 예루살렘으로 가서 만왕의 왕이신 예수님의 얼굴에 있는 하나님의 영광을 보고 예배할 것이라는 천년왕국의 시간에 있을 예수님과 자기 백성과의 관계를 가르치고 있다.

그들 가운데에서 '징조'를 '세워서' 그들 가운데에서 '도피한 자'를 여러 나라 곧 다시스와 뿔과 활을 당기는 룻과 및 두발과 야완과 또 '나의 명성을 듣지도 못하고 나의 영광을 보지도 못한 먼 섬들'로 보내리니 그들이 나의 영광을 '뭇 나라에 전파'하리라 사 66:19

"그들"이란? 뭇 나라와 언어가 다른 이방의 구원받은 백성들을 의미하며 '그들 가운데서 징조를 세워'에 대한 원어적 의미 두 가지를 살펴봄으로 이해에 이를 것이다. '세우다'라는 의미는 히) '숨'의 역어로 **'임명하다'**라는 의미이며 천 년의 시간 동안 말씀을 가르치고 하나님 나라를 전할 선교 사역을 감당할 자를 가리킨다. '징조'는 히) **'오트'**의 역어이며 표징, 표적이라는 의미이다. **'오트는 어떤 사람이나 집단을 특징적으로 나타내는 표식과 같은 것'**을 의미한다. 예를 들어 창 4:15절에 나타나는 '가인에게 표를 주사'라는 말씀 속에 기록된 가인에게 주신 **'표, 곧 하나님의 보호하심을 인정하도록 주시는 표식'**을 오트라고 하는 것이다. 이 행간에서 오트는 일종의 **'선교사의 징표'** 곧 복음의 사명을 받아 가르치러 가는 교사로서의 징표, 곧 복음의 교사로 인정하는 표식을 일컫는 표현을 의미한다. 이방에서 나아오는 자들, 곧 **"도피한 자"**히) 팔리트로 묘사하는데 이는 재난으로부터의 **'도피자, 생존자, 심판에서 살아남은 자'**를 의미하는 표현이다. 천년왕국의 때까지 살아남은 이방의 백성들 중에서 말씀으로 준비된 선교사를 세워 영원한 하나님의 나라에 대하여 가르치기 위해 가는 땅, '**다시스**'팔레스틴과 멀리 떨어져 있는 섬나라 와 '**뿔**'히) 풀, 다른 것과 구별되다 '**룻**'히) 루드, 다툼, 투쟁, '**두발**'히) 투발, 지도하다, 야벳의 다섯 번째 아들 과 '**야완**'히) 야완, 이오니아 사람(그리이스) 야벳의 아들, 그의 아들들-달시스와 깃딤(로마인의 조상) 곧 야벳의 백성이 살아가는 땅들을 의미하며 **천년왕국 이후**에 이들이 하나님의 뜻대로 무 저갱에서 천 년 후에 잠시 풀려나계 20:7-10 만국을 미혹할 때 마귀의 그 미혹에 속아 예수님이 계시는 예루살렘으로 쳐들어 왔다가 전멸하는 흰 보좌 심판의 시간 즈음에 있을 '**곡과 마곡의 전쟁**'겔 38-39장, 계 20:11-15의 희생자들과 그 나라이다. 이들은 천 년 동안의 가르침을 버리고 사탄을 좇아 예수님을 배반하는 야벳의 후손들을 의미한다. 또한 '**하나님의 영광을 알지 못하는 섬들**'이라 묘사된 땅은 다른 대륙과 땅들을 의미하는데 하나님의 영광을 알지 못하는 땅과 예수님의 이름을 듣지도 그분의 영광을 보지도 못했지만 예수님의 천 년 통치의 왕국에 살아 있는 자들에게 보내어질 것이라는 하나님의 말씀이다. 여호와의 말씀을 뒤집어 생각하면 예수님을 알지도 믿지도 않는 자들이 살아있을 것이며 그들을 천 년의 시간 동안에 변화시키기 위해 선교사를 파송하실 것이라는 의미가 된다. 이러한 이사야를 통한 가르침은 '**천년왕국의 시간에 휴거 된 몸, 곧 홀연히 변화된 영체의 몸을 가진 자와 육체를 그대로 가진 자들이 함께 살아갈 환경에 대한 이해로 우리를 이끌어가시는 예수님의 가르침**'을 온전히 깨달아야 할 것이다. 이 글을 읽는 자들 중 이러한 성경의 이해에 대하여 예수님을 믿는 자들만 천년왕국에 살아갈 것이라는 인식 때문에 현재의 교리상 맞지 않는다고 생각하는 사람이 있을 수 있지만 예수님을 알지 못하고 살아남은 그들은 성경이 말하는 바 생명책에 기록된 자들계 20:15, 엡 1:4, 렘 1:5이며 우리는 그들을 알 수가 없고 하나님만 아시기에 우리는 전도의 미련한 것으로 믿는 자들을 구원하시기를 기뻐하시는고전 1:21 주님의 음성을 따라 전도와 선교의 삶을 살아야 하는 것이다. 그들은 천년왕국 안에서 시온 산에서 나오는 율법으로 묘사된 레위기의 형법과 예루살렘에서 나오는 예수님의 말씀으로 묘사된 신약의 복음으로 양육되어 거듭나는 삶을 살아가게 될 것이다 사 2:3. 하나님께서 보실 때 섬은 심판의 시간 동안 변화되고 나누어진 대륙을 가리키는 묘사라는 사실을 알아야 이 말씀을 이해할 수 있다. 그곳은 하나님의 영광을 알지 못하는 뭇 나라요 섬들이기에 하나님 나라를 전파하는 선교적 사역자가 필요하므로 파송하시겠다는 것을 계획하신 하나님의 말씀으로 이해되어야 한다.

20 그들이 '너희 모든 형제'를 뭇 나라에서 나의 성산 예루살렘으로 말과 수레와 교자와 노새와 낙타에 태워다가 여호와께 예물로 드릴 것'이요 21 '나는 그 가운데에서 택하여 제사장과 레위인을 삼으리라' 여호와의 말이니라 사 66:20-21

19절 말씀의 행간이 먼 나라에 있는 사람들을 위한 선교사를 세우시려는 하나님의 뜻이라면 20절 행간은 예수님 주위에서 예수님의 천 년 정부를 구성하는 내각, 곧 행정부의 일꾼들인 제사장과 레위인의 선발에 대한 말씀이다. 이방 땅에서 예수님을 만나러 오는 이방의 백성들은 유대인들을 데리고 올 것인데 이방 땅에서 멸시받던 유대인들은 예수님의 천년왕국 시간에는 택한 백성의 존귀함으로 대접받을 것이며 출 19:6절의 약속대로 이스라엘은 제사장의 나라로 세우실 것이다. 그러므로 이방 땅에서 돌아오는 이스라엘 백성들 중에서 제사장과 레위인을 삼아 천년왕국의 정부를 세우실 것이라는 말씀이다. 예수님께서 이스라엘 땅 안에 살던 백성들 중에서 제사장과 레위인들을 택하지 않고 이방 땅에서 돌아오는 백성들 중에서 세우시는 이유는 무엇일까? 라는 흥미로운 질문에 대한 답을 상상해 보라! 예수님의 천년왕국에서는 구약의 율법에 대한 일부의 회복이 있을 것에 대한 힌트와 같다. 법으로 존속되어야 할 율법이 지금도 이스라엘 국가의 통치법으로 작용하듯이 구약의 율법이신 예수님께서 직접 다스리시는 천년왕국 안에서는 처벌 기준이 분명한 통치 율법이 엄중히 강화될 것이라 생각해야 할 이유는 이스라엘의 모든 절기와 법은 하나님 나라의 법을 전제로 하고 있기 때문인데 성경이 이스라엘의 절기 중 **'신약교회가 지키지 않는 구약의 안식일, 월 삿, 초막절이 회복될 것에 대하여 분명히 밝히고 있기 때문이다'** 사 66:23, 슥 14:16-21. 예수님께 나아오는 이방인들은 온 세계에 선교사로 징조를 받고 파송될 것이며 돌아오는 유대인들은 그 가운데서 제사장과 레위인으로 봉사하는 직분으로 부름 받게 될 구분된 사명에 대하여 가르치시는 것이다. 아쉽지만 이방인들은 출 19:6절의 약속에 해당되지 않기에 천년왕국 정부에서 일할 수 없는 것이며 본문의 말씀은 예수님께서 밝히시는 천년왕국 정부의 구성이며 대사의 파견 정책 공약과 같은 것이라 이해하면 된다. 이러한 가르침이 생소한 것은 우리가 천년왕국에 대한 말씀들에 대하여 무관심했기 때문이며 예수님의 천년왕국 정부의 공약에 대하여 얼마나 꽁꽁 싸매어 놓았는지를 알게 한다. 이제 End-time의 복음 안에서 이것을 덮고 있던 보자기와 먼지를 털어내고 예비된 지식을 흡수하여 다시 오실 예수님의 길을 예비하는 자들이 되어 마지막 때의 영적 지식으로 온전히 무장할 때가 되었음을 알아야 하며 천년왕국 안에서 이스라엘의 권위에 대한 가르침에 관심을 가져야 할 때다.

> ^{5} 세계가 다 '내게 속하였나니' 너희가 내 말을 잘 듣고 내 언약을 지키면 '너희는' 모든 민족 중에서 내 소유가 되겠고 ^{6} '너희가 내게 대하여 제사장 나라'가 되며 '거룩한 백성'이 되리라 너는 이 말을 '이스라엘 자손에게' 전할지니라 출 19:5

　　모세가 기록한 하나님의 이 말씀은 '시 126편'에 기록된 다윗의 시와 동질적 관점을 제공하고 있다. 시편의 말씀대로 이스라엘의 구약 백성들은 눈물을 흘리며 온 세상에 흩어져 여호와의 이름과 영광을 이방에게 알게 하였고 이스라엘의 신약시대 예루살렘 교회는 사울의 핍박으로 인한 스데반의 순교의 때 하나님 나라의 복음을 온 지중해 연안에 씨앗으로 뿌리며 흩어진 이방 땅의 유대인들이 마지막 때 메시아이신 예수님의 재림을 보고 예루살렘의 시온 산으로 돌아오는 장면을 환상으로 바라보며 쓴 시가 시 126편인 것이다. 우기 때 고지대인 예루살렘에서 남쪽 유대 광야 낮은 쪽으로 흘러내리는 물줄기에 의해 패인 땅의 흔적들이 시내들처럼 보이는데 이 모습을 줄지어 돌아오는 유대인들의 모습으로 비유하며 시를 쓴 다윗의 독특하고 예언적인 시각으로 쓴 시편이 126편인 것이다. 시온 산의 다윗 성에서 성전으로 올라가며 환상 가운데 바라보는 다윗의 시에서 알 수 있듯이 그들을 바라보시는 예수님의 마음은 그들을 제사장과 레위인으로 삼아 천 년을 통치하실 것에 대하여 모세의 글과 다윗의 시편과 이사야의 예언을 통하여 전하고 있는 것이다. 미래 세대의 이스라엘에게 위임된 명령이며Israel Mandates 주어진 권한이요 권세Authority이다.

Q & A

Q : 천년왕국이 필요한 이유는 무엇인가?

A : 천년왕국은 두 가지의 관점 때문에 필요하다는 성경적 근거를 가진다.

❶ 죄로 더러워진 땅을 정결하게 하여 에덴으로의 회복을 위해서 천 년이 필요

'에덴'에 대한 원어적 의미는 히) '아단'에서 유래하였으며 '기쁨의 동산'이라 해석함이 옳을듯하다. 기쁨의 동산 에덴은 죄로 인한 고통의 땅으로 변질되었지만 예수님의 재림과 통치하심으로 천 년의 시간 동안 슬픔과 고통의 동산은 다시 기쁨의 동산으로 회복될 것이다. 이러한 하나님의 메시지는 성경 곳곳에서 발견된다.

- 천년왕국의 시간 동안 변화되어 회복될 광야와 사막에 대한 말씀

> 나 여호와가 시온의 모든 황폐한 곳들을 위로하여 그 사막을 에덴 같게, 그 광야를 여호와의 동산 같게 하였나니 그 가운데에 기뻐함과 즐거워함과 감사함과 창화하는 소리가 있으리라 사 51:3

- 이스라엘이 죄악에서 정결하게 되는 재림의 때, 이스라엘 땅에 일어날 변화는 에덴의 수준이 될 것을 예언하고 있다.

> 사람이 이르기를 '이 땅이 황폐하더니 이제는 에덴 동산 같이 되었고' 황량하고 적막하고 무너진 성읍들에 성벽과 주민이 있다 하리니 겔 36:35

이 땅에 임할 심판에 대하여 성경은 가히 상상을 초월하는 모습이 될 것이라 전하고 있다. 이사야 선지자는 하나님께서 심판을 앞두고 이 땅을 어떻게 바라보시며 어떻게 심판하실지에 대하여 가늠할 수 있도록 이끄시는 말씀에 대하여 이렇게 표현하고 있다.

> 보라 그에게는 '열방이 통의 한 방울 물과 같고 저울의 작은 티끌 같으며 섬들은 떠오르는 먼지 같으리니' 사 40:15

하나님 앞에서 이 땅과 인간의 존재 가치가 얼마나 초라하고 보잘 것 없는 것인지를 온전히 알게 하시는 말씀이다. 요한의 계시록은 마지막 때 심판의 두려움을 이렇게 전하고 있다.

> [18] 번개와 음성들과 우렛소리가 있고 또 큰 지진이 있어 얼마나 큰지 '사람이 땅에 있어 온 이래'로 이같이 큰 지진이 없었더라' [19] '큰 성이 세 갈래로 갈라지고 만국의 성도 무너지니' '큰 성 바벨론'이 하나님 앞에 기억하신 바 되어 그의 맹렬한 '진노의 포도주 잔'을 받으매 [20] 각 섬도 없어지고 산악도 간 데 없더라 [21] 또 '무게가 한 달란트나 되는 큰 우박'이 하늘로부터 사람들에게 내리매 사람들이 그 '우박의 재앙 때문에 하나님을 비방'하니 그 재앙이 심히 큼이러라 계 16:18-21

이러한 엄청난 심판의 소용돌이는 지구로 하여금 지진과 화산, 해일과 우박, 하늘의 별들이 떨어지며 용암이 터져 나와 아수라장이 되는 지구는 인간의 손으로 만든 모든 더러운 것과 인간에 의해 세워진 발전소나 원자력 시설, 각종 건축물의 붕괴와 파괴로 땅이 더럽혀질 것이지만 천 년의 시간을 거치는 예수님의 통치의 시간 동안 이 땅은 에덴과 같이 다시 회복될 것이다. 인간이 죄를 범하므로 인하여 이 땅에 들어온 죄의 영향은 땅이 함께 저주를 받는 것이었다. 땅이 저주를 받는 이유는 죄를 짓는 인간과 땅은 하나이기 때문이며 인간이 땅에서 나왔고 땅인 인간이 더러워지면 땅 또한 더러워지는 것은 당연한 이치로 연결되어 있다. 그러나 땅에서 난 인간이 회복되는 것은 또한 땅이 회복되는 것과 같은 이치이므로 땅과 인간은 천 년 동안 예수님의 통치 아래에서 동시에 회복되는 시간을 갖게 되는 것이다. 이것이 천년왕국이 필요한 첫 번째 이유다.

❷ 휴거 되지 못하고 천년왕국으로 들어온 자들의 양육을 위해 필요

땅과 인간이 하나라는 전제하에 땅의 회복과 인간의 회복에 필요한 시간은 천 년이다. 예수님은 천 년의 시간 동안 심판에서 구원받은 두 부류의 백성을 가르치실 것이다. 그러나 두 부류 모두를 가르치는 것이 아니라 한 부류가 또 다른 한 부류를 가르치고 다스리게 하실 것인데 곧 휴거된 자들이 영체의 몸을 입고 휴거 되지 못하고 천년왕국으로 들어온 자들, 곧 예수님을 알지 못하고 구원받은 유대인들과 사 66:19절에 나타나 있는 예수님의 이름도, 하나님의 영광도 알지 못하는 자들에게 보내어져 그들에게 예수님의 구원을 알게 하고 하나님 나라를 가르치고 다스리도록 인도하실 것이다. 이것이 성경 속에서 달란트 비유와 므나 비유, 그리고 하나님 나라와 예수님에 대하여 문외한들인 유대인의 구원과 짐승의 표를 받지 아니하고 짐승의 우상에게 경배하지 않은 자들을 향한 천년왕국 안에서의 양육이다. 그들은 성경 신학적 관점으로 예정된 자들이며계 20:15, 렘 1:5, 엡 1:4 이들의 공통점은 하나님 나라와 예수 그리스도에 대한 온전한 지식과 믿음은 없지만 짐승의 표를 받지 않고 그의 우상에게 절하지 아니한 정결한 자들이다. 그들은 이방 땅에서 돌아와 여호사밧 골짜기에서 행하시는 예수님의 심판욜 3:1-2에 참여하기 위해 예루살렘으로 갈 때 성전에서 흘러내리는 샘물이 싯딤 골짜기까지 채워짐으로 그 지류에 있는 요단강에서 세례를 받고 정결하게 될 것이며겔 47:1-5, 욜 3:18, 슥 14:10-11, 13:1 여호사밧 골짜기 심판의 양과 염소를 구분마 25:31-46 하시는 시간에 예수님의 우편에 서게 될 것이며 영원한 안식을 준비하기 위하여 예루살렘의 예수님을 뵈옵고 천년왕국으로 들어가게 될 것이다. 이러한 과정을 거쳐 예수님께서 다스리시는 천년왕국에 들어온 그들은 하나님 나라와 예수 그리스도에 관하여 깊은 지식을 갖게 될 것인데 이사야 선지자는 이러한 천 년의 시간 동안 이 땅 백성들을 변화시켜갈 천년왕국의 가르침에 대하여 이렇게 증거 한다.

> 많은 백성이 가며 이르기를 오라 우리가 여호와의 산에 오르며 야곱의 하나님의 전에 이르자 '그가 그의 길을 우리에게 가르치실 것이라 우리가 그 길로 행하리라' 하리니 이는 '율법이 시온에서부터 나올 것이요 여호와의 말씀이 예루살렘에서부터 나올 것'임이니라 사 2:3

> '내 거룩한 산' 모든 곳에서 해 됨도 없고 상함도 없을 것이니 이는 '물이 바다를 덮음 같이 여호와를 아는 지식이 세상에 충만할 것'임이니라 사 11:9

이사야서에 나타나는 두 가지 가르침에 있어 '**율법**'과 '**말씀**'이라는 표현은 구약시대 백성들이 이해할 수 있도록 표현한 것이며 신약시대의 표현으로는 **구약의** '**율법**'과 **신약의** '**복음**'이 된다. 그런데 천년왕국 안에서는 왜 두 가지 다 필요한가? 라는 당연한 질문이 있을 것인데 이유는 율법과 복음이 근본적으로 동일한 본질과 의미를 가진 진리라는 사실에 대하여는 성경이 무흠하며 진리라고 인정하는 사람들은 모두 다 인정하는 바이다. 율법은 장차 신약시대에서 이루어질 모든 구속사적 그림자이며 복음은 이에 대한 성취라는 의미로 이해한다. 중요한 것은 율법에는 징계가 나타나지만 복음에는 사람의 삶에 있어 형법과 같이 판결에 의한 징계가 뚜렷하지 않다는 사실이다. 그러므로 천년왕국의 법과 질서를 이루기에는 신약의 복음만 가지고는 통치법의 기능상 부족할 것이라 여기고 접근하면 이해가 쉬울 것이다. 십자가 구원으로 성취된 제사 제도나

End-time의 완전한 구원을 제외하면 천년왕국을 통치할 새로운 법이 필요하게 될 것인데 아마도 징계에 대한 뚜렷한 관점을 가진 하나님 나라의 통치 율법과 복음이 하나 된 형태의 새로운 법이 하나님 나라의 통치를 이루는 충분한 근간이 될 수 있을 것이라는 결론이 천년왕국 안에서 율법과 복음이 공존할 것이라고 보는 타당한 이유가 된다. 그러므로 예수님이 계시는 예루살렘으로부터 살아있는 율법과 복음의 말씀이 나올 것이라는 이사야서의 이 말씀은 천년왕국에서 있을 하나님 나라의 헌법, 법률, 조례, 규칙의 행간으로 이해되어야 하며 구원받은 하나님의 백성들이 살아가는 천년왕국에서 휴거 된 백성들은 성경의 약속대로 왕 같은 제사장의 직분자들이 되어 하나님 나라와 예수님에 대한 지식이 부족하거나 무지한 자들을 대상으로 주어진 영역에 대한 통치권을 가진 제사장의 역할을 하게 될 것이라는 가르침이다. 이에 대하여 벧전 2:9절은 이렇게 증거 한다.

> 그러나 너희는 택하신 족속이요 '왕 같은 제사장'들이요 거룩한 나라요 그의 소유가 된 백성이니 이는 너희를 어두운 데서 불러 내어 그의 기이한 빛에 들어가게 하신 이의 덕을 선포하게 하려 하심이라 벧전 2:9

요한은 그의 계시록에서 왕 같은 제사장들의 삶에 대하여 이렇게 정의한다.

> 또 내가 '보좌들을 보니 거기에 앉은 자들이 있어 심판하는 권세'를 받았더라 또 내가 보니 '예수를 증언'함과 하나님의 '말씀 때문에 목 베임을 당한 자들의 영혼'들과 또 '짐승과 그의 우상에게 경배'하지 아니하고 그들의 '이마와 손에 그의 표'를 받지 아니한 자들이 살아서 '그리스도와 더불어 천 년 동안 왕 노릇' 하니 계 20:4

계 20:4절은 천년왕국의 진입시간을 묘사하고 있다. 여호사밧 골짜기 심판에서 행해질 양과 염소를 구분하는 시간에 하나님의 백성들 중에서 심판에 참여하여 예수님과 함께 심판의 보좌에 앉는 자들이 있을 것을 가르치고 있으며 천 년의 시간 동안 왕 노릇 할 자들이 어떤 자가 될 것인지를 가르친다. 예수님에 대한 믿음을 저버리지 아니한 자들이 살아서^{부활과 환난의 시간 속에서의 생존} 그리스도와 더불어 천 년 동안 '왕 노릇' 할 것이라 가르친다. 이것이 하나님의 약속이다. '**왕 노릇**'이란 왕은 아니지만 왕과 같은 권세를 가지고 하나님 나라와 예수님에 대한 존귀함과 구원의 영광을 알게 하는 역할자라는 의미이다. 요 20:19, 26절을 살펴볼 때 시간과 공간을 초월하시는 예수님의 행동을 기초지식으로 삼아 부활하신 예수님의 변화된 몸을 이해한다면 휴거 된 우리의 몸이 가지는 유익을 가늠해 볼수 있다. 심판 이후 예수님의 천년왕국에서는 에덴으로의 회복을 방해하는 어떤 것도 용납되지 않을 것인데 에너지를 동력으로 삼아 움직이므로 이차적인 부작용을 낳는 어떤 자동차나 배나 비행기 등의 이동 수단이 결코 없을 것이다.

> ²⁰ 우리 절기의 시온 성을 보라 네 눈이 안정된 처소인 예루살렘을 보리니 그것은 옮겨지지 아니할 장막이라 그 말뚝이 영영히 뽑히지 아니할 것이요 그 줄이 하나도 끊어지지 아니할 것이며 ²¹ '여호와는 거기에 위엄 중에 우리와 함께 계시리니' 그 곳에는 여러 강과 큰 호수가 있으나 '노 젓는 배나 큰 배가 통행하지 못하리라' 사 33:20-21

하나님의 영광 안에 살아갈 때는 속도나 이동에 대하여 예수님의 부활의 몸을 전제로 생각할 때 우리의 변화된 몸으로 얼마든지 시간과 공간에 구애받지 않는 삶이 가능하게 될 것이다. 이동 거리가 아무리 멀어도 순간적인 공간 이동이 가능할 것이므로 휴거 된 자들이 감당해야 할 사명은 시간과 공간에 저촉받지 않는 영적 능력으로 실행하게 될 것이며 이것이 영원한 나라에서 살아갈 부활의 몸이다. 예를 들어 사 2:2-3절의 말씀대로 예수님의 말씀과 계명을 받기 위해 왕이신 예수님께서 호출하신다면 대한민국에서 예루살렘까지의 거리가 아무리 멀어도 순간의 이동으로 예루살렘에서 열리는 예수님의 아침 회의에 온전히 참석할 수 있는 이동의 자유가 휴거 된 몸으로는 가능하게 되는 것이다. 휴거 되지 못하고 천년을 살아가는 자들에게 휴거 된 자들은 왕적 권위를 가진 제사장의 권위와 위엄을 가진 권위자가 되는 것이며 므나 비유를 통해 우리에게 가르치셨듯이 열 므나를 남긴 자들은 열 고을을 다스리는 사명눅 19:13-19과 영광을 부여받게 될 것이다. 이것이 '**상급**'이며 휴거 된 성도가 가지는 '**영광**'이 될 것이다. 이러한 모든 자유는 천년왕국의 백성들을 온전히 성숙시키기 위해 천 년의 시간을 제정하신 이유이다.

Q : 사탄을 바로 심판하지 않으시고 천 년 동안 무저갱에 가두는 이유는 무엇인가?

A : 이유는 천년왕국 세대의 정결함을 시험하기 위해서다.

재림 심판에 있어 가장 악한 중심축인 사탄을 재림 심판의 시간에 심판하지 않으시고 천 년의 시간 동안 가두어두시는 이유는 정말 궁금한 질문의 주제이다. 천 년 후 놓여진 사탄은 곡과 마곡을 미혹겔 38-39장하여 흰 보좌 심판의 대상을 분리하고 가려내는 역할을 하게 될 것인데 이를 위한 하나님의 목적을 수행하기 위해서 천 년의 무저갱을 필요로 한다. 천년왕국 가운데 태어난 세대는 죄나 예수님의 십자가 구원과 재림 심판에 의한 인류의 구원에 대한 경험이나 지식이 없는 세대로써 그저 평안과 축복으로 가득한 천년왕국을 살아온 고난을 모르는 세대이다. 하나님의 나라를 예표하는 풍성함과 평안이 있는 가나안에서의 삶은 애굽의 고통을 모르는 세대로 출애굽의 엄청난 역사와 그 시간을 계획하시고 인도하신 하나님을 알지 못하므로 하나님을 섬기지 아니하는 사사시대의 우를 범했다.

천년왕국의 세대 또한 이와 동일한 경우의 수들이 작용하게 될 것이다. 천년왕국 이전의 시간에 대하여 알지 못하는 그들은 모세가 자기 백성들에게 하나님의 율법을 노래를 지어 가르쳤듯이 말씀으로만 접하며 천 년을 살아가는 천년왕국 세대들이며 그들은 고난과 고통으로 이루신 초림의 십자가 구원과 End-time의 심판으로 이루신 구원에 대한 고난과 영광의 빛이 뒤섞인 리얼리티를 이해하지 못하는 세대가 될 것이다. 여호수아서는 여호수아가 죽고 난 이후 세대와 사사시대의 세대를 통해 볼 수 있는 그들의 패역한 세대의 모습을 이렇게 전하고 있다.

> 이스라엘이 여호수아가 사는 날 동안과 여호수아 뒤에 생존한 장로들 곧 여호와께서 '이스라엘을 위하여 행하신 모든 일을 아는 자들이 사는 날 동안에'는 여호아를 섬겼더라 수 24:31

이 증언에서 나타나듯 천년왕국의 세대들도 하나님의 하신 일을 경험하지 못한 이유로 영광과 고난의 지식들이 사라져갈 것이다. 마치 대한민국의 6.25 전쟁에 대한 이해에 있어 경험 세대와 그렇지 못한 현재 세대 간에 발생하는 갈등의 차이라 이해하면 될 듯하다. 물론 경험하지 못한 일들에 대하여 역사적 관점으로서의 이해를 가지고 살 수는 있으나 하나님이신 예수님을 십자가에 못 박히도록 계획할 수밖에 없었던 죄의 폐해와 두려움에 대하여 알지 못하고 **구원에 대한 가치와 감사를 모르는 세대를 영원한 영광의 나라로 인도하여 들일 수는 없는 것**'이다. 그러므로 영원한 나라의 동거에 대한 하나님의 조건적 계획은 역시 정결함과 거룩함이기에 천년왕국 세대의 정결에 대하여는 땅을 정결하고 거룩한 에덴으로 회복사 51:3시키시려는 계획과 함께 설계된 것이다. 사탄을 무저갱에 가두어 놓은 천 년의 시간 동안 땅을 변화, 정화, 거룩하게 하시고 천 년 후 때가 차매 하나님의 계획대로 사탄을 잠시 놓아계 20:7 그의 본성인 미혹을 행하게 하여계 20:8 존재의 이유를 다한 사탄과 그의 권세인 사망과 그의 권세의 영역이었던 음부라 불리는 지옥까지도 불못에 던지실 것이다계 20:10, 14. 사탄의 미혹을 하나님의 말씀보다 더 신뢰하여 온 세상의 백성들과 특히 천년왕국의 세대들 가운데서 천 년 동안 배운 예수님의 구원과 하나님의 사랑을 기억하지 않고, 영원한 나라가 주어질 것에 대하여 믿음, 소망, 사랑으로 반응하지 않는 자들을 가려 청함과 택함에 대한 약속을 성취하실 것이다. 이러한 구별은 천 년 후 영원한 하나님의 나라에 들어가기 위한 어린 양의 혼인 연회사 25:6-8가 있기 직전에 있어질 것이다. 이러한 청함과 택함을 구별하기 위해 천 년 후 잠시 놓일 때계 20:3 하나님의 계획이 이루어질 것이며 사탄은 하나님의 계획을 따라 임무 수행을 위해 갇히는 천 년의 기다림이 '천 년 무저갱 봉인'계 20:2이다.

Q : 천년왕국을 중심으로 직전과 직후에 어떤 일들이 있는가?
A : '직전'에 일어날 네 가지 사건은 ❶ 대접 심판 ❷ 유대인의 구원 ❸ 여호사밧 골짜기 심판(여, 골, 심) ❹ 사탄의 무저갱 감금이다.

'대접 심판부터 천년왕국의 시작 전'까지 나타날 네 가지 사건
❶ 대접 심판 계 16:1-21절

나팔 심판 이후 일어나는 두 번째 심판이며 천년왕국 전에 나타날 큰 환난의 시간으로 계 16장에 나타나는 심판사건이다. 이 심판은 이 땅에 부어지는 두 번째 심판이며 하나님 나라의 완성을 위해 회복의 시간으로 계획하신 천년왕국 직전에 있을 심판이다. 이 심판을 통하여 바벨론이라 불리는 모든 적그리스도의 나라가 무너질 것이며 음녀의 도성이 무너지는 것을 향하여 계 18장은 **'큰 성 바벨론의 멸망'**이라고 묘사한다. 음녀의 역할은 적그리스도와 거짓 선지자의 모든 활동의 근거를 제공하는 시스템이 세워져 있는 이른바 사탄 나라의 본부라는 의미이다. 이 **'큰 성 바벨론'**은 마지막 때의 거짓 선지자가 지휘하는 모든 종교적 시스템의 센터를 의미한다. 거짓 선지자가 거하는 종교적 본부로써 짐승의 표를 강요하며 우상에게 절하지 아니하는 모든 교회를 잔해하며 환난으로 이끌 큰 성 바벨론, 그 성을 무너뜨리는 것이 교회의 환난을 끝내는 유일한 방법인 것을 예수님이 아시기에 그 성은 용서받을 수 없는 도성이 되는 것이다. 멸망하는 그곳에서 행한 일들을 소개하며 설명하는 **'계 18장은 두 가지 핵심적 사건을 짚어야 한다.'**

첫째, '가톨릭 엑소더스'

또 내가 들으니 '하늘로부터 다른 음성'이 나서 이르되 '내 백성아, 거기서 나와 그의 죄에 참여하지 말고 그가 받을 재앙들을 받지 말라 계 18:4

이 말씀이 기록된 순서는 '6설 6사'에 나타나듯 네 번째 설명에 속하는 내용이다. 계 18장에 나타나며 이해를 위한 구조적 도표 속에서의 위치는 다음과 같다.

['6설 6사' 구조 중 네 번째 설명 구조]

대접 심판 사건이 일어나고 난 후 그 상황을 설명하는 장면에서 나타나는데 이 시간은 다행히도 천년왕국으로 들어가기 전 시간이기에 아직 기회가 있다. 그러나 예수님께서 아마겟돈 전쟁을 끝내시고 예루살렘으로 입성하시는 네 번째 사건인 19:11-21절의 시간이 지나고 나면 기회가 없다. 왜냐하면 입성 후에 적그리스도와 거짓 선지자를 유황 불못에 던지시면 고토로 돌아온 유대인들의 세례 후속 12:10-13:1 여호사밧 골짜기에서 만국을 불러놓고 행하시는 심판 욜 3:1-2이 시작되기 때문이다. 이 심판이 시작되면 더 이상의 기회는 없다. 여호사밧 골짜기 심판은 천년왕국으로 들어가기 위한 구원의 관문과 같은 절차이기 때문이다. 해외여행 때 그 나라에 들어가기 위한 입국심사와 같다. 물론 천 년 후의 흰 보좌 심판이 남아 있기는 하나 흰 보좌 심판은 영원한 생명의 부활이 목적이 아니라 영원한 불못 심판이 부활이 목적이 되기에 교회와는 상관없고 오직 멸망으로 들어갈 자들을 위한 사망의 심판이 되기 때문이다. 휴거나 심판을 계획하신 하나님께서 우리에게 정확한 표적 제공을 위해 심판 계획이 순서대로 기록된 계시록을 주셨기에 심판 계획에 대한 우리의 이해는 성경이 전하는 지식으로 분명하게 확정될 수 있음을 알아야 한다.

둘째, 큰 성 바벨론의 멸망

큰 성 바벨론 멸망에 대한 기사는 사탄이 End-time에 있어 두 짐승을 통하여 행한 일들, 곧 인류 역사 속에서 행하여 왔던 사실들을 고발하고 심판하는 내용이다. 하나님 나라인 이스라엘의 마지막 적대적인 국가 로마와 관련된 기사이다. 사탄의 그 나라와 그들의 행위를 '**무역**'이라고 묘사한다. 무역이란? 사고파는 일을 통하여 이윤을 남기는 상거래, 곧 비즈니스를 의미하는데 바벨론의 비즈니스 거래 항목을 살펴 물품이 함의하고 있는 의미를 살피는 것이 핵심이며 바벨론 심판과 관련된 '무역'이란? '**하**

나님 백성의 영혼을 사고파는 영적 불법행위를 지칭하는 표현'이다.

무역 물품들에 함의된 의미

> 계 18:12-14 ¹² 그 상품은 '금'과 '은'과 '보석'과 '진주'와 '세마포'와 '자주 옷감'과 '비단'과 '붉은 옷감'이요 각종 '향목'과 각종 '상아 그릇'이요 '값진 나무'와 '구리'와 '철'과 '대리석'으로 만든 각종 '그릇'이요 ¹³ '계피'와 '향료'와 '향'과 '향유'와 '유향'과 '포도주'와 '감람유'와 '고운 밀가루'와 '밀'이요 '소'와 '양'과 '말'과 '수레'와 '종'들과 '사람의 영혼'들이라 ¹⁴ 바벨론아 '네 영혼이 탐하던 과일'이 네게서 떠났으며 '맛있는 것들과 빛난 것들이 다 없어졌으니' 사람들이 '결코 이것들을 다시 보지 못하리로다'

이 내용은 계 18장에서 설명된 것을 참조하면 더 깊은 의미를 이해하게 될 것이기에 여기서는 반복 학습과 이해의 견고함을 위한 Reminding 이라 여기면 될 것이다. 모든 물품의 의미는 '**성도와 교회의 정체성을 의미**'하는데 이는 하나님의 백성인 성도와 교회가 악한 자들, 곧 사탄과 두 짐승에 의해 자행되는 하나님의 소유로 결정하신 백성들의 영혼을 사고파는 '**사유화의 교만과 오만**'을 설명하는 의미이다. 사탄이 이 땅의 임금으로 인정될 때부터 그는 이 땅에서 하나님의 나라와 그분의 영광과 관련된 모든 것들을 향하여 저주와 정죄를 일삼았다. 이것이 인류의 역사이다. 사탄은 하나님으로부터 정죄당한 분노를 세상의 모든 성도들과 교회를 향하여 쏟아내며 교회를 파괴하는 전략으로 일관했다. 이것이 인류의 역사다. 아벨을 죽인 가인을 향하여 하나님께서 하시는 말씀을 살펴보면 하나님의 백성들을 향한 사탄의 분노가 얼마나 큰지, 이러한 사탄의 행위를 바라보시는 하나님의 경계와 분노 또한 어떠한지를 가늠해 볼 수 있다. 이러한 하나님의 죄에 대한 경계에 관하여 가인과 아벨이 하나님께 제사하는 제물로 인한 책망의 장면에서 드러나는데 가인이 자신의 제물

을 받지 않으시는 하나님을 향해 얼굴을 붉히며 안색을 표출할 때 하나님
께서 가인에게 하시는 말씀에서다.

> 네가 '선을 행하면' 어찌 낯을 들지 못하겠느냐 '선을 행하지 아니하면' 죄가 문
> 에 엎드려 있느니라 '죄가 너를 원하나' 너는 죄를 다스릴지니라 창 4:7

　가인에게 책망하시는 장면이다. 가인의 제사는 하나님 앞에서 선한 제
사가 아니었다. 제물을 준비하는 과정에 문제가 있었던 것이다. 아벨은
하나님께서 그의 제사를 율법의 원형으로 삼을 만큼 온전한 제사로 인정
하시고 받으셨으나 가인의 제물은 그렇지 않았다. 정성이 결여됐다는 결
론이다. 하나님께서 가인의 제사는 받지 않으셨고 가인은 분노하여 얼굴
을 붉히며 고개를 떨구고 있을 때 가인을 향한 하나님 말씀은 '죄'가 너
를 '원하나' 너는 '죄를 다스리라'는 책망이었다. '원하나'에 해당하는 역
어는 "테슈카"이며 그 뜻은 '갈망, 사모, 소원' 등으로 해석되는데 가인을
향한 하나님의 이 경고는 '오직 사탄의 소원과 갈망은 가인을 넘어뜨리
는 것'이라는 의미이며 오늘을 사는 하나님의 백성들의 삶에 적용 한다면
'하나님의 백성을 넘어뜨리고 절망과 타락으로 이끌어 구원에서 멀어지
게 하는 것이 사탄의 유일한 갈망이요 소원'이라는 의미가 된다. 성도를
향한 이러한 행동은 사탄의 본성에서 나오는 취미 같은 본능이라는 놀라
운 사실이다요 8:44. 하나님 말씀에 대한 사람의 순종이 왜 중요한 것인지,
영적 전쟁의 관점을 새삼 새롭게 하는 '테슈카'의 의미이다. 이정도 사탄
의 분노라면 인간 역사의 임금 노릇을 하며 얼마나 많은 사람을 농락하며
지옥으로 인도할지! 자신의 불법적 행동에 대한 회개가 없으므로 하나님
의 저주에 대한 본노가 얼마나 큰 것인지 그의 백성들을 향한 분노를 보
며 다시 한번 생각하게 한다. 사탄의 미혹으로 세워진 거짓 선지자의 교
회를 통하여 중세 교회의 성도들이 얼마나 많은 목숨을 잃고 환난 가운데

있었는지! 야벳의 후손이며 도갈마 족속의 후예인 독일 민족 가운데 미친 짐승과 같았던 한 인간, 히틀러를 인하여 얼마나 많은 하나님의 백성들이 죽었는지 역사가 말해주듯 사탄은 하나님의 교회를 향하여 무자비한 폭력을 행사한다. 이러한 사탄의 분노 가운데 하나님의 진노의 시간은 결정된 시간을 향해 나아갈 것인데 ❶ '순교자의 숫자가 채워지고'계 6:9-11 그들의 ❷ '원한에 사무친 기도가 채워져 하나님께 드려질 때'계 6:9-11, 8:3-5 이 시간은 또한 ❸ '온 땅에는 복음이 편만하게 전파되는 시간'이며마 24:14 ❹ '이방 교회의 충만한 숫자가 채워지고계 7:9 ❺ 이스라엘 신약교회의 십사만 사천 명의 성도가 인침을 받고 구원'계 7:4-7을 받게 되는 다섯 가지의 약속에 근거한 조건이 일치되는 시간이 이르면! 사탄의 악한 행위를 더 이상 행하지 못하도록 하시는 하나님의 진노가 심판으로 나타날 것인데 지금 이 세대에게 임박한 그 시간이 바로 코앞으로 다가와 있음을 알아야 한다. 계 18:12절의 해석표에서 볼 수 있듯이 사탄의 나라 바벨론의 무역 품목들의 의미는 인간 역사 속에서 교회와 성도를 향해 퍼부었던 용서 받지 못할 행위로 하나님의 분노를 이끌어내는 사탄의 모든 핍박의 행적을 나타내는 지표로서 반드시 심판받아 마땅한 사탄과 짐승의 행위이다.

계 18:12절 행간에서 유독 눈에 띄는 것은 '포도주와 감람유'에 대한 언급이다. 포도주와 감람유는 계 6장의 설명에서 검은 말이 나타나는 셋째 인의 시간에 사용된 단어로 이스라엘의 구약 백성과 신약 백성의 구원에 대한 묘사라는 해석이 기억날 것이다. 그러므로 6장과 18장의 용례로 볼 때 '포도주와 감람유는 구원받은 하나님 백성의 두 부류'에 대한 묘사가 되는 것이다.

❷ 이방 땅에서 돌아온 유대인의 구원 겔 39:27-28절

1) 어두운 하늘에 빛으로 오시는 예수님의 재림을 보고 온 땅 구석구석에 흩어진 유대인들이 흩어진 이방 땅에서 돌아오게 될 것이다.

> ²⁷ 내가 그들을 '만민 중에서 돌아오게' 하고 '적국 중에서 모아 내어 많은 민족이 보는 데에서' 그들로 말미암아 나의 거룩함을 나타낼 때라 ²⁸ 전에는 내가 그들이 사로잡혀 여러 나라에 이르게 하였거니와 후에는 내가 그들을 모아 고국 땅으로 돌아오게 하고 그 '한 사람도 이방에 남기지 아니하리니' 그들이 내가 여호와 자기들의 하나님인 줄을 알리라 겔 39:27-28

예수님의 공중 재림을 위해 하나님께서는 온 하늘을 캄캄하게 하심으로 영광의 빛으로 오시는 예수님을 온 세상의 사람들이 보도록 자신을 나타내시는 것과 이 행간은 상관성을 갖는다. 예수님의 재림을 위한 자연환경의 변화에 대하여는 각 시대 속에서 선지자들을 통하여 지속적으로 들려지도록 알리셨음을 알아야 한다. 예수님은 흩어진 자기 백성 유대인들을 모으되 한 사람도 이방 땅에 두지 않고 모으실 것인데 두 짐승의 포악한 환난의 시간 동안 흩어진 곳에서 숨죽이고 있을 때 어두운 하늘을 가르며 구름을 타고 빛으로 오시는 메시아를 발견하고 시온으로 돌아갈 것에 대한 전통적 양육을 받은 유대인들의 행동 수칙대로 고토로 돌아와 요단강에서 회개의 세례를 받고 구원을 얻어 천년왕국으로 들어가게 될 것이다. 재림 때의 자연환경에 대한 말씀들을 살펴보면 자기 백성들에게 자신을 알리기 위해 재림을 준비하시는 하나님의 마음을 더 온전히 이해할 수 있게 하신다.

목자가 양 가운데에 있는 날에 양이 흩어졌으면 그 때를 찾는 것 같이 내가 내 양을 찾아서 '흐리고 캄캄한 날'에 그 '흩어진 모든 곳에서 그것들을 건져낼지라' 겔 34:12

보라 '어둠이 땅을 덮을 것이며 캄캄함이 만민을 가리려니와 오직 여호와께서 네 위에 임하실 것'이며 그의 영광이 네 위에 나타나리니 사 60:2

곧 '어둡고 캄캄한 날이요 짙은 구름이 덮인 날이라 새벽 빛이 산꼭대기에 덮인 것과 같으니' 이는 많고 강한 백성이 이르렀음이라 이와 같은 것이 옛날에도 없었고 이후에도~ 욜 2:2

주 여호와의 말씀이니라 그 날에 내가 '해를 대낮에 지게 하여 백주에 땅을 캄캄하게 하며' 암 8:9

그날은 '분노의 날이요 환난과 고통의 날'이요 '황폐와 패망의 날이요 캄캄하고 어두운 날이요 구름과 흑암의 날'이요 습 1:15

이렇듯 모든 선지자들은 예수님의 재림에 대하여 동일한 관점으로 기록하고 있다. 특히 요엘 선지자는 예수님의 재림에 대하여 여호사밧 골짜기의 심판과 관련하여 기록하고 있는데 여호사밧 골짜기 심판은 만국의 백성들을 모아 심판하는 천년왕국 직전의 온 세상 심판이라는 사실을 알게 한다. 이 심판에 대하여 마태는 양과 염소를 구별하는 심판이라고 마 25:31-46절을 통하여 전하고 있다. 이러한 신약성경의 마태의 증거를 논증하는 요엘의 말씀은 그 상황에 대한 더 섬세한 느낌으로 와닿게 한다.

¹⁴ 사람이 많음이여, '심판의 골짜기에 사람이 많음'이여, '심판의 골짜기에 여호와의 날이 가까움'이로다 ¹⁵ '해와 달이 캄캄하며 별들이 그 빛을 거두도다' 욜 3:14-15

또한 미가 선지자가 전하는 말씀의 유익은 심판의 시간에는 우상과 점치는 자가 끊어지는 때이며 온 땅에 하나님의 진노로 인하여 이 땅에 득세하던 사탄의 모든 권세가 창조주 하나님의 권세 아래서 두려워하게 될 것을 전하며 하나님의 백성들을 위로한다.

> 그러므로 너희가 '밤을 만나리니' 이상을 보지 못할 것이요 어둠을 만나리니 점치지 못하리라 하셨나니 이 '선지자 예수 그리스도 위에는 해가 져서 낮이 캄캄할 것'이라 미 3:6

신약시대 이스라엘 신약교회를 향한 마태의 기록은 구약의 어떤 선지자보다 상세하게 재림의 환경에 대한 예수님의 가르침을 전하고 있다. 엄청난 우주의 변화까지 기록하므로 이 땅에 부어질 심판의 강도를 짐작하게 하는 내용이다. 해와 달이 빛을 잃고 하늘의 별들이 떨어지는 것은 인간에 의해 더럽혀진 온 하늘과 땅을 심판하시는 피조 세계의 정결을 위한 열정을 알게 하시는 가르침과 함께 온 세상에 흩어진 자기 백성을 모으시는 예수님의 마음을 온전히 전하고 있다.

> 29 '그 날' 예수님이 오시는 재림의 날 '환난 후에' 칠 년 환난이 끝날 때 즉시 해가 어두워지며 달이 빛을 내지 아니하며 별들이 하늘에서 떨어지며 하늘의 권능들이 흔들리리라 30 그 때에 '인자의 징조'가 하늘에서 보이겠고 그 때에 땅의 모든 족속들이 통곡하며 그들이 '인자가 구름을 타고 능력과 큰 영광으로 오는 것'을 보리라 31 그가 '큰 나팔 소리와 함께 천사들을 보내리니' 그들이 그의 '택하신 자들을 하늘 이 끝에서 저 끝까지' 사방에서 모으리라 마 24:29-31

2) 돌아온 유대인들은 회개하고 요단강에서 세례를 받아 구원에 이를 것이다.

먼저 스가랴의 예언은 예수님께서는 온 땅에서 흩어져 있던 자기 백성들의 구원을 위해 어두운 하늘에서 빛으로 오시는 자신을 보이시며 이스라엘 땅으로 돌아오게 하신 후 그들의 구원에 있어 신약시대를 위해 하나님이 정하신 법대로 그들을 회개로 이끄시기 위하여 간구하는 심령을 부으실 것이다숙 12:10-11. 그들은 자기 조상들이 지은 십자가의 죄악에 대하여 통곡하고 회개할 것이며 아버지 하나님이 독생자를 잃으시고 통곡하신 마음을 이해하며 마치 자기 장자를 잃은 심령으로 통곡하며 회개의 심령을 회복하도록 은총을 베푸실 것이다. 그리고 그들의 죄와 더러움을 씻는 요한의 물세례를 받을 수 있도록 생수의 샘을 열어 회개의 세례를 받게 하실 것이라는 하나님의 약속을 전하고 있다숙 13:1. 그렇게 정결하게 될 때 사 6:9-13절과 예레미야서 전체를 통하여 말씀하신 이스라엘을 향한 하나님의 저주가 걷히고 모든 죄가 사함을 받을 것이며 거짓 선지자와 더러운 귀신이 이스라엘과 예루살렘 땅을 떠나 정결한 하나님의 나라를 이루게 될 것이라는 예언을 선지자들을 통하여 전하고 있다.

> 내가 다윗의 집과 예루살렘 주민에게 '은총과 간구하는 심령'을 부어 주리니 그들이 '그 찌른 바 그를 바라보고 그를 위하여 애통'하기를 '독자를 위하여 애통하듯' 하며 그를 위하여 통곡하기를 '장자를 위하여 통곡하듯' 하리로다 숙 12:10

> ¹ '그 날'에 '죄와 더러움을 씻는 샘'이 다윗의 족속과 예루살렘 주민을 위하여 열리리라 ² 만군의 여호와가 말하노라 '그 날'에 내가 '우상의 이름을 이 땅에서 끊어서' 기억도 되지 못하게 할 것이며 '거짓 선지자와 더러운 귀신을 이 땅에서 떠나게 할 것'이라 숙 13:1-2

> '그 날'에 산들이 단 포도주를 떨어뜨릴 것이며 작은 산들이 젖을 흘릴 것이며 유다 모든 시내가 물을 흘릴 것이며 '여호와의 성전에서 샘이 흘러 나와서 싯딤 골짜기에 대리라' 욜 3:18

특히 욜 3:18절에 나타나는 요엘 선지자의 예언은 스가랴 선지자의 회개의 세례에 대한 가르침을 더 온전히 논증하는 예언으로 더 깊은 유대인의 구원에 대한 이해를 도우고 있다. 심판의 그날에 **"여호와의 성전에서 샘이 흘러 나와서 싯딤 골짜기에 대리라"**는 말씀이 주는 의미는 겔 47:1-12절과 슥 13:1절과 깊은 연관성을 갖는 말씀인데 성전 샘으로부터 싯딤 골짜기의 중간에 위치하는 것이 요단강이기 때문이다. 싯딤은 **'아카시아 나무 골짜기'**라는 의미를 가진 지명이다. 사해 위쪽에 있는 요단 골짜기를 가리킨다. 싯딤은 **'모압 여인들과 이스라엘의 백성이 음행'**을 행했던 범죄의 장소민 25:1이기도 하며. 약속의 가나안으로 들어가는 관문인 요단강이 눈앞에 있는 장소이다. 이곳은 '사막'이라 생산적인 일이 일어날 수 없는 **'죽음의 땅'**이다. 그러나 **'성전에서 생명을 살리는 샘이 흘러 이곳까지'**겔 47:1-5, 욜 3:18, 슥 12:10, 13:1 흐를 것이며 사막을 변화시켜 생명이 움트는 땅으로 변화되고 그 샘에서 흘러내리는 물이 능히 헤엄칠 강물이 되어겔 47:1-12, 계 22:1-2 돌아오는 유대인들이 그 요단강에서 회개의 세례를 받고 그 왕국의 필요를 채우는 영광의 삶을 회복하게 될 것이다. 그러므로 **'싯딤 골짜기'**란? 관련 용어들을 살필 때 가시나무, 음행, 사막, 죽음의 땅, 생명을 살리는 샘이 흐르는 곳, 가나안의 관문 등의 표현에서 발견되는 것은 결국 '하나님 나라와 구원'에 대한 의미를 함의하고 있는 지명이라는 사실을 알 수 있게 한다.

❸ 여호사밧 골짜기 심판 욜 3:1-2절

'여호사밧 골짜기'란? 여호와가 심판하는 골짜기이며 **'여호사밧'**이란? 히브리어 원어에서 **'여호와가 심판하신다'**의 역어이다. 이 땅을 심판하시러 오시는 예수님께 인류가 심판받을 골짜기의 이름이다. 이 골짜기는 대하 20:1-30절에 나타나는 말씀으로 유다를 침입한 연합국의 군대들이 하나님의 능력 앞에서 멸절된 장소이다. 이 골짜기는 예루살렘의 동쪽과 감람산 사이의 '**기드론 골짜기**'와 동일시되는 곳이며, 유대인도 이슬람을 믿는 무슬림들도 이곳이 최후 심판의 장소라고 믿고 있다. 이곳은 메시아의 최후 심판에 참여할 수 있는 장소라 여겨 유대인들의 무덤이 즐비하게 들어서 있는 곳이기도 하다. 이러한 여호사밧 골짜기에 대한 요엘의 증언은 메시아의 재림을 보고 유대인들이 돌아오는 시간과 만국을 모아 심판하는 시간이 동시간대임을 알리고 있으며 '열국의 죄목'이 무엇인지를 알리고 있는데 그들의 죄목은 '**하나님의 백성들을 흩어 이 땅에 하나님의 나라가 서지 못하도록 방해했다는 것이 죄목**'이다. 이 말씀은 계 18:12절에 나타나는 '**바벨론의 무역의 품목들**'과 연결되어 하나님의 백성과 하나님 나라에 해악을 끼친 죄목을 이해하도록 돕는다.

> ¹ '그 날' 곧 내가 유다와 예루살렘 가운데에서 사로잡힌 자를 돌아오게 할 그 때에 ² '내가 만국을 모아 데리고 여호사밧 골짜기에 내려가서' 내 백성 곧 내 기업인 이스라엘을 위하여 '거기에서 그들을 심문'하리니 이는 그들이 이스라엘을 나라들 가운데에 흩어 버리고 나의 땅을 나누었음이며 욜 3:1-2

❹ 사탄의 무저갱 감금 계 20:1-3절

> ¹ 또 내가 보매 천사가 '무저갱의 열쇠와 큰 쇠사슬을 그의 손에 가지고 하늘로부터 내려와서 ² 용을 잡으니 곧 옛 뱀이요 마귀요 사탄이라 잡아서 천 년 동안 결박'하여 ³ '무저갱에 던져 넣어 잠그고 그 위에 인봉'하여 '천 년이 차도록 다시는 만국을 미혹하지 못하게' 하였는데 그 '후에는 반드시 잠깐 놓이리라' 계 20:1-3

사탄의 무저갱 감금은 천 년 후에 있을 하나님의 계획을 성취하시기 위한 중요한 과제이다. 천년왕국 세대들의 믿음과 영생을 위한 시험을 위해

천　년 동안 감금하였다가 천 년 후에 풀려나 세상을 미혹하여 천년왕국의
세대들 가운데 알곡과 쭉정이를 가려 영원한 나라로 들어가기 위함이다.

천년왕국의 끝에서 있을 7가지 일들

1. 사탄의 무저갱 출소 계 20:7
무저갱 출소의 시간대 : 천년왕국이 끝난 직후, 곡과 마곡의 전쟁의 징조다

2. 곡과 마곡 미혹, 예루살렘 침공과 멸망 계 20:7-9
곡과 마곡을 향한 사탄의 미혹과 예루살렘 침공의 시간대 : 사탄의 무저갱 출소 직후

3. 사탄과 사망과 음부의 유황 불못 심판 계 20:10
심판의 시간대 : 곡과 마곡의 예루살렘 침공과 흰 보좌 심판 사이

4. 흰 보좌 심판 계 20:11-14
흰 보좌 심판의 시간대 : 천년왕국 후, 거룩한 성 새 예루살렘이 임하기 직전

5. 새 하늘과 새 땅에 내려오는 거룩한 성 새 예루살렘 계 21:1, 2, 10
새 예루살렘의 임재 시간대 : 흰 보좌 심판이 끝나고 새 하늘 새 땅의 정결함이 이루어진 직후

6. 어린 양의 혼인 연회 사 25:6-8
어린 양의 혼인 연회 시간대 : 새 하늘 새 땅 위에 내려오는 거룩한 성 새 예루살렘 안에서

7. 완성된 하나님 나라 계 22:1-5
영원한 하나님 나라의 시작 시간대 : 새 예루살렘 성 안에서 어린 양의 혼인 연회가
시작되므로 영원한 나라가 시작된다.

천년왕국 내용 정리

천년왕국에 대한 계시록의 안내가 풍성하지 않다는 게 아쉬움이다. 그러나 구약성경은 반대로 풍성하다. 특히 이사야 선지자를 통해 전달되는 수많은 천년왕국에 대한 가르침들은 부족함 없는 정보로 넘쳐난다는 사실을 안타깝지만 알지 못하는 듯하다. 천년왕국의 시간과 그 끝에 있을 내용을 다루는 말씀 가운데 가장 선명하게 천 년을 인식하도록 돕는 말씀을 예로 제시한다면 두 가지 말씀 곧 ❶ '사 2:2-3' 천년왕국의 시작과 ❷ '사 25:6-8' 천년왕국의 끝시간이 될 것이며 천년왕국에 대한 의미를 가장 잘 표현하는 어휘들에 대한 짧은 설명을 통하여 천년왕국의 말씀으로 이해 할 수 있을 것이다.

❶ 사 2:2-3 – 천년왕국 통치의 상황 설명

천년왕국의 예루살렘에서 이루어질 예수님의 통치의 방법은 오직 율법과 복음이 될 것이다. 율법에는 성취된 언약이 없으며, 복음에는 통치의 강제성이 나타나 있지 않으므로 둘은 진리로서의 법이 되어 천 년 동안의 하나님 나라 통치의 헌법이 될 것에 대하여 가르친다.

> '말일'에 '여호와의 전의 산'시온 산의 하나님 나라 이 '모든 산 꼭대기'모든 나라 중에 가장 위대한 나라 에 굳게 설 것이요 모든 작은 산 위에 뛰어나리니 '만방이 그리로 모여들 것'슥 14:16-19 왕이신 예수님을 경배하기 위해 모일 것 이라 사 2:2

많은 백성이 가며 이르기를 '오라 우리가 여호와의 산에 오르며 야곱의 하나님의 전에 이르자'사 66:23. 모든 민족이 예배하러 예루살렘으로 올라 올 것 그가 그의 길을 우리에게 가르치실 것이라 우리가 그 길로 행하리라 하리니 이

'그 날' • 제1권 • 교회를 향한 하나님의 사랑

는 '율법이 시온에서부터 나올 것'천년왕국의 통치 율법이요 '여호와의 말씀이
예루살렘에서부터 나올 것'하나님 나라를 가르치는 복음임이니라 사 2:3

❷ 사 25:6-8 – 혼인 연회의 시간과 상황 설명

세 절 속에 함의된 의미는 성경의 어떤 말씀보다 천년왕국의 끝에서
베풀어질 혼인 잔치에 대하여 선명하게 가르치는 말씀이다. 이 말씀에는
혼인 연회와 혼인 연회가 이루어지는 그 시간의 상황 설명이 나타난다.
연회를 위해 세상의 모든 죄악을 제하실 것에 대한 약속인데 이 시간은
계 20장에서 사탄과 사망과 음부를 유황 불못에 던지시는 시간대와 맞닿
아 있는 말씀이다.

> ⁶ 만군의 여호와께서 '이 산'시온 산에서 만민을 위하여 기름진 것과 '오래'천년 저
> 장하였던 포도주로 '연회'히) 미쉬테 혼인 잔치를 베푸시리니 곧 골수가 가득한 기
> 름진 것과 오래 저장 하였던 '맑은 포도주'오랜 죄의 문제를 온전히 해결한 구원의 포도
> 주로 하실 것이며 ⁷ 또 이 산에서 '모든 민족의 얼굴을 가린 가리개와 열방 위에
> 덮인 덮개'나라와 민족, 개인의 죄 를 '제하시며' 심판으로 해결하시며 ⁸ '사망을 영원
> 히 멸하실 것'계 20:14, 유황 불못에 던져짐 이라 주 여호와께서 '모든 얼굴에서 눈물
> 을 씻기시며'계 21:4, 완성된 하나님 나라 자기 백성의 수치를 온 천하에서 제하시리
> 라 여호와께서 이같이 말씀하셨느니라 사 25:6-8

사 25:6절은 어린 양의 혼인 연회를 천 년 동안 기다리시는 하나님의
마음을 알게 되는 행간이다. 교회와의 완전한 시간을 위해 천 년의 시간
을 기다리시는 예수님의 마음이 이해되는 행간이며 천 년의 시간이 흐르
고 난 뒤 죄가 사라지고 안식의 시간이 도래할 것에 대하여 가르치시는
산 소망을 주시는 말씀이다.

◈ 천년왕국 핵심 문제 ◈

1. 사 2:2-3절에 나타나는 천년왕국의 시간 예루살렘의 예수님으로부터 나올 율법과 말씀은 무엇을 의미하는가?

   율 법   (　　　　　　　　　)

   말 씀   (　　　　　　　　　)

2. 사 25:6-8절에 나타나는 천년왕국에 대한 설명 중 바르지 못한 설명을 고르시오.

> **사 25:6-8** ⁶ 만군의 여호와께서 이 산에서 만민을 위하여 기름진 것과 오래 저장하였던 포도주로 연회를 베푸시리니 곧 골수가 가득한 기름진 것과 오래 저장하였던 맑은 포도주로 하실 것이며 ⁷ 또 이 산에서 모든 민족의 얼굴을 가린 가리개와 열방 위에 덮인 덮개를 제하시며 ⁸ 사망을 영원히 멸하실 것이라 주 여호와께서 모든 얼굴에서 눈물을 씻기시며 자기 백성의 수치를 온 천하에서 제하시리라 여호와께서 이같 말씀하셨느니라

❶ 어린 양의 혼인 잔치는 시온 산의 예루살렘에서 이루어질 것이다.

❷ 혼인 잔치는 천년왕국 중간에서 이루어지는 구원의 사건이다.

❸ '오래 저장하였던 맑은 포도주'란 천 년을 기다린 완전한 구원이라는 관념적 표현이다.

❹ 어린 양의 혼인 연회는 세상에서 죄와 사망이 사라지고 난 후 천 년의 끝에 있을 잔치이다.

❺ 이 잔치의 대상은 천년왕국의 끝에서 사탄에게 미혹되지 않은 온 세상의 모든 사람들이다.

1, 2, ANSWER

율법 : 레위기의 형법기능　　말씀 : 새로운 언약, 구원의 복음　　2. ❷

¹ 또 내가 새 하늘과 새 땅을 보니 처음 하늘과 처음 땅이 없어졌고 바다도 다시 있지 않더라 ² 또 내가 보매 거룩한 성 새 예루살렘이 하나님께로부터 하늘에서 내려오니 그 준비한 것이 신부가 남편을 위하여 단장한 것 같더라 ³ 내가 들으니 보좌에서 큰 음성이 나서 이르되 보라 하나님의 장막이 사람들과 함께 있으매 하나님이 그들과 함께 계시리니 그들은 하나님의 백성이 되고 하나님은 친히 그들과 함께 계셔서 ⁴ 모든 눈물을 그 눈에서 닦아 주시니 다시는 사망이 없고 애통하는 것이나 곡하는 것이나 아픈 것이 다시 있지 아니하리니 처음 것들이 다 지나갔음이러라 ⁵ 보좌에 앉으신 이가 이르시되 보라 내가 만물을 새롭게 하노라 하시고 또 이르시되 이 말은 신실하고 참되니 기록하라 하시고 ⁶ 또 내게 말씀하시되 이루었도다 나는 알파와 오메가요 처음과 마지막이라 내가 생명수 샘물을 목마른 자에게 값없이 주리니 ⁷ 이기는 자는 이것들을 상속으로 받으리라 나는 그의 하나님이 되고 그는 내 아들이 되리라 ⁸ 그러나 두려워하는 자들과 믿지 아니하는 자들과 흉악한 자들과 살인자들과 음행하는 자들과 점술가들과 우상 숭배자들과 거짓말하는 모든 자들은 불과 유황으로 타는 못에 던져지리니 이것이 둘째 사망이라 ⁹ 일곱 대접을 가지고 마지막 일곱 재앙을 담은 일곱 천사 중 하나가 나아와서 내게 말하여 이르되 이리 오라 내가 신부 곧 어린 양의 아내를 네게 보이리라 하고 ¹⁰ 성령으로 나를 데리고 크고 높은 산으로 올라가 하나님께로부터 하늘에서 내려오는 거룩한 성 예루살렘을 보이니 ¹¹ 하나님의 영광이 있어 그 성의 빛이 지극히 귀한 보석 같고 벽옥과 수정 같이 맑더라 ¹² 크고 높은 성곽이 있고 열두 문이 있는데 문에 열두 천사가 있고 그 문들 위에 이름을 썼으니 이스라엘 자손 열두 지파의 이름들이라 ¹³ 동쪽에 세 문, 북쪽에 세 문, 남쪽에 세 문, 서쪽에 세 문이니 ¹⁴ 그 성의 성곽에는 열두 기초석이 있고 그 위에는 어린 양의 열두 사도의 열두 이름이 있더라 ¹⁵ 내게 말하는 자가 그 성과 그 문들과 성곽을 측량하려고 금 갈대 자를 가졌더라 ¹⁶ 그 성은 네모가 반듯하여 길이와 너비가 같은지라 그 갈대 자로 그 성을 측량하니 만이천 스다디온이요 길이와 너비와 높이가 같더라 ¹⁷ 그 성곽을 측량하매 백사십사 규빗이니 사람의 측량 곧 천사의 측량이라 ¹⁸ 그 성곽은 벽옥으로 쌓였고 그 성은 정금인데 맑은 유리 같더라 ¹⁹ 그 성의 성곽의 기초석은 각색 보석으로 꾸몄는데 첫째 기초석은 벽옥이요 둘째는 남보석이요 셋째는 옥수요 넷째는 녹보석이요 ²⁰ 다섯째는 홍마노요 여섯째는 홍보석이요 일곱째는 황옥이요 여덟째는 녹옥이요 아홉째는 담황옥이요 열째는 비취옥이요 열한째는 청옥이요 열두째는 자수정이라 ²¹ 그 열두 문은 열두 진주니 각 문마다 한 개의 진주로 되어 있고 성의 길은 맑은

유리 같은 정금이더라 ²² 성 안에서 내가 성전을 보지 못하였으니 이는 주 하나님 곧 전능하신 이와 및 어린 양이 그 성전이심이라 ²³ 그 성은 해나 달의 비침이 쓸 데 없으니 이는 하나님의 영광이 비치고 어린 양이 그 등불이 되심이라 ²⁴ 만국이 그 빛 가운데로 다니고 땅의 왕들이 자기 영광을 가지고 그리로 들어가리라 ²⁵ 낮에 성문들을 도무지 닫지 아니하리니 거기에는 밤이 없음이라 ²⁶ 사람들이 만국의 영광과 존귀를 가지고 그리로 들어가겠고 ²⁷ 무엇이든지 속된 것이나 가증한 일 또는 거짓말하는 자는 결코 그리로 들어가지 못하되 오직 어린 양의 생명책에 기록된 자들만 들어가리라

[제 21 장]

여섯 번째 설명, 거룩한 성 새 예루살렘의 도래와 어린 양의 혼인 연회 21-22:21

21장의 시간대 : 거룩한 성 새 예루살렘과 이 땅의 예루살렘의 연합

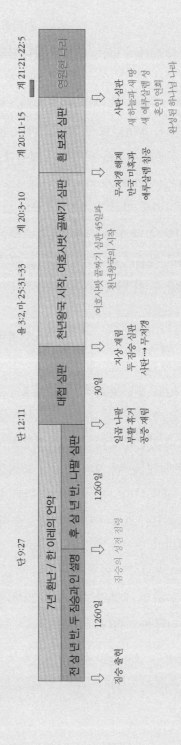

21장의 개관

가슴 설레게 하는 **'완성된 하나님의 나라란?'** 하나님의 백성과 하나님이 영원히 살 수 있는 환경을 의미하며 완성된 나라의 배경에 있어 필수조건은 사탄과 죄, 사망과 음부의 영향력이 없는 완전한 정결의 상태를의미한다. 한마디로 표현하면 피조 된 세계 안에 죄가 없는 에덴의 모습으로 복원된 회복을 의미하는 것이다. 인류의 역사는 죄가 없는 상태에서출발하였지만 죄가 가득한 환경으로 변질되므로 심판의 대상이 되었고이후 심판을 받아 죄가 없는 상태로 다시 회복되는 것을 의미하는 것이다. 요한의 계시록이 나타내고자 하는 바가 바로 그것이다. 세상의 정결을 다시 이루는 하나님의 계획을 완성하는 시간이 계시록의 성취 시간이며 심판 후 천 년이 지나 이르는 시간이 바로 완성된 하나님의 나라이다.

20장과의 관계

20장은 천년왕국에 대한 설명이 없는 천년의 시간을 기록하고 있는Chapter이다. 핵심 내용은 천 년의 시작에 사탄을 무저갱에 가두고 천 년이 지나 사탄이 풀려나와 온 세상을 미혹하므로 미혹된 천년왕국의 세대를 심판하시는 흰 보좌 심판이 20장 내용의 전부이다. 집중해야 할 사실은 20장에 나타나는 사탄의 심판과 흰 보좌 심판이 21장과 어떤 관계를갖느냐이다. 21장의 내용이 완성된 하나님 나라라면 20장은 완성된 하나님 나라의 조건과 배경을 조성하는 관계에 있다. 20장에서 21장을 위한배경이 조성되지 않으면 21장이 완료될 수 없을 것이므로 20장에 기록된정결을 위한 배경은 중요하며 20장과 21장의 시간적 배경은 천 년의 시간적 간극을 가진다.

여섯 번째 사건, 거룩한 성 새 예루살렘

새 예루살렘의 시간대 : 죄와 사망이 사라지고 어린 양의 혼인 연회를 위한 새 예루살렘의 이 땅 임재

'**거룩한 성 새 예루살렘**'에 대한 이해는 성경적으로 대단히 중요한 관점 중의 하나다. 이 관점의 결론은 "교회"를 의미하며 구약시대와 신약시대, 천년왕국과 완성된 하나님 나라에 있을 예루살렘의 의미를 등식으로 표시하면 다음과 같다.

> 거룩한 성 새 예루살렘 = 신부인 교회 = 천년왕국과
> 영원한 나라의 통치 장소이며 영원한 처소

이러한 등식이 성립하는 성경적 논증은 먼저 이 땅의 예루살렘에 대한 이해가 필요하다. 이 땅의 예루살렘은 하나님의 처소인 성전을 위해 존재했다. 레위 지파와 제사장들과 성전을 위해 일하는 자들을 위한 도성, 그곳이 예루살렘이며 시온 산에 세워진 성이다. 이 성은 역사적으로 이스라엘 백성들의 정신적 지주와 같은 역할을 하던 곳이었고 예수님의 초림과 재림에 있어 또한 중요한 지분이 있는 곳이다. 예루살렘 성은 구약시대와 신약시대, 그리고 End-time과 완성된 하나님의 나라에서도 동일한 중요성을 가지는 성이다.

> '거룩한 성 새 예루살렘'이 하나님께로부터 하늘에서 내려오니 그 준비한 것이 '신부가 남편을 위하여 단장'한 것 같더라 계 21:2

하늘에서 내려오는 거룩한 성 새 예루살렘의 모습을 이미지화한 표현이며 신랑 되시는 예수님이 보시기에 최고의 아름다운 모습에 대한 관념

적 표현이며 곧 베푸실 어린 양의 혼인 연회를 위하여 하늘에서 완성된 거룩한 신부의 교회를 새 하늘과 새 땅으로 변화된 이 땅에 임하게 하시므로 이제 그 안에서 교회와 영원토록 거하시기 위한 서막인 어린 양의 연회를 시작하실 것이다. 성경은 끊임없이 그 시간을 사모하도록 소망을 주셨다. 신, 구약성경에 나타나듯 하나님과 우리의 관계를 신랑과 신부, 남편과 아내로 비유하시며 완전한 사랑으로 하나 된 연합의 관계임을 강조하시며 교회의 사랑을 버리지 않도록 인도하신 것이다. 혼인 연회에 함께할 예수님과 교회의 관계에 대한 성경적 표현들이다.

> 이는 '너를 지으신 이가 네 남편이시라' 그의 이름은 만군의 여호와이시며 네 구속자는 이스라엘의 거룩한 이시라 그는 온 땅의 하나님이라 일컬음을 받으실 것이라 사 54:5

> '여호와의 말씀'이니라 배역한 자식들아 돌아오라 '나는 너희 남편임이라' 내가 너희를 성읍에서 하나와 족속 중에서 둘을 택하여 너희를 시온으로 데려오겠고 렘 3:14

> '여호와께서 이르시되' '그 날에' '네가 나를 내 남편이라 일컫고' 다시는 내 바알이라 일컫지 아니하리라 호 2:16

> 22 아내들이여 자기 '남편에게 복종하기를 주께 하듯' 하라 23 이는 '남편이 아내의 머리 됨이 그리스도께서 교회의 머리 됨과 같음'이니 그가 바로~ 엡 5:22-23

교회와 예수님의 관계를 아내와 남편에 비유하여 설명하는 것은 실제의 관계가 아닌 비유적 관계이다. 교회에게 있어 예수님이란 남편과 같은 존재라는 의미이다. 하나님과 교회의 관계에 대하여 창조 때 이미 아담과 하와를 통하여 관계의 친밀과 헌신, 희생의 관점을 잘 설명하고 있다. 하나님의 명령을 어기고 죄를 지은 자는 하와였다. 그러나 하와가 명령을 어기고 나무에서 딴 열매를 아담에게 먹으라고 줄 때 아담은 하와의 불순종에 대하여 한마디 할 수 있었으련만 단 한 마디도 하지 않고 그 선악과를 받아 먹었다. 이상하지 않은가? 왜 성경에는 그 엄청난 범죄를 인하여 자기까지 죽을 마당에 한 마디의 의견도 하와에게 항변하는 말이 기록되지 않았을까? 아내를 향한 남편의 사랑을 나타내는 메타포Metaphor, 곧 교회를 향한 예수님의 사랑에 대한 은유적 표현이다. 변명하지 않으시고 신부와 같이 사랑스러운 교회를 위해 변명 없이 십자가를 지시는 신랑이신 예수님을 그려내는 아담의 모습이다. 아내요 신부인 교회의 죄악에 대하여 변론하지 않으시고 침묵하시는 예수님에 대하여 이사야는 이렇게 묘사한다.

> 그가 곤욕을 당하여 '괴로울 때에도 그의 입을 열지 아니하였음'이여 마치 도수장으로 끌려가는 어린 양과 '털 깎는 자 앞에서 잠잠한 양 같이' 그의 입을 열지 아니하였도다 사 53:7

신약시대 이 땅에 초림하시고 십자가를 지시는 과정에서 이사야의 예언은 이렇게 성취되었다.

> 12 대제사장들과 장로들에게 '고발을 당하되 아무 대답도 아니하시는지라' 13 이에 빌라도가 이르되 그들이 너를 쳐서 얼마나 많은 것으로 증언하는지 듣지 못하느냐 하되 14 한 마디도 대답하지 아니하시니 총독이 크게 놀라워하더라 마 27:12-14

예수님께서 십자가에 고난당하는 과정에서 나타나는 모든 상황 속의 침묵은 교회를 세우시고 자기 백성을 구원하시기 위한 고통이지만 당연히 이루셔야 할 침묵이셨다. 하실 말씀이 얼마나 많으셨을까? 얼마든지 당당한 자기 변론이 가능했지만 침묵하신 것은 교회를 구원하시기 위한 사랑이었던 것이다. 이러한 예수님의 구원 계획이 아담을 통하여 나타나는 구원 메타포이다. 하와가 주는 선악과를 왜 그랬냐는 질문 한 번 없이 '당신의 죄로 인한 죽음을 내가 감당하겠다'고 하시는 예수님의 모형으로서의 아담롬 5:14의 행동이었던 것이다. 이것이 하와의 남편인 아담의 거룩한 선택적 행동에 대한 메타포이며 교회의 남편이신 예수님의 숭고한 선택적 사랑에 대한 은유이다. 이러한 숭고한 사랑을 받은 교회가 완성된 하나님 나라를 이룰 때, 하늘에서 지어지던 교회인 거룩한 성 새 예루살렘 교회인 시온 성 역시 완성되어 이 땅의 예루살렘으로 내려오는 것이다. 거룩한 성 새 예루살렘에 대한 명확한 이해로 영원히 우리와 함께 하실 하나님의 처소에 대한 더 깊은 이해로 가득한 성도와 교회가 되기를 축복하는 바이다.

새 예루살렘의 궁극적 의미
1. 거룩한 성 새 예루살렘의 의미와 필요와 목적

거룩한 성 새 예루살렘에 대한 이해의 기초는 어휘가 나타내고자 하는 본질이다. 거룩한 성 새 예루살렘의 본질에 대한 설명의 주제는 '거룩'과 '성'과 '예루살렘'이다. 성은 왕의 통치권이 발현되는 왕의 거처이며 그의 백성이 거하는 도성이라는 의미이며 '거룩'이란 그 성의 특성이요 가치로써 그 성이 거룩한 본질을 가진 성이라는 의미이며 '예루살렘'이란 문자 그대로 '평화의 터전'이라는 의미에 새롭다는 의미를 갖는 '새'가 더해져 과거 역사 속의 어떤 때와도 비교할 수 없는 새로운 의미와 가치를 가진 새 예루살렘이라는 뜻이 된다. 이러한 의미를 조합하면 '거룩한 성 새 예루살렘'이란? **'거룩한 왕이 다스리는 전혀 새로운 왕과 자기 백성의 거처'**라고 의미를 부여할 수 있다. 이러한 예루살렘을 세운 자가 누구일까? 이에 대하여 시편 기자가 대답한다.

이 두 말씀의 의미는 모든 시대 모든 세대를 아우르는 표현이다. 과거와 현재와 미래와 그 시간을 살아가는 모든 세대를 향한 가르침이다. 구약시대 예루살렘을 세우신 이가 하나님시 78:54, 시 147:2이시며 마지막 때 흩어진 이스라엘을 돌아오게 하여겔 34:12, 39:27-28, 천년왕국의 시간으로 이끌어 그들의 상한 마음을 고치시며 자기 백성의 상처를 싸매시고 치유하실 분이 예수님이시라는 역사의 시작과 끝을 주관하시는 하나님이 그 주인공이라는 의미를 전하고 있는 말씀이며 그렇게 행하실 장소가 예루살렘이 될 것이라는 가르침이다.

거룩이란 세상적 가치로 평가하거나 규정할 수 있는 단어가 아니며 새롭다는 의미 또한 세상적 기준으로 설명하는 단어가 아니다. 오직 완성된 하나님 나라의 가치를 수반하는 유일한 가치이며 기준인 것이다. 이러한 가치를 가진 이 땅의 예루살렘은 하늘의 예루살렘이 이 땅에 임할 때까지의 모형이다. 결론적 설명으로 예루살렘은 하나님이 다스리는 거룩한 성, 곧 교회를 의미하며 구약시대의 예루살렘은 신약시대에 세워져 하나님의 처소가 되고 성전이 되는 교회요, 이 교회가 세워질 때 하늘에서도 세워져 지금도 완성의 때를 향해 지어져 가고 있는 하늘의 교회를 의미한다는 것이 거룩한 성 새 예루살렘의 현재적 설명이 된다. 신, 구약 성경 속에 나타나는 세 가지 말씀으로 표현한다면 이러하다.

● 이사야 선지자는 하나님께서 바벨론의 징계가 끝났음을 선포하실 때 이스라엘의 '구약교회를 예루살렘'이라 부르신다는 사실을 깨닫도록 가르치고 있음을 알아야 한다.

과거적 교회 선언

너희는 '예루살렘의 마음에 닿도록 말하며 그것에게 외치라' 그 노역의 때가 끝났고 그 죄악이 사함을 받았느니라 그의 모든 죄로 말미암아 여호와의 손에서 벌을 배나 받았느니라 할지니라 하시니라 사 40:2

● 천년왕국 후에 이 땅에 임하기 위해 현재에 지어져 가고 있는 새 예루살렘 교회

현재적 교회 선언

20 너희는 '사도들과 선지자들의 터 위'에 세우심을 입은 자라 '그리스도 예수께서 친히 모퉁잇돌'이 되셨느니라 21 그의 안에서 건물마다 서로 연결하여 주 안에서 성전이 되어 가고 22 너희도 성령 안에서 '하나님이 거하실 처소가 되기 위하여 그리스도 예수 안에서 함께 지어져 가느니라' 엡 2:20-22

● 천년왕국 이후 새 하늘과 새 땅으로 완성된 환경 속에 내려 올 완성된 하늘의 교회

미래적 교회 선언

또 내가 보매 '거룩한 성 새 예루살렘이 하나님께로부터 하늘에서 내려오니' 그 준비한 것이 '신부가 남편을 위하여 단장한 것' 같더라 계 21:2

참고로 이사야는 천년왕국 이후에 이 땅에 임할 거룩한 성 새 예루살렘계 21:2에 대한 예언을 이미 기록하고 오늘을 사는 우리를 그 시간으로

이끌고 있다.

> 우리 절기의 '시온 성을 보라 네 눈이 안정된 처소인 예루살렘'천년왕국의 끝에서 내려올 시온 성 = 거룩한 성 새 예루살렘 을 보리니 그것은 '옮겨지지 아니할 장막'계 15:5의 증거 장막 성전처럼 하늘로 옮겨졌다 다시 이 땅으로 오는 하나님의 움직이는 처소가 아닌 이 땅에 영원히 거하실 처소이라 그 말뚝이 영영히 뽑히지 아니할 것이요 그 줄이 하나도 끊어지지 아니할 것이며 사 33:20

이러한 말씀의 증거들을 지식으로 취하여 인류의 새로운 시작을 위해 이 땅에 임하는 거룩한 성 새 예루살렘에 대한 온전한 하나님의 계획을 이해하고 영원의 시작을 향한 지식으로 충만한 기쁨을 누리는 예수님의 거룩한 신부의 교회 되기를 축복하는 바이다.

2. 거룩한 성 새 예루살렘이 하늘에서 내려오는 시간과 머물 장소에 대한 성경적 증거

거룩한 성 새 예루살렘이 내려오는 시간은 천년왕국 이후에 일어날 몇 가지의 사건과 관련 되어 있다. 천년왕국 후에 일어날 일들을 차례대로 나열하면 ❶ 사탄의 무저갱 봉인 해제가 있을 것이며계 20:7 ❷ 풀려난 마귀의 본성대로 마곡을 미혹하여 이에 미혹된 곡과 마곡, 고멜 족속과 도갈마 족속, 바사, 구스, 붓을 미혹하여 예수님이 계시는 예루살렘을 침공할 것이며겔 38:11-12 ❸ 이에 예수님은 하늘에서 불을 내려 그들을 태우실 것이며 사탄을 유황 불못에 던지시므로 그곳에서 사탄과 두 짐승이 만나게 될 것이며계 20:8-10 ❹ 이들의 전쟁에 동의하고 지원했던 모든 동역자들과 나라들을 심판하실 것이다겔 38:22, 39:6. ❺ 이후 흰 보좌 심판을 행하실 것인데 모든 죽은 인류가 죽음에서 부활하여 사망의 심판을 받을 것

이다. 이때 사탄과 함께했던 사망과 음부까지도 불못에 던져지고 나면 이
땅에는 더 이상 사탄과 사망과 음부가 존재하지 않는 정결한 땅으로 회복
되어 하나님께서 영원토록 우리와 함께하실 수 있는 창조 때 있었던 에덴
의 정결함이 회복되어 하늘에서 하나님이 거하실 거룩한 성 새 예루살렘
이 이 땅의 예루살렘으로 내려와 영원한 나라로 들어가기 위한 마지막 행
사가 열릴 것이다. 이 행사의 주인공은 예수님과 교회가 될 것이며 한글
신약성경은 이 행사를 일컬어 **'어린 양의 혼인 잔치'**라 하고 구약성경은
이스라엘의 관습대로 **'어린 양의 혼인 연회'** 결혼식 전 행사, 예수님과 교회의 실제 결
혼이 아니므로 연회만 이루어지는 것 라 이름한다.

거룩한 성 새 예루살렘 형성과 이 땅 임재에 대한
과거, 현재, 미래적 관점

❶ 과거적 관점

창 22:1-13, 삼하 24:18-25, 왕상 6장, 마 27:33, 마 24:6

하늘의 새 예루살렘 성이 이 땅의 예루살렘에 임할 것이라는 성경적 근거

이 근거에 대한 분명한 성경적 근거는 창조 때부터 약속에 신실하신 **'하
나님이 거하실 성소의 영역'**으로 **'하나님이 뜻하신 바대로 계획되고 창
조된 영역'**이라는 사실을 증거하고 있으며 이에 대한 시편 기자의 증언은
'하늘의 예루살렘 성이 이 땅의 예루살렘 성에 임할 것'이라는 말씀 이해
의 전제이며 근거가 된다.

> 그들을 그의 **'성소의 영역'** 곧 그의 **'오른손으로 만드신 산'**으로 인도하시고 시 78:54

창조 이후 이 땅에 계셨던 하나님은 타락 이후 죄가 이 땅에 들어오므로 인하여 죄와 함께 거하실 수 없는 하나님의 거룩하심 때문에 지면에서 떨어진 차원이 다른 창공하늘, firmament 어딘가에 보좌를 베푸시고 그곳을 거처할 장막으로 삼으시고 이 땅에서 영원히 거하실 마지막 때를 기다리시며 거룩한 모든 성도들과 함께 거하실 하늘의 성전이 완성되는 그 시간까지 지어가고 계시는 것엡 2:21-22이다. 성경은 시 78:54절을 근거로 시작하여 완성된 하늘 성전인 거룩한 성 새 예루살렘이 이 땅의 예루살렘에 임할 수밖에 없는 이유에 대하여 성경 역사적 관점을 제공한다.

● **'예수님의 십자가 죽음에 대한 예표'**로서 이삭을 번제로 드렸던 모리아 산창 22:1-13
● 다윗이 50세겔을 주고 산 심판 때 **'추수 장소에 대한 예표'**인 아라우나의 타작 마당삼하 24:18-25
● 예수님께서 이 땅에 신약교회와 영원한 하나님 나라의 성취를 의미하는 거룩한 성 새 예루살렘의 예표로서 다윗왕이 하나님의 뜻을 따라 아들 솔로몬을 통하여 세웠던 이 땅의 예루살렘 성과 성전의 땅왕상 6:1
● 예수님께서 이삭을 통하여 보이셨던 구속의 예표를 십자가에서 성취하시기 위해 죽으신 곳, 장사 되신 곳, 부활하신 곳

변하지 않는 하나님의 계획과 약속에 신실하신 하나님의 계획은 하늘의 예루살렘이 이 땅의 예루살렘에 임할 것이라는 온전한 지식을 확정하도록 인도하신다.

❷ 현재적 관점

요 2:19-21, 행 20:28, 엡 2:21-22

'요 2:19-21절'과 '행 20:28절'은 교회가 형성된 시작점을 가르치는데 예수님의 희생을 통하여 이루실 것에 대한 요한의 증언과 사도행전을 기록한 누가의 증언을 통하여 '예수님께서 흘리신 희생의 피를 구원의 은혜로 믿는 무리들이 교회'라는 증언을 통하여 이 땅에 세워진 교회의 시작을 이해하도록 이끄는 교의적 가르침이며 사도 바울의 교회론인 '엡 2:21-22절'의 증언은 이 땅의 교회는 현재 진행형으로 지어져 가는 하나님의 처소라는 놀라운 가르침을 전하고 있는 말씀으로 오늘날의 교회가 나아갈 방향을 제시하고 권면하려는 '교리적 관점'이 아니라 하나님의 공적 판결과 선포의 성격을 가지는 '교의적 가르침'이라 할 수 있다.

¹⁹ 예수께서 대답하여 이르시되 너희가 '이 성전'손으로 지은 성전 을 헐라 내가 사흘 동안에 일으키리라 ²⁰ 유대인들이 이르되 이 성전은 사십육 년 동안에 지었거늘 네가 삼일 동안에 일으키겠느냐 하더라 ²¹ 그러나 예수는 '성전된 자기 육체'삼일 만에 부활하셔서 죽음과 부활을 믿는 자를 구원하여 교회를 삼으신 것 를 가리켜 말씀하신 것이라 요 2:19-21

여러분은 자기를 위하여 또는 온 양 떼를 위하여 삼가라 성령이 그들 가운데 여러분을 감독자로 삼고 '하나님이 자기 피로 사신 교회'예수님의 십자가 죽음과 부활을 믿는 무리 를 보살피게 하셨느니라 행 20:28

²¹ 그의 안에서 '건물마다 서로 연결'구약시대 사람의 손으로 만든 성전과 하나님의 손으로 창조하사 신약시대에 성전 삼아 거하시는 사람의 육신, 고전 3:16 하여 '주 안에서 성전이 되어 가고'현재적 관점 ²² 너희도 성령 안에서 '하나님이 거하실 처소가 되기 위하여' 천년왕국 후 영원한 하나님의 처소 '그리스도 예수 안에서 함께 지어져 가느니라'미래적 관점의 처소, 천년왕국 이후 하늘에서 완성되어 이 땅에 내려올 거룩한 성 새 예루살렘. 엡 2:21-22

❸ 미래적 관점

고후 5:1, 히 9:11, 계 21:9-21, 계 21:2-3, 사 25:6-8

마지막 때 영원한 하나님의 나라에서 있을 교회의 의미가 무엇인가에 대한 분명한 관점을 제시하는 계시의 완성 관점을 증거 하고 있다. 미래의 교회를 향해 나아가고 있는 현재 진행형 교회가 이 땅에서 이루는 모든 상급과 최종적 결과물이 미래에 어떠한 영적 형상물로 완성되어질 것인가를 깨닫게 하는 관점에 대하여 확신으로 이끄는 가르침이다.

● 땅에 있을 때 하늘에서 지어져 갈 장막 성전 고후 5:1

바울 사도는 고린도 교회가 이 땅 가운데서 살아갈 때 소망해야 할 것이 무엇인지에 대하여 명확하게 교훈하며 오늘을 어떻게 살아야 할 것에 대하여 손으로 지은 어떤 것도 아니며 오직 사람의 손으로 짓지 않고 하나님의 손으로 하늘에서 지어져 영원한 나라가 완성될 때 이 땅에 내려올 거룩한 성 새 예루살렘을 의미하는 영원한 집에 대하여 가르친다.

> 만일 땅에 있는 우리의 장막 집이 무너지면 '하나님께서 지으신 집' 곧 손으로 지은 것이 아니요 '하늘에 있는 영원한 집'이 우리에게 있는 줄 아느니라 고후 5:1

● 천년왕국이 끝나고 새 하늘과 새 땅이 선포되는 21:1절 이후 하나님의 나라가 완성될 때 하늘에서 이 땅으로 내려오는 거룩한 성 새 예루살렘 계 21:9, 어린 양의 신부, 교회

> 9 '일곱 대접을 가지고 마지막 일곱 재앙을 담은 일곱 천사 중 하나'가 나아와서 내게 말하여 이르되 이리 오라 내가 '신부 곧 어린 양의 아내'를 네게 보이리라 하고

¹⁰ 성령으로 나를 데리고 크고 높은 산으로 올라가 하나님께로부터 하늘에서 내려오는 '거룩한 성 예루살렘'을 보이니 ¹¹ 하나님의 영광이 있어 '그' 성의 빛이 지극히 귀한 보석 같고 벽옥과 수정 같이 맑더라' ¹² 크고 높은 성곽이 있고 '열두 문'이 있는데 문에 열두 천사가 있고 그 문들 위에 이름을 썼으니 이스라엘 자손 '열두 지파의 이름들'이라 ¹³ 동쪽에 세 문, 북쪽에 세 문, 남쪽에 세 문, 서쪽에 세 문이니 ¹⁴ 그 성의 성곽에는 '열두 기초석'이 있고 그 위에는 어린 양의 '열두 사도의 열두 이름'이 있더라 ¹⁵ 내게 말하는 자가 그 성과 그 문들과 성곽을 측량하려고 금 갈대 자를 가졌더라 ¹⁶ 그 '성은 네모가 반듯'하여 길이와 너비가 같은지라 그 갈대 자로 그 성을 측량하니 '만 이천 스다디온'이요 길이와 너비와 높이가 같더라 ¹⁷ 그 성곽을 측량하매 백사십사 규빗이니 '사람의 측량 곧 천사의 측량'이라 계 21:9-17

● **죄가 들어온 세상에서 함께 하실 수 없어 하늘로 옮기신 장막 성전의 보좌** 왕상 22:19

이 땅에 죄가 들어오고 하나님은 더 이상 타락한 인류와 함께 이 땅에 계실 수 없기에 하늘에 거처를 정하시고 이 땅을 떠나신 것이며 하늘 전체가 하나님의 보좌를 두신 처소가 된 것을 의미한다.

미가야가 이르되 그런즉 왕은 여호와의 말씀을 들으소서 내가 보니 '여호와께서 그의 보좌에' 앉으셨고 '하늘의 만군이 그의 좌우편에 모시고' 서 있는데 왕상 22:19

● **예수님의 공중 재림의 시간에 열릴 하늘 성전** 계 11:19**, 대접 심판을 위한 도구들**

예수님께서는 나팔 심판의 끝에서 불리는 일곱 나팔의 시간에 재림하실 것인데 그 시간 이후는 마지막 심판인 대접 심판의 시간이 될 것이기에 본 행간은 대접 심판의 시간에 이 땅에 부어질 재앙의 도구들을 보이시는 장면이 요한의 설명에 의해 보여지고 있는 장면이다.

> 이에 '하늘에 있는 하나님의 성전'이 열리니 성전 안에 하나님의 언약궤가 보이며 또 '번개와 음성들과 우레와 지진과 큰 우박'이 있더라계 11:19

● 대접 심판 직전에 열리게 될 증거 장막 성전계 15:5

이 행간의 장면은 위의 설명에서 언급된 계 11:9절의 일곱 나팔의 시간에 예수님께서 공중에 재림하실 때 보이시던 그 하늘 성전과 동일한 성전이며 재림하신 후 하늘을 열어 보이시는 장막 성전을 마지막 때 요한에게 보이시는 것이다. 2차원의 공간을 살아가는 인류는 하나님이 거하시는 차원을 알 수는 없으나 분명한 것은 현재 지어져 가고 있는 그 하나님의 장막 처소인 하늘의 시온 성, 새 예루살렘 성이 수억 광년쯤 떨어진 우주 어딘가에 있다가 마지막 때 갑자기 내려와 우리 눈 앞에 펼쳐지는 것이 아니라 우리와 늘 함께 있으나 보이지 않는 공간이 마지막 때 열려 보이게 될 것이라 이해하는 것이 옳은 이해이며 증거 장막 성전이란 하늘에서 지어져 가고 있는 하나님의 처소이며 이 땅이 하나님의 처소가 내려올 수 있도록 정결하게 완성되는 시간, 이 땅의 예루살렘에 내려와 하나님이 영원히 우리와 함께 거하실 옮겨지지 않을 처소가 거룩한 성 새 예루살렘이다사 33:20.

> 또 이 일 후에 내가 보니 '하늘에 증거 장막의 성전이 열리며'계 15:5

● 하늘에서 이 땅에 내려와 영원히 거할 완성된 장막 성전 시온 성이라 일컬어지는 안정한 처소 옮겨지지 아니할 새 예루살렘 성사 33:20에 대한 예언

우리 절기의 시온 성을 보라 네 눈이 '안정된 처소인 예루살렘'을 보리니 그것은 '옮겨지지 아니할 장막'이라 그 '말뚝이 영영히 뽑히지 아니할 것'이요 그 줄이 하나도 끊어지지 아니할 것이며 사 33:20

● 어린 양의 혼인 연회가 베풀어질 곳 사 25:6-8

6 만군의 여호와께서 '이 산에서 만민을 위하여'성소의 영역인 시온 산의 예루살렘에서 천년왕국 이후 세상의 모든 자기 백성 기름진 것과 오래 저장하였던 포도주로 '연회'결혼식 전에 베푸는 축하 잔치 를 베푸시리니 곧 골수가 가득한 기름진 것과 오래 저장하였던 맑은 포도주로 하실 것이며 7 또 이 산에서 모든 '민족의 얼굴을 가린 가리개와 열방 위에 덮인 덮개'나라와 민족들을 덮은 죄 를 제하시며 8 '사망을 영원히 멸하실 것'흰 보좌 심판 이라 주 여호와께서 '모든 얼굴에서 눈물을 씻기시며'완성된 하나님의 나라, 자기 백성의 수치를 온 천하에서 제하시리라 여호와께서 이같이 말씀하셨느니라사 25:6-8

시온 산의 예루살렘이 갖는 성경 속에서의 위치와 권위는 대단하다. 여호와의 이름과 그의 영광을 선포하는 장소이며 모든 나라와 민족들이 와서 그분을 예배할 장소로 결정하셨으며 천년왕국의 시간에 예루살렘에 계시는 하나님을 예배하기 위해 모든 민족이 올라오게 될 것이며, 그곳에서 찬송을 받으실 것이라 가르친다.

21 '여호와의 이름을 시온에서, 그 영예를 예루살렘에서 선포'하게 하려 하심이라 22 그 때에 민족들과 나라들이 함께 모여 여호와를 섬기리로다 시 102:21-22

16 '예루살렘을 치러 왔던 이방 나라들 중에 남은 자'가 해마다 올라와서 '그 왕 만군의 여호와께 경배하며 초막절을 지킬 것'이라 17 땅에 있는 족속들 중에 그 왕 만군의 '여호와께 경배하러 예루살렘에 올라오지 아니하는 자들에게는 비를 내리지 아니하실 것'인즉속 14:16-17

'예루살렘에 계시는 여호와'는 시온에서 찬송을 받으실지어다 할렐루야 시 135:21

● 예루살렘은 재림하신 예수님께서 왕으로 기름부어지고 아버지로부터 천년왕국의 통치자로 통치권을 위임받아 대관식을 행하실 장소가 될 것이다.

이에 대한 이사야와 다니엘의 예언은 천년왕국의 통치자가 예수님이심을 증거 한다.

그 때에 '달이 수치를 당하고 해가 부끄러워하리니' 이는 만군의 '여호와께서 시온 산과 예루살렘에서 왕이 되시고' 그 장로들 앞에서 '영광을 나타내실 것'임이라 사 24:23

13 내가 또 밤 환상 중에 보니 '인자 같은 이'가 하늘 구름을 타고 와서 '옛적부터 항상 계신 이'에게 나아가 그 앞으로 인도되매 14 '그에게 권세와 영광과 나라를 주고 모든 백성과 나라들과 다른 언어를 말하는 모든 자들이 그를 섬기게' 하였으니 그의 권세는 소멸되지 아니하는 영원한 권세요 그의 나라는 멸망하지 아니할 것이니라 단 7:13-14

● 새 하늘과 새 땅이 이루어졌을 때 하늘로부터 임하여 영원히 거하실 장막, 거룩한 성 새 예루살렘 성은 하나님의 계획대로 이 땅의 예루살렘에 임할 것이며 이것이 곧 완성된 하나님의 나라인 교회이다계 21:1-3.

1 또 내가 '새 하늘과 새 땅을 보니 처음 하늘과 처음 땅이 없어졌고 바다도 다시 있지 않더라' 2 또 내가 보매 '거룩한 성 새 예루살렘'이 하나님께로부터 하늘에서 내려오니 그 준비한 것이 '신부가 남편을 위하여 단장한 것' 같더라 3 내가 들으니 보좌에서 큰 음성이 나서 이르되 '보라 하나님의 장막이 사람들과 함께 있으매 하나님이 그들과 함께 계시리니' 그들은 하나님의 백성이 되고~ 계 21:1-3

● 예수님은 새 예루살렘에 영원히 거하시며 시온을 하나님 나라를 다스리실 장소로 삼으실 것이다 겔 43:7.

> 그가 내게 이르시되 인자야 '이는 내 보좌의 처소, 내 발을 두는 처소, 내가 이스라엘 족속 가운데에 영원히 있을 곳'이라 이스라엘 족속 곧 그들과 그들의 왕들이 음행하며 그 죽은 왕들의 시체로 다시는 내 거룩한 이름을 더럽히지 아니하리라 겔 43:7

이와 같이 하늘에서 내려오는 거룩한 성 새 예루살렘은 과거와 현재적 관점을 이해하고 미래적 관점으로 조명하는 데 있어 핵심적 주제는 교회이다. 결론부에서 밝히겠지만 결혼한 신랑과 신부가 함께 거할 신혼집이 필요하듯 하나님과 교회의 연합을 결혼이라는 연합의 관점으로 설명하기 위해 예수님과 교회를 신랑과 신부로, 함께 할 처소를 거룩한 성 새 예루살렘교회로 묘사하고 있는 것이다.

3. 거룩한 성 새 예루살렘에 대한 성경적 결론

❶ 계 21:18-20절에 나타나는 모습, 정금과 보석

거룩한 성 새 예루살렘의 정체에 있어 가장 뚜렷한 본질에 대한 묘사는 보석이다. 계 21:9-22절은 성의 모양과 구조와 재료를 설명함에 있어 '성과 성곽과 문과 기초석'으로 뚜렷한 구분이 나타난다.

계 21:18-21 ¹⁸ 그 '성곽은 벽옥'으로 쌓였고 그 '성'은 '정금'인데 맑은 유리 같더라 ¹⁹ 그 성의 성곽의 기초석은 각색 보석'으로 꾸몄는데 첫째 기초석은 벽옥이요 둘째는 남보석이요 셋째는 옥수요 넷째는 녹보석이요 ²⁰ 다섯째는 홍마노요 여섯째는 홍보석이요 일곱째는 황옥이요 여덟째는 녹옥이요 아홉째는 담황옥이요 열째는 비취옥이요 열한째는 청옥이요 열두째는 자수정이라 ²¹ 그 열두 문은 열두 진주니 각 문마다 한 개의 진주로 되어 있고 '성의 길은 맑은 유리 같은 정금'이더라

이를 도표로 정리하면 표와 같다.

구 분	재 료	성과 성곽, 문과 기초석의 의미	
성	정 금	새 예루살렘 교회의 정체성	새 예루살렘 교회의 정체성
성 곽	정금과 보석	성곽의 기초와 성벽은 신, 구약 교회	
12개의 문	진 주	12명의 이스라엘 구역 교회의 족장들	
12개의 기초석	12개의 보석	12명의 사도들	

● 정금과 보석은 모두 성도의 정체성으로 묘사된다. 이에 대한 대표적인 말씀이 욥 23:10절의 교훈이다.

> 그러나 내가 가는 길을 그가 아시나니 그가 '나를 단련하신 후'에는 '내가 순금 같이 되어' 나오리라 욥 23:10

욥기 23:10절의 가르침이 중요한 이유는 이 행간의 말씀이 새 예루살렘 이해의 근간을 이루기 때문이다. 불순물이 제거된 온전한 정금은 하나님의 말씀을 보관하는 법궤의 내벽면을 이루는 보석이었으며 성전의 모든 기물들을 제작함에 있어 그 재료가 되었다. 이는 하나님을 섬기는 모든 기물들의 재료라는 의미이며 하나님 앞에 쓰임받을 수 있는 자격의 기준이 되는 것이 정금이다. 성도는 시련과 연단을 통하여 정결한 정금으로

성숙되어져 가도록 정하신 분이 하나님이시다. 하나님이 정금이시며 보석이시기에 하나님의 형상과 모양으로 지음받은 우리 또한 정금이요, 보석으로 묘사되어 있다. 정금은 거룩하신 하나님의 형상이며 모양이므로 성도와 교회 또한 하나님을 닮은 정금이 되어야 하기에 성도는 하나님께 쓰임받는 존재적 가치의 기준에 도달해야만 하나님의 영광을 세상에 비추는 존재로서의 사명을 다할 수 있는 것이다. 성경은 정금이 되기를 원하시는 하나님의 갈망을 이렇게 기록하고 있다.

> 도가니는 은을, '풀무는 금'을 연단하거니와 '여호와는 마음을 연단'하시느니라
> 잠 17:3

> 보라 내가 너를 연단하였으나 은처럼 하지 아니하고 너를 '고난의 풀무 불'에서
> 택하였노라 사 48:10

하나님은 이처럼 우리를 풀무에서 단련된 금과 같은 존재로 성숙되기를 원하시며 주기도문의 가르침대로 그렇게 연단된 자가 '하나님의 뜻을 이 땅 가운데 이루어지도록 하는' 예수님의 신부가 되는 것이다. 이러한 정금의 정체성으로 성숙해야 하는 이유는 '교회의 정금 같은 정체성으로 이루는 모든 복음의 선행은 하늘에 쌓이는 보화가 되어 그 정금으로 하늘에서 하나님의 손에 의하여 하늘교회가 지어져 가는 것'이며 마 6:20, 요 14:3, 엡 2:22, 고후 5:2 이것이 이 땅에 죄가 없어지고 새 하늘과 새 땅이 될 때 이 하늘에서 완성된 거룩한 성 새 예루살렘이 이 땅에 임하여 하나님과 영원히 함께 거하는 처소가 되는 것이다. 이것이 하늘에서 내려오는 거룩한 성 새 예루살렘의 정체이다.

❷ 계 4:2-3절에 나타나는 보좌 위에 계신 하나님의 모양

> [2] 내가 곧 성령에 감동되었더니 보라 하늘에 보좌를 베풀었고 그 보좌 위에 앉으신 이가 있는데 [3] '앉으신 이의 모양'이 벽옥과 홍보석 같고 또 무지개가 있어 보좌에 둘렸는데 '그 모양이 녹보석 같더라' 계 4:2-3

계시록의 이 행간은 하나님의 모양이 나타나 있는 중요한 설명 구간이다. 창 1:26-27절 우리와 하나님의 동질적 모양과 형상에 대하여 가르친다. 우리의 모양이 하나님과 같다는 의미라면 당연 계시록의 이 말씀대로 우리의 모양도 보석이어야 논리적으로 맞는 말씀이 되는 것이다. 하나님 백성의 원래 정체성은 천사와도 확연히 구분된다. 하나님은 오직 하나님의 백성들만 보석으로 창조하셨다는 것을 마음에 새겨야 한다. 천사와 우리의 다른 점에 대하여 성경은 분명히 그 차이를 알게 한다.

> '네가' 사탄의 타락 전 옛적에 하나님의 동산 에덴에 있어서 '각종 보석 곧 홍보석과 황보석과 금강석과 황옥과 홍마노와 창옥과 청보석과 남보석과 홍옥과 황금'으로 '단장하였음이여' 본질적, 본성적이 아니라는 것 네가 지음을 받던 날에 너를 위하여 소고와 비파가 준비되었도다 겔 28:13

하나님의 형상과 모양이 이니라 그 같이 꾸몄다는 것이다. 창조에 있어 천사와 우리의 근본적 차이를 가르치는 말씀이다. 이러한 성경적 가르침을 토대로 출 28:15-21절을 이해 한다면 새 예루살렘 성의 의미에 접근할 수 있을 것이다.

❸ 출 28:15-21절에 나타나는 제사장의 흉패 모양과 의미

> ¹⁵ 너는 판결 흉패를 에봇 짜는 방법으로 금 실과 청색 자색 홍색 실과 가늘게 꼰 베 실로 정교하게 짜서 만들되 ¹⁶ 길이와 너비가 한 뼘씩 두 겹으로 네모 반듯하게 하고 ¹⁷ 그것에 네 줄로 보석을 물리되 첫 줄은 홍보석 황옥 녹주옥이요 ¹⁸ 둘째 줄은 석류석 남보석 홍마노요 ¹⁹ 셋째 줄은 호박 백마노 자수정이요 ²⁰ 넷째 줄은 녹보석 호마노 벽옥으로 다 금 테에 물릴지니 ²¹ 이 보석들은 이스라엘 아들들의 이름대로 열둘이라 보석마다 열두 지파의 한 이름씩을 ~ 출 28:15-21

제사장의 몸에 있는 흉패의 용도는 하나님의 판단과 분별을 전달받는 도구인 우림과 둠밈을 두는 곳이며 신약시대 제사장인 성도의 정체성을 의미하는 기능이 흉패이며 가슴을 덮어 위치 시키는데 이는 심장과 폐부, 곧 생명의 상징인 두 기관을 덮는 덮개인 흉패는 12개의 보석으로 만들어져 이스라엘을 하나님 나라로 이끌었던 12족장을 예표하는 것이며 곧 하나님 백성을 구원하는 생명의 교회 곧 이스라엘의 구약교회를 상징한다. 이와 같이 보석과 정금은 성도인 교회의 정체성이다.

❹ 창 1:26-27절을 통한 결론

> ²⁶ 하나님이 이르시되 우리의 형상을 따라 '우리의 모양대로' 우리가 사람을 만들고 그들로 바다의 물고기와 하늘의 새와 가축과 온 땅과 땅에 기는 모든 것을 다스리게 하자 하시고 ²⁷ 하나님이 자기 형상 곧 하나님의 형상대로 사람을 창조하시되 남자와 여자를 창조하시고 창 1:26-27

하나님은 성도의 원형이며 하나님의 모양은 보석이다. 그러므로 하나님을 닮은 성도는 또한 하나님을 닮은 보석의 정체성을 가지는 것은 당연한 이유와 결과이다. 변할 수 없는 이러한 관점은 거룩한 성 새 예루살렘의 모양을 설명하는 계 21:9-21절의 말씀에 나타나는 거룩한 성 새 예루살렘은 교회의 정체성에 대한 설명이며 곧 완성될 하나님의 나라의 시간을 따라 완성되는 하늘 교회를 의미하는 것이다. 성도와 교회는 하나님의 형상과 모양이어서 재림 때의 부활을 통하여 신적 본질을 갖고시 82:1, 5 / 요 10:34-35 함께 거할 수 있는 존재적 정체성을 가지며 하나님의 창조 계획상 그렇게 될 수밖에 없는 하나님의 사랑 안에서 지음받은 영광스러운 존재가 바로 성도이며 교회라는 의미이다. '**오늘의 교회가 이러한 가슴 설레는 본질과 정체성에 대한 온전한 가치로 무장되어야 할 당위성을 가진 존재**'로서 마지막 때의 지식으로 무장된다면 결단코 흔들리지 않는 믿음으로 시험과 환난의 시간을 이기는 자로 설 수 있게 될 것을 확신하며 이것이 '**마지막 때의 전신갑주가 될 End-time의 지식**'으로 무장하듯 준비되어야 할 이유이다.

이러한 성경적 논증을 통하여 하늘에서 내려오는 거룩한 성 새 예루살렘의 정체는 사람의 손으로 지어지지 아니하는 처소이며 하나님의 손으로 만드신 황금과 보석으로 꾸며진 영적 거처라는 결론에 이를 수 있어야 한다. 완성된 하나님 나라와 새 하늘과 새 땅으로 변화된 영원한 나라에서 함께 할 도성이 사람의 손으로 지은 이차원적 공간을 메울 유물론적 관점의 도성이 아닐 것이기 때문이다. 홀연히 변화된 몸이 함께할 영원한 영적인 도성이며 삼위일체 하나님께서 거하실 성소로서 거룩하며! 영적이며! 새롭게 지어진 성이다. 에베소서의 사도 바울이 가르치는 지어져가는 성전이라는 의미와 결부하여 내릴 수 있는 결론은 이 땅의 성도들은 지금도 지어가고 있는 성전이며 이 땅에 정결한 하나님의 나라가 완성될 그때 비로소 하늘에서도 동시에 완성될 것이다. 이러한 관점을 바탕으로 모세 시대 여호와께서 이 땅에 사람의 손으로 지어진 성막의 식양이 하늘의 식양 그대로라는 말씀과 이 땅의 교회가 하늘의 성전으로 지어져 간다는 사도 바울의 가르침을 비교하면 이 땅의 교회가 영원한 나라의 시간으로 들어갈 완성된 하나님의 나라에 이를 때 이 땅 교회의 섬김과 희생, 정금 같은 성도의 정체성이 하늘에 쌓는 보화가 되어 하늘의 교회로 완성되는 것이 거룩한 성 새 예루살렘이 되는 것이다. 이러한 결론의 저변에는 구약성경에 나타나는 예루살렘을 의인화하는 것과 관계가 있는데 예루살렘은 교회를 예표적으로 묘사한다는 성경 지식을 근거한다. 예루살렘을 의인화하는 이사야서의 가르침은 예루살렘이 교회라는 의미를 전하는 하나님의 마음을 깨닫게 한다.

> 시온이여 깰지어다 깰지어다 네 힘을 낼지어다 거룩한 성 예루살렘이여 네 아름다운 옷을 입을지어다 이제부터 '할례 받지 아니한 자와 부정한 자가 다시는 네게로 들어옴이 없을 것'거룩한 하나님의 백성 외에는 거룩한 성 새 예루살렘을 출입할 수 없는 시간을 의미하는데 그 시간은 천년왕국의 시간을 의미한다 **임이라** 사 52:1

> 너는 티끌을 털어 버릴지어다 '예루살렘이여 일어나 앉을지어다 사로잡힌 딸 시온'이여 네 목의 줄을 스스로 풀지어다 사 52:2

> 너 예루살렘의 황폐한 곳들아 기쁜 소리를 내어 함께 노래할지어다 이는 여호와께서 그의 백성을 위로하셨고 '예루살렘을 구속'심판을 끝내시고 모든 하나님의 백성들의 죄를 끊고 완전한 구원을 이루신 상태 **하셨음이라** 사 52:9

> 6 '예루살렘이여 내가 너의 성벽 위에 파수꾼을 세우고' 그들로 하여금 주야로 계속 잠잠하지 않게 하였느니라 너희 '여호와로 기억하시게 하는 자들'아 너희는 쉬지 말며 7 또 여호와께서 '예루살렘을 세워 세상에서 찬송을 받게 하시기까지'하늘에서 내려오는 거룩한 성 새 예루살렘을 의미한다 **쉬지 못하시게 하라** 사 62:6-7

성경에 나타나는 '예루살렘 성'에 대한 의미가 **'하나님의 나라가 완성되는 시간 하늘에서 내려오는 거룩한 성 새 예루살렘을 예표'**하고 있으며 이는 '지금도 하나님께서는 이 땅 성도의 섬김과 희생의 가치로 계산되는 불에 타지 아니할 정금으로 하늘의 교회인 거룩한 성 새 예루살렘 성을 지어가고 계신다는 사실'에 대한 깨달음이 있기를 간절히 바라는 바이다. 이러한 사실을 아는 것과 모르는 것의 차이는 분명하다. 이 땅에서 성도가 교회로서 어떤 일들에 집중해야 할 것인가에 대한 답을 알고 행할 것이라는 변화에 대한 기대이며 각 성도가 하나님의 나라에서 함께 할 그 시간, 내 이름으로 지어져 완성된 하나님의 나라에서 하늘로부터 내려오는 하나님이 거하실 영원한 장막, 거룩한 성 새 예루살렘, 곧 하늘 교회를 소망하며 살아가는 현재적 삶의 태도가 분명 본질적으로 변화될 것이라는 뚜렷한 기대감이 이유이다.

**이 땅의 교회들에 의하여 현재적으로 하늘에 지어져 가고 있는
성전 이해를 위한 일곱 가지 성경적 근거**

❶ 마 6:19-21 / 보물을 하늘에 쌓아두라, 네 보물이 있는 곳에 네 마음
　　도 있느니라
❷ 엡 2:22 / 성령 안에서 하나님이 거하실 성전으로 지어져 가느니라
❸ 고후 5:2 / ~하늘로부터 오는 우리의 처소로 덧입기 위하여~
❹ 계 21:18-22 / 진주 문, 기초석으로 사용된 12가지 보석, 정금 성곽
❺ 욥 23:13 / 성도의 정체성인 정금
❻ 출 28:15-21 / 판결 흉패에 달린 12개의 보석, 이스라엘 교회의 시작
❼ 계 4:3-4 / 하나님의 정체성, 보석 = 새 예루살렘 성의 정체성 = 성도
　　의 정체성 = 교회의 정체성

하늘에서 내려오는 거룩한 성 새 예루살렘에 대한 결론적 정의

예수님께서 십자가에 자기의 몸을 버려 교회를 세우신 이유와 관련한 이해가 필요하다. 교회의 거룩함과 존귀함에 대한 이해가 절대적으로 필요한 이유이다. 어린 양의 신부라고 묘사되는 거룩한 성 새 예루살렘은 현재적으로는 보석이라는 정체성으로 설명된 하나님과 그분을 닮은 이 땅의 교회와 성도의 세상을 향한 섬김과 희생을 통하여 하늘에 쌓는 보화는 거룩한 정금으로 전환되는 상급과도 같은 것이며 그 정금으로 지어지는 것이 하나님이 이 땅에서 영원토록 우리와 함께 거하실 거룩한 성 새 예루살렘이 된다는 영적 원리에 대한 설명이다. 현재적으로는 육신이 땀을 흘리는 섬김과 희생이지만 이것이 영적 가치로 치환되어 영적인 도성, 하나님 나라를 이루어가는 것이다. 예루살렘이란? 예수님이 계시는 '평화의 성'이라는 의미를 가지는 단어이며 궁극적으로 교회가 하나님과 함께 영원한 평안의 안식을 누릴 하나님의 처소라는 의미가 된다.

2. 하나님 나라가 완성되는 때에 있을 성경적 사건

완성된 하나님 나라의 시작 시점은 천년왕국이 지나고 흰 보좌 심판이 끝난 후이다. 물론 예수님께서 직접 통치하시는 천년왕국이 완성된 하나님 나라라고 생각할 수도 있겠지만 **완성이란?** 단어의 의미는 **에덴으로의 회복을 의미**하기에 **죄와 사탄과 사망과 지옥**음부이 인간의 삶과 관계되지 않는 시간, 곧 에덴과 같이 죄가 존재하지 않는 정결의 시간이 핵심이 되기 때문에 사탄과 사망과 음부까지 불못에 던져지는 그 시간이 지나야 정결의 성취를 의미하는 '완성'이라는 단어를 사용할 수 있는 것이다. 이러한 시간대는 요한계시록을 이해하는 Frame인 '6설 6사'의 구조에서 마지막 '6사'여섯 번째 사건에 속한다. 그러므로 하나님 나라의 완성을 위한 순서는 다음과 같이 진행될 것이다.

❶ **사탄, 사망, 음부** 지옥**의 불못 심판** 계 20:10 **과 곡과 마곡** 바사, 구스, 붓, 도갈
마 족속과 그 백성들 심판

❷ **사망의 부활, 흰 보좌 심판** 계 20:11-15

❸ **새 하늘과 새 땅에 내려오는 거룩한 성 새 예루살렘의 이 땅 임재** 계
21:1-2

❹ **시온 산에서 있을 어린 양의 혼인 연회** 사 25:6-8.

❺ **완성된 하나님 나라의 순이다.**

어린 양의 연회를 마지막으로 인류의 역사는 끝이 나고 하나님 나라가
완성되어 영원한 하나님의 나라가 시작되는 영원의 시간으로 들어갈 것
이다 계 21:22-22:5. 계 21:22절이 하나님 나라의 완성에 대한 표적을 보이고
있는데 하나님과 어린 양이 성전으로 예루살렘 성 안에 거하실 것이라고
가르치신다.

'성 안에서 내가 성전을 보지 못하였으니' 이는 주 하나님 곧 '전능하신 이와 및
어린 양이 그 성전'이심이라 계 21:22

더 이상 사람의 손으로 지은 성전에 계시는 것이 아니라 하늘에서 내
려오는 거룩한 성 새 예루살렘! 곧 하나님의 백성이 이루는 교회 공동체
안으로 들어오셔서 하나님이 성전이 되어 정결한 자기 백성과 함께 거하
시는 것! 이것이 하나님 나라의 완성이며 성경의 결론이다.

21장 완성된 하나님 나라의 세부적 의미 이해

1. 새 하늘과 새 땅의 의미와 신부의 이름을 가진
새 예루살렘 성1-2절

> **계 21:1** ¹ 또 내가 '새 하늘과 새 땅을 보니 처음 하늘과 처음 땅이 없어졌고' '바다도 다시 있지 않더라' ² 또 내가 보매 '거룩한 성 새 예루살렘'이 '하나님께로부터 하늘에서 내려오니' 그 준비한 것이 '신부가 남편을 위하여 단장한 것 같더라'

새 하늘과 새 땅을 보니 처음 하늘과 처음 땅이 없어졌고

새 하늘과 새 땅의 변화에 대하여 가르치신다. 처음에 창조되었던 그 하늘과 땅이 더럽혀졌지만 이제 그 더러움에서 회복되어 변화되었다는 선포이다. 그 변화의 상태와 폭은 인간의 이차원적 사고로 가능할 수 없으나 분명한 것은 하늘에 대한 변화에 있어 사람이 휴거 될 때 중력을 거스르지 않던 몸이 홀연히 변화됨으로 중력을 거슬러 공기보다 가벼운 몸이 되어 하늘로 올라가게 되듯이 처음 하늘과 처음 땅 역시 죄가 없을 때의 완전함으로 변화될 것은 분명하기에 그 시간이 정말 기다려진다. 땅역시 에덴으로의 상태로 변화될 것이다. 죄가 없는 상태의 땅은 어떨까? 가시와 엉겅퀴가 생기지 않는 땅! 인간에게 스트레스를 주지 않는 완전한 땅! 그 땅은 과연 어떤 디테일을 가지는 땅이 될지 이 행간으로 인하여 그 시간의 땅이 너무나 궁금해진다.

바다도 다시 있지 않더라

바다가 다시 있지 않는 이유는 무엇일까? 다시 말하면 현재 우리의 인식으로 분별하는 바다가 없어질 것이라는 의미인데 그렇다면 바다의 형태는 어떻게 바뀐다는 것인가? 21장은 완성된 하나님의 나라를 상상하도록 이끌기에 바다는 성경을 중심으로 상상해 볼 만한 주제이다. 바다는 세상이라는 성경적 의미를 모두가 알고 있다. 이 바다의 주성분은 소금이며 소금은 바다를 썩지 않게 하는 핵심 요소인데 이 소금은 곧 제사의 제물 위에 뿌려져 부패를 방지하는 요소로서의 의미를 갖는다.

> 그것으로 향을 만들되 향 만드는 법대로 만들고 그것에 소금을 쳐서 성결하게 하고 출 30:35

> 네 모든 소제물에 소금을 치라 네 하나님의 언약의 소금을 네 소제에 빼지 못할지니 네 모든 예물에 소금을 드릴지니라 레 2:13

> 엘리사가 물 근원으로 나아가서 소금을 그 가운데에 던지며 이르되 여호와의 말씀이 내가 이 물을 고쳤으니 이로부터 다시는 죽음이나 열매 맺지 못함이 없을지니라 하셨느니라 하니 왕하 2:21

> 나 여호와 앞에 받들어다가 제사장은 그 위에 소금을 쳐서 나 여호와께 번제로 드릴 것이며 겔 43:24

> 소금은 좋은 것이로되 만일 소금이 그 맛을 잃으면 무엇으로 이를 짜게 하리요 너희 속에 소금을 두고 서로 화목하라 하시니라 막 9:50

구약시대 소금을 제물과 함께 소제와 번제에 쓰이는 이유가 신약시대에 분명하게 드러나는데 '신약교회와 성도의 역할론'으로 정리된다. 그런데 이러한 역할이 더 이상 필요가 없는 때가 올 것인데 세상의 죄가 없어지고 하나님 나라의 완성이 이루어지는 시간이다. 소금의 생산처 역할을 담당했던 바다, 또한 세상이 완전한 정결의 상태를 이루었으므로 더 이상 스스로를 정결하게 하는 소금이 필요 없어졌으므로 바다 역시 폐기되는 것이 합당한 것이다. 이러한 소금과 바다에 대한 폐기된 모습을 설명하는 장면이 계 15장에 나타난다.

> 또 내가 보니 '불이 섞인 유리 바다' 같은 것이 있고 짐승과 그의 우상과 그의 이름의 수를 이기고 벗어난 자들이 유리 바다 가에 서서 하나님의 거문고를 가지고 _계 15:2_

　요한은 이 바다가 심판을 받고 난 이후의 모습을 기록하고 있는 것이다. 계 15:2절에서 짐승과 그의 우상과 그의 이름의 수를 이기고 벗어난 자들이 **'완성된 하나님 나라의 바다에 선 모습에 대하여 불이 섞인 유리 바다 가에 서 있다'**라고 증거 하므로 더러웠던 세상의 심판을 기념하기 위해 심판의 불을 남겨둔 모습을 보며 설명하는 행간이 15:12절의 행간이다.

완성된 하나님의 나라 영원의 시간 속으로, 계 21:22-22:5

　완성된 하나님의 나라는 하늘에서 내려오는 거룩한 성 새 예루살렘 성 안에서부터 시작될 것이다. 완성되었다는 의미의 핵심은 사탄과 사망과 음부가 불못에 던져져서 죄의 근원이 모두 사라지고 더 이상 이 땅에 죄가 없다는 것을 의미하며 이 땅에 **'사탄의 영향력과 사망과 지옥이 사라지고 새 하늘과 새 땅, 곧 창조 때의 에덴으로 변화된 때'**를 일컬어 **'완성된 하나님의 나라'**라고 명명하는 것이므로 **'완전하게 정결하게 된 땅의 상태'**를 묘사한다. 땅을 더럽힌 죄를 인하여 옮겨다니는 장막 성전을 마련하여 시온 산에서 떠나신 그 하나님께서 다시 정결한 상태가 된 죄가 없는 이 땅으로 다시 오실 수 있는 것이다. 계 22:1-5절은 완성된 하나님의 나라에 대하여 이렇게 전하고 있다.

> ¹ 또 그가 '수정같이 맑은 생명수의 강'을 내게 보이니 하나님과 및 어린 양의 '보좌로부터 나와서' ² 길 가운데로 흐르더라 '강 좌우에 생명 나무'가 있어 '열두 가지 열매'를 맺되 '달마다' 그 열매를 맺고 그 나무 '잎사귀들은 만국을 치료'하기 위하여 있더라 ³ 다시 '저주가 없으며' 하나님과 그 어린 양의 보좌가 그 가운데에 있으리니 그의 종들이 그를 섬기며 ⁴ 그의 얼굴을 볼 터이요 그의 이름도 그들의 이마에 있으리라 ⁵ '다시 밤이 없겠고 등불과 햇빛이 쓸 데 없으니' 계 22:1-5

이 행간은 이 땅에 이루어질 하나님 나라! 완성된 하나님의 나라! 우리가 살아갈 영원한 나라가 어떠한 곳인지 분명하고 선명하게 설명하는 말씀이다.

❶ 어린 양의 보좌로부터 흐르는 수정같이 맑은 생명수의 강이 흐르는 곳이다.

이 땅이 창조되던 때는 네 강이 에덴에 있었으나 완성된 하나님의 나라에서는 오직 한 강, 어린 양의 보좌로부터 흐르는 생수의 강이기 때문인데 보좌로부터 흘러야 영생의 생수가 공급되기 때문일 것이며 또한 유일한 영생의 생수는 오직 예수님의 구원으로 인하여만 가능하기 때문임을 알게 한다.

❷ 생명수가 흐르는 길 좌우에는 생명 나무가 있어 열두 달 동안 열두 가지의 열매를 맺으며 생명 나무의 기능대로 잎사귀가 치료제인 나무라고 설명한다.

이 설명은 영원한 나라에서의 삶이 영원할 수 있는 이유를 설명하고 있는 것이다. 생명 실과를 먹고 영원히 죽지 않는 생명수를 마시며 상처는 생명 나무의 잎사귀를 통하여 회복하는 시스템이다.

❸ 다시는 저주가 없는 곳이며 하나님과 어린 양의 보좌가 위치하는 곳이라고 전하고 있다.

죄가 없는 곳이므로 저주가 있을 수 없으며 하나님과 어린 양이 우리와 영원토록 함께 거하시는 완성된 완전한 안식의 나라임을 전하고 있다.

❹ 이마에 이름이 있는 섬기는 종들이 있고 그의 얼굴을 직접 바라보며 섬길 것이라 증거 한다.

각자 하나님의 자녀로서의 이름표를 가지고 살아갈 것이며 하나님의 얼굴을 마주보며 시편과 요한복음의 말씀처럼 신이신 하나님의 얼굴과 드디어 신으로 회복된 우리시 80:6, 요 10:34가 주님의 얼굴을 마주보며 섬기게 될 것이다.

❺ 그곳에는 등불과 햇빛이 필요없는 곳인데 이유는 주 하나님이 비추어 주시기 때문이라 증거 한다.

창 1:3절에 나타나듯 창조 첫째 날 만드셨던 빛, 곧 고후 4:6절에 나타나는 그리스도의 얼굴에 있는 하나님의 영광의 빛, 곧 구원의 빛이신 예수님께서 우리와 함께 거하시므로 태양 빛이나 등불이 필요 없는 것이다.

어린 양의 '혼인 연회' 사 25:6-8

혼인 연회의 시간대 : 거룩한 성 새 예루살렘의 임재 후

단 9:27 단 12:11 욜 3:2, 마 25:31-33 계 20:3-10 계 20:11-15 계 21:21-22:5

7년 환난 / 한 이레의 언약					
전 삼 년 반, 두 짐승과 인 심판	후 삼 년 반, 나팔 심판	대접 심판	천년왕국 시작, 여호사밧 골짜기 심판	흰 보좌 심판	영원한 나라

1260일 ⇨ 1260일 ⇨ 30일 ⇨ 여호사밧 골짜기 심판 45일

⇨ 짐승 출현
짐승의 성전 점령

일곱 나팔
부활 휴거
공중 재림

지상 재림
두 짐승 심판
사탄 ··· 무저갱

무저갱 해제
만국 미혹과
예루살렘 침공

사탄 심판
거룩한 성
새 예루살렘 성
혼인 연회

한국어 성경이 '**혼인 잔치**'라 번역하는 이 단어는 히브리어 "**미쉬테**" 곧 '**연회**'를 나타내는 단어이다. 성경에서 이 단어는 다양하게 사용되는데 이스라엘의 절기나 국경일, 생일, 축제 등에 사용되는 단어이며 흥미로운 사실은 잔치의 경우 이삭의 생일잔치에 사용되고, 혼인 연회의 경우 창세기 29:21절 야곱의 결혼에 대하여 나타낼 때와 삿 14:17절의 삼손의 결혼에 사용된 단어이다. 야곱과 삼손은 예수님의 예표적 인물들로 "미쉬테"의 용법이 예수님의 혼인 연회를 예표하는 데 사용될 단어임을 알게 한다. '**잔치와 연회**'의 문화적 의미나 순서에 대한 구분이 필요한데 '잔치'는 연회에 대한 대한민국식 표현이라 여기면 되고 '연회'는 이스라엘의 결혼 문화 가운데 결혼식보다 먼저 베풀어지는 축제의 잔치를 나타내는 표현이다. 우리나라의 잔치는 결혼식 뒤에 하는 뒷풀이의 성격을 가지지만 연회는 이스라엘의 문화 속에서 결혼식 전에 삼일 동안 가지는 혈연과 지인들의 축제이다. 이스라엘의 문화는 하나님 나라의 문화와 깊은 연관성을 가지는데 그런 관점에서 마태복음과 누가복음에 나타나는 어린양의 혼인 잔치에 대한 비유 기사는 실제 결혼을 하는 부부의 의미로 다루어지는 주제이지만 이스라엘의 문화를 통하여 교회와 예수님의 완전한 연합의 시간을 예표 하는 은유이다.

결혼이란 남녀의 하나 되는 의식이다. 그래서 성경은 남자가 여자가 있는 장막 속으로 '**들어가다**'라는 표현을 하는데 이것은 부부가 되는 남녀의 육체적 결합에 대한 표현이다. '들어가다'라는 연합이 예수님과 교회의 관계에 비유되는 이유는 예수님께서 하나님의 완성된 시간에 교회 안으로 들어오셔서 영원히 거하실 것이라는 은유적 표현이다. 연합하는 것에 대한 현재적 의미가 완성된 하나님의 나라에서는 지상교회와 천상교회가 연합할 때 교회 안으로 들어오시는 하나님과 영원한 시간을 함께 하는 것에 대하여 신랑과 신부가 하나가 되는 혼인에 비유되는 표현인 것이다. 이러한 비유를 이스라엘의 문화 속에서 결혼식보다 먼저 이루어지는 기쁨의 연회를 통하여 예수님과 교회의 육신적 결합이 아닌 영적 연합에 대한 메시지를 전하고 있는 것이며 연회 이후에는 죽을 때까지 함께하는 부부의 삶과 같이 영원한 시간을 하나님과 함께 한다는 비유가 혼인 잔치에 대한 비유이다. 연회는 혼인 예식 전에 있어지는 행사이며 이를 통하여 혼인을 기뻐하는 것 같이 즐거움을 나누신 후 예수님께서 교회 안에서 영원히 함께하실 것인데 이 혼인 연회의 장소가 바로 하늘에서 내려오는 거룩한 성 새 예루살렘인 것이다. 교회는 예수님과 함께 영원의 시간으로 들어가 영생의 시간 속에서 시 82:6, 요 10:34, 35절의 증거와 같이 하나님과 함께 잃어버렸던 성을 회복하고 살아갈 것이다. 이것이 어린 양의 혼인 예식에 대한 실제적 의미이다. 어린 양의 혼인 잔치는 실재할 것이지만 설명이 부족한 탓에 언제나 사모하는 간절한 은혜의 주제이며 또한 모호함의 중심에 있는 주제라 여겨진다. 그러나 진리는 분명한 설명으로 이해가 가능하도록 구조된 것이 성경이라는 사실을 알고 이 연회의 시간에 대하여 온전한 신뢰를 가져야 성도를 살리는 산 소망이 된다.

신약성경은 어린 양의 혼인 잔치에 대하여 마 22:1-14, 계 19:9절에 기록하고 있으나 충분한 내용이거나 상세하고 밀도 있는 가르침은 아니다. 주제적 메시지는 뚜렷하나 그 잔치의 시간이 언제이며 장소가 어디이며, 그전과 후에 연결되는 상황 설명이 이루어지지 않아 궁금하고 모호하며 답답한 주제라 여겨져 왔다. 그러나 천년왕국과 어린 양의 혼인 잔치가 상세하게 가르쳐진다면 그리스도인들의 신앙생활에 있어 온전한 소망이 될 것이며 마지막 때를 살아가는 능력이 될 것이며 환난을 이기는 동력이 될 주제라 확신하기에 천년왕국과 어린 양의 혼인 잔치는 반드시 논증이 필요한 주제이다. 이런 관점에서 구약의 예언서는 모든 말씀의 해석서이다. 이사야 선지자를 통하여 주시는 어린 양의 혼인 연회에 대한 말씀은 그 분량이 짧지만 강렬하다. 세 구절 안에는 너무나 풍성한 표적signal, sign으로 충만하다. 또한 이사야서의 말씀은 어린 양의 혼인 연회에 대한 정확한 장소, 시간, 목적이 분명하며 잔치의 핵심적 의미가 무엇인지가 명확하게 드러나 모호했던 혼인 잔치에 대한 분명한 그림을 완성하게 한다. 이 흥미로운 구절은 이스라엘의 문화와 역사를 배경으로 기록되어 있어 베일 뒤에 감추어진 여인의 얼굴을 직접 대하는 듯한 명쾌함을 선물하고 모호함을 제거해 주는 말씀이다.

> 6 만군의 여호와께서 '이 산'시온 산 에서 만민 천년왕국의 백성들 을 위하여 '기름진 것'말씀과 오래 저장 천 년 하였던 "포도주"피로 완성된 구원 로 '연회'(히)미쉬테, 혼인 잔치 를 베푸시리니 곧 '골수가 가득한 기름진 것'생명을 살리는 말씀 과 오래 저장천 년 하였던 '맑은 포도주'죄의 찌꺼기가 없는 로 하실 것이며 7 또 이 산에서 모든 민족의 얼굴을 가린 '가리개'민족적 죄악 와 열방 위에 덮인 '덮개'국가적 죄악 를 제하시며 8 사망을 영원히 멸하실 것이라 계 20:10, 14 주 여호와께서 모든 얼굴에서 눈물을 씻기시며 자기 백성의 수치를 온 천하에서 제하시리라 여호와께서 이같이 말씀 하셨느니라 사 25:6-8

　세 구절 안에서 어린 양의 혼인 잔치에 대한 풍성한 의미들을 이해할 수 있도록 이끄신다. 25:6절 한 절 안에는 혼인 연회에 있어 '**장소**'시온와 잔치에 반드시 필수적 요소인 기름진 것과 포도주가 의미하는 '**잔치의 충분 조건**'골수가 가득한 기름진 것, 맑은 포도주이 무엇인지를 알게 하며 25:7절과 8절에는 혼인 잔치가 열리는 "**시간**"사망이 사라진 시간과 '**환경**'가리개와 덮개가 사라진 환경이 분명하게 나타나 있다. 이러한 장소와 조건, 시간과 환경에 대한 이사야 선지자의 기록에 대한 구체적 의미들을 성경적 근거를 바탕으로 섬세하게 살펴 어린 양의 혼인 연회에 대한 지식이 제공하는 하나님 나라의 궁극적 목표를 선명하게 인식하는 계기가 되기를 원한다.

❶ 혼인 연회의 장소 25:6절 '이 산'

만군의 여호와께서 '이 산'에서 만민을 위하여 기름진 것과 오래 저장하였던 포도주로 연회를 베푸시리니~ 사 25:6

이 산

'이 산'이란 '시온 산'을 의미한다. 시온 산에 대한 히브리인들의 생각은 민족적으로는 이스라엘의 왕이 세움을 받는 장소이며사 2:6 구원 사상의 구심점이다사 14:7. 성경적으로는 창조 때부터 하나님의 성소의 영역이었으며사 78:54 마지막 때 예수님이 오셔서 영원히 통치하실 곳이 시온 산이라 밝힌다겔 43:7. 천 년의 시간 동안 이 땅에 온전한 하나님의 나라를 위한 환경이 조성된 후 천년왕국의 끝에서 영원한 시간으로 들어가기 위해 **'이 산에서 신랑 되시는 어린 양 예수님과 신부인 교회와의 혼인 연회가 이루어질 것'**이라 전하고 있다. 성경은 창조 때의 시온 산으로부터 시작하여 인류 역사 속에 있어 왔던 시온 산에 대하여 기록하고 있으며 이 내용들을 살펴봄으로 인류 역사와 함께하셨던 하나님의 시간들과 일하심의 결론까지를 이해할 수 있을 것이다.

창조 시대의 시온 산에 대한 시편의 기록 시 78:54

시편 78편은 이스라엘의 역사가 온전히 묘사된 시이다. 특히 시의 도입부인 2절의 내용은 하나님께서 감추어두신 예언적 의미들을 설명하는 시라는 것을 알게 한다. **"내가 입을 열어 비유로 말하며 예로부터 감추어졌던 것을 드러내려 하니"**시 78:2 이 시를 시대적으로 구분하면 이러하다.

- 타락한 이스라엘의 불순종으로 인하여 바벨론과 로마에게
자기 백성과 성전을 넘기시는 하나님 겔 8, 9장-바벨론 마 24:2-AD 70년

그가 그의 능력을 포로에게 넘겨 주시며 '그의 영광을 대적의 손에 붙이시고' 시 78:61

- 재림 심판에 대한 묘사

그 때에 주께서 '잠에서 깨어난 것처럼', '포도주를 마시고 고함치는 용사'처럼
일어나사 시 78:65

그의 대적들을 쳐 물리쳐서 영원히 그들에게 욕되게 하셨도다 시 78:66

- 이스라엘에서 이방의 모든 나라와 백성으로 구원의 영역과 대상 확대

또 요셉의 장막을 버리시며 에브라임 지파를 택하지 아니하시고 '오직
유다 지파와 그가 사랑하시는 시온 산을 택하시며' 시 78:67-68

- 천년왕국과 영원한 시간의 시온에 대한 묘사

그의 '성소를 산의 높음 같이 영원히 두신 땅 같이' 지으셨도다 시 78:69

　　마지막 시대까지를 조망하는 시 78:54절에 나타나는 **시온 산의 탄생
시점**은 오른손의 능력으로 창조하신 **창조 시대**이며 그 산을 창조하신 **예
수님의 창조 계획**은 **성소의 영역을 위해 결정된 계획 창조**임을 강조하
고 있다. 성소의 영역으로 창조된 시온 산을 향한 하나님의 섭리는 완성
된 하나님의 나라에 이를 때까지 계속될 것에 대하여 성경은 온전히 가르
치고 있는데 시온 산을 향한 하나님의 경륜계획과 섭리행하심하심에 대하여
이스라엘의 역사 속에서 지속적인 기조를 신실하게 유지하신다.

시온 산 계획 ① : 창조의 시간에 결정된 성소의 영역 시 78:54

그들을 그의 '성소의 영역' 곧 그의 '오른손으로 만드신 산'으로 인도하시고 시 78:54

시편에 나타나는 이 말씀은 시온 산의 창조 '**시제**'와 시온 산의 '**용도**'를 이해하도록 돕는 정보를 제공한다. 예수님은 천지창조의 시간부터 시온 산을 성소의 영역으로 계획하신 산이라는 의미이다. 시 78:54절의 직접적 의미는 천년왕국의 시간이 배경이며 모든 예정된 백성들을 자신이 왕으로 통치하실 시온 산으로 인도하여 영광을 받으실 것이라는 의미이다.

시온 산 계획 ② : 이삭을 번제로 드렸던 산 창 22장

여호와께서 이르시되 네 아들 네 사랑하는 '독자 이삭'을 데리고 '모리아 땅'으로 가서 내가 네게 일러 준 '한 산 거기서' 그를 번제로 드리라 창 22:2

이 말씀에 나타나는 모리아 땅의 한 산은 '**모리아 산**', 곧 '**시온 산**'에 대한 명칭이다. 모리아에 대한 히브리적 어원은 분명하지 않으나 창 12:6절의 '**높은**'이라는 의미의 '**모레**'가 어원인 것으로 추정할 수 있는 단어이며 불가타 역은 '**환상의 땅**'으로 번역했다. 아브라함은 이삭을 대신하여 드릴 수 있도록 숫양이 준비되었던 이 땅의 이름을 '**여호와 이레**'라 칭했다. 이 의미는 이삭을 넘어 이삭이 예표하는 초림의 예수님께서 속죄의 어린 양으로 준비되어 이삭이 드려졌던 그 땅에서 희생제물로 드려질 것에 대한 의미와 함께 영원한 나라에 들어가기 직전 천년왕국의 끝에서 구원받은 자만 참여할 수 있는 어린 양의 혼인 연회, 곧 기름진 골수와 천 년 동안 담가두었던 보혈의 예표인 맑은 포도주로 만족하게 하실 구원의 축제가 준비된 산이라는 의미를 함축하고 있는 말씀이다. 그 산이 '시온 산'이다.

시온 산 계획 ③ : 다윗이 구입한 아라우나의 타작 마당 삼하 24:16-18

> ²⁴ 왕이 아라우나에게 이르되 그렇지 아니하다 '내가 값을 주고 네게서 사리라 값 없이는 내 하나님 여호와께 번제를 드리지 아니하리라' 하고 다윗이 은 오십 세겔로 타작 마당과 소를 사고 ²⁵ '그 곳에서 여호와를 위하여 제단을 쌓고 번제와 화목제를 드렸더니' 이에 여호와께서 그 땅을 위한 기도를 들으시매 이스라엘에게 내리는 '재앙이 그쳤더라' 삼하 24:24-25

다윗은 자신의 인구조사로 인하여 자기 백성을 치시는 하나님의 진노 앞에서 자신의 어리석음을 인정하고 하나님께 회개하자 여호와께서 갓 선지자를 보내사 여부스 족속 아라우나의 타작 마당에서 여호와를 위하여 제단을 쌓으라 조언할 때 다윗의 순종으로 아라우나의 타작 마당을 은 50세겔을 주고 구입하여 여호와께 번제와 화목제를 드린 후 재앙이 멈추는 기사가 삼하 24장의 기사이다. 이 기사 가운데 아라우나의 타작마당이 전하는 의미는 마지막 추수의 장소가 바로 시온 산에 있는 아라우나의 타작마당, 곧 예루살렘이 될 것이라는 의미이며 이 예언적 메시지는 다윗이 '은 50세겔' 오순절 성령의 임재로 세워질 신약교회의 구원에 구입한 이곳에 솔로몬의 예루살렘 성과 성전이 세워지게 됨으로 성취되었다. 그리고 다른 곳에서 드리는 제사는 불가했으며 오직 시온 산에서만 여호와께 제사를 드릴 수 있는 유일한 장소가 되었다. 이는 천년왕국의 시간! 거룩한 성 새 예루살렘의 도래로 모든 민족이 예루살렘에 모여 예배할 것이며 천년왕국의 통치수도로 삼아 그것에 영원히 계시겠다는 여호와의 말씀으로 증거되는 장소이다. 이것이 시온 산을 하나님의 성소의 영역으로 정하시고 자신의 계획을 신실하게 이끌어가시는 역사의 주인 되심을 알게 하시는 말씀이다.

시온 산 계획 ④ : 솔로몬이 세운 모리아 산의 예루살렘 성전 대하 3:1

> **솔로몬이** '예루살렘 모리아 산'에 '여호와의 전 건축하기를 시작'하니 그 곳은 전에 '여호와께서 그의 아버지 다윗에게 나타나신 곳'이요 '여부스 사람 오르난 아라우나의 타작 마당'에 다윗이 정한 곳이라 대하 3:1

이 말씀은 아버지 다윗이 여부스 사람 아라우나오르난로부터 '**은 50세 겔**'성령으로 이루시는 구원의 가치을 주고 구입한 타작마당은 후에 그의 아들 솔로 몬의 시대에 예루살렘 성전과 성을 건축하여 하나님의 이름을 그곳에 두 고 기도하는 집으로 삼았다. 그곳은 이스라엘을 구원하는 예배의 처소로 사용되는 곳으로 다윗 이후 영원히 자기 백성의 예배 장소로 드려진 곳이 되었고 End-time의 시간 메시아가 임하사 그곳에서 자기 백성들을 구원 하시고 알곡을 모아 천년왕국을 건설하시고 온 세계를 통치하실 하나님 의 시온 산 섭리를 나타내는 말씀이다.

시온 산 계획 ⑤ : 신약시대 예수님께서 십자가에 못 박히사 구원을 이루신 곳

> '골고다 즉 해골의 곳'이라는 곳에 이르러 마 27:33

> 그가 여기 계시지 않고 그가 말씀하시던 대로 '살아나셨느니라' 와서 그가 누우 셨던 곳을 보라 마 28:6

예수님의 시온 산 사용 계획은 영원한 통치의 시간을 바라보시며 초 림의 사명을 완수해 가신다. 천 년의 시간을 통치할 시온 산이 나의 구원 을 위한 성소의 영역이라는 결정을 신실하게 지키시고 인식시키기 위하 여 태초에 '그 산 골고다'에서 십자가를 지시고 온 인류를 구원하시려고 계획하셨으며 '그 산에서 부활하심으로 이루신 영원한 생명의 복음'을 성령님을 통하여 온 세상에 적용하시는 신약시대를 시온 산에서 성취하셨던 것이다. 예수님께서 십자가에 못 박히신 정확한 장소에 대한 의견은 분분하지만 분명한 사실은 그곳이 시온 산이라는 사실은 변하지 않는 진리이다. 창조주의 계획대로 창조자인 자신이 그 계획대로 구원 계획을 실행하기 위해 십자가에 죽은 곳, 그곳이 바로 시온 산이다.

시온 산 계획 ⑥ : End-time시대 예수님의 지상 재림이 있을 곳슥 14:4, 계 19:11-21

> 또 내가 보니 보라 '어린 양이 시온 산에 섰고' 그와 함께 '십사만 사천'이 서 있는데 그들의 이마에는 어린 양의 이름과 그 아버지의 이름을 쓴 것이 있더라 계 14:1

계 14장은 어린 양이신 예수님께서 이미 시온 산에 오신 장면을 설명하는 내용이다. "6설 6사" 구조 가운데 "4설" 부분에 해당한다. 이미 대접 심판의 끝 지점에서 슥 14:4절의 증거대로 시온 산의 동쪽 감람산에서 예루살렘의 닫혀있던 동문겔 43:2,4, 44:2으로 들어오셔서 그곳에 피하여 있는 두 짐승을 심판하시는 때이다. 이 시간대의 두 짐승 심판은 계 19:11-21절의 증거대로 적그리스도라 부르는 바다에서 올라오는 짐승과 땅에서 올라오는 짐승인 거짓 선지자를 유황 불못에 던지고 대접 심판을 끝내시는 시간대이며 곧 여호사밧 골짜기에서 이루어질 양과 염소의 심판욜 3:2을 끝내고 천년왕국으로 들어가게 되는 것이다.

> 그 날에 그의 발이 예루살렘 앞 곧 '쪽 감람 산'감람 산에서 입성하실 것, 겔 43:1-7, 44:2 에 서실 것이요 감람 산은 그 한가운데가 동서로 갈라져 매우 큰 골짜기가 되어서 산 절반은 북으로, 절반은 남으로 옮기고 슥 14:4

> 또 내가 보매 그 짐승과 '땅의 임금들과 그들의 군대' 마겟돈 전쟁을 위해 모인 땅의 군대들이 모여 그 '탄 자와 그의 군대' 예수님과 하나님의 백성와 더불어 전쟁을 일으키다가 계 19:19

> '짐승'이 잡히고 그 앞에서 표적을 행하던 '거짓 선지자'도 함께 잡혔으니 아마겟돈 전쟁의 패배와 예루살렘에서의 불못 심판 이는 짐승의 표를 받고 그의 우상에게 경배하던 자들을 표적으로 미혹하던 자라 '이 둘이 산 채로 유황불 붙는 못에 던져지고' 계 20:10

> 내가 만국을 모아 데리고 '여호사밧 골짜기' 시온 산을 두르는 골짜기, 기드론 골짜기 에 내려가서 내 백성 곧 내 기업인 이스라엘을 위하여 거기에서 그들을 심문하리니 이는 그들이 이스라엘을 나라들 가운데에 흩어 버리고 나의 땅을 나누었음이며 욜 3:2

　이러한 순서로 말씀들이 성취될 것이다. 모든 일들이 시온 산에서 마지막 시간에 이루어질 것인데 중요한 관점은 예수님께서 시온 산의 예루살렘 성에서 이 모든 일들을 행하실 것이라는 사실이며 이 모든 일들이 이루어지는 시온 산은 창조 이래 하나님의 약속대로 신실하게 지속적으로 이루어져 왔으며 마지막 재림과 심판으로 성취될 것이라는 관점이다.

혼인 연회의 중요한 가치
'골수가 가득한 기름진 것과 오래 저장하였던 맑은 포도주'

> ~ 만민을 위하여 기름진 것과 오래 저장하였던 포도주로 연회를 베푸시리니 곧 '골수가 가득한 기름진 것'과 '오래 저장하였던 맑은 포도주'로 하실 것이며 사 25:6

'골수가 가득한 기름진 것'

　골수란 뼛속에 차 있는 지방 모양의 조직을 일컫는 표현이며 우리 인체에서 골수의 역할은 적혈구와 백혈구를 만들고 양분을 저장하는 역할을 하는 적색수와 황색수로 이루어져 있다고 한다. 생명의 근본이라 해야 될 듯하다. 영적 관점에서 성경이 말하는 골수 역시 영적 삶의 근원이 되는 말씀의 기능이라고 해야 할 것이다. 히 4:12절을 근거로 살필 때 하나님 말씀의 능력이나 위력에 대한 묘사로 나타난다. 하나님의 말씀은 살아있고 활력이 있어 좌우에 날 선 어떤 검보다 예리하여 혼과 영과 및 관절과 골수를 찔러 쪼개기까지 하며 마음의 생각과 뜻을 판단한다고 가르친다. 말씀이 모든 것을 고치고 모든 것을 회복시키는 근원이 된다는 가르침이다. 그러므로 골수가 가득한 기름진 것이라는 표현은 생명의 근원인 말씀이 풍성하여 생명을 제공한다는 의미가 될 것이다. 하나님의 말씀으로 인한 풍성한 은혜는 사람의 삶의 근원이 되는 영적 만족으로 가득한 은혜 충만의 삶, 평강 가득한 삶에 대한 묘사이다.

'오래 저장하였던 맑은 포도주'

'오래 저장한 기간은 천년왕국의 시간에 대한 묘사'이며 맑은 포도주란 예수님이 흘리신 구원의 보혈을 상징하는 것이다. 포도주를 오래도록 담가두어 불순물을 다 가라앉힌 후 위에 있는 맑은 보혈로 마침내 모든 죄를 씻어 구원할 것이라는 완전한 구원을 위한 천 년의 기다림을 묘사하는 표현이 맑은 포도주로 하실 것이라는 표현이다. 죄의 원흉인 사탄이 천 년 동안 무저갱에 가두어짐으로 인하여 이 땅에 죄가 천 년 동안 멈추었다가 천 년이 지난 후 완전한 구원을 위해 사탄과 사망과 음부를 다 유황 불못에 던지며 흰 보좌 심판을 통하여 모든 미혹된 자들과 죽은 영혼들까지 유황 불못에 던지고 마침내 완전한 구원을 성취하며 축배를 드는 시간을 묘사하고 있는 것이다.

❷ 혼인 연회의 시점과 환경 25:7, 8절 가리개와 덮개, 사망을 영원히 멸하고난 후

> ⁷ 또 이 산에서 '모든 민족의 얼굴을 가린 가리개'와 '열방 위에 덮인 덮개'를 제하시며 ⁸ '사망을 영원히 멸하실 것'이라 사 25:7-8

"민족의 얼굴을 가린 가리개와 열방 위에 덮인 덮개"는 사망을 영원히 멸하는 때계 20:10, 11-15에 대한 이해이며 또한 철저하게 죄와 연관된 의미이다. 각 민족들이 행하는 죄악과 온 세계와 열방이 함께 하나님께 도전하는 거역의 죄악을 세계적인 죄악으로 묘사하는 표현이다. 이 '모든 죄악을 제거하는 완전한 심판의 시간은 천 년 후 흰 보좌 심판이 그 끝'이다. 각 민족의 눈을 가리는 죄의 가리개와 온 세계를 덮어버린 죄를 흰 보좌 심판으로 완전히 제거하시며 사탄과 사망과 음부까지 유황 불못에 던지시고 마곡과 바사, 구스와 붓, 도갈마 족속과 죽은 자들을 모두 심판하시고 새 하늘과 새 땅으로 변하여 죄가 없었던 에덴과 같은 환경이 될 때 천 년 후까지 살아남아 혼인 연회에 초대된 모든 성도들이 하늘에서 내려오는 거룩한 성 새 예루살렘 성으로 들어가 어린 양의 혼인 연회에 참여하여 마침내 영원한 시간으로 들어가게 될 것이다.

완성된 하나님 나라 3-5절

> 계 21:3-5 ³ 내가 들으니 보좌에서 큰 음성이 나서 이르되 보라 '하나님의 장막이 사람들과 함께 있으매 하나님이 그들과 함께 계시리니 그들은 하나님의 백성이 되고 하나님은 친히 그들과 함께 계셔서' ⁴ 모든 눈물을 그 눈에서 닦아 주시니 '다시는 사망이 없고 애통하는 것이나 곡하는 것이나 아픈 것'이 다시 있지 아니하리니 '처음 것들이 다 지나갔음'이러라 ⁵ 보좌에 앉으신 이가 이르시되 보라 '내가 만물을 새롭게 하노라' 하시고 또 이르시되 이 말은 신실하고 참되니 기록하라 하시고

하나님의 '장막'이 사람들과 함께 있으매
하나님이 그들과 함께 계시리니

요한이 듣는 21:3-5절에 이르는 이 말씀 가운데 **하나님의 장막이 사람들과 함께 있으매**라는 말씀은 천년왕국이 시작될 때 예수님께서 거하시는 곳은 이 땅의 예루살렘에 임하여 천 년 동안 거하시며 통치하실 장소가 될 것인데 대접 심판 직전 하늘에 머물러 있던 바로 그 "증거 장막 성전"임을 설명하고 있는 것이다. 21:3, 4절은 천년왕국의 성취 순간에서부터 천 년 동안 있을 평안을 설명하고 있다. 예수님은 천년왕국이 시작될 때 순교자들과 이긴 자들이 환난을 벗어나 어린 양의 신부 된 지위를 부여받은 자들을 위로하며 칭찬과 격려로 모든 슬픔을 위로하실 것에 대하여 전하고 있으며, 21:5절은 21:1절이 말하는 새 하늘과 새 땅의 상황을 순차적으로 설명한 후 천 년이 지나고 새 하늘과 새 땅으로 변한 상태를 **내가 만물을 새롭게 하노라**라는 말씀으로 선포하고 있는 것이다. 흥미롭게도 21:4절은 천 년의 시간이 시작되고 끝나는 시간 전부를 함축하고 있다. 근거는 **사망이 없고**라는 표현이 그것을 논증한다. 천년왕국 이후 **흰 보좌 심판 직전 사탄과 사망과 음부가 함께 심판받을 것** 계 20:10, 14이기 때문이며 21:4절이 말하는 "**처음 것들이 다 지난 시간**"은 흰 보좌 심판의 시간에 이르러 모든 죄가 사라져야 성취되기 때문이다. 그 후 예수님이 다스리는 천년왕국 안에서는 죽음이 없이 천 년을 살아갈 것인데 이사야 선지자는 그의 책에서 천년왕국 안에서 구원받은 자들에게 주어질 수명에 대하여 이렇게 밝힌다.

'그들이 건축한 데에 타인이 살지 아니할 것'이며 '그들이 심은 것을 타인이 먹지 아니하리니' 이는 '내 백성의 수한이 나무의 수한과 같겠고' 내가 택한 자가 '그 손으로 일한 것을 길이 누릴 것'이며 사 65:22

나무는 천 년을 사는 생명체이다. 나무의 수한은 천년왕국의 시간과 동일하다. 그 후에는 영원의 시간이므로 천 년의 시간 끝에 있을 흰 보좌 심판까지의 시간 동안 온전히 양육된 천년왕국의 세대들은 어린 양의 혼인 연회에 초대장을 받아들고 신랑과 함께 영원의 시간을 살아갈 신부의 지위를 부여받게 될 것이다. 이것이 천년왕국으로의 청함에서 완성된 하나님 나라로의 택함이다. 이 모든 은혜는 예수님께서 **시온의 예루살렘에서 천 년을 다스리시는 상황**사 2:2속에서 이루어질 것이다.

하나님의 백성이 되고 하나님은 친히 그들과 함께 계셔서

이것이 완성된 하나님 나라의 모습이다. 하나님과 자기 백성이 함께 하는 영원한 시간의 동거. 하나님이 계획하신 하늘의 뜻이 완성되는 순간 이다. 이 시간 직전에 있을 사건은 어린 양의 혼인 연회가 될 것이며 연회가 끝난 후 신랑이 아내에게 들어가므로 둘이 하나가 되듯 하나님께서 교회를 의미하는 거룩한 성 새 예루살렘으로 들어오셔서 영원의 시간을 함께하는 것이 하나님 나라 완성의 순간이다. 흥미 있는 내용은 성경 어디에도 없지만 육신으로 천 년을 살아왔던 자들이 변화될 시간은 거룩한 성 새 예루살렘으로 들어갈 때일 것이라 짐작할 수 있다. 영원한 나라의 삶을 위해 홀연히 육신의 변화를 이루게 하셔서 영원히 함께 할 온전한 신부의 모습과 자격을 갖추게 하실 것이다.

완성된 하나님 나라에서의 성도의 상급과 지위6-7절

계 21:6-7 [6] 또 내게 말씀하시되 '이루었도다' 나는 알파와 오메가요 처음과 마지막이라 내가 '생명수 샘물'을 목마른 자에게 값없이 주리니 [7] '이기는 자는 이것들을 상속'으로 받으리라 나는 그의 하나님이 되고 그는 내 아들이 되리라

이루었도다

요 19:30절에 기록된 예수님의 운명 직전의 말씀 **다 이루었다**라는 말씀과 동일한 의미이나 시제적으로는 대비의 관계에 있다. 계시록의 말씀은 로마서의 말씀에 대한 성취의 의미를 갖는다. **예수께서 신 포도주를 받으신 후에 이르시되 다 이루었다 하시고 머리를 숙이니 영혼이 떠나가시니라.** 이 말씀은 십자가 죽음의 시간에는 재림의 시간까지 이루어질 구원에 대한 방법, 곧 롬 10:9-10절, "**네가 만일 네 입으로 예수를 주로 시인하며 또 하나님께서 그를 죽은 자 가운데서 살리신 것을 네 마음에 믿으면 구원을 받으리라 사람이 마음으로 믿어 의에 이르고 입으로 시인하여 구원에 이르느니라**"라는 말씀을 이루었다는 것을 말하며 본 절, 계 21:6절에 나타나는 '**이루었도다**'는 말씀은 모든 구원을 이루고 완성하였다 라는 '**하나님 나라의 완성에 대한 최종적 선포의 의미**'를 갖는 것이다.

생명수 샘물

생명수 샘물을 먹도록 허락되는 시간이 하나님의 나라가 완성된 시간인데 천 년을 살아가야 할 천년왕국에서부터 이러한 생수는 공급될 것이다. 에스겔은 그의 책 47:1-12절에서 성전으로부터 흘러나오는 생수에 대하여 말하고 있는데 이는 천년왕국의 시간에 예수님이 계시는 땅의 예루살렘의 성소에서 스며 나오는 물이 발목, 무릎, 허리를 거쳐 능히 헤엄칠만한 물이 되어 강을 이루어 흘러감으로 그 강가에서 물고기를 잡는 어부가 설 정도로 생명의 강이 천 년 동안 흘러넘칠 것에 대하여 가르치고 있다. 에스겔의 이 증거가 천년왕국의 시간을 나타내는 말씀인 이유는 겔 47:12절과 계 22:2절의 비교 분석 때문이다.

강 좌우 가에는 각종 먹을 과실나무가 자라서 그 잎이 시들지 아니하며 열매가 끊이지 아니하고 달마다 새 열매를 맺으리니 그 '물이 성소를 통하여 나옴'이라 그 열매는 먹을만하고 그 '잎사귀는 약 재료'가 되리라 겔 47:12

길 가운데로 흐르더라 '강 좌우에 생명나무'가 있어 열두 가지 열매를 맺되 달마다 그 열매를 맺고 그 나무 '잎사귀들은 만국을 치료'하기 위하여 있더라 계 22:2

수천 년의 시간차를 가지는 두 가지 말씀에 함의된 동질성은 놀랍다. 성경 속에서 에스겔의 증거는 미래의 예언이며 계시록의 말씀은 에스겔이 전한 예언의 성취라는 의미에서 수천 년의 시간이지만 이질감이 전혀 없다. 생명수가 흐르는 강가에 자리 잡은 나무가 맺는 열매와 잎사귀는 당연히 생명을 머금은 열매와 잎사귀가 되는 것이다. 이것이 하나님이 피조 세계를 창조하실 때 셋째 날 창조하시고 여섯째 날 인간을 창조하신 후 먹을거리로 주신 씨 가진 채소와 씨 가진 열매 맺는 나무를 창조하신 하나님의 뜻과 연결된다. 하나님의 법칙인 것이다. 생명수를 먹고 자라는 나무에서 생명 열매가 맺히고 생명을 치료하는 잎사귀를 내는 것은 당연하다. 마 7:16절에서 가르치는 예수님의 말씀처럼 가시나무에서 포도를 딸 수 없고 엉겅퀴에서 무화과를 딸 수 없도록 정하신 하나님의 법칙인 것이다. 생명수 강이 흐르는 영광스러운 땅, 천년왕국에서부터 경험하게 될 것이다.

이기는 자계 2:7, 11, 17, 26, 3:5, 12절에게 주시는 새 이름

계 2:7절을 비롯해 일곱 교회의 모든 편지에 나타나는 약속, **이기는 자에게** 감추었던 만나를 주고 또 **흰 돌**을 줄 터인데 그 돌 위에 **새 이름**을 기록한 것이 있나니 받는 자 밖에는 그 이름을 알 사람이 없느니라 라는 약속의 말씀에 나타나는 새 이름은 우리가 정확히 알 수 없으나 분명한 것 한 가지는 우리는 영광의 이름을 받도록 이기는 자의 삶을 위해 먼저 그 나라와 의를 구하며 오늘을 살아갈 때 약속에 신실하신 하나님의 약속 대로 영광스런 그 이름을 받는 하나님의 백성으로 영원의 시간을 주님과 함께 살아갈 것이라는 사실이며 그 시간을 준비하는 지혜를 놓치지 말아야 한다는 것이다.

흰 보좌 심판의 죄목 8절

> 계 21:8 그러나 두려워하는 자들과 믿지 아니하는 자들과 흉악한 자들과 살인 자들과 음행하는 자들과 점술가들과 우상 숭배자들과 거짓말하는 모든 자들은 불과 유황으로 타는 못에 던져지리니 이것이 둘째 사망이라

둘째 사망이란? 흰 보좌 심판의 시간을 의미한다. 온 세계와 불의한 자들에게 부어질 나팔과 대접의 대환난의 시간과 여호사밧 골짜기 심판욜 3:1-2의 시간에 심판을 받고 죽은 자들이 첫 번째 사망에 참여한 자들이며 그 후 천 년이 지나고 무저갱에서 잠시 놓인 사탄계 20:7-8이 온 세상을 돌아다니며 미혹한 결과 곡과 마곡을 필두로 고멜과 도갈마 족속의 후손들이 바사, 구스, 붓 등과 함께 예수님이 통치하시는 천 년 후의 예루살렘을 치러 왔다가 모두가 전멸하고겔 38-39장 계 20:7-8 그들을 도우고 그들과 동역하며 도운 모든 자들까지겔 39:3-6 두 번째 심판인 흰 보좌 심판의 대상이 되어 심판을 받고 둘째 사망에 참여하게 될 것이다. 이들은 **천년왕국 세대**들로 천 년 동안 예수님에 의해 말씀으로 양육되었지만 사탄의 미혹에 넘어진 자들인데 천 년 동안 무저갱에 갇힌 사탄에 대한 지식이 없는 자들이기에 그들의 정결 문제는 시험당한 적이 없었다. 그러므로 천 년 후 사탄의 미혹은 하나님 나라에 들어갈 택함을 받은자인지를 분별하기 위한 시험의 의미가 담긴 것으로 하나님의 공의에 대한 문제로 이해됨이 옳

다. 천년왕국의 세대들은 사탄을 경험할 수 없는 세대들이므로 죄에 대하여 둔감한 세대가 될 것이다. 그들은 마귀와 죄에 대하여 말씀을 통해서만 듣는 세대가 될 것이므로 신약의 백성들과 동일하게 실제 마귀의 유혹과 시험을 통과해야만 하나님 나라를 유업으로 받을 수 있도록 계획하신 **'구원을 위한 하나님 공의의 실행 관점'**으로 이해되어야 한다. 심판의 대상들에게 적용되는 죄목은 '하나님을 두려워하는 자'이며 하나님을 대적하고 하나님의 사랑이 그 안에 없는 자들에 대하여 가르치는 요일 4:18절의 말씀의 적용 대상들이다.

> **사랑 안에 두려움이 없고 온전한 사랑이 두려움을 내쫓나니** '두려움에는 형벌이 있음'이라 '두려워하는 자는 사랑 안에서 온전히 이루지 못하였느니라'요일 4:18

　　예수님을 믿지 아니하는 자들은 예수님을 하나님으로 인정하지 않고무슬림들과 이방 종교들 대적하는 자들시 2편이다. 그 외 흉악한 자들, 살인자들, 음행하는 자들, 점술가들, 우상 숭배자들, 거짓말하는 모든 자들의 최종적 종말이 곧 둘째 사망이다. 이때 심판받는 모든 자들은 천년왕국의 세대들이며 이러한 죄목에 부합한 자들은 천 년이 지나고 무저갱에서 잠시 놓여진 시간에 온 천하를 미혹으로 꾀고 예루살렘의 예수님께 도전하는 왕과 나라 **곡과 마곡**구 소련연방의 나라들, **고멜과 도갈마 족속들**독일, 프랑스, 영국을 이루는 야벳의 족속들, 그리고 **바사**이란, **구스**에티오피아, **붓**리비아, 등이 될 것이다. 이들의 민족은 **창 9:27절**에 나타나는 노아의 예언에 근거하여 마지막 때는 **야벳의 강성함이 셈의 장막에 의해 덮여질 하나님의 계획**안에 있게 될 것이다.

> **하나님이 '야벳을 창대하게 하사 셈의 장막에 거하게'** 하시고 가나안은 그의 종이 되게 하시기를 원하노라 하였더라 창 9:27

거룩한 성 새 예루살렘의 영광과 형상 이해 11-12절

계 21:11-12 ¹¹ 하나님의 영광이 있어 그 성의 빛이 지극히 귀한 보석 같고 벽옥과 수정 같이 맑더라 ¹² 크고 높은 성곽이 있고 '열두 문'이 있는데 문에 열두 천사가 있고 그 문들 위에 이름을 썼으니 이스라엘 자손 열두 지파의 이름들이라

성의 빛이 지극히 귀한 보석 같고 벽옥과 수정 같이 맑더라

새 예루살렘 성의 궁극적 의미는 교회라 했다. 교회의 영광에 대하여 설명하고 있는 말씀이다. 지극히 귀한 보석이란 교회의 영광이 비교할 것이 없을 정도의 아름다움이다. 이 아름다움을 느끼는 분이 하나님이시라는 사실이 우리로 하여금 설레게 하는 대목이다. 예수님의 신부로써의 정체성을 가진 교회! 하나님께는 더할 나위없이 고귀하고 존귀한 존재로 인식하신다는 사실 앞에서 이 땅 교회의 자존감은 더 높아져야 할 것이다.

열두 문

열두 문은 열두 지파의 이름이 새겨진 문으로 열두 지파의 족장들이 이스라엘 백성들을 구원의 문으로 역할을 한 것에 대하여 기념하는 것을 의미한다. 다시 말하면 인도자의 역할을 했다는 의미다. 신약시대를 열기 위해 오셨던 예수님은 자신에 대하여 이렇게 말씀하셨다.

요 10:7 그러므로 예수께서 다시 이르시되 ~ 실로 너희에게 말하노니 '나는 양의 문'이라

신약시대 구원의 문으로 오셨던 예수님은 양들을 향해 자신을 목자로

여기고 쫓으라 하신 것은 자신이 걸어가는 길이 구원의 길이기 때문이었다. 이스라엘의 열두 족장들 역시 여호와 하나님께로 자기 지파들을 이끌고 가기 위해 불의나 거역하는 지파들을 향해 의를 지키기 위해 노력했던 것수 22장. 요단 동쪽 지파가 쌓은 제단을 알 수 있기에 그들을 향해 구원의 문으로 묘사하시고 그들의 수고를 높이시는 것이다. 그런데 은밀히 살피면 계시록의 말씀은 열두 족장을 일컫는 것이 아니라 열두 지파의 이름이라 기록하고 있다. 열두 지파, 곧 이스라엘 구약교회가 구원의 시작이었다는 것을 알리고 있다. '신약시대의 모든 교회에게 있어 구약교회는 구원으로 인도하는 문'이라는 사실을 알게 하는 것이다. 사도 바울은 롬 11:17-18절을 통하여 이스라엘의 구약교회와 신약의 이방교회에 대하여 말하면서 이방의 신약교회들에게 이스라엘의 구약교회의 정체성을 설명한 후 그들이 너희 구원의 원류라고 가르치며 이방교회의 자랑을 제어한다. 그러므로 '하나님 나라에 있어 이스라엘의 구약교회가 갖는 지분은 분명하다'고 할 수 있을 것이다.

> [17] 또한 가지 얼마가 꺾이었는데 '돌감람나무인 네가 그들 중에 접붙임'이 되어 참감람나무 뿌리의 진액을 함께 받는 자가 되었은즉 [18] 그 '가지들을 향하여 자랑하지 말라' 자랑할지라도 네가 뿌리를 보전하는 것이 아니요 뿌리가 너를 보전하는 것이니라 롬 11:17-18

신약시대 이방교회는 참 감람나무의 가지인 구약교회의 꺾임으로 돌감람나무의 신분을 벗어나 참 감람나무에 접붙임을 받았으므로 이방교회의 흥왕을 자랑해서는 안 된다는 가르침이다. 신약시대 이방교회들의 사명 가운데 구약교회의 구원을 위한 선교적 지분을 외면하면 안 되는 이유로 기억해야 할 말씀이다.

네 방향에 대한 이해 13절

> **계 21:13** '동쪽'에 세 문, '북쪽'에 세 문, '남쪽'에 세 문, '서쪽'에 세 문이니

성경은 모든 방향에 대하여 의미를 부여하며 하나님의 계획과 의도를 드러내신다. 창조의 완전성에 대한 의미를 부여하는 방법이기도 하기에 사도 바울은 모든 만물을 통하여 하나님의 존재를 알게 하시고 부인할 수 없도록 하시는 것이 하나님의 뜻이라 가르친다.

> 창세로부터 그의 보이지 아니하는 것들 곧 '그의 영원하신 능력과 신성이 그가 만드신 만물에' 분명히 보여 알려졌나니 그러므로 그들이 '핑계하지 못할지니라'
> 롬 1:20

이렇듯 방향에 대한 의미 또한 마찬가지다. 하나님의 완전성은 모든 만물이 하나님의 뜻을 나타내는 도구로서의 가치에 대하여 하나님의 백성들이 깊이 생각해야 함을 기억해야 한다.

본문에 언급되는 네 방향중 동쪽에 대한 의미는 특별하다.

❶ 에덴의 위치가 시온 산에서 볼 때 동쪽이었으며 창 2:8
❷ 구원의 백성인 유다 지파의 진영이 동쪽이었고 민 2:3
❸ 에덴에서 발원된 강들 중 셋째 강 힛데겔이 구원의 주가 오실 동쪽으로 흐른다고 말한다 창 2:4.
❹ 레위기 16:14절은 수송아지의 피를 장차 구원의 주가 오실 동편에 뿌리며 대제사장 아론과 그의 아들들이 진 치는 곳이라 증거 한다.
❺ 겔 11:23절은 여호와의 영광이 머무는 곳이 동편 산, 곧 감람 산이

라 증거 하며

❻ 하나님이 영광이 오는 곳이라 가르친다겔 43:2.

❼ 예수님의 재림과 함께 예루살렘으로 동문으로 들어가시기 직전 기
다리시는 곳이 동쪽 감람 산이다슥 14:4.

❽ 여호와의 영광이 동문을 통하여 성전으로 들어간다고 증거 한다
겔 43:4.

❾ 예수님께서 오시는 방향이 동쪽이라 전한다마 24:27.

'동쪽'은 하늘과 땅의 중심 되는 예루살렘사 1:1, 2:2에서 볼 때 태양이신
예수의 방향 곧, 태양이 뜨는 방향이며 하나님의 은혜가 오는 방향이
며 구원을 위해 예수님께서 재림하시는 방향이며, 하나님의 은혜가 부
어지는 방향이다. 또한 구원의 백성 유다, 곧 구원받은 하나님의 백성
들이 예수님의 재림을 기다리는 방향이기도 하다. ❶~❾까지의 모든
말씀이 증거 하는 의미에 있어 공통분모는 '**예수님의 은혜와 재림을 사모
하며 기다리는 마지막 때의 방향**'이라는 관점이 함의되어 있다.

'북쪽'은 심판의 방향이다. 언제나 이스라엘의 심판과 고난이 오는 방
향을 언급하실 때는 북쪽이라는 단어가 따른다. '남쪽'은 예수님께서 심판
을 하시며 예루살렘으로 진격하시듯 나아 오시는 방향으로 나타난다. 아
가서는 이렇게 예루살렘으로 올라오는 신랑의 모습을 이렇게 묘사한다.

'몰약과 유향'과 상인의 여러 가지 '향품으로 향내 풍기며' 연기 기둥처럼 '거친
들에서 오는 자'구원의 향내를 풍기며 심판하시고 예루살렘으로 오시는 예수님에 대한 묘사이
다**가 누구인가**아 3:6

'서쪽'은 자기 백성들을 모아 구원을 위해 돌아오게 하는 방향이

다 호 11:10. 서쪽은 동쪽의 반대 방향이며 해가 뜨는 쪽이 아닌 해가 지는 어둠의 방향이기에 성경은 서쪽에 대한 기록에 대하여 땅 분배나 역사서에 나타나는 단순 방향 외에 특별한 의미가 부여되는 경우는 "자기 백성이 돌아오는 방향"에 대한 언급 외는 특별한 언급이 없다.

성곽의 기초석 이해 14절

> **계 21:14** 그 성의 성곽에는 '열두 기초석'이 있고 그 위에는 어린 양의 '열두 사도'의 '열두 이름'이 있더라

'**열두 기초석**'은 곧 열두 사도의 열두 이름이 기록된 보석이다. 신약교회의 기초를 놓기 위해 순교의 제물이 된 예수님의 열두 제자들을 일컫는 표현이다. 요한을 제외한 열한 명의 제자들은 그들의 선생이었던 예수님을 따라 거룩한 순교의 제물이 되었다. 그들은 신약교회를 흥왕케 할 복음을 위해 온몸을 예수님처럼 던졌다. 그들의 수고와 복음을 위한 희생은 하나님께서 결코 잊지 않으실 것을 말씀하시는 것이다.

마태 : '**하나님의 선물**'이라는 이름의 뜻을 가졌다. 그는 세리였으며, 예수님의 승천 이후 15년 동안 팔레스타인에서 복음을 전하였고 마지막으로 에티오피아에서 복음을 전하다가 '**목 베임을 당해 순교**'했다. 마태복음의 저자이다.

요한 : '**여호와의 사랑하는 자**'라는 의미이다. 가버나움 출신이다. 12제자들 중 가장 나이가 어린 자였다. 우레의 아들이라는 별명을 가진 인물로 성격이 급하고 거친 성품의 소유자다. 예수님의 사역 초기부터 예수님의 최측근이며 가장 사랑을 많이 받은 자이다. 초대교회의 중요한 사

역들을 감당했으며 AD 70년 예루살렘이 로마에게 멸망 당하자 에베소로 가서 복음을 전했다. 로마의 황제 도미티우스의 핍박을 받아 끓는 가마에 던져졌으나 튀어나와 기적적으로 살아나게 된다. 그 후 밧모섬에 유배되어 계시를 받아 '**요한계시록을 기록한 후 유일하게 순교하지 않고 수명을 다하고 죽었다.**'

베드로 : '**반석**'이라는 의미를 가졌다. 본명은 시몬이며 안드레의 형제다. 수리아 어로 "**게바**"라는 이름을 가지고 있었으며 예수님께서 '**베드로**'라고 개명해 주셨다. 물고기를 잡다가 부름받았으며 요한과 친밀하였으며 그의 행적과 공로가 지대하다. 유대인과 이방인을 위한 사도로서 광범위하게 사역하였고 두 권의 서신서를 기록했으며 '**로마에서 십자가에 거꾸로 매달려 순교**'했다.

안드레 : '**용감한 자**'라는 뜻을 가졌다. 베드로의 형제이며 벳세다의 어부였다. 형 시몬 베드로를 예수님께 인도한 자다. 하나님 나라의 최초의 선교사라는 칭호를 받았다. 소아시아를 중심으로 사역했으며 특별히 에베소에서 사역을 하며 러시아의 남부에까지 이르러 사역했다. 오병이어의 표적을 위해 어린아이를 데리고 예수님께 나아온 자다. 그는 '**감히 주님과 같은 십자가를 질 수 없다고 하여 ✕형 십자가를 지고 순교**'했다고 전해진다.

작은 야고보 : '**발 뒤축을 잡다**'라는 의미를 가진 이름이다. 1세기의 요세비우스는 열두 제자들 중 가장 기도를 많이 한 사람으로 기록하고 있다. 시리아에서 교회를 세우고 예루살렘으로 돌아와 복음을 전하다가 돌에 맞았지만 목숨이 쉽게 끊어지지 않았고 '**유대인들에 의하여 톱에 잘려 순교했다.**'

빌립 : '**말을 사랑하는 사람**'이라는 뜻을 가졌다. 벳세다 출신이다. 예수님의 나를 따르라는 부르심에 무조건 순종했던 강력한 결단력이 있는 자였다. 원래는 세례 요한의 제자였다가 예수님의 부르심을 받고 즉시로 나다나엘을 예수님께로 인도한 자다. 그는 현실적인 사람이며 신중한 성품의 소유자다. '**예수님의 승천 이후 소아시아의 브루기아에서 선교하다 기둥에 매달려 찢겨져 순교했다.**'

도마 : '**쌍둥이**'라는 의미의 이름이다. 부활의 예수님을 보고 확신을 가진 도마는 파르티아, 인도, 에티오피아를 다니며 복음을 전하다가 '**창에 찔려 순교**'하였다고 전한다. 그의 복음 행로는 아시아와 당나라의 경교로 전해지기도 했다.

다데오 : '**칭찬함**'이라는 의미를 가졌다. 유다라고도 불린다. 열심당원이었던 야고보와 시몬에게 예수님에 대한 증거를 듣고 제자가 되었다. 역사가 요세비우스는 시리아, 아라비아, 페르시아에서 복음을 전하다 아르메니아에서 주된 사역을 펼쳤다. 바돌로메와 더불어 시리아의 도시 에뎃사에서 사역했고 AD 301년 그 일대가 기독교회가 될 만큼 강력한 복음의 영향력을 끼친 인물이다. 후에 '**페르시아에서 전도하다 순교**'했다.

시몬 : '**하나님께서 들으셨다**'라는 의미의 이름이다. 가나안 인으로 '**셀롯인 시몬**'이라고 부르기도 했으며눅 6:15 열심 당원이었다. 그는 오순절 성령강림 이후 가장 열심히 복음을 전한 제자였다고 전한다. 소아시아와 북아프리카, 이집트, 흑해까지가 그의 전도의 영역이었다. 영국으로 건너가 최초로 복음을 전한 제자로 알려지고 있다. 그 후 페르시아에서 복음을 전하다가 '**거꾸로 매달려 톱으로 켜져 순교**'했다.

가룟인 유다 : '**하나님을 찬양하라**'는 의미를 가졌다. 에돔 국경 그리욘 지역 출신이다요 12:26. 그래서 가룟 유다라 불린다. 회계 책임을 맡은 제자다. 세속적 욕망이 강한 제자였으며 예수님을 은 삼십에 팔아 십자가에 못 박는 데 내어주는 일에 일조를 하고 자신도 '**가책을 견디지 못해 죽었다.**'

맛디아 : '**하나님의 선물**'이라는 뜻을 가진 이름이다. '**가룟 유다를 대신할 제자**'로 제비뽑아 세운 제자이다. 예수님의 승천 이후 마가의 다락방에서 기도하던 사람들 중의 한 명이다. 원래는 70인의 전도자들 중에 속한 자였다. 예수님의 요단강 세례부터 십자가 고난, 죽음, 부활, 승천까지 모든 현장에 동참했던 제자이다. 사도로 뽑힌 후 예루살렘을 떠나 갑바도기아, 이집트, 에티오피아 등지에서 복음을 전하다 '**도끼에 찍혀 순교**'했다.

바돌로매: '**돌로매의 아들**'이라는 뜻이다. 갈릴리 가나 출신, 무화과나무 아래서 빌립의 인도로 예수님을 만난 자다. 메시아를 만나고 감격적인 신앙고백을 하였으며요 1:49 이후 예수님께서 그의 이름을 나다나엘로 고쳐 주셨다. 소아시아, 인도, 아르메니아에서 복음을 전하다가 산채로 '**피부가 벗겨지는 순교**'를 당했다.

오직 제자들의 삶의 목적은 하나님 나라의 확장에 있었고 그 비전이 그들을 삼켰고 요한을 제외한 모든 제자의 삶이 부르심의 목적에 따라 너무나 뚜렷하게 하나님 나라를 위한 인생을 살았던 자들이다. 예수님은 자신의 뒤를 이어 순교의 제물이 된 충성된 그들의 이름을 거룩한 성 새 예루살렘의 기초석에 새겨 영원히 그 이름을 기념하도록 축복하신 것이다.

성, 문, 성곽 측량 이해 15-17절

> 계 21:15-17 [15] 내게 말하는 자가 그 성과 그 문들과 성곽을 측량하려고 '금 갈대
> 자'를 가졌더라 [16] 그 '성은 네모가 반듯'하여 '길이와 너비가 같은지라' 그 갈대
> 자로 그 성을 측량하니 '만 이천 스다디온'이요 '길이와 너비와 높이'가 같더라 [17]
> 그 '성곽'을 측량하매 '백 사십사 규빗'이니 '사람의 측량 곧 천사의 측량'이라

성은 네모가 반 듯, 길이와 너비가 같은지라

새 예루살렘 성의 모양이 네모가 반듯하다는 의미는 교회가 하나님께
서 거하는 성전으로서의 모양인데 모세가 시내 산에서 받았던 하늘 성전
의 모습과 동일한 표현이다. 네모반듯한 모양이 주는 의미는 성경적으로
일률적인 이미지를 제공한다. 성막, 솔로몬의 성전, 마지막 때 하늘에서
내려오는 거룩한 성 새 예루살렘 모두의 공통적인 모양이다. 이것은 변하
지 않는 하나님의 모습을 대변하는 것이다.

만 이천 스다디온

거룩한 성 새 예루살렘은 네모가 반듯하지만 한 변의 길이가 12.000s×
185m=2.220km인 매우 큰 성이다. 부산에서 서울까지의 거리가
400km이니 약 네 배 이상의 크기이다. 네모가 반듯하고 길이 너비가 같
은 이 성은 하나님이 임재하시는 성막의 구조를 가지고 있으니 흥미롭다.
하나님께서 성도와 영원히 함께하실 장소로서의 새 예루살렘 성은 만국
과 그 왕들이 자기 영광을 가지고 들어갈 하나님의 성전이 새 예루살렘
성이다.

백사십사 규빗

성곽의 두께를 말하는 것이라 여겨진다. 네모반듯한 성의 크기는 '**길이와 너비**'가 만 이천 스타디온의 크기라는 사실은 이미 밝혀졌으니 성곽 측량의 수치인 백사십사 규빗인 65.6m는 성벽의 두께일 것이다. 성곽은 도시나 마을을 지키기 위한 군사 행정 목적으로 쌓은 울타리를 일컫는 표현이므로 그 울타리의 '길이 × 너비'가 아니라 '**두께**'일 것이다.

사람의 측량 곧 천사의 측량

사람의 측량과 천사의 측량이 다름이 없이 동일하다는 관점을 설명하고 있다.

성과 성곽에 대한 보석 묘사 이해 18절

계 21:18 그 '성곽은 벽옥'으로 쌓였고 그 '성은 정금'인데 '맑은 유리 같더라'

성곽은 벽옥

성곽이란 도시를 감싸고 있는 성의 벽을 말한다. 이 벽의 구성이 벽옥으로 되어 있다고 묘사하는 것은 성곽을 이루는 요소가 일반 돌이 아니라 벽옥이라는 아름다운 보석으로 조합된 성벽이라는 것이다. 벽옥은 장신구나 몸에 소지하는 보석으로 활용되었는데 색상은 붉은색, 갈색, 노란색, 녹색 등의 빛깔을 띠며 불순물이 많을수록 불투명하고 무거워진다. 특히 성경에서 열두 지파를 묘사하는 판결 흉패에 사용된 보석중 하나다 출 28:17-20.

성은 정금인데 맑은 유리 같더라

성은 성읍 마을을 의미한다. 성안에 있는 모든 가옥이나 건물 자체를 성이라 생각하면 될 것이며 이 건물들이 곧 성도이다. 이 모든 보이는 것들의 모양이 정금이라는 것은 성도의 정체성에 대한 설명이다. 그 안에 살아가는 모든 성도의 정체성이 정금이므로 모든 것이 하나님의 나라에서 최상의 상태인 것을 나타내는 표현인데 이에 더하여 **"맑은 유리 같더라"** 는 묘사를 통하여 정금 자체로도 그 가치가 최상급이지만 그 광채에 있어 맑은 유리처럼 가려진 것이 없는 완전한 정금의 모습을 나타내는 표현이다. 곧 완성된 하나님 나라 안에서 갖게 되는 성도의 완전성을 나타내는 묘사이다.

성곽의 열두 기초석 묘사에 대한 이해 19-20절

> **계 21:19** 그 성의 **'성곽의 기초석'** 은 각색 보석으로 꾸몄는데 **'첫째 기초석은 벽옥'** 이요 **'둘째는 남보석'** 이요 **'셋째는 옥수'** 요 **'넷째는 녹보석'** 이요 **'다섯째는 홍마노'** 요 **'여섯째는 홍보석'** 이요 **'일곱째는 황옥'** 이요 **'여덟째는 녹옥'** 이요 **'아홉째는 담황옥'** 이요 **'열째는 비취옥'** 이요 **'열한째는 청옥'** 이요 **'열두째는 자수정'** 이라

열두 기초석은 예수님의 열두 제자들을 예표하는 상징적 보석이다. 거룩한 성 새 예루살렘을 이루는 기초 반석의 역할을 하는 보석이라는 의미로 신약의 교회를 세우는 초석이 되었다는 것을 의미한다. 성경은 계 21:18-20절에서 열두 사도를 의미하는 기초석 12개의 보석과 출 28:15-21절에서 열두 지파의 족장을 의미하는 제사장의 흉패에 달린 12개의 보석, 그리고 계 4:2-3절에 나타나는 "보좌 위에 앉으신 이"라고 묘사된 하나님의 모양이 모두 보석이라는 공통 분모로 나타내므로 창

1:26절의 인간 창조에 있어 하나님의 형상과 모양대로 지음받았다는 말씀을 논증하므로 거룩한 성 새 예루살렘의 정체가 성도의 정체성으로 지어진 교회라는 의미를 전하고 있는 것이다.

첫째 기초석은 벽옥이다. 기초석은 성곽을 이루는 근간이다. 기초석이 없으면 성은 쉬 무너질 수 있다. 단단한 기초석 일수록 그 성은 오랜 시간 성안의 백성들을 보호할 수 있는 것이다. 예수님께서는 신약교회를 세우는 기초석으로 열두 제자들을 부르셨고 그들의 수고와 헌신과 희생을 통하여 신약의 교회는 든든히 서 가고 있는 것이다. 벽옥은 헬) '**이아스피스**'의 역어이다. 주로 녹색이나 붉은색을 띠며 대제사장의 흉패에 박힌 12개의 보석 중 하나출 28:17-20이다. 하늘 보좌에 앉으신 하나님의 모양에 대하여 묘사할 때 사용되었으며계 4:3 거룩한 성 새 예루살렘의 빛을 묘사할 때 사용되었다.

둘째는 남보석이다. 푸른빛과 자줏빛이 겹쳐 나는 짙은 감청색 빛깔을 가진 보석으로 고대로부터 '**사파이어**'라 이름하였다. 대제사장의 흉패의 둘째 줄에 위치하는 보석이다. 하나님의 영광을 나타내는 보좌를 표현할 때 사용된 보석이다겔 1:26.

셋째는 옥수인데 옥수는 헬) '**칼케돈**'의 역어이다. 그러나 그 어원이 분명치 않아 정확하게 어떤 보석을 의미하는지에 대하여 분명하지 않다. 다른 표현으로 '옥수'라고 표현하기도 하나 옥수와 벽옥에 대한 헬라어는 다르며 두 종류가 유사한 보석인지는 불분명하다.

넷째는 녹보석이며 헬) '**스마라거도스**'의 역어인데 밝은 초록의 빛으로 유명한 에메랄드, 취옥을 의미한다. 계 21:19절에 한 번 등장하는 보석이다.

다섯째는 홍마노이다. 헬) '**사르도닉스**'의 역어이다. 마노에 붉은 줄이 새겨져 있는 보석류의 돌이다. 석영, 단적석, 옥수 등이 차례로 층을 이루어 침전되어 생긴 보석류이며 성경에는 계 21:20절 새 예루살렘의 기초석의 구성에 한 번 등장한다.

여섯째는 홍보석이다. 헬) **'사르디온'**의 역어이다. 요한계시록에 2번 등장하는 보석이다.

일곱째는 황옥이다. 헬) **'크뤼솔리도스'**의 역어이다. 금빛이 나는 보석류인데 영) 토파즈_{황옥}를 의미한다. 70인 역본에서는 타르쉬스_{황옥}의 역어로 사용되었다. 계 21:20절에 한 번 등장하는 보석이다.

여덟째는 녹옥이다. 헬) **'베륄로스'**의 역어이다. 보통은 옅은 초록색을 띄는 광물질이며 드물게는 짙은 녹색이나 적황색, 갈분홍, 회색 등의 색상을 나타내는 것도 있는데 외경 토비트 13:17절에는 예루살렘 거리의 포장용으로 언급되어 있다. 이것 역시 계 21:20절에 한 번 언급되는 물질이며 새 예루살렘 성곽의 푸른 바다색 보석으로 언급된다.

아홉째는 담황옥이다. 헬) **'토파지온'**의 역어이다. 다양한 색조를 띄는 반투명이나 투명한 분광체의 수정에서 발견되는 광물로 보석의 원석만큼 귀하다. 황갈색 투명성을 가진 것들이 대부분인데 오렌지색이나 청색 핑크 무색 등도 일반적이다. 이 보석은 대제사장의 흉패에 물린 첫 번째 줄의 두 번째 보석으로 나타난다_{출 28:17, 39:10}.

열째는 비취옥이다. 헬) **'크리소프라소스'**의 역어이며 부추 같은 녹색의 반투명한 금빛 초록색의 보석류이다. 이것 역시 계 21:20절에 한 번 언급되어 있다.

열한째는 청옥이다. 헬) **'휘아킨토스'**의 역어이다. 흑색을 띄는 암청색 보석이다. 계 21:20절에 한 번 나온다.

열두 번째는 자수정이다. 헤) **'아메뒤스토스'**는 보랏빛을 띄는 보석이다. 70인 역에서는 3회 나타나는데 출 28:19, 39:12절에서 히) **'아흐라마'**_{자수정}의 역어로 사용되었다. 신약성경에서는 계 21:20절에서 한 번 등장한다.

● 보석이 주는 의미 ●

　　보석은 성경에 자주 등장하는 단어는 아니다. 그러나 피조물 가운데서 흔하지 않은 이러한 광물질들에 대한 의미는 "귀하다"는 의미이다. 흥미로운 사실은 모든 아름다운 광물질인 보석들이 생성되는 원인은 모두 창조 때 화산의 폭발과 지진 현상에 의해 지표면으로 표출된 마그마가 식을 때 만들어졌다는 사실이다. 이러한 보석에 감춰진 의미는 불의 연단의 과정을 거치고 오랜 시간이 지나 발견되어지는 가치라는 사실인데 이러한 의미는 곧 하나님 앞에서 생육, 번성, 충만, 정복, 통치의 복된 명령창 1:28을 받은 하나님의 백성이 그 복을 온전히 취할 때까지의 과정에서 만나는 고난과 연단에 의해 그 가치를 인정받게 되는 것과 흡사하다는 사실이다. 보석들이 그러한 과정의 결국에서 이루는 가치로 인하여 거룩함을 나타내는 거룩한 성 새 예루살렘의 가치를 나타내게 되는 것이다. 하나님의 백성 또한 동일하다는 교훈을 주는 것이 계시록에 나타나는 보석이 주는 교훈이며 결론적으로 성도의 거룩한 가치를 나타내는 의미임을 기억할 때 교회와 하나님의 정체성이 동일하다는 의미에 방점이 있어 내 모습이 곧 하나님의 모습이기에 자기 백성을 행복하게 하시는 하나님을 찬송할 수밖에 없게 한다.

열두 진주 문과 성의 길에 대한 묘사 이해 21절

계 21:21 그 '열두 문은 열두 진주'니 문마다 한 개의 진주로 되어 있고
'성의 길은 맑은 유리 같은 정금'이더라

열두 문은 열두 진주

진주는 두 가지의 의미를 함의하는데 '구원받은 자가 들어가는 하나님의 나라'천국에 대한 비유적 표현이다. 그 나라에 문이 있고 그 문의 소재가 진주로 이루어져 있다는 이 묘사는 '구원받은 자가 하나님 나라로 들어가는 입구의 문'에 대한 묘사인 것이다. 그런데 이 문이 열두 개라 가르친다. 왜 열두 개일까? 모든 시대를 아우르는 표현으로 이 땅에서 이루어질 하나님의 나라는 그 시작에 있어 열두 개의 이스라엘 지파가 구원의 문이 되어 오늘날과 End-time까지를 아우를 것이라는 의미이다. 이 의미가 중요한 것은 구약교회와 신약교회의 연결점이 끊어지는 관계가 아니라는 것을 의미한다. 예수님을 중심으로 생각하는 구약교회와 신약교회의 권위에 대하여 구약교회가 그 권위를 완전히 잃어버렸다고 한다면 그건 신약교회의 이기적 착각임을 명심해야 한다. 하나님께서는 결코 구약교회의 수고를 헛되이 여기지 아니하신다. 구약교회의 수고를 나타내는 성경의 지식은 다윗을 통해 나타나는 시 126편의 가르침이다.

4 여호와여 우리의 포로를 '남방 시내들 같이' 돌려 보내소서 5 '눈물을 흘리며 씨를 뿌리는 자는 기쁨으로 거두리로다' 6 '울며 씨를 뿌리러 나가는 자는 반드시 기쁨으로 그 곡식 단을 가지고 돌아오리로다'시 126:4-6

선지자인 다윗은 성전으로 올라가며 하나님을 찬양할 때 하나님이 주

시는 환상을 보며 찬양 시를 썼을 것이다. 그의 시대에서 이루어지지 않았지만 바벨론의 70년을 끝내고 돌아오는 자기 백성들을 보고 시를 썼다고 생각할 수 있겠지만 바벨론만을 생각하고 썼다는 것은 절반의 지식이다. 예수님 이후 로마에 의해 흩어졌던 이스라엘의 자기 백성들이 아직도 온 땅에 흩어져 있으며 **'스콜처럼 내리는 빗물에 의해 지형적으로 낮은 남쪽으로 흐르는 물줄기 때문에 생기는 흔적들과 돌아오는 자기 백성들'**을 오버랩시켜 표현한 **'남방 시내들'**이라는 표현이 아직도 성취되지 않았기 때문이다. 이 환상에 대한 성취는 마지막 때 적그리스도의 유대인과 교회의 핍박과 환난 속에서 오직 메시아가 오실 때 우리는 고토로 돌아간다는 그들의 가르침을 믿고 메시아를 대망하며 기다리다 하늘에서 구름을 타고 온 세상을 심판하시며 영광스런 빛으로 오시는 메시아를 보고 한 사람도 이방 땅에 남기지 아니하시고 모두 돌아오게 하시겠다는 그 말씀을 이루실 때를 기다리며 지금도 살아가고 있는 것이 이스라엘 구약 백성이다. 그들은 예수님을 알지 못하고 하나님 나라에 대한 부족한 지식으로 인하여 휴거에 동참하지 못하였으므로 육신을 입고 천 년을 살며 예루살렘으로부터 나오는 예수님의 말씀으로 양육 받고 온전한 영혼과 육신의 삶을 세워가게 될 것이다. 이러한 시간이 아직 이루어지지 않았으며 예수님 역시 그 시간을 기다리며 구약시대 율법 백성들을 구원하실 계획을 포기하시지 않으실 것을 신약백성으로서 잊지 말아야 한다. 대체 신학으로 인하여 무너진 구약 백성을 향한 하나님의 구원 계획을 다시 기억하고 이스라엘 백성들과의 형제 됨을 기억하며 그들의 구원을 위해 복음을 알도록 전해야 할 것이다롬 11장. 그들의 당연한 구원을 위해 이스라엘 신약교회와 연합하여 기도하며 헌신해야 하는 것이 그들 중 얼마가 꺾인 덕분에 이방 교회가 참 감람나무에 접붙임을 당하고 지금과 같은 번성을 이루었으니 그들의 아픈 희생의 자리를 차지하고 받은 이 축복에 답하는 것이 이방교회의 도리일 것이다. 반드시 갚아야 할 빚진 자처럼! 그러므로 하나님은 반드시 자기 백성들을 다시 접붙이셔서 구원하실 것이기에 신약교회는 구약교회인 율법 백성들의 구원에 대하여 무관심하면 안되는 것이며 롬 11장을 깊이 묵상해야 할 이유이다. 사도 바울은 자기 백성을 향한 하나님의 행하실 이후의 일들을 이렇게 전한다.

> 네가 원 돌감람나무에서 찍힘을 받고 본성을 거슬러 좋은 감람나무에 접붙임을 받았으니 '원 가지인 이 사람들이야 얼마나 더 자기 감람나무에 접붙이심을 받으랴'롬 11:24

길은 맑은 유리 같은 정금

완성된 하나님 나라의 상태에 대한 표현이다. 하나님 나라 안에 있는 모든 것은 정금의 정체성을 갖는다. 완성된 주님의 교회는 정금을 만드는 풀무불을 통과하고 이기는 자로 승리하고 천 년의 시간을 예수님과 함께 하나님 나라의 모든 지식으로 충만하기 때문이다.

완성된 성전과 그 영광에 대한 이해 22-25절

> 계 21:22-25 [22] '성 안'에서 내가 '성전을 보지 못하였으니' 이는 '주 하나님 곧 전능하신 이와 및 어린 양이 그 성전이심'이라 [23] '그 성은 해나 달의 비침이 쓸 데 없으니' 이는 '하나님의 영광'이 비치고 '어린 양이 그 등불이 되심'이라 [24] '만국이 그 빛 가운데로 다니고' 땅의 '왕들이 자기 영광을 가지고 그리로 들어가리라' [25] 낮에 '성문들을 도무지 닫지 아니하리니 거기에는 밤이 없음'이라

성 안에서 성전을 보지 못하였으니

요한의 이 말은 깊은 의미가 함의된 표현이다. 예루살렘 성 안의 모습 가운데 가장 먼저 찾고 싶은 것이 성전이었다는 사실을 알게 한다. 요한은 당연히 스승이시며 하나님이신 그 사랑스런 예수님을 찾아뵐 성전에 대하여 궁금했다는 것이다. 그러나 요한의 눈에는 예수님을 만날 성전이 보이지 않았다고 전하므로 성전에 대한 자신의 생각을 전하는 것이다. 물론 요한은 예수님께로부터 이러한 지식을 이미 듣고 후대에게 완성된 하나님의 나라에서는 성전이 없을 것이라고 가르치는 것일 수도 있으나 중요한 것은 후대의 우리와 End-time 세대들이 갖추어야 할 지식이다. 분명한 사실은 완성된 하나님의 나라에서 거룩한 성 새 예루살렘 안에는 성전은 없을 것이라는 사실이다. 출애굽의 시대 하나님께서 이스라엘 백성과 함께 거하시기 위해 주신 하늘의 식양대로 지어진 성막, 그리고 다윗의 갈망으로 시작되어 하나님을 기쁘시게 했던 솔로몬의 성전, 그리고 이 땅에 다시 오셔서 영원히 통치하실 그때, 당연히 있어야 할 하나님의 거처인 성전이 요한의 눈에 보이지 않았다고 말하고 있다. 그러면 겔 43:7절에서 말씀 하셨던 이스라엘 족속 가운데 영원히 계실 그 성전은 무엇을 의미하는가? 사람의 손으로 만든 성전은 예수님의 입으로 무너뜨리실 것에 대하여 이미 말씀 마 24:2 하신 것을 기억한다면 그 영원한 성전은 엡 2:21절에서 사도 바울이 가르치는 성전으로 현재 온전한 성전으로 지어져 가는 성전이라는 것을 알게 된다.

완성된 하나님의 나라에서 하나님이 거하게 될 그 성전으로 지어져 갈 것이기에 교회는 지금도 지어져 가고 있는 것이며 하나님께서는 그의 열정으로 그날의 영광을 함께 나눌 신부인 교회를 위해 쉬지 않으시는 것이며 이에 대하여 이사야 선지자는 그의 책에서 여호와의 열심에 대하여 이렇게 증거 한다.

여호와께서 예루살렘을 향하여 격려하시며 이끄신다. 나로 하여금
쉬지 않고 너를 돌아보며 내 약속을 지키도록 나를 위해 기도하며 구하
고 네가 나와 열정을 함께 하며 그날을 향하여 달려가자고 독려하시는
것이다.

> **또 여호와께서** '예루살렘을 세워 세상에서 찬송을 받게 하시기까지 그로 쉬지
> 못하시게 하라' 사 62:7

예수님의 목표는 예루살렘을 세워 세상에서 찬송을 받으시는 영광의
시간을 위해 일하시는 것이다. 이것이 곧 완성된 하나님의 나라요 영원한
나라요 영원한 교회, 거룩한 성 새 예루살렘이며 지금도 이 땅에서는 하
나님이 거하실 처소가 되는 거룩한 성 새 예루살렘으로 지어져 가고 있는
중이며 '교회의 완성된 모습이 바로 하늘에서 내려오는 거룩한 성 새 예
루살렘'으로 완성되어 나타날 것인데 이것이 완성된 하나님의 나라, 곧
영원히 그 나라를 통치하실 하나님의 정부라고 말할 수 있다. 그러므로 거
룩한 성 새 예루살렘은 인류의 모든 역사 속에서 하나님께서 택하시고 그
의 나라를 위해 순종하고 수고한 모든 성도의 하나님을 닮은 온전한 보석
의 정체성을 가진 교회를 설명하는 최종적 실체이며, 하나님 앞에 서기 위
해 헌신과 희생을 통하여 연단되고 훈련된 정금의 정체성으로 준비된 교
회를 설명한다. 피 땀 흘려 받는 올림픽 금메달을 소유하듯 **'하나님의 나**
라를 위한 성도의 헌신과 희생의 섬김을 하늘에 쌓음으로 만들어지는 상

급이 거룩한 성 새 예루살렘이며 성도에게 주어지는 상급으로 지어져 영원히 기념하며 이어갈 유업'이라고 말씀하시는 것이다.

주 하나님 곧 전능하신 이와 및 어린 양이 그 성전이심

우리는 드디어 인류가 지어오던 그 성전의 완성을 선포하시는 말씀의 진의를 이해하고 있다. 사도 바울의 가르침으로 교회는 현재 완전한 성전의 완공을 보기 위해 지어져 간다(엡 2:21고 믿고 이루어가고 있는 중인데 요한의 환상을 통하여 드디어 그 모습을 보는 것이다. 성전이 필요 없는 것은 당연하다. 성전의 본질적 기능에 있어 죄를 속하기 위해 속죄소 위에 임하시는 하나님의 속죄 선포가 필요 없는 것이 이유이며 희생 제사가 필요 없으니 역시 성전이 필요 없을 것이며 성전이 아니라 성도들과 함께 거하실 것이기에 성전이 필요 없이 보좌만 있으면 되는 것인데 핵심적 선언은 성전이란 하나님이 계시는 곳이 곧 성전이라는 원래의 의미를 완성한 것이 영원히 함께 할 새 예루살렘이 완성되어 이 땅의 예루살렘에 임하였다는 의미이다.

그 성은 해나 달의 비침이 쓸 데 없으니 하나님의 영광이 비치고 어린 양이 그 등불 되심

그 성의 존귀함과 본질적 의미를 설명하고 있다. 진리의 도성이며 영광의 도성이라는 관점이며 해나 달의 비침이 더 이상 필요 없다는 것은 태양과 달의 기능이 필요 없다는 의미인데 이는 인간의 영적인 삶과 인간의 육신에 있어 해악을 끼쳐 아픔과 고통의 원인으로 작용했던 해와 달을 제거하시고 하나님의 영광과 진리의 빛, 곧 창조의 첫날 창조하신 해악이 없는 완전한 진리의 빛이 회복되었음을 선포하는 것이다. 구약시대의 선지자인 이사야는 이미 시대를 앞질러 이러한 때를 예언하고 요한의 계시록을 논증해 주고 있다.

해는 하나님의 영광이신 예수 그리스도를 상징하는 비유이다 시 19:5. 그러나 해는 마지막 때 인간을 심판하는 도구로 사용된 후 제거되는 피조물이 될 것이다 계 16:8-9. 해는 인간의 삶을 풍요롭게 하는 역할을 하지만 태양의 핵분열을 통하여 지구로 밀려오는 모든 전자파들이 주는 해악은 엄청나다. 인간의 탐욕으로 인한 지구의 자연 파괴는 태양에게 권세를 주듯하여 엄청난 재앙이 미칠 것에 대한 가르침이 계 16:8-9절이다. 이사야 선지자는 마지막 때의 지구환경에 대하여 사 24:3절을 통하여 증거 한다. 3절은 심판을 당한 이 땅의 모습을 소개하지만 5절을 보고 4절을 이해할 때 하나님의 법에 대한 범법행위에 의한 심판은 한순간에 결정되어 일어나는 것이 아니라 인간의 지속적 죄악의 결과라는 사실을 이해의 전제로 삼고 묵상할 때 이 말씀은 마지막 때 나타날 이 땅의 변화에 대한 가르침으로 이해되는 내용이다.

이러한 과정을 거친 지구와 하나님의 백성은 예수님의 얼굴에 비치는 하나님의 진리의 빛 앞에서 온전한 삶을 살아가게 될 완성된 하나님의 나라에서 완전한 삶을 살아가게 될 영광으로 충만할 것이다.

성문들을 도무지 닫지 아니하리니 거기에는 밤이 없음

밤이란 어둠의 시간으로 죄악을 상징하는 시간이다. 그 시간이 사라진다는 것은 곧 사탄과 사망과 음부의 권세가 사라진 시간이라는 사실을 이해하도록 이끈다. 천년왕국을 지나고 흰 보좌 심판이 끝났음을 알게 하는 메시지다. 예수님이 계시는 예루살렘뿐만이 아니라 모든 세계는 완성된 하나님 나라의 시간 속에서 밤이 없는 삶을 살아가게 될 것에 대하여 상상하도록 가르치고 있다.

완성된 하나님 나라에 왕래하는 자들의 자격 26-27절

> 계 21:26-27 ²⁶ '사람들이 만국의 영광과 존귀를 가지고 그리로 들어가겠고' ²⁷ 무엇이든지 '속된 것이나 가증한 일 또는 거짓말하는 자는 결코 그리로 들어가지 못하되' 오직 '어린 양의 생명책에 기록된 자들만' 들어가리라

사람들이 만국의 영광과 존귀를 가지고 그리로 들어가겠고

천년왕국 안에서 살아가게 될 지구의 시간은 만국 백성들이 모두 예루살렘으로 다니며 하나님을 뵈옵고 그분을 예배하게 될 것에 대하여 전하고 있다.

어린 양의 생명책에 기록된 자들만 들어가리라

완성된 하나님의 영원한 나라에서 예루살렘 성으로 들어갈 수 있는 자격을 설명하고 있다. 어린 양의 생명책에 기록된 자들은 이미 창세 전에 예정된 자들이라는 것을 에베소서를 통하여 사도 바울이 가르치고 있다.

> ⁴ 곧 '창세 전에 그리스도 안에서 우리를 택하사' 우리로 사랑 안에서 그 앞에 거룩하고 흠이 없게 하시려고 ⁵ '그 기쁘신 뜻대로 우리를 예정'하사 예수 그리스도로 말미암아 자기의 아들들이 되게 하셨으니 엡 1:4-5

하나님의 백성은 예정 안에서 태어났고 예정 가운데 부르심을 입어 예정 안에서 하나님의 뜻을 성취하며 살아가는 것이다. 예레미야 선지자는 이러한 성도의 부르심을 이렇게 설명하고 있다.

> 내가 너를 '모태에 짓기 전에 너를 알았고' 네가 '배에서 나오기 전에 너를 성별'하였고 너를 여러 나라의 선지자로 세웠노라 하시기로 렘 1:5

우리의 신분에 있어 무슨 설명이 더 필요한가? 우리는 그런 정체성을 소유한 자들인 것을!

요한계시록
제 22 장

¹ 또 그가 수정 같이 맑은 생명수의 강을 내게 보이니 하나님과 및 어린 양의 보좌로부터 나와서 ² 길 가운데로 흐르더라 강 좌우에 생명나무가 있어 열두 가지 열매를 맺되 달마다 그 열매를 맺고 그 나무 잎사귀들은 만국을 치료하기 위하여 있더라 ³ 다시 저주가 없으며 하나님과 그 어린 양의 보좌가 그 가운데에 있으리니 그의 종들이 그를 섬기며 ⁴ 그의 얼굴을 볼 터이요 그의 이름도 그들의 이마에 있으리라 ⁵ 다시 밤이 없겠고 등불과 햇빛이 쓸 데 없으니 이는 주 하나님이 그들에게 비치심이라 그들이 세세토록 왕 노릇 하리로다 ⁶ 또 그가 내게 말하기를 이 말은 신실하고 참된지라 주 곧 선지자들의 영의 하나님이 그의 종들에게 반드시 속히 되어질 일을 보이시려고 그의 천사를 보내셨도다 ⁷ 보라 내가 속히 오리니 이 두루마리의 예언의 말씀을 지키는 자는 복이 있으리라 하더라 ⁸ 이것들을 보고 들은 자는 나 요한이니 내가 듣고 볼 때에 이 일을 내게 보이던 천사의 발 앞에 경배하려고 엎드렸더니 ⁹ 그가 내게 말하기를 나는 너와 네 형제 선지자들과 또 이 두루마리의 말을 지키는 자들과 함께 된 종이니 그리하지 말고 하나님께 경배하라 하더라 ¹⁰ 또 내게 말하되 이 두루마리의 예언의 말씀을 인봉하지 말라 때가 가까우니라 ¹¹ 불의를 행하는 자는 그대로 불의를 행하고 더러운 자는 그대로 더럽고 의로운 자는 그대로 의를 행하고 거룩한 자는 그대로 거룩하게 하라 ¹² 보라 내가 속히 오리니 내가 줄 상이 내게 있어 각 사람에게 그가 행한 대로 갚아 주리 ¹³ 나는 알파와 오메가요 처음과 마지막이요 시작과 마침이라 ¹⁴ 자기 두루마기를 빠는 자들은 복이 있으니 이는 그들이 생명나무에 나아가며 문들을 통하여 성에 들어갈 권세를 받으려 함이로다 ¹⁵ 개들과 점술가들과 음행하는 자들과 살인자들과 우상 숭배자들과 및 거짓말을 좋아하며 지어내는 자는 다 성 밖에 있으리라 ¹⁶ 나 예수는 교회들을 위하여 내 사자를 보내어 이것들을 너희에게 증언하게 하였노라 나는 다윗의 뿌리요 다윗의 자손이니 곧 광명한 새벽별이라 하시더라 ¹⁷ 성령과 신부가 말씀하시기를 오라 하시는도다 듣는 자도 오라 할 것이요 목마른 자도 올 것이요 또 원하는 자는 값없이 생명수를 받으라 하시더라 ¹⁸ 내가 이 두루마리의 예언의 말씀을 듣는 모든 사람에게 증언하노니 만일 누구든지 이것들 외에 더하면 하나님이 이 두루마리에 기록된 재앙들을 그에게 더하실 것이요 ¹⁹ 만일 누구든지 이 두루마리의 예언의 말씀에서 제하여 버리면 하나님이 이 두루마리에 기록된 생명나무와 및 거룩한 성에 참여함을 제하여 버리시리라 ²⁰ 이것들을 증언하신 이가 이르시되 내가 진실로 속히 오리라 하시거늘 아멘 주 예수여 오시옵소서 ²¹ 주 예수의 은혜가 모든 자들에게 있을지어다 아멘

1. 영원한 하나님 나라 계 22:1-5

22장의 시간대 : 완성된 하나님 나라

단 9:27	단 12:11	욜 3:2, 마 25:31-33	계 20:3-10	계 20:11-15	계 21:21-22:5
7년 환난 / 한 이레의 언약	대접 심판	천년왕국 시작, 여호사밧 골짜기 심판		흰 보좌 심판	영원한 나라
전 삼년 반, 두 짐승과 인 섬김 후 삼년 반, 나팔 심판					
1260일　　1260일	30일	여호사밧 골짜기 심판 45일			

짐승 출현

짐승의 성전 점령

일곱 나팔
부활 추수
공중 재림

지상 재림
두 짐승 심판
사탄…무저갱

무저갱 해제
만국 미혹과
예루살렘 침공

사탄 심판
새 예루살렘 성
혼인 연회
완성된 하나님 나라

22장의 개관

　　22장의 내용은 영원한 하나님의 나라를 아주 짧게 소개하고 있다. 21:22-22:5절까지 이어지는 문맥이다. 하나님과 어린 양이 성전 되심으로 완성된 하나님의 나라에서는 성전이 따로 구별되지 않으며 해와 달이 쓸 데 없고 하나님의 얼굴에 있는 진리의 빛이 온 세상을 비출 것이며 밤이 없는 특징이 이채롭다. 오직 생명책에 기록된 자들만 들어갈 수 있는 곳, 생명수의 강이 흐르는 곳, 달마다 새로운 열매가 맺히며 나무의 잎이 치료제인 그 곳, 저주가 없고 영원 세세토록 왕 같은 삶을 살아가는 완전한 나라! 그곳이 완성된 하나님 나라라고 전하고 있다.

생명수의 강과 달마다 열두 가지 열매를 맺는 나무가 있는 하나님 나라 1-2절

> **계 22:1-2** ¹ 또 그가 '수정 같이 맑은 생명수의 강'을 내게 보이니 '하나님과 및 어린 양의 보좌로부터 나와서' ² 길 가운데로 흐르더라 '강 좌우에 생명나무'가 있어 '열두 가지 열매'를 맺되 달마다 그 열매를 맺고 그 '나무 잎사귀들은 만국을 치료'하기 위하여 있더라

> **겔 47:12** '강 좌우 가에는 각종 먹을 과실나무'가 자라서 그 잎이 시들지 아니하며 열매가 끊이지 아니하고 '달마다 새 열매'를 맺으리니 '그 물이 성소를 통하여 나옴'이라 그 열매는 먹을 만하고 '그 잎사귀는 약 재료'가 되리라

에스겔의 증언과 요한의 증언은 동일한 관점으로 완성된 하나님의 나라를 소개하고 있다. 요한의 이 환상은 에스겔의 환상을 설명하는 것이 아니라 자신이 본 환상과 에스겔이 전한 환상이 같다는 것을 증거 하는 것이며 하나님께서 에스겔과 요한에게 동일한 환상을 보게 하심으로 하나님 나라의 모습에 대한 이 계시가 이미 에스겔에게 주어진 것으로 하나님 계획의 완전성과 불변성을 논증해 주는 말씀이다.

하나님과 함께하며 왕처럼 살아가는 영원한 시간

> **계 22:3-5** ³ '다시 저주가 없으며' 하나님과 그 어린 양의 보좌가 그 가운데에 있으리니 그의 종들이 그를 섬기며 ⁴ '그의 얼굴을 볼 터이요 그의 이름도 그들의 이마에' 있으리라 ⁵ 다시 '밤이 없겠고 등불과 햇빛이 쓸 데 없으니' 이는 '주 하나님이 그들에게 비치심'이라 그들이 '세세토록 왕 노릇 하리로다'

21장의 거룩한 성 새 예루살렘과 그 안에 성전은 없고 보좌가 있어 '이

성이 바로 내가 영원히 있을 성전이야!'라고 말씀하시는 하나님의 음성을 듣는 듯하다. 이 성이 영원한 하나님 나라의 통치 장소이며 자기 백성과 영원히 함께 할 예루살렘이라는 겔 43:7절의 말씀이 성취되는 때이다.

다시 저주가 없으며

저주는 죄의 산물이다. 다시는 저주가 없다는 것은 죄의 영향력이 결코 하나님 백성의 삶 속에 역사하지 못하는 시간 속에서 살아갈 것이라 확정하시는 선포와 같다.

그의 얼굴을 볼 터이요 그의 이름도 그들의 이마에 있으리라

죄가 없는 상태의 상황을 일컫는 의미다. 죄가 없으므로 하나님의 얼굴을 대면하는 피조물의 영광으로 충만한 시간이 될 것이다. 자기 백성의 이마에 기록될 하나님의 이름은 무엇이라 기록될까? 죄악의 올무로부터 완전한 구원을 이루신 하나님과 관계된 이름일 것이지만 성경은 우리의 지혜로 유추하도록 퀴즈를 내는 듯하다. 19:12절에 기록되었듯이 예수님의 머리에 기록된 주님의 이름이 우리 이마에 인식될 것이라는 의미이므로 우리가 예수님의 소유임을 인식하는 mentality가 될 것이다. 성경이 밝히지 않는 내용이라 해석할 수는 없지만 구약시대 제사장의 모자에 도장을 파듯 새긴 이름이 우리의 의식에 새겨질 것이다. 거룩하신 예수님을 닮은 '거룩한 신부' '성결한 아들'은 아닐까? 정말 하나님 나라에서 꼭 확인하고 싶은 이 땅에서의 버킷 리스트와 같은 주제이다.

다시 밤이 없겠고 등불과 햇빛이 쓸 데 없으니

밤이 없다는 것 또한 죄와 두려움과 관계된 것이다. 밤이 없으므로 당연 햇빛이나 등불이 필요 없을 것인데 이러한 빛의 기능을 하나님의 영광으로 대체 하실 것이다. 성경적 근거로 이해하는 등불은 진리의 말씀을, 햇빛은 진리의 말씀이신 예수님의 영광을 상징하는 표현이기에 예수님이 우리와 함께 하시기에 등불과 햇빛이 당연히 필요 없는 것이다. 육체로 살아가는 삶이 아닌 홀연히 변화된 영체로 살아가는 그 시간! 하나님의 백성에게는 오직 영적 양식과 영적 환경만이 필요한 시간이며 창 1:3절에 기록된 창조 첫날의 빛이 온 세상을 비추는 진리의 보좌를 설명한다.

세세토록 왕 노릇 하리로다

왕이 아닌 왕 노릇이다. 왕과 같은 누림의 삶을 살아간다는 의미다. 하나님의 백성이 가지는 영원한 삶은 마치 왕처럼 살아가는 삶이 될 것이라는 의미로 해석함이 옳다. 왕처럼 살아가는 삶의 시간이 세세토록이다. 하나님과 함께하는 왕처럼 부족함 없이 영원히 확정된 시간! End-time 연구로 인하여 나타나는 갈망되는 의문은? 그 영원한 안식의 시간! 왕처럼 살아갈 그 시간! 우리의 삶은 과연 어떠할까? 이다. **레몬즙을 생각하면 침이 고이듯 영원한 하나님의 나라를 그려보는 마음엔 설레임 가득한 갈망이 고인다. 마라나타! 주 예수여 어서 오시옵소서 아멘!**

21-22:5절 내용 정리

21장은 모든 인류를 향한 하나님의 뜻이 완성되고 하나님의 나라가 완성되는 순간을 묘사하는 장이며 육신을 가진 인류 역사가 끝나는 순간을 느끼도록 기록되어 있는 장이기도 하다. 21장의 핵심은 하늘에서 내려오는 거룩한 성 새 예루살렘과 그것이 무엇을 의미하며 오늘의 교회와 어떤 상관관계에 있느냐가 연구의 핵심이 된다. 21장 연구의 과제는 세 가지다.

❶ 거룩한 성 새 예루살렘의 정의, 1-8절

두 가지의 관점을 다룬다.

첫째, 성의 이름 : 신부, 어린 양의 아내, 거룩한 성 새 예루살렘, 만물을 새롭게 하신 후 성도와 영원히 함께하시는 처소로서의 하나님의 장막1-6절

둘째, 성과 성도와의 관계 : 상속받을 유업7절

❷ 거룩한 성 새 예루살렘의 정체성, 9-21절

열두 지파가 구원의 문이 되고, 열두 사도가 성의 기초석이 되며 모든 구원받은 성도가 정금과 보석이 되어 완성되어져 가는 교회가 새 예루살렘 성의 정체성임을 알게 하는 내용이 21장의 두 번째 주제이다. 21:12절의 열두 지파의 족장과 14절의 열두 사도가 구약교회와 신약교회의 대표가 되어 하나님의 보좌 앞에서 경배하는 24장로라는 사실을 깨닫게 하는 것도 21장이다. 또한 18-21절에 나타나는 각종 보석과 정금에 대한 가르침을 통하여 창 1:26절의 하나님의 형상과 모양으로 지음받았다는 것이 출 28:15-21절에 나타나는 열두 지파의 족장을 의미한다. 열두 개의 보석은 계 4:2-3절에 나타나는 하나님의 모양에 대한 이해 속에서 우리가

하나님의 형상과 모양대로 지음을 받았다는 것을 인정하도록 이끄신다는 사실을 깨닫게 되고 이 지식을 계 21:18-21절에 대입하여 거룩한 성 새 예루살렘에 대한 설명이 곧 성도의 무리가 이루는 교회를 말하는 정체성의 설명임을 깨닫게 하는 본문이라는 사실을 알게 한다.

❸ 새 예루살렘 성 안에서의 영원한 삶, 21:22 - 22:5절

현재에는 있으나 완성된 하나님 나라에서는 찾을 수 없는 세 가지의 관점을 제공한다.

첫째, 성 안에는 성전이 없을 것이다. 이유는 전능하신 하나님과 어린 양이 성전이 되시기 때문이라고 증거 한다.

둘째, 성에는 해나 달이 없을 것이며 밤과 등불이 없을 것이다. 이유는 하나님의 진리의 영광이 해와 달의 빛을 대신할 것이기 때문이라고 증거 한다.

셋째, 저주가 없을 것이다. 이유는 하나님과 그 어린 양의 보좌가 거룩한 성 새 예루살렘 가운데 있을 것이기 때문이라고 증거 한다.

◈ 21-22:5절의 핵심 문제 ◈

1. 처음 하늘과 처음 땅에 대한 설명 중 바른 설명이 아닌 것을 고르시오.

   ❶ 태초의 시간에 창조되었던 둘째 날의 하늘과 셋째 날의 창조를 의미한다.
   ❷ 수, 금, 지, 화, 목, 토, 천, 해, 명왕성과 에덴이 있었던 그 땅을 의미한다.
   ❸ 인간의 죄를 인하여 이 땅이 저주를 받아 엉겅퀴와 가시가 났던 땅을 의미한다.
   ❹ 인간을 위해 하늘과 땅을 창조하셨던 그 이전의 하늘과 땅을 의미한다.

2. 거룩한 성 새 예루살렘에 대한 설명 중 바른 설명이 아닌 것은?_{21장}

   ❶ 성도들의 믿음과 헌신, 희생과 사랑으로 완성된 하나님의 교회를 의미한다.
   ❷ 성 안에 성전이 없는 이유는 하나님과 어린 양이 성전이 되시기 때문이다.
   ❸ 성 안에는 하나님과 어린 양의 보좌가 있을 것이다.
   ❹ 열두 지파가 구원의 문이 되고 열두 사도가 기초석이 되며 구원받은 모든 성도가 정금의 성으로 된 교회의 정체성에 대한 묘사가 곧 거룩한 성 새 예루살렘이다.
   ❺ 완성된 하나님의 나라에서 새롭게 보석으로 지어질 성이다.

3. 20:14절의 설명에서 음부_{지옥}가 유황 불못에 던져지면 심판받은 모든 자들의 영혼은 어떻게 되는지에 대한 설명 중 바르지 않은 것은? 20:14, 21:8

   ❶ 지옥이 사라질 것이기 때문에 영혼조차 소멸되어 없어질 것이다.
   ❷ 생명책에 기록되지 못한 자들도 유황 불못에 던져진다.
   ❸ 믿지 아니하는 자들, 흉악한 자들, 거짓말하는 자들, 음행하는 자들이

함께 불못에 던져질 것이다.

❹ 천년왕국 후 영원히 거할 지옥은 새롭게 생성될 것이다.

4. 영원한 하나님 나라에 대한 설명 중 바르지 아니한 것 모두를 고르시오.
22:1-5절

❶ 어린 양의 보좌에서 솟아나는 생수의 강물을 마시고 영생하는 하나님 나라이다.

❷ 일 년의 시간이 열두 달 그대로 있어 12가지 생명의 과일로 풍성한 하나님 나라이다.

❸ 하나님 나라의 백성들을 치료하는 치료제는 생명 나무의 잎사귀가 될 것이다.

❹ 저주, 밤, 등불과 햇빛이 필요 없는 하나님이 곧 영광이 빛이 되는 나라이다.

❺ 성전 안에는 하나님의 위엄의 보좌가 있을 것이다.

❻ 모든 교회에서 택함을 받은 종들이 하나님을 섬기게 될 것이다.

1, 2, 3 ANSWER

1. ❹   2. ❺   3. ❶❹   4. ❺❻

7년 End-time/마지막 시간의 시작부터
Eternal time/영원한 시간까지 계획된
하나님의 15가지 Schedule/스케줄

'7E15S'

글로리 데이 앤 타임 연구소

'7E**15S**'

칠 년 평화조약의 세상 영웅, 짐승의 출현부터 영원한 하나님 나라에 이르는
15가지 하나님의 계획을 세분화시켜 순차적으로 나열하면 다음과 같다.

짐승 출현 단 9:27
짐승의 유대인 성전 점령 살후 2:4
나팔 심판 계 8-9장
예수님의 공중 재림, 부활과 휴거 계 11:15-19, 살전 4:16, 17
대접 심판 계 16장
예수님의 지상 재림과 아마겟돈 전쟁 계 19:11-21
유대인의 귀환과 회개, 세례와 구원 겔 39:27-28, 욜 3:1, 슥 12:10-11, 13:1
여호사밧 골짜기 심판과 사탄 감금 욜 3:2, 마 25:31-46, 계 20:1-3
천년왕국 계 20:4, 사 25:6-8
사탄의 무저갱 출소, 미혹, 예루살렘 침공 계 20:1, 7, 계 20:8, 겔 38-39장
사탄, 사망, 음부에 대한 불못 심판 계 20:10
흰 보좌 심판 계 20:11-15
새 하늘과 새 땅에 임하는 거룩한 성 새 예루살렘 계 21:1, 계 9-10절
새 예루살렘 성 안에서 베풀어질 어린 양의 혼인 연회 사 25:6-8
완성된 하나님 나라 계 22:1-5

'7E15S'란?

7년 End-time 종말의 시간으로부터 **Eternal time** 영원한 나라에 이르기까지 **15가지 하나님의 Schedule** 계획을 의미하며 '7E15S'는 지금까지 교회가 확신하지 못했던 하나님의 계획을 인지하므로 성경이 밝히 증거하는 교회의 산 소망이 될 것이다. 7E15S의 지식은 새롭게 만들어진 예언이나 지식이 아니다. 창조 이래 성경을 통하여 끊임없이 강조되어 왔지만 인식되지 못하였던 하나님의 광고였다. 그러나 감추어졌던 End-time의 지식이 열리는 세대가 되었고 이 시간을 아는 성도는 영원한 나라에 이르기까지의 산 소망을 가지고 두 짐승이 주도하는 마흔 두달의 시험계 13:5 과 환난의 시간을 오직 신랑이신 예수님을 기다리며 인내할 수 있을 것이며 모든 환난을 이기는 동력으로 삼을 수 있을 것이다.

7년이란? 예수님의 재림과 관련된 시간인데 7년의 시작 시점이 중요하다. 예수님 재림의 기준이 될 것이기 때문이다. 그 기준은 놀랍게도 심판받을 짐승, 곧 적그리스도의 출현을 기준으로 삼으셨다. 왜 적그리스도라 일컬어질 짐승을 기준으로 삼으셨을까? 이유는 예수님의 재림은 자기 백성을 구원하시기 위하여 그 짐승과 마귀를 심판하러 오시는 시간이기 때문이다. 그가 나타나는 시간을 기준으로 정확히 7년 후, 나팔 심판 중 마지막 일곱 번째 나팔이 울릴 때 이 땅으로 오셔서 온 땅과 교회를 시험하는 두 짐승을 심판하실 것이며계 19:19 사탄을 결박하여 무저갱에 가두고 천년 동안 봉인하실 것이다계 20:1-3. 그리고 천 년이 지난 후 봉인이 해제되고계 20:7 예수님의 심판 계획에 따라 잠시 이 땅에 놓이게 될 것인데계 20:3 그 때부터 세상은 다시 시끄러워지고 영원한 나라로 들어가기 전, 곧 흰 보좌 심판의 시간 직전 사탄은 사망과 음부, 곧 지옥과 함께 유황 불 못에 던져질 것이다계 20:10, 14. 그리고 이 땅에는 죄의 근원인 사탄과 그의 능력인 사망과 그의 통치 영역인 지옥이 영원히 사라지고 정결해진 이 땅의 예루살렘과 거룩한 성 새 예루살렘이 내려와 연합할 때 그 안에서 어린 양의 혼인 연회가 베풀어지고 곧바로 영원한 나라로 들어가게 되는 하나님의 계획들이 실행될 것이다. 짐승의 출현으로부터 영원한 하나님의 나라가 시작되는 그 시간까지 일어날 15가지 하나님의 스케줄을 '7E15S'라 한다. 성경에 나타나 있는 15가지 스케줄에 대한 성경적 정당성 이해는 이러하다.

'7E15S'의 성경적 정당성 이해

15가지 주요 사건
주요 사건으로 인한 세계적 현상들에 관한 성경의 논증

1. 짐승의 출현 단 9:27

중동 평화를 위한 7년 조약의 체결 사 28:18, 단 9:27 난세의 영웅 출현 최후의 적그리스도

7년의 기간 중 '**전 삼 년 반**'1260일의 시작, '**세계적 평안의 때**' '**교회에게는 해산의 고통이 증가하는 시간**' 마 24:4-6, 24:24, 살전 5:3, 사 66:7-9, 딤전 2:15, 계 12:2

2. 짐승의 유대인성전 점령 살후 2:4

세계 질서와 권력의 재편, 세계적 혼란, 짐승의 야욕 점화 단 12:11

7년의 중간 '**멸망의 가증한 것이 서는 때**' 마 24:15 이며 바다에서 나오는 짐승에게 주어진 '**마흔두 달 동안의 권세가 실행되는 시간대**' 계 13:5이며 '**짐승의 우상화를 위한 강압적 미혹과 표의 강요**' 계 13:14-15가 이루어질 시간으로 '**교회의 시험 시간**' 마 24:7-14

3. 나팔 심판 계 8-9장

후 삼 년 반의 시작 시점 '짐승의 성전 점령 ~ 예수님의 공중 재림까지' 삼 년 반의 기간 안에 일어날 심판의 시간 단 12:11

후 삼 년 반의 시간부터 공중 재림까지 삼 년 반의 시간 안에서 여섯 번의 나

팔 심판이 있을 것이며 일곱 번째는 재림 나팔이다계 11:15-18.

4. 예수님의 공중 재림, 부활, 휴거 계 11:15-19, 살전 4:16, 17

일곱 번째 나팔이 불려지는 시간, 세계적 동시다발 현상 교회의 휴거

살전 4:16-17,
온 지구촌의 인류에게 자기를 빛으로 나타내시며 운행마 24:29-31 하시는 메
시아 모습을 본 유대인의 귀환이 시작되는 시간이다사 10:20-23, 겔 29:27-28,
미 5:3.

5. 대접 심판 계 16장

30일 동안의 심판의 시간단 12:11 일곱째 대접에 바벨론이 무너지는 시간계
16:17-21, 18장
일곱 대접이 부어지는 순간까지 유대인의 귀환이 계속될 것이며 여섯 번째 대
접이 부어질 때 아마겟돈 전쟁이 준비되고계 16:12-14 일곱 대접이 부어질 때
바벨론의 멸망과 함께 아마겟돈 전쟁이 종식될 것이다계 16:17-21.

6. 예수님의 지상 재림과 아마겟돈 전쟁 계 19:11-21

아마겟돈 전쟁 종식의 시간계 19:11-16, 예수님의 예루살렘 입성 시간마
23:39, 사 52:8, 두 짐승이 처단되는 시간 계 19:19-21
'유대인의 귀환과 구원'욜 3:1, '요단강 물 세례'슥 12:10, 13:1, 욜 3:18, '여호
사밧 골짜기 심판'욜 3:2, 3:12 = '양과 염소 심판'마 25:31-46, '사탄의 무저
갱 감금'계 20:1-3 이 이루어질 것이다.

7. 유대인의 귀환과 회개, 세례, 구원 겔 39:27-28, 욜 3:1, 슥 12:10-11, 13:1

유대인들의 귀환은 겔 39:27-28, 욜 3:1-2절의 약속대로 성취될 것이다. 이
시간은 천년왕국 직전의 시간대가 될 것이며 여호사밧 골짜기 심판욜 3:2,
곧 양과 염소 심판마 25:41-46 직전에 예루살렘에 도착하여 성전에서 흘러
내리는 생수에 회개의 세례를 받고욜 3:18 천년왕국으로 들어갈 것이다슥
12:10-11, 13:1.

8. 여호사밧 골짜기 심판과 사탄 감금 욜 3:2, 마 25:31-46, 계 20:1-3

천년왕국 시작직전 만국을 모으고 심판하는 시간욜 3:1-2. 마태복음은 양과 염소 심판으로 표현마 25:31-46. 이 심판의 시간에는 사탄을 천 년 동안 무저 갱에 감금하시는 시간이다계 20:1-3.

9. 천년왕국 계 20:4, 사 25:6-8

성경은 천년왕국의 장소는 시온 산이며사 25:6-8, 거기서의 수한은 나무의 수한인 천 년을 산다사 65:20고 가르친다. 휴거 된 몸과 휴거 되지 못한 몸이 함께 살아가는 시간 레위기의 형법과 신약의 복음으로 천 년이 통치될 것이다사 2:3.

예수님이 왕으로 다스리시는 천년왕국계 20:4, 사 2:2-3 **'천년왕국 시간 속에서의 삶의 모습들'**사 2:2-3, 사 3:4-6, 사 4:5, 사 11:6-9. 사 40:10-11, 사 62:4-5, 사 65:20-22, 사 66:22-23, 슥 14:16-18

10. 사탄의 무저갱 출소, 미혹, 예루살렘 침공 계 20:1, 7, 계 20:8, 겔 38, 39장

천년왕국의 끝, 잠시 놓인 사탄의 미혹, 곡과 마곡의 미혹된 연합군의 예루살렘 침공겔 38-39장. **'사탄 심판'**계 20:10 **'미혹된 나라들 심판'** / 곡과 마곡구소련 연방 국가들, **도갈마 족속**독일, 프랑스, 영국을 이룬 민족, **바사**이란, **구스**에티오피아, **붓**리비아

11. 사탄, 사망, 음부에 대한 불못 심판 계 20:10

천 년 후 잠시 놓인 마귀는 곡과 마곡을 미혹하여 예루살렘으로 쳐들어 올 것이며 미혹의 사명을 끝으로 영원한 불못으로 던져질 것. 이때 사망과 음부도 함께 던져질 것이다계 20:7-14 .

12. 흰 보좌 심판 계 20:11-15

죽은 자들을 향한 사망의 부활과 영원한 불못 심판계 20:13-15
영원한 하나님의 처소 거룩한 성 새 예루살렘의 이 땅 임재를 위한 마지막 땅의 정결법 집행 시간, 온 세상의 정결시간이 될 것이다.

13. 새 하늘과 새 땅에 임하는 거룩한 성 새 예루살렘 계 21:1, 9–10

창세의 에덴으로 회복된 환경에계 21:1 하늘에서 내려오는 거룩한 성 새 예루살렘계 21:9-10.

거룩하신 하나님이 거하실 영원한 처소의 조건, 어린 양의 혼인 연회가 열릴 수 있는 조건, 새 예루살렘 성이 임할 수 있는 조건은 죄, 사망, 지옥이 사라진 조건이 이루어져야만 가능해진다. 이러한 환경은 궁극적으로 창세때 아담과 하와가 죄를 짓기 전의 시간으로 돌아가야 함을 의미한다.

14. 새 예루살렘 성 안에서 베풀어질 어린 양의 혼인 연회 사 25:6–8

천 년 동안 준비된 맑은 포도주로 시온 산의 어린 양의 혼인 연회 시작 사 25:6.

이 시간에는 모든 나라와 민족의 죄가 사라진 시간이 될 것이며사 25:7, 사망을 영원히 멸하신 흰 보좌 심판 이후의 시간사 25:8이 될 것이다. 이사야를 통하여 이 시간에 대하여 이렇게 가르치신다.

⁶ 만군의 여호와께서 이 산에서 만민을 위하여 기름진 것과 오래 저장하였던 포도주로 연회를 베푸시리니 곧 골수가 가득한 기름진 것과 오래 저장하였던 맑은 포도주로 하실 것이며 ⁷ 또 이 산에서 모든 민족의 얼굴을 가린 가리개와 열방 위에 덮인 덮개를 제하시며 ⁸ 사망을 영원히 멸하실 것이라 주 여호와께서 모든 얼굴에서 눈물을 씻기시며 자기 백성의 수치를 온 천하에서 제하시리라 여호와께서 이같이 말씀하셨느니라 사 25:6-8

15. 영원한 하나님 나라 계 22:1–5, 완성된 하나님 나라

어린 양의 혼인 연회의 시간부터 인류의 역사가 끝나고 영원한 하나님의 나라가 시작된다. 이것이 완성된 하나님의 나라이다.

성경으로 논증되는 하나님 아버지의 "7E15S"는 '7년의 시작으로부터 영원한 하나님 나라가 이루어질 때까지 일어날 15가지 계획'들이며 전 지구적으로 일어날 실제적이며 사회적 현상들이 될 것이다. 예수님의 움직임들을 모든 성경 속에서 스케줄화하여 나타내고 있는 이유는? 이러한 사건들과 상황들 앞에서 하나님의 백성으로서의 지식을 가진 자들이 사탄과 두 짐승에 의해 휘몰아치는 광풍과 같은 미혹의 시험과 환난 가운데서도 소망을 잃지 않도록 인도하시는 하나님의 사랑이며 오직 신랑이신 예수님을 기다리는 교회를 향하여 가르쳤던 고전 15:22–26절에 기록된 사도 바울의 가르침 곧, 예수님의 최종적 비전이었던 '죄가 사라지고 에덴으로 회복된 이 땅을 하나님 아버지께 바치는 그 날'을 위해 오늘을 온전히 살며 천년왕국을 준비하는 세대로 일으키시기 위함이다. 초대교회 시대부터 '예수님과 모든 사도들의 비전이요 소망이었던 완성된 하나님의 나라!' 그 마지막 세대의 주자인 우리는 고전 15:24절의 궁극적 의미를 온전히 새기고 시험과 환난의 시간을 준비하며 End-time 지식으로 온전히 준비되는 거룩하고 존귀한 신부인 교회로 일어서야 하기 때문이다. 이러한 은혜와 결단이 있기를 축복하는 바이다.

'예수님의 최후 비전'

고전 15:22-26절 ²² 아담 안에서 모든 사람이 죽은 것 같이 그리스도 안에서 모든 사람이 삶을 얻으리라 ²³ 그러나 각각 자기 차례대로 되리니 먼저는 첫 열매인 그리스도요 다음에는 그가 강림하실 때에 그리스도에게 속한 자요 ²⁴ '그 후에는 마지막이니 그가 모든 통치와 모든 권세와 능력을 멸하시고 나라를 아버지 하나님께 바칠 때'라 ²⁵ 그가 '모든 원수를 그 발 아래에 둘 때까지' 흰 보좌 심판 반드시 왕 노릇 하시리니 ²⁶ '맨 나중에 멸망 받을 원수는 사망' 계 20:10, 14 이니라

복음주의 교회의 형성 과정

현재 열방의 복음주의 교회의 번성에는 수많은 사건과 일들과 사람들의 헌신과 희생과 피가 녹여져 있다. 마지막 때를 바라보는 시간! 인류의 교회는 지난 과거를 돌아보며 어떤 과정을 통하여 교회가 형성되고 발전되어 왔는지에 대한 이해와 함께 다가올 마지막 시간을 준비하는 지혜가 필요하다. 유기적 생명을 가진 하나님의 나라를 구현하는 교회는 어떻게 세워지며 어떻게 성장하는가? 이는 교회 역사를 돌아보면 볼 수 있는 화가의 그림과 같이 뚜렷하다.

하나님의 주권적 선택, 이스라엘의 구약교회

이스라엘은 출애굽을 시작으로 교회로서 하나님의 은혜를 경험하며 하나님 나라로서 기능을 시작하므로 성경은 이를 '광야교회'에클레시아 엔 호 에레모스라 이름한다행 7:38. 이는 하나님의 약속을 따라 창 16:15 430년 동안 물들었던 세상적 가치와 사고를 벗어버리고 하나님 나라를 향하는 온전한 믿음의 시작이었기 때문이며 시내산의 율법을 통하여 하나님의 법을 가진 언약백성으로서 온전한 하나님 나라가 된다.

예수님의 초림으로 인한 메시아 교회

예수님의 이 땅에 오심은 이 땅에 신약 교회를 세우시고 우리를 구원하시기 위함이었으며 제자를 양육하여 더 많은 사람들을 세워 하나님의 나라를 견고히 하고 자신이 흘리신 피로 정결한 신부의 교회를 온 땅에 세우시고행 20:28 종말에 이 땅을 완전하게 하여 아버지 하나님께 드리기 위한고전 15:24 선교적 부르심을 이루는 순종의 임마누엘 교회이다.

이스라엘의 신약교회 태동

예수님은 신약의 인물이 아니시다. 신약시대를 열어가시기 위한 구약교회의 끝에 오신 예언된 메시아다. 그분의 사명은 새로운 구원의 언약을 세워 성령으로 신약의 교회를 세우심으로 하나님께서 계획하신 영원한 하나님 나라를 준비하시는 사명이었으며 이 모든 아버지의 계획과 사명은 오직 사랑으로만 가능한 하나님의 행위로 이 땅에 자신의 피를 뿌려 정결하게 하는 십자가의 희생으로만 가능한 사명이었다.

십자가에서 이루신 예수님의 '순교적 희생'

'요 20:21'절의 말씀은 예수님께서 이 땅에 오신 이유와 정체성을 설명하는 가르침이다.

'아버지께서 나를 보내신 것 같이 나도 너희를 보내노라' 이 말씀처럼 주님은 하나님 나라를 세우시기 위해 이 땅에 파송되어 순교하신 선교사였다. 그분의 거룩한 희생은 이 땅을 정결한 피로 거룩하게 하는 사랑의 섬김이었다. 예수님의 희생은 하나님 나라를 위함이며 교회의 정체성이라 말할 수 있다. 이후 정결한 교회를 세우기 위한 사도들의 순교가 있었고, 온 세계에 하나님의 교회를 세우기 위한 사도들의 순교와 스데반의 순교, 그리고 중세 로마 가톨릭에 의한 신약교회의 순교, 우리나라의 일제 강점기 수많은 성도의 순교까지 교회의 번성은 순교의 피를 통하여 세워지는 희생의 나라이다.

오순절 성령의 강림과 신약교회 출산

예수님의 시대에도 성령님은 예수님 사역의 동반자로 이 땅에서 함께하셨던 하나님이시다. 그런데 왜 그분을 오순절에 임하신 성령이라고 표현할까? 성령님은 예수님의 구속 사역을 완성하시기 위해 아버지께서 파송하신 두 번째 보혜사이시다. 예수님께서 승천하시고 난 후 일곱 이레를 지나고 50일째 되는 오순절기의 의미를 성취하는 성령의 강림이 이루어졌다. 그분이 오순절에 자기를 나타내신 이유는 예수님의 승천 이후 자기 백성을 고아와 같이 버려두지 않기 위해 보혜사의 직분을 대신할 하나님으로 오신 것이며 이 땅에 육의 몸이 아닌 영으로 온 땅에 교회를 세울 수 있도록 물리적 제어를 받지 않고 일하시기 위함이다. 예수님의 십자가 구원에 대한 성령의 인치심의 사역은 온 세계에 하나님의 나라를 선포하고 이 땅에 있을 모든 하나님의 백성들을 찾아 구원하시기 위함이다. 이 시점이 신약교회 시대의 시작 시점이며 이스라엘과 이방 구원에 있어 차별이 없어지는 시점이다. 이에 대하여 사도 바울은 에베소서를 통하여 이렇게 가르친다.

¹² 그 때에 너희는 그리스도 밖에 있었고 이스라엘 나라 밖의 사람이라 약속의 언약들에 대하여는 외인이요 세상에서 소망이 없고 하나님도 없는 자이더니 ¹³ 이제는 전에 멀리 있던 너희가 그리스도 예수 안에서 그리스도의 피로 가까워졌느니라 ¹⁴ 그는 우리의 화평이신지라 둘로 하나를 만드사 원수 된 것 곧 중간에 막힌 담을 자기 육체로 허시고 ¹⁵ 법조문으로 된 계명의 율법을 폐하셨으니 이는 이 둘로 자기 안에서 한 새 사람을 지어 화평하게 하시고 ¹⁶ 또 십자가로 이 둘을 한 몸으로

하나님과 화목하게 하려 하심이라 원수 된 것을 십자가로 소멸하시고 [17] 또 오셔서 먼 데 있는 너희에게 평안을 전하시고 가까운 데 있는 자들에게 평안을 전하셨으니 [18] 이는 그로 말미암아 우리 둘이 한 성령 안에서 아버지께 나아감을 얻게 하려 하심이라 [19] 그러므로 이제부터 너희는 외인도 아니요 나그네도 아니요 오직 성도들과 동일한 시민이요 하나님의 권속이라 엡 2:12-19

사도적 교회와 사도들의 '순교'

사도적 교회란? 예수님의 승천 이후의 시간부터 예루살렘교회가 온 땅으로 흩어져 세우는 중세 이전의 초대교회를 일컫는 표현이다. 중세의 교회는 로마 가톨릭으로 대변되지만 이는 초대교회의 정통성과는 무관한 특별한 변종의 교회임을 알아야 한다. 콘스탄틴 대제의 절박한 전쟁의 위기 속에서 개인적 서원으로 로마에 세워진 가톨릭 교회가 사도들의 순교의 피로 세워진 신약교회와는 아무런 연관성이 없다는 것을 분명히 인식해야 한다. 기독교의 가장 큰 특징은 부활과 영생이며 이 두 가지를 마음에 받아들이고 이것을 이루신 예수님을 구원자로 고백하여 믿는 믿음이 곧 기독교의 본질이며 특징이다. 이에서 벗어난 것은 기독교의 정체성이 아니므로 구원이 없기에 기독교라 할 수 없다. 사탄은 전략적으로 로마 가톨릭교회를 세웠다고 할 수 있다. 중세의 역사는 로마 제국을 기독교 제국으로 변화시키는 개종의 과정을 분명하게 설명한다. 예수 그리스도가 이루신 십자가 구원의 은혜를 고백함으로 교회가 세워지는 것이 아니라 세금, 곡식, 직업 등과 같은 삶의 풍요와 혜택을 통하여 개종하도록 법적, 사회 제도적 방법으로 세워진 것이 로마 가톨릭 교회의 시작이다. 이는 마지막 때에 나타날 두 짐승의 방법으로 먹을 것, 마실 것, 입을 것으로 표와 우상 경배를 종용할 마지막 때의 장면과 오버랩 된다는 사실이 놀랍지 않은가? 창조 시대의 하와를 미혹하는 방법과 동일하다. 그러나 교회는 삶 속에서 절대적 필요인 먹는 것, 입는 것, 마시는 것으로 이루는 것이 아니다. 이러한 육신의 생명을 유지하는 성경의 가르침은 '그 나라와 의'를 대안으로 제시한다. 예수님과 사도 바울의 가르침을 살피면 쉽게 이해할 수 있다.

예수님의 가르침
[31] '그러므로 염려하여 이르기를 무엇을 먹을까 무엇을 마실까 무엇을 입을까 하지 말라 [32] 이는 다 이방인들이 구하는 것이라 너희 하늘 아버지께서 이 모든 것이 너희에게 있어야 할 줄을 아시느니라 [33] 그러므로 너희는 먼저 그의 나라와 의를 구하라 그리하면 이 모든 것을 너희에게 더

하시리라 마 6:31-33

사도 바울의 가르침

'하나님의 나라는 먹는 것과 마시는 것이 아니요 오직 성령 안에 있는 의와 평강과 희락'이라롬 14:17고 경고한다. 마지막 때 성도는 먹는 것, 마시는 것, 입는 문제에 대하여 하나님이 모든 것을 아시기에 이 문제는 기도하는 제목이 될 수 없음을 알고 먼저 그 나라와 의를 구하는 본질적 삶을 살아 내는데 집중해야 할 현재적 삶과 마지막 때의 삶을 조명하고 있는 말씀이라는 사실을 깨달아야 할 것이다.

로마의 가톨릭 교회와 초대교회가 다른 점은 유대인들을 중심한 초대교회를 인정하지 않았던 당시 로마 가톨릭 또한 문제가 된다. 그들은 초대교회의 절기의 전통이나 믿음을 경시하며 무시하고 자신들의 때와 장소와 절기적 개념들을 재정립하여 하나님 나라의 법과 정통성을 태양신을 섬기는 때와 절기와 정통성으로 재정립한 것이다. 진리는 변할 수 없고 변해서도 안된다. 이스라엘의 전통과 풍습은 하나님 나라의 계획과 성취를 동시에 이루어가는 하나님의 시간표이다. 이는 곧 하나님 나라의 법과 정통성인데 그것을 부인하고 그들의 태양신 사상 위에 교회를 세우겠다고 선언하고 실행한 것이다. 그들만의 세상적 논리요 자만이며 오만이다. 교회라 일컫는 무리들은 예수 그리스도를 구주로 영접한 무리가 아니라 삶의 필요들에 미혹되어 표와 짐승의 우상에게 절하는 자들이 거룩한 성도라 자칭하는 자들의 무리가 될 것이다. 이 무리를 보시는 하나님께서 과연 그들의 정체성을 교회로 인정하실까? 그들 교회의 머리인 종교 수장이 하달하는 칙령이 말씀의 권위와 동일한 교리에 대하여 거룩한 말씀이라 인정하실까? 구원은 개인적인 것이다. 그 안에서도 삼위일체 하나님을 믿고 오직 예수님만 나의 구원자 되심을 고백하는 자가 있을 것이기에 계 18:4절의 부르심을 알게 하는 것이다.

스데반의 '순교'와 예루살렘 교회의 흩어짐

예수님의 몸 된 교회의 번성은 반드시 섬김과 희생의 대가를 지불해야 한다. 이유는 사탄의 방해 때문이다. 사탄은 자신의 소유이던 영혼을 쉽게 내어주려 하지 않는 것은 당연하다. 자신의 나라가 무너지기 때문이다. 그러므로 하나님의 백성들이 하나님의 나라를 세우기 위해서는 사탄과의 일전이 불가피하며 이것을 영적 전쟁이라 한다. 하나님의 백성들은 영적 전쟁의 승리를 통하여서만 하나님의 나라를 넓힐 수 있는 것이다. 성령의 강림하심으로 예루살렘의 신약교회는 실로 엄청난 부흥을 이루었다고 전해진다. 약 20만의 성도가 예수님께로 돌아왔다고 주장하는 사람이 있을 정도로 교회는 평안으로 가득하며 자기의 것을 팔아 가난한 자들과 나누는 선행이 일상이 되는 불가능한 일들이 말씀 안에서 현실이 되는 놀라운 부흥의 나라가 되어가고 있었던 것이다. 그런데 성령께서는 이러한 교회의 '구심력'적 능력에 제동을 거시고 이 능력이 '원심력'으로 작용하도록 부흥의 물고를 이방으로 행하도록 인도하신 것이 스데반의 순교다행 7-8장. 하나님의 율법을 완성하는 길은 오직 사랑임을 깨닫지 못한 율법의 맹종자, 학문의 천재, 사울의 등장은 충격을 넘어 이스라엘 공동체의 원수로 살았고 하나님은 그를 변화시켜 예루살렘 교회를 온 지중해 연안, 곧 유럽 전역에 흩으시며 그곳에 교회를 세우고 복음을 전하도록 인도하셨으며 흩어진 그들을 찾아다니며 교회를 세우는 선교사로 율법에 미친 사울을 부르셔서 이방의 사도로서 섬김과 희생의 피를 뿌리는 선교사로 부르셨다는 것 또한 놀라운 표적 중 하나이다. 성령께서 보혜사로 이 땅 교회를 세우시고 돌보시는 이유이다. 성령의 권능을 받아 땅 끝까지 이르는 사명의 삶을 살아가도록 부름받은 교회를 향한 예수님의 설레임은 십자가의 고통을 주저하지 않으셨던 동력이며 성령님을 이 땅의 보혜사로 결정하신 하나님의 뜻이었던 것이다.

이방의 신약교회 출현과 번성

사도들의 순교의 피가 초석이 된 초대교회! 번성할 신약교회를 향한 초대교회의 해산의 고통은 예루살렘교회의 번성과 현재의 모든 이방교회 번성을 이루는 근간이 되었다. 돌아보는 신약교회의 순간순간마다 뿌려졌던 희생의 피는 이 땅에 하나님의 나라를 확장해 나아가는 동력이요 능력이며 하나님의 비전을 위한 향기가 되었다. 그 사명의 끝 시간인 우리가 사는 이 시대! 이제 그 사명의 완수를 위해 마지막 때의 지식으로 온전히 준비되어야 할 때이다.

End-time의 교회

우리와 함께 살아가는 다음 세대가 End-time을 살아낼 마지막 세대가 될 것이라 예측 할 수 있다. 이들의 사명은 영원한 하나님의 나라를 위해 마지막 사명을 감당해야 하는 세대이기에 더욱 온전하고 강력한 무장이 필요한 세대이다. 마지막 추수를 위해 예수님의 마음으로 준비되어야 할 세대이다. 겔 8-9장에 나타나는 바벨론의 신인 태양신을 하나님의 성전에서 지성소를 등지고 섬기던 25명의 이스라엘 대표들과 태양신의 이름인 담무스를 위해 애곡하는 여인들과 하나님의 존귀한 피조물인 인간이 자신을 비하하며 태양신에게 인간의 호흡조차 더러운 것이라며 코앞에 향기나는 나뭇가지를 두고 경배하는 이스라엘을 향한 진노의 기사는 가히 충격적이다. 이스라엘의 타락을 두고 기도하는 신실한 자들의 이마에 인을 치고 이마에 인침이 없는 자들을 죽이되 성전에서부터 시작할 것이며 노인 세대부터 죽이라는 하나님의 명령 속에 드러나는 하나님의 마음은 부모 세대의 책임을 다하지 못했다는 것을 책망하시는 강한 불만의 표시라는 것을 오늘의 부모 세대 또한 깨달아야 하며 바벨론의 태양신을 음란히 섬긴 그들을 향해 그 신의 나라 바벨론의 노예가 되어 70년을 살아야 했던 그 교훈의 아이러니를 잊지 말아야 할 것이다. 마지막 때를 살아가야 할 세대를 향한 온전한 지식의 양육, 지금의 부모 세대가 감당해야 할 마지막 사명이다.

ETernal-time의 교회, 천년왕국의 교회

하나님과 함께하는 영원의 시간이 시작된다. 이 시간에 대하여 성경은 영생이라고 표현한다. 영원한 하나님 나라가 완성되는 시간이다.

에필로그

    1권에 나타나는 '교회를 향한 하나님의 사랑'은 7년 End-time 평화조약으로부터 완성된 하나님 나라에 이르기까지 진행될 15가지 하나님의 Schedule이 그 핵심이다. 이 계획을 설명하는 '7E15S'는 교회가 희미하고 선명하게 보지 못하던 목적과 소망에 대한 지식이다. 교회는 하나님의 마음과 그분의 계획과 약속에 대한 지식이 없으면 망한다호 4:6. 이 의미의 근간에는 강력한 사탄의 미혹이 전제되어 있다. 먹는 것과 마시는 것과 입는 것에 대한 모든 주권마 6:25-33이 하나님께 있고 먼저 그 나라와 의를 구하는 자에게는 기도하지 않아도 필요를 아시고 공급하실 것에 대한 믿음으로 필요에 대한 염려를 내려놓는 훈련이 되지 아니하면 필요를 충족시켜 주겠노라 미혹하며 매매 기능을 짐승의 표에 부가하여 마지막 때 교회의 삶을 압박할 때 굶주림과 목마름에 대한 염려 속에서 예수님을 버리는 배교를 선택할 수밖에 없을 것이다.

    그러므로 내 모든 것! 곧 생명까지도 하나님의 주권임을 인정하고 죽음이라는 선택적 위협 앞에서도 잠시 후 현실이 될 부활에 대한 신앙으로 무장하여 내 생명을 하나님께 맡기겠다는 두려움 없는 담대함으로 무장되기 위해 '7E15S'의 End-time 지식이 필요한 것이다. 이 지식이 주는 유익은 1권의 부주제인 '교회를 향한 하나님의 사랑'을 온전히 이해하므로 염려와 근심, 두려움을 하나님의 사랑 안에서 녹여낼 수 있는 능력으로 구비하여 최종적 승리의 시간으로 자신을 이끄는 믿음의 열매를 맺게 할 것이다.

신부인 교회의 소망! 시온 산의 거룩한 성 새 예루살렘에서 이루어질 어린 양의 혼인 연회에 대한 이사야 선지자의 예언적 선포는 이러하다.

> [6] 만군의 여호와께서 '이 산에서' '만민을 위하여' 기름진 것과 오래 저장하였던 '포도주로 연회를 베푸시리니' 곧 골수가 가득한 기름진 것과 오래 저장하였던 맑은 포도주로 하실 것이며 [7] 또 '이 산에서' 모든 민족의 얼굴을 가린 '가리개'와 열방 위에 덮인 '덮개'를 '제하시며' [8] '사망을 영원히 멸하실 것'이라 주 여호와께서 '모든 얼굴에서 눈물을 씻기시며' '자기 백성의 수치를 온 천하에서 제하시리라' 여호와께서 이같이 말씀하셨느니라 사 25:6-8

이것이 교회의 산 소망이다. 교회는 이 소망을 붙들고 현재를 살아가야 하며 이 소망을 붙들고 놓지 않을 때 영원한 시간이 확정되는 것이다. 기억하라! 마지막 시간이 가까워질수록 이 소망을 지키기가 어려워질 것이기에 그때가 임박한 지금! 속히 믿음의 근력을 키워야 한다는 것을!

2권에 나타나는 '세상을 향한 하나님의 심판'에 대한 지식은 마지막 때인 오늘날의 교회가 어떤 마음으로 지금의 때를 바라보아야 하며, 견고한 믿음의 결단으로 최종 소망의 시간을 준비해야 할 것에 대하여 고민하게 할 것이며, 기름을 준비하는 다섯 처녀의 의미를 End-time의 관점으로 인식하고 성령이 충만한 교회로 믿음의 삶을 살아가도록 힘쓰게 할 것이다. 그런데! 이러한 마지막 때의 지식을 공급하는 생수의 근원을 송두리째 틀어막고 있는 장애물이 있다. '말씀을 연구조차 하지 못하도록 오해하게 하는 사탄의 전략으로 인한 교회 리더의 의식' 문제이다. 사탄은 2000년 동안 계시록의 지식을 덮어 자신을 유효하게 방어할 수 있었으나 하나님은 더 이상 덮어두기를 원하지 않으신다. 그때가 임박했기 때문이다. 사탄이 교회로 하여금 마지막 복음에 무관심하도록 자기방어의 기재로 사용했던 예수님의 가르침은 마 24:36절이다.

> 그러나 그 '날'과 그 '때'는 아무도 모르나니 하늘의 천사들도, 아들도 모르고 오
> 직 **아버지만 아시느니라** 마 24:36

'날'은 헬) '헤메라'이다. ❶ 낮day light ❷ 하루 종일full of day, 24시간 ❸
주간의 한 날day of the week을 의미한다. 곧, '예수님의 재림과 심판이 몇 일
부터야?'라는 질문을 만드는 용례이다.

'때'는 헬) '호라'이며, 시간hour 때time, 시점point of time을 의미한다. 이
단어는 하나님이 결정하신 '예수님의 재림과 심판이 그날 몇 시부터지?'
라는 질문을 만드는 용례이다.

그러므로 '날과 때'는 '어느 날 어느 시' 곧 '몇 일 몇 시'라고 콕 집어
'이 시간이야'라고 말할 수 있는 순간을 가리키는 단어의 용례를 가진다.
이러한 두 단어를 이해하므로 깨달아야 할 바는 재림과 심판에 대한 정확
한 '날짜와 시간'에 대하여는 아버지의 결정이다'라는 의미를 '아버지만
아시는 계시록의 지식을 굳이 연구하고 가르쳐야 하냐?'라고 말한다면
심각한 직무 유기이다. 원어의 의미가 과연 '아버지만 아시니 연구하지
않아도 된다'는 가르침이라 해석되는지 분별하라! 요한의 계시에 대하여
'분명한 사명감으로 섬기는 교회를 깨워야 할 그날이 임박한 세대'이다.

> 그가 내게 말하기를 '네가 많은 백성과 나라와 방언과 임금에게 다시 예언하여
> 야 하리라 **하더라**'세대를 따라 요한의 계시를 선포해야 할 책임과 사명. 계 10:11

Glory day Community
Glory day End-time Institute